·北京师范大学史学探索丛书·

U0574109

晚清学术文化新论

史革新 著

北京师范大学出版集团
BEIJING NORMAL UNIVERSITY PUBLISHING GROUP
北京师范大学出版社

图书在版编目(CIP) 数据

晚清学术文化新论／史革新著.—北京：北京师范大学出版社，2010.9

(北京师范大学史学探索丛书)

ISBN 978-7-303-10989-0

Ⅰ.①晚…　Ⅱ.①史…　Ⅲ.①文化史－研究－中国－清后期　Ⅳ.① K252.03

中国版本图书馆CIP数据核字(2010)第083971号

营 销 中 心 电 话　010-58802181 58808006
北师大出版社高等教育分社网　http://gaojiao.bnup.com.cn
电 子 信 箱　beishida168@126.com

出版发行：北京师范大学出版社 www.bnup.com.cn
　　　　　北京新街口外大街 19 号
　　　　　邮政编码：100875
印　　刷：北京中印联印务有限公司
经　　销：全国新华书店
开　　本：170 mm × 230 mm
印　　张：30.5
字　　数：428 千字
版　　次：2010 年 9 月第 1 版
印　　次：2010 年 9 月第 1 次印刷
定　　价：55.00 元

策划编辑：李雪洁　　责任编辑：李雪洁　王　雪
美术编辑：毛　佳　　装帧设计：毛　佳
责任校对：李　菡　　责任印制：李　啸

出版说明

　　在北京师范大学的百余年发展历程中，历史学科始终占有重要地位。经过几代人的不懈努力，今天的北师大历史学院业已成为史学研究的重要基地，是国家"211"和"985"工程重点建设单位，首批博士学位一级学科授予权单位。拥有国家重点学科、博士后流动站、教育部人文社会科学重点研究基地等一系列学术平台。科研实力颇为雄厚，在学术界声誉卓著。

　　近年来，北师大历史学院的教师们潜心学术，以探索精神攻关，陆续完成了众多具有原创性的成果，在历史学各分支学科的研究上连创佳绩，始终处于学科前沿。特别是崭露头角的部分中青年学者的作品，已在学术界引起较大反响。为了集中展示北师大历史学院的这些探索性成果，也为了给中青年学者的后续发展创造更好条件，我们组编了这套"北京师范大学史学探索丛书"，希冀在促进北师大历史学科更好发展的同时，为学术界和全社会贡献一批真正立得住的学术力作。这些作品或为专题著作，或为论文结集，但内在的探索精神始终如一。

　　当然，作为探索丛书，特别是以中青年学者作品为主的学术丛书，不成熟乃至疏漏之处在所难免，还望学界同仁不吝赐教。

北京师范大学历史学院

北京师范大学史学理论与史学史研究中心

北京师范大学史学探索丛书编辑委员会

2010 年 3 月

目 录

北京师范大学史学探索丛书

第一章　程朱理学与晚清
"同治中兴"

目前学界关于晚清理学及"同治中兴"这两个问题的研究，都取得了一定的进展，陆续发表了一些成果。但是，对于晚清程朱理学与"同治中兴"之间关系的探讨，则是颇具新意且研究薄弱的课题。笔者试图通过对二者间相互关系的历史考察，阐述晚清时期中国传统社会文化发展变化中的一些带有规律性的问题。

一、嘉道年间理学思潮的涌动

对于清朝统治者来说，同治朝无论如何都是一段至关重要的岁月。在此期间，清政府采取"借师助剿"的方针，与西方列强携手"合作"，共同镇压了太平天国运动，并发动了一场以"求强"、"求富"为目标的内政改革——洋务运动。到1875年光绪帝即位之初，清王朝所面临的灭顶之灾已经消散，国家出现了些许振兴的气象。也是在这年，浙江学者陈弢编辑的《同治中兴京外奏议约编》声称：由于朝野上下同心协力，"擒渠斩馘，区宇荡平，神州再造，较之《大雅》所称'筑齐城而征徐国'，区区平淮溃一隅之乱者，其规模之广狭又不可以同日论。侧席求贤，豪俊辈出，中兴事业，甄殷陶周，盛矣哉！"① 他把"同治中兴"归功于这个时期"辈出"的"豪俊"所为是不无道理的。在这些"豪俊"中，就包括一大批讲求理学的官僚士大夫。理学与所谓"同治中兴"之间的密切关系毋庸置疑。

所谓理学，又称性理之学、心性之学、道学，因其基本上形成于两宋时期，亦有宋学之称。理学在由宋至清的发展过程中，形成了两个基本派别，即程朱理学和陆王心学。前者受到元、明、清各朝统治者的扶植，被奉为官方哲学；后者大体处于儒学在野学派的地位，尤其在清代受到正统

---

① 陈弢：《同治中兴京外奏议约编·序》，上海，上海书店，1985。

学派的长期压抑。程朱理学既然是中国封建社会后期的官方哲学，它的发展与命运就必然会与封建王朝的兴衰紧密相连。王朝初创，统治者往往要用程朱理学来立朝纲、序尊卑，把它作为新王朝确立的重要精神支柱。而当王朝衰败，程朱理学则成为统治阶级挽救危机和衰落的思想武器。程朱理学在晚清遇到的情况就属于后者。

在清代，程朱理学经历了一个类似马鞍形曲折发展的过程，即在两个发展高峰的中间经历过一段较长的寂落期。清朝初期，以康熙为代表的封建统治者奉行崇儒重道的文化政策，尊崇程朱理学为儒学正宗，重用一批理学名臣，以维护其统治地位，于是出现了清代程朱理学发展的第一个高峰。正如曾国藩所说：

> 我朝崇儒一道，正学翕兴。平湖陆子、桐乡张子，辟诐辞而反经，确乎其不可拔。陆桴亭、顾亭林之徒，博大精微，体用兼赅。其他钜公硕学，项领相望。二百年来，大小醇疵，区以别矣。①

然而，好景不长，随着汉学（考据学）兴起并成为一代显学，理学遭遇厄运，跌入低谷，被冷落了百年之久。直到嘉道年间，程朱理学才重新受到士大夫们的重视，加上朝野鼓吹，推波助澜，导致它在咸同年间的"复兴"。这是清代程朱理学发展的第二个高峰。程朱理学经历的这种衰而复兴的曲折变化，并不是偶然的历史现象，而是由各种政治、文化及社会等诸多因素错综交合作用的结果。

嘉道时期，清王朝曾经有过的"盛世"局面已经风光不再，各种社会危机开始暴露，政治腐败、军备废弛、经济凋敝、人民困苦，下层民众的反抗斗争接连兴起。有人形容当时的中国社会："方今良法美意，事事有名无实。譬之于人，五官犹是，手足犹是，而关窍不灵，运动皆滞。"② 鉴

---

① 曾国藩：《书学案小识后》，《曾国藩全集·诗文》，166 页，长沙，岳麓书社，1986。

② 张穆：《海疆善后宜重守令论》，载《鸦片战争时期思想史资料选辑》，9 页，北京，中华书局，1963。

北京师范大学史学探索丛书

于国势衰落，嘉道年间的有识之士开始进行思想上的反思，寻找社会危机产生的原因及其解决的办法。当时许多人是从儒家正统的"德治教化"观点出发进行反思，认为社会发生危机的直接原因是"道德废，人心坏，风俗漓"，而根本原因则是程朱理学因受汉学压抑而多年不振，造成道德沦落、人才匮乏的严重后果。乾嘉汉学因而受到一些学人的激烈批评。潘德舆说：

> 程、朱二子之学，今之宗之罕矣。其宗之者率七八十年以前之人，近则目为迂疏空滞而薄之，人心风俗之患不可不察也。……而七八十年来，学者崇汉唐之解经与百家之杂说，转视二子不足道，无怪其制行之日，趋于功利邪辟，而不自知也。①

他发出了"欲救人事，恃人才；欲救人才，恃人心；欲救人心，则必恃学术"②的呼吁。他所说的"学术"是指"正学"，即程朱理学。这种认识在当时的士大夫当中带有普遍性。陕西学者李元春说得更为明白：

> 考据之学，袭汉儒之学而流于凿者也。独宋程朱诸子，倡明正学而得其精。通世故横诋之亦大可惑矣。③

他认为程朱理学独得圣人之道的精蕴，堪称"正学"，最具备充当拯救道德风俗的资格，而考据学不过"袭汉儒之学"的唾余，供雅士赏玩有余，于经国匡民无补。湖南学者刘蓉指责到：

> 为汉学者，阿世谐俗，漠然不知志节名义之可贵，学则吾学也，

---

① 潘德舆：《任东涧先生集序》，《养一斋集》，清同治十一年（1872）刊本，卷十八，6～7页。

② 潘德舆：《与鲁通甫书》，《养一斋集》卷二十二，18页。

③ 李元春：《学术是非论》，《时斋文集初刻》，道光四年（1834）刻本，卷二，1页。

行则吾不知也。世亦遂无以行谊责之者，以谓彼特为名物度数之学，以资考证而已，不当以道义相苛。泯泯棼棼，与世同浊，学术坏而人心风俗随之。其为害有甚于良知顿悟之说猖狂而自恣者矣。[1]

这些议论和呼吁反映了嘉道年间部分士大夫的思考和学术追求。它表明嘉道时期不仅是清朝政治统治由盛而衰的转折期，也是学术文化从过去的汉学一枝独秀，到各种学术思想竞起局面出现的转换点。这自然给程朱理学的"复兴"创造了有利条件，使讲求理学的风气在一些地区再度兴起。方宗诚曾对嘉道年间的理学萌动及理学士人的活跃作过这样的描述：

> 嘉道间，海内重熙累洽，文教昌明，而黯然为为己之学兢兢焉。谨守程朱之正轨，体之于心，修之于身，用则著之为事功，变则见之于节义，穷则发之于著述，践之于内行纯一不杂，有守先待后之功者，闻见所及约有数人：长白倭文端公、霍山吴竹如先生，官京师时，与师宗何文贞公、湘乡曾文正公、罗平窦兰泉侍御，日从善化唐确慎公讲道问业，不逐时趋。其时在下位者，则有湘乡罗罗山先生、桐城方植之先生、永城刘虞卿先生，俱无所师承，而砥节砺行，为穷理精义之学。[2]

这是就理学士人的个体活动而言，如果就学术群体的动态来讲，全国理学学者群体较为活跃的地区主要有陕西、安徽、河南、湖南等地。

陕西即关中地区，原是宋代理学四大流派之一的关学发源地。关学创始人张载即为陕西眉县人。明代，关中地区涌现出吕楠、冯从吾等理学家。清初，标榜理学的关中学者活跃一时，涌现出李颙、王心敬、孙景烈、王承烈等理学名儒。嘉道以后，关中理学依然名人辈出，代表人物有

---

① 刘蓉：《复郭意城舍人书》，《养晦堂集》，光绪三年（1877）思贤讲舍刊本，卷八，6页。

② 方宗诚：《校刊何文贞公遗书序》，《何文贞公遗书》，光绪十年（1884）六安涂氏求我斋校刊本。

李元春①、路德②等人。李元春从读明代薛瑄的《读书录》入手，归依程朱，治学恪守程朱家法，以诚敬为本，兼顾本末、体用，鄙薄华而不实的辞章八股俗学。他培养出许多潜心理学的弟子，如贺瑞麟、杨树椿、薛于瑛等人，均为晚清关中理学的后起之秀。贺瑞麟评价李元春说：

> 桐阁先生之于关中，犹朱子之于宋，陆稼书之于国朝。宋以前诸贤之文章事迹，至朱子是一结局；国朝以前之文章道脉，至稼书是一结局。在关中前明时，冯少墟是一结局，本朝至桐阁先生又是一结局。其闻见之博，著述之富，真是不易得。③

作为弟子，贺瑞麟的评价不无溢美之处，但也看出李元春在关中理学中占据的举足轻重的地位。

程朱理学在安徽盛行不衰，在很大程度上借助了桐城派的声势。桐城派尽管是一个散文派别，但却以孔孟程朱的"道统"为其文论的指导思想。其代表人物大都以服膺二程、朱熹，标榜理学为能，可称为振兴理学的一支友军。嘉道年间，桐城派仍然保持着较强的学术阵容。曾国藩在《欧阳生文集序》谈到这一流派在全国一些主要地区的分布情况：安徽有方东树、姚莹、刘开、戴均衡；江苏有管同、梅曾亮、吴德旋；江西有吴嘉宾；广西有朱琦、龙启瑞、王锡振；湖南有曾国藩、孙鼎臣、吴敏树、郭嵩焘、舒焘、杨彝珍、欧阳勋等。④ 当然，这仅仅反映了桐城派整体分布的一个侧面。这些人大都信奉程朱，写下了许多论文兼论道的著作，为理学复兴摇旗呐喊。他们当中，以方东树对程朱理学的鼓吹最为突出。方东树为扬宋抑汉而作《汉学商兑》，对汉学进行全面抨击，指责汉学"视

---

① 李元春（1769—1854），字时斋，号桐阁主人，陕西朝邑人，举人出身，任知县、大理寺评事等职。辞官后设学授徒，迭主潼川、华原等书院。著有《诸经绪说》、《关中道脉书》、《学荟性理论》等。

② 路德（1784—1851），陕西盩厔人，进士出身，曾任军机处章京。归里后主持关中、宏道、象峰等书院。学宗程朱，主汉宋调和。著述有《柽华馆诗文集》等。

③ 贺瑞麟：《清麓遗语》卷三，《清麓丛书》，民国七年（1918）刊本，45页。

④ 参见曾国藩：《曾国藩全集·诗文》，246页。

周、程、张、朱为异端，而断其非圣学，此其为害岂在洪水猛兽下也"；强调程朱理学的正统性："程朱之道与孔子无二，欲学孔子而舍程朱，犹欲升堂入室而不屑履阶由户也"①。除《汉学商兑》外，他还写有《辩道论》激烈抨击汉学、陆王心学，竭力抬高程朱理学的地位，在当时学界产生了很大影响，为理学争取了许多支持者。李兆洛曾说："囊时读书，甚不喜康成，于朱子亦时时腹诽。读先生（案：指方东树）书，敬当力改其失。"② 自方东树以后，桐城派的理学色彩更加浓厚，一部分文学之士，如方宗诚、苏惇元等，都潜心于义理之学，成为晚清理学复兴的骨干力量。

河南是北宋二程创立的洛学发祥地，理学影响根深蒂固。清初，有"海内三大儒"之誉的孙奇逢曾在河南辉县讲授理学，主张调和程朱陆王，进一步延续了理学传统。其弟子汤斌为标榜理学的一代名宦，去世后被清廷赐谥"文正"。道光时，河南地区标榜理学者不乏其人，李棠阶、倭仁就是其中的佼佼者。徐世昌说：

> 中州理学之传，遂又阅二百数十年而弗坠。其居最后以儒修得大名者，则倭文端、李文清二公。二公当道咸之际，同以翰林洊登台辅。③

其余讲求理学之徒尚有刘廷诏、苏源生、王检心等。

湖湘地区是晚清理学发展异常活跃的一个地区。造成这种情况的一个重要原因就是湖南的理学传统源远流长、根深蒂固。即使在汉学风靡天下的乾嘉时期，程朱理学在湖湘学界的主流地位也没有被动摇。有人在谈到湖南当时的学风时说："汉学风靡一时，而湖湘学子大者专己守残，与湖外风气若不相涉。"④ 嘉道年间，程朱理学再度崛起，湖湘地区当仁不让，

① 方东树：《汉学商兑》，光绪八年（1882）四明花雨楼刻本，卷上，6 页。
② 王钟翰点校：《清史列传》第 17 册，5416 页，北京，中华书局，1987。
③ 徐世昌：《李文清公日记序》，民国四年（1915）石印本。
④ 湖南省文献委员会：《湖南文献汇编》第 2 辑，111 页，湖南省文献委员会1949 年编印。

成为晚清理学复兴的一区重镇。从学术队伍来看,湖南讲理学的名人众多,队伍庞大,著名者有:贺长龄、唐鉴、罗泽南、欧阳厚钧、胡达源、贺熙龄、刘传莹等。他们中的许多人长期执掌教职,带出大批门生故徒。欧阳厚钧任岳麓书院山长长达27年,执弟子礼者在千人以上。罗泽南多年假馆四方,授徒施教,生徒众广。咸同时期的不少"中兴"名将,如王鑫、李续宾、李续宜、蒋溢澧等,都是罗门高足。曾国藩称赞说:"湘中书生,多拯大难、立勋名,大率公(案:指罗泽南)弟子也。"① 湖湘理学的影响还辐射到了全国。贺长龄主编的《皇朝经世文编》标榜"义理经济",风行全国,影响了一代学风。湘籍理学家唐鉴②于道光中期内召为太常寺卿,京师的一些向慕理学的官僚士大夫从其就读,研习理学。其中著名者有:倭仁、吴廷栋、曾国藩、吕贤基、何桂珍、窦垿、邵懿辰等人,在北京士大夫中形成了一个颇具影响的理学群体。后来,这些人几乎都成为咸同时期理学中兴的骨干人物。有人在谈到湘学时把贺长龄和唐鉴并称为"理学真儒",说:"然善化自李恒斋而后,理学真儒世称贺、唐二公"③。

总之,嘉道以后,由于清朝统治的衰落和乾嘉汉学的退潮,为程朱理学提供了一定的活动空间,各地理学士大夫开始活跃起来。他们呼朋引类,推波助澜,或者著文鼓吹提倡,或者授徒阐扬流布,在全国许多地区营造了崇尚理学的学术气氛,为程朱理学在日后的复兴打下了重要的思想基础与社会基础。

二、程朱理学复兴的重要契机

延绵于咸同年间的全国性社会动荡,为程朱理学的复兴提供了重要的

---

① 曾国藩:《罗忠节公神道碑铭》,《曾国藩全集·诗文》,305～306页。

② 唐鉴(1778—1861),字镜海,湖南善化人。嘉庆进士,由翰林历官太常寺卿。治学宗程朱,崇义理,以省身、持敬、力行为主,辨学甚严。著有《朱子学案》、《易牖》、《读易反身录》、《国朝学案小识》等。

③ 钱基博等:《近百年湖南学风·湘学略》,171页,长沙,岳麓书社,1985。

契机。咸丰初年，太平天国农民起义在广西爆发，很快便席卷了大半个中国，沉重地打击了清王朝的腐朽统治。在意识形态方面，起义者利用自己创立的拜上帝教反对传统的儒、释、道三教，尤其把孔孟儒学称为"妖书邪说"，严加禁止。太平天国当局颁发命令："凡一切孔孟诸子百家妖书邪说者，尽行焚除，皆不准买卖藏读，否则问罪也。"① 作为清王朝赖以支撑的精神支柱——包括程朱理学在内的传统儒学，受到起义者的猛烈鞭伐、亵渎，无疑是对封建统治阶级及其统治秩序的沉重打击，引起了整个地主阶级的恐慌。

为了镇压人民起义，挽救清王朝的命运，以曾国藩为代表的理学士人纷纷投笔从戎，积极参与镇压太平天国的活动。他们一方面网罗士人，组织湘军等地主武装，进行武力镇压；另一方面，打出"卫道"的旗帜，呼吁振兴孔孟程朱之学，以对抗太平天国的"异端邪说"，挽救人心，恢复被人民起义打乱的封建秩序。1854 年初，曾国藩练成湘军率师出征，作《讨粤匪檄》为出师宣言，激烈抨击太平天国"举中国数千年礼义人伦、诗书典则，一旦扫地荡尽。此岂独我大清之变，乃开辟以来名教之奇变！我孔子、孟子之所痛哭于九原"，重申孔孟程朱所宣扬的"君臣父子，上下尊卑，秩然如冠履之不可倒置"②，号召读书人起来"卫道"。这表明，面临灭顶之灾的满汉地主阶级迫切需要一大批读诗书、明义理、效忠于朝廷的人才来挽救封建治统和道统的危机。然而，面对这种危局，八股之士、考据之徒，显然是不堪任用的。理学之士是否靠得住，清朝最高统治者鉴于理学以往负有"迂拘"、"空疏"的"恶名"，尚存犹疑。1853 年 5月，咸丰帝召见向好程朱理学的大臣吴廷栋时，君臣之间有过一段颇值得玩味的对话，很能体现最高统治者与理学儒臣间的微妙关系，兹录如下：

上曰："汝尝读何书？"对曰："臣尝读程朱之书。"上曰："何尝学程朱者多迂拘？"对曰："此正不善学程朱之故。程朱以明德为体，

① 《诏书盖玺颁行论》，《太平天国》第 1 册，313 页，上海，神州国光社，1952。
② 曾国藩：《讨粤匪檄》，《曾国藩全集·诗文》，232 页。

新民为用，乃由体达用之学，天下断无有体而无用者。其用不足，必其体尚多缺陷。凡临事迂拘不通，正由平日不能如程朱之格物穷理而徒资记诵，非学程朱之过也。"……上曰："汝识曾国藩否？"对曰："曾国藩曾署刑部左侍郎，臣实早与相识。其人励志不苟，亦是杨大洪一流人材，虽近言近激，而心实无他。"上曰："汝识倭仁乎？"对曰："臣亦早与相识，是笃守程朱之学者。平日专在身心检察，日自记载以为考验，尤佩其笃实，其守道似近迂而能识大体。"……对曰："……皇上读书穷理以裕知人之识，又清心寡欲以养坐照之明，深宫窈寐旁求，则辅相得人。辅相进贤待用，则内而部院，外而督抚得人。部院督抚各择其属，则内外司官州县无不得人，斯贤才出矣。"①

这段对话，一方面反映出咸丰帝既要选拔人才救急，又信不过理学士人的矛盾心态；另一方面从吴廷栋推崇程朱理学，称赞曾国藩、倭仁的应对中也可以看出理学士人跃跃欲试、急于一逞的迫切心态。咸丰时，清政府不但在用人问题上表现出犹豫徘徊、举棋不定，而且还不时对理学士人进行排斥。以理学相标榜的李棠阶、倭仁、吴廷栋、曾国藩等人，大多仕途坎坷，不是归籍闲置，便是差派边远，不授实权。笃信程朱的倭仁于仕途一再蹭蹬，被"发配"到千里之外的叶尔羌"历练"。一向处世谨慎，屡立战功的曾国藩长期不受朝廷重视，未授权柄，吃尽了官场倾轧排抑的苦头。然而，这种情况到 1860 年发生了变化。

1860 年 5 月，太平军击溃清朝江南大营，清政府所倚重的正规军——八旗、绿营溃不成军，无力与起义军对抗，迫使统治者不得不起用汉族地主阶级的地方势力武装——湘军，这就给以曾国藩为首的理学士人以崛起的机会。是年 6 月，清政府以曾国藩为署理两江总督，8 月改为实授，并命为钦差大臣督办江南军务，节制所有大江南北水陆各军。次年 11 月，清政府破例授权他统辖苏、皖、赣、浙四省军务，所有四省巡抚提镇以下各

① 吴廷栋：《召见恭记》，《拙修集》，同治十年（1871）六安求我斋刻本，卷一，4～6 页。

官，悉归其节制。曾国藩的登进不仅是清王朝在对太平天国用兵选将上的重大政策调整，而且也是其重用理学大臣的标志。

北京政变后，清王朝为了树立"正人立朝"的形象，不遗余力地擢拔所谓"理学名臣"。倭仁在1862年一年三迁，从擢工部尚书、授协办大学士，升至文渊阁大学士，并当上年幼的同治帝的师傅，掌管翰林院，一跃而成为清王朝的内阁揆首和最高理论权威。曾与倭仁一起切磋理学的李棠阶也于当年内召，授左都御史而入军机处，参与枢府机要。与此同时，吴廷栋则被授予大理寺卿、刑部侍郎等职。此三人素有理学名士的清望，各有自己的人事圈，一向为朝内外士大夫所尊仰，在当时有所谓"海内三大贤"之誉。李鸿章为吴廷栋写的《神道碑》中称：吴氏"再官京师，倭文端公以首辅为师傅，河内李文清公以尚书掌军机，海内翕然望治，称为三大贤。"①

理学士大夫参与政治不是被动的，而是热情高昂、积极主动的。同治帝即位后，因其年幼需要物色师傅，辅导进学。理学士大夫急于把这一要职抢到手。吴廷栋对此尤其看重，称：

> 用人行政，当以君心为本；欲格君心，培养元德，要以师傅为第一义；既系第一义，即非第一流人不足当此任。②

吴廷栋及其他理学士人心目中的帝师人选即为倭仁。为促成此事，他们进行了多方面活动，给同僚通消息、造舆论。吴廷栋曾为此事专门致书曾国藩，要他以封疆重臣的身份予以干预，其书云：

> 现在根本之计，孰有师傅所关之重，新政首务亦孰有急于此者？今幸见及，自宜以此专责之艮峰（案：倭仁字）矣。再三迟回，正不得不虑及日久变生，致生他议。某位卑分微，无能为役。窃念能同此心者，惟阁下一人而已。即今想已得尽读邸报，时势亦已了然于胸

① 《续碑传集》卷十二，《清代碑传全集》下册，856页，上海，上海古籍出版社，1987。
② 方宗诚：《柏堂师友记》卷二，7页，北京，京华印书局，1926。

中，乞特上一疏，专保艮峰以固根本，万不可放过此关。①

　　尽管曾国藩出于明哲保身的考虑，以"虚名太重"，"不复妄议朝政"②为由婉言拒绝，但举倭仁为帝师的主张还是得到不少官员的支持。经清廷反复权衡，最后任命倭仁与祁寯藻、翁心存、李鸿藻等人同为同治帝的师傅。其中李鸿藻也是讲理学的官员。倭仁当上帝师后，辑古帝王事迹及古今名臣奏议，编成《启心金鉴》，用这部渗透着程朱理学"君明臣良"思想的读本，来教导幼帝。

　　经过此番人事变动，理学派的地位已非昔比，达到炙手可热的程度。到同治初年，倭仁为大学士兼帝师，李棠阶入军机，李鸿藻为帝师兼尚书，吴廷栋官刑部。理学官员在朝中已经荣登显要，具有举足轻重的地位。而在地方，湘系官员以及与之关系密切的将领随着曾国藩地位的上升与巩固，一个个飞黄腾达。李鸿章先为江苏巡抚后升两江总督，刘长佑任直隶总督，杨岳斌任陕甘总督，左宗棠任闽浙总督。出任巡抚者有安徽巡抚李续宜、山东巡抚阎敬铭、江西巡抚沈葆桢、陕西巡抚刘蓉、广东巡抚郭嵩焘、浙江巡抚曾国荃等，他们大都以书生典兵，而成为地方大员。这些具有理学背景的人物，乘镇压太平天国之机迅速崛起，成为统治阶级内部一批新崛起的实力派，支撑起清王朝岌岌可危的半壁江山。如果就全国范围而言，活跃在咸同年间及光绪初年期间的各地主要理学士人分布的大致情况列表如下：

省　份	理　学　士　人
直　隶	李鸿藻、王用诰
河　南	刘廷诏、苏源生、李棠阶、王检心、王涤心、李又哲、于絅斋、徐淮阳
陕　西	贺瑞麟、杨树椿、柏景伟

---

① 吴廷栋：《与曾涤生先生书》，《拙修集》卷九，18 页。

② 曾国藩：《复吴廷栋》，《曾国藩全集·书信四》，2487 页，长沙，岳麓书社，1992。

省　份	理 学 士 人
山　西	薛于瑛
安　徽	吴廷栋、夏炘、夏炯、苏惇元、方宗诚、方潜、涂宗瀛、杨德亨、何慎珍
江　苏	刘熙载、廖寿丰、成孺、陈寿熊
浙　江	宗稷辰、邵懿辰、高钧儒、伊尧乐、应宝时、黄方庆、陈居宽、朱一新
江　西	吴嘉宾、刘绎、龙文彬
山　东	游百川
福　建	陈庆镛、林启
四　川	范泰衡、余焕文
湖　北	洪汝奎、万斛全、宋鼎、邹金栗、冯礼藩、黄嗣东
湖　南	曾国藩、罗泽南、刘蓉、李元度、郭嵩焘、丁善庆、王鑫、李续宾、李续宜、贺兴范、钟近衡、胡林翼
两　广	朱琦、龙启瑞、朱次琦
云　南	何桂珍、窦垿
吉　林	于荫霖

此外，旗籍学者中的倭仁、崇绮、徐桐等，也均是其时学宗理学的士人群体中具有举足轻重影响的人物。①

由上可见，这一时期的理学营垒，人数众多，分布广泛。仅以上所述涉及的理学代表人物就有 70 人，分布于全国 17 个省份。无论是大江南北，还是沿海边远省份，都有标榜理学的士人在活动。然而，表中列举仅是此期理学营垒中的部分名家，远远不是他们的全部。值得重视的是，此期理学群体具有明显的政治化倾向。从以上统计来看，涉及的理学人物绝大多数拥有官宦身份，具有明显的政治地位或官场背景。他们或者由科举步入仕途，或者因军功跻身官场，或者以学术受褒奖而得官，像徐淮阳终身未仕的布衣学者则凤毛麟角。在具有官宦身份的士人中，不乏担任高级职务

① 以上人员根据《清史稿》、《清史列传》、徐世昌编《清儒学案》以及《碑传集》、《碑传集补》等书有关内容统计。

者。在表中所举的 70 人中，身为大学士、尚书、侍郎、总督、巡抚等高级官员者，竟达 15 人，占统计总数的 21%。而担任大学士、军机大臣等要职的就有倭仁、曾国藩、李棠阶、李鸿藻、徐桐等五人。另外，督抚重镇的李鸿章、左宗棠都是属于曾国藩系统的官僚，也有一定的理学背景。在清朝统治集团高层中，充斥着如此众多的理学大臣，这是清朝自康熙以来未曾有过的情况。

三、程朱理学与"同治中兴"

所谓"同治中兴"曾经为一些士大夫津津乐道，清朝统治者于此更是大加颂扬。《清实录（同治朝）序》宣称：清朝在同治年间"用能方夏载德，景运日新，扬无致之庥，成中兴之瑞。"① 这里所说的"中兴"是指清朝统治者在同治年间的所谓"武功"、"文治"。该序在谈到这一时期的"武功"时说：

> 皇考（案：指咸丰帝）简任曾国藩为两江总督、钦差大臣，督办江浙军务。穆宗继位，首简纶扉，委任益专，戎行愈奋，复用李鸿章、曾国荃、左宗棠等，敷扬庙算，指授机宜。数载之间，东南底定。②

在谈到"文治"时肯定了倭仁、祁寯藻一班文臣的辅政作用：

> 皇考命李鸿藻为上书房师傅，暨正大位，两宫皇太后先后命翁心存、祁寯藻、倭仁、徐桐、翁同龢，在弘德殿行走，缉熙懋学，勤若儒生……以乐育人才，振兴学术。③

---

① 《清实录·穆宗毅皇帝实录（一）》第 45 册，1 页，北京，中华书局，1987。
② 同上书，4 页。
③ 同上书，3 页。

上文提到的这两批人多是讲理学者或是有理学背景的人。《清实录（同治朝）序》是以光绪帝名义编纂的官方文献。可见，对于理学士人在"同治中兴"所起的重要作用，清朝最高统治者是认可的。也可以说，清王朝在咸同之际看重程朱理学，起用了一大批讲求程朱的士大夫，并通过他们纯熟地交替使用软硬政策镇压太平天国，重建社会秩序，为"同治中兴"的出现提供了重要的政治条件。

以曾国藩为首的封建士大夫组织地主武装，镇压太平天国起义，维持清朝统治，建立"勋功伟业"，是理学士人的"武功"业绩的集中体现。关于这方面的情况已有许多学术研究成果，本文不再赘述。现仅就"同治中兴"期间理学士人在所谓"文治"方面的活动及其作用谈一些看法。这里所说的"文治"，包括政治、文教两个层面。择要而言，大致可概括为以下几个方面。

（一）正朝纲，端君心，培植"致治之本"

在理学派士大夫发迹之前，以肃顺为首的八大臣把持朝政，弄得朝廷内外关系紧张，怨声载道。在理学士人看来，这种"权奸擅政"，蒙蔽欺饰，正是朝纲败坏的根源所在。因此，他们上台伊始，便摆出一副"正人立朝"的架势，大讲"正朝纲"、"端君心"，强调"治本"的重要性，包括要求君主按孔孟程朱"正学"的要求修身养性，提倡"正学"，心存敬惧，近贤臣远小人，对天下实行仁政，等等。当然，这些都是理学士人的一贯主张，倭仁早在咸丰初年所上的《应诏陈言疏》、《敬陈治本疏》就已经提到过，曾规劝咸丰帝：

> 愿皇上立必为尧舜之志……此志既定，然后择同心同德之臣，讲求治道，切劘身心，由穷理修身以至于治平天下。此其机操之圣心而有余，即推之四海而无不足。①

---

① 倭仁：《敬陈治本疏》，《倭文端公遗书》，光绪元年（1875）六安求我斋刊本，卷二，4～5页。

但这些进言在当时却被咸丰帝视为"仅泛语治道"①，不切时用，被搁置一边。而倭仁在同治初年出任帝师后，一本昔日所持之为政宗旨，立即向朝廷进呈其所辑古帝王事绩及古今臣工奏议，作为"启沃圣心"，端正"治本"的教材。这次进呈则被清廷采纳，即发上谕，倭仁进呈奏言："洵足资启沃而绍心源，著赐名《启心金鉴》，并将此书陈设弘德殿，以资讲肄"②。

李棠阶被起用后遂上《条陈时政之要疏》，谈到四个问题，即"端出治之本"、"振纪纲之实"、"安民之要"、"平贼之要"等事，认为：

> 夫出治在君，而所以出治者在人君之一心。今海内沸腾，生民涂炭，诚刻苦奋励之时也。臣窃谓刻苦奋励之时，不徒在于用人行政，而在于治心；治心之要不徒在于言语动作，而尤在于克己。

他认为皇帝尤其要领会程朱阐明的"格物诚正之说"，"宋儒真德秀《衍义》阐释发明，足资治理"。他提出关于"振纪纲之实"的建议是：

> 国之所以立，在纪纲；纪纲之所以振，在赏罚。赏罚者，人君鼓舞天下之大权，必赏一人而天下劝，罚一人而天下惩。而后纪纲森然，中外之大小臣工皆有所遵守敬畏，而罔敢逾越。③

这些意见与倭仁所述基本精神一致。

吴廷栋同样重视"致治之本"的问题，一方面为倭仁出任帝师积极奔走，另一方面及时上书人君，陈述"致治之本"的要义。1864 年 7 月，曾国藩统率的湘军攻陷天京。其时"天下方谓中兴大业成矣，公（案：即吴廷栋）独忧之，以为治乱决于敬肆，敬肆根于喜惧……因上疏请加敬惧，

---

① 赵尔巽等撰：《清史稿》卷三九一，11 726 页，北京，中华书局，1977。

② 《清实录·穆宗毅皇帝实录（一）》第 45 册，515 页。

③ 李棠阶：《条陈时政之要疏》，《李文清公遗书》，光绪八年（1882）河北道署刊本，卷一，1～2 页。

持之以恒，永固长治久安之基。"① 这里所说的奏疏是指吴廷栋呈递的《金陵告捷请加敬惧疏》。他在疏中说："人主喜心一生而骄心已伏，宦寺即有乘此喜而贡其献媚者矣，左右即有因此而喜而肆"，其结果"一人肆之于上，群小煽之于下，流毒苍生，遗祸社稷"。他告诫统治者：

> 上行必下效，内治必外安，而其道莫大于敬，其几必始于惧。惧天命无常，则不敢恃天；惧民情可畏，则不敢玩民；惧柄暗窃，则献媚必斥；惧邪易升，则夤缘必绝。凡皆本于一心之敬而已……要之，存亡决于敬肆，敬肆根于喜惧。②

由上可见，大谈"致治之本"论者主要是朝中位居公卿的理学派士大夫。他们所说的基本思想是贯彻程朱理学历来倡导的儒学治统和道统，以儒家纲常规范朝廷政令，强化君权，巩固封建统治和封建秩序。这些都是涉及封建政治的根本问题。值得注意的是，同治初年的清朝最高统治者一反咸丰对理学士人的排斥态度，不再视他们为"迂拘之士"，而对他们的意见予以接纳。吴廷栋的以上奏疏就得到清廷上谕的褒奖："兹览吴廷栋奏于万方之治乱百官之敬肆，皆推本于君心之喜惧，剀切敷陈，深得杜渐防微之意"，申饬百官："惟当戒慎恐惧，朝文乾乾，期于上下交儆，慎始图终"③。这对理学派士大夫来说，无疑是一曲福音。

（二）崇程朱理学，辟异端邪说，加强对意识形态的掌控

在理学士人看来，程朱理学是孔孟儒学嫡传，是维护清王朝统治的唯一"正学"。晚清理学家何桂珍说："我朝二百年来，纪纲法度所以维士习民风于不弊者，皆程朱之力，而表彰程朱之效也。"④ 程朱理学所起的作用是否如此之大，自当别论，但是，清王朝始终把程朱理学作为维护其统治

① 李鸿章（方宗诚代撰）：《光禄大夫刑部右侍郎吴公神道碑铭》，《续碑传集》卷十二，《清代碑传全集》下册，856页。
② 吴廷栋：《拙修集》卷一，13～14页。
③ 同上书，16页。
④ 何桂珍：《〈续理学正宗〉后序》，清末刊本。

的精神支柱，则是不争的事实。正由于此，理学士人极力推崇程朱之学，借以抬高自己的政治地位。李棠阶在《军机说帖》中认为：天下败坏由于士习不端，士习不端由于学术不正，"故为治必先得人，欲得人必先造士，欲造士必先正学术"。所谓"正学术"就是指提倡程朱理学，"即《大学》格致诚正修齐治平之正轨也。以此为本，治经、治吏、治事及濂、洛、关、闽诸儒等书，次第参求，皆归于反己。"① 这是他提倡"正学"的基本主张。吴廷栋在咸丰帝召见时直言不讳地肯定程朱理学："程朱以明德为体，新民为用，乃由体达用之学。"② 后来他同样不遗余力地提倡理学。李鸿章为吴廷栋写的《墓志铭》称：

> 公学务实践，不为空言，笃守孔子下学上达之序，程朱居敬穷理之训，生平进退取与必严义利之界。尝镌朱子"论是非，不计利害"二语为印章，以自检于身心事物之间。③

吴大廷也说：吴廷栋"自壮至老，服膺朱子，一念一动守其言不逾尺寸，而其用功则自下学始，尤兢兢辨明心性理气，使程朱陆王儒释之界，判若冰炭，而不少杂糅。"④ 倭仁亦以提倡程朱理学为能，称："程朱论格致之义，至精且备，学者不患无蹊径可寻，何必另立新说滋后人之惑耶！"⑤ 当了大学士、掌管翰林院后，倭仁立即着手制定新的《翰林院学规》，把《四书》、《朱子大全》、《朱子语类》等理学读本，定为翰林院学士的必修读物，以培养士人讲求性理之学的风气。

在理学士人的鼓动下，清政府采取了一系列措施抬高程朱理学的地位，以充分发挥理学的政治作用。1860 年，清廷颁发上谕，规定："嗣后

---

① 李棠阶：《军机说帖》，《李文清公遗书》卷二，26～27 页。

② 吴廷栋：《召见恭记》，《拙修集》卷一，4 页。

③ 李鸿章撰：《光禄大夫刑部右侍郎吴公神道碑铭》，《续碑传集》卷十二，《清代碑传全集》下册，855 页。

④ 吴大廷：《〈拙修集〉跋》。

⑤ 倭仁：《答窦兰泉》，《倭文端公遗书》卷八，18 页。

从祀文庙，应以阐明圣学，传授道统为断。"① 对入祀文庙的标准作了有利于程朱理学的修改。此后，清廷根据这道上谕表彰了一大批故去和健在的理学士人。当年，以明儒曹端从祀文庙，位列东庑胡居仁之上。1863 年，以明儒方孝孺从祀，"圣庙位列西庑陈澔之次"②。1868 年，以宋臣袁燮从祀。1870 年，"恩准"将清初理学名儒张履祥从祀文庙，并重刊张氏的《杨园先生全集》。1875 年，以清初理学家陆世仪从祀文庙。1876 年，清初理学名臣张伯行、理学士人王建常被奏准从祀文庙；又允准把已故理学名儒李元春史实交付史馆，列《儒林传》。对健在的理学家也不遗余力地进行表彰。1868 年，清廷褒奖安徽理学名士夏炘"年届耄耋，笃学不倦"，并把他编著的《恭译圣谕十六条附律易解》交由武英殿刊印，颁行全国。夏氏的另外两部理学著作《檀弓辩诬》和《述朱质疑》，被称"亦均能有所发明""均著留览"③。1874 年，陕西、山西两省学政分别以理学名儒贺瑞麟、杨树椿、薛于瑛请授京衔。清政府以他们传授"正学"有绩，皆赐予国子监正衔。

在提倡"正学"的同时，理学士人还竭力反对"俗学"，抨击"异端邪说"。理学士人把汉学考据、八股制艺视为"俗学"，而把王阳明"良知"之学、释老二教及一切不符合程朱理学的学说，都视为"异端"，归于反对之列。

自道光朝以来，一些理学士人很重视对王阳明的"良知"说进行批驳。方宗诚在谈到程朱陆王之辨时说：

> 朱子、胡敬斋、罗整庵，各致争于生前。其后，陈清澜《学蔀通辨》、张武承《王学质疑》、顾亭林《日知录》、陈定斋《王学辨》、罗忠节公《阳明学辨》（案：即《姚江学辨》），以及张杨园、陆清献、

① 朱寿朋编：《光绪朝东华录》第 2 册，2037 页，北京，中华书局，1984。

② 《清朝续文献通考》卷九十八，"学校五"，8576 页，杭州，浙江古籍出版社，2000。

③ 《清朝续文献通考》卷一〇一，"学校八"，8598 页。

张清恪、倭文端、吴竹如先生诸儒集中，皆已辨之极其明矣。①

他开列的名单中，有三人是清咸同年间的理学家，即罗泽南、倭仁、吴廷栋。罗泽南的《姚江学辨》是一部用程朱理学观点全面抨击阳明"良知"说的理学著作，备受理学士人的称赞。陕西理学家贺瑞麟说："予向见其（案：罗泽南）著述恪守程朱，《姚江学辨》一编，真足为吾道干城。"② 为了辨明道统，辟王学，倭仁和吴廷栋整理校刊了河南儒生刘廷诏的《理学宗传辨正》。刘氏之书是为纠正清初理学家孙奇逢的《理学宗传》而作。《理学宗传》把陆九渊、王阳明等人也作为"圣学"的传人列入儒家道统之中，与孔孟程朱并列。这在正统理学家看来是混淆圣学道统的谬说，非同小可，"恐其以异学乱正学，而宗失其宗，传失其传，裂道术而二之也，是安可以弗辨乎？"③ 刘廷诏的《理学宗传辨正》则把孔孟及宋五子列为"圣学"的代表和传人，而把陆王之学视为"异端"，从"圣学"系统中予以剔除。刘氏说："此其（案：指陆王之学）所学得儒耶释耶，近于儒耶归于释耶，在儒释之间耶，在不儒不释之间耶？"④ 在刘氏眼里，陆王之学并非儒学，而是非儒非释的"异学"。部分理学士人还把汉学也看成是淆乱"正学"的"异端"。方东树的《汉学商兑》激烈抨击汉学，曾经引起学界的震动，自不待言。方宗诚指责汉学家"每逞偏见一得，别立宗旨，或尊古本，或改朱注，或专重致知，或专主诚意……皆务新奇而诋程朱，延及汉学之徒出，益肆猖獗。"他认为，对付的办法只有以"正学"反对"邪说"。针对当时的社会动荡，他主张以"正学"反"邪说"，指出：

> 夫正学明而后邪说不得而兴，正道尊而后邪教不得而入。吾儒中异说喧争，此异端中之邪说所以日炽也；吾儒中乱道蜂起，此奸民中

---

① 方宗诚：《志学录》，光绪三年（1877）刻本，卷八，31页。

② 贺瑞麟：《重刻小学韵语序》，《清麓文集》卷二，4页。

③ 刘廷诏：《〈理学宗传辨正〉原叙》，同治十一年（1872）六安求我斋刊本，第1册，4页。

④ 刘廷诏：《〈理学宗传辨正〉附录后论》，10页。

之肆乱者所以日横也。邪教乱民相与哄于天地之间，而我不急明正
学，尊正道，徒与日与之角，以收荡平廓清之效，吾见其难也。

他所说的"异端邪说"既包括儒学中异于程朱理学的派别，又包括民间的
各种反清思想。在他看来，"辟邪说"与"明正学"虽为一事，但"明正
学"却是"辟邪说"的根本，他说：

　　果自上至下，能确守《大学》之道，程朱之教，身体力行，期于
明体而达用焉，仕则施诸士，舍则垂诸书。正学一明，邪说未有不渐
弥者也；正道既尊，邪教未有不渐息者也。盖在我者先有拨乱反治之
具，而后可成除暴救民之功，不然终肤末耳。①

方宗诚所言表达了部分理学士人"倡正学，辟异端"主张的心声。

（三）访学士，举名流，延揽人才

理学派头面人物，包括朝中重臣倭仁、李棠阶及地方大吏曾国藩、胡
林翼等人，都十分重视延揽人才。

曾国藩对人才问题夙有讲究。早在典兵之前，他就向朝廷陈奏包括讲
究"转移之道"、"培养之方"、"考察之法"在内的用人策略。典兵之后，
他把起用人才作为直接关系到"剿逆"成败的头等大事。他说："窃以人
存而后政举。方今四方多难，纲纪紊乱，将欲维持成法，仍须引用正人，
随事纳之准绳，庶不泥于例而又不悖于理。"② 他笼络的主要对象是中下层
士大夫，即当时社会中的士绅集团。公开号召："倘有抱道君子……以卫
吾道者，本部堂礼之幕府，待以宾师。"③ 因此，他创办湘军"纯用书生为
营官，率皆生员、文童"④，竭力网罗乡间士人。江南各省士绅才子，"一

---

　　① 方宗诚：《〈大学臆说〉序》，载苏源生：《大学臆说》，咸丰十一年（1861）明
德堂藏版，1～2页。
　　② 曾国藩：《复毛寄云中丞》，《曾文正公书札》，清末刻本，卷五，27页。
　　③ 曾国藩：《曾国藩全集·诗文》，233页。
　　④ 王闿运：《湘军志》，20页，长沙，岳麓书社，1983。

时思自效者，无不投趋辕门"，出现了"幕府宾僚尤极一时之盛"① 的局面。罗尔刚的《湘军兵志》列出湘军重要人物共182人，内有179人的出身可考，出身于生员以上者达104人，占可考人数的58％，其中仅进士、举人出身者就达19人。② 这与太平天国排斥士人的状况形成鲜明的对照。身为军机大臣的李棠阶也强调"为治必先得人"，主张高级官员注重对人才的考察，翰林院掌院大臣要对属员"讲论正学，各抒所见，皆不得无故不到，可藉以知其人之所长，荐举备用"③。

总之，延揽人才不仅是曾国藩、李棠阶等少数人的强烈要求，而且是咸同年间许多封疆大吏的共识。对此，方宗诚说：

> 自胡文忠抚鄂，奏举兴国万清轩学行于朝。其后阎丹初抚山东，奏单为锪等。左宗棠抚浙，奏安徽夏炘。景剑泉督学河南，奏苏菊村、于绌斋、李又哲等。杨礼南督学四川，奏龙某等。沈幼丹抚江西，奏王其淦等。由是布衣诸生有学行者，皆得上闻，亦激扬之一道也。

方宗诚对曾国藩延揽人才的举措尤其赞赏："曾公则不然，如其人不愿仕，则致敬礼以隆之；如愿仕者，则由军事荐而用之。盖使朝廷收得人之实，固不必宠以虚文也。"又说："曾公既克复金陵，立书院以养寒士，立难民局以招流亡，立忠义局以居德行文学之士，立书局校刊四书十三经五史，以聘雅博之士。故江浙被难者，无不得所依归。"④ 方氏所说被大吏们荐举的名士万清轩、夏炘、苏菊生、于绌斋、李又哲等，皆为理学士人。由此可以窥见理学士人在政治上被重视的程度，也是理学复兴与"同治中兴"相辅相成的一个例证。

---

① 《薛福成集》，213页，上海，上海人民出版社，1987。
② 参见罗尔刚：《湘军兵志》，56～65页，北京，中华书局，1984。
③ 李棠阶：《军机说帖》，《李文清公遗书》卷二，26～27页。
④ 方宗诚：《柏堂师友言行记》卷三，3页。

（四）恢复科举书院，创办书局，振兴国家文教

由于连年战争，江南各省的文化教育事业遭到很大破坏，科举废止，学宫尽毁，藏书散佚。为了恢复、重建封建秩序，曾国藩等封疆大吏采取了一系列措施来振兴文教。1864年7月湘军攻克南京后，曾国藩立即着手修复江南贡院，并于当年年底举行了因战事而被迫停搁多年的江南乡试，取士273名。一时间，"两江人士，闻风鼓舞，流亡旋归，商贾云集"①。此外，他还整顿教育，重建官学。江宁府学、湘乡县学等学宫的修复、扩建，都得到了他的鼎力支持。1874年，出身于淮系的江苏巡抚张树声复修"因毁于兵燹"的南京紫阳、正谊两书院，受到清廷表彰。同治帝"亲书匾额各一方，交该抚祗领悬挂。"②

在这些封疆大吏的经营下，数年间，江南各省在战乱中被毁坏的书院大都得到恢复，同时还创办了一些新的书院，延聘饱学之士主持其间。创办于1865年的上海龙门书院，在上海道应宝时的支持下，先后聘请名儒顾广誉、万斛泉、刘熙载、方宗诚等主讲席，"专讲实学"。所订学规"与胡安定湖州学规相似，故江浙之士，多所造就"③，体现了宋儒"义理经济合一"的教育传统。

鉴于古籍图书在战乱中大量损失散佚，以及《四库全书》江南三阁的毁坏，胡林翼、曾国藩等大吏在各地创办官书局，刊印各种古籍文献，并试图重建《四库全书》江南三阁。1859年，湖北巡抚胡林翼在首建武昌书局。继之，曾国藩亦设局安庆，以后移局南京，是为金陵书局。此后，各地大吏纷纷效尤，先后在浙江、福建、江西、山西、山东、广东、湖南、四川等地成立了同样性质的书局，整理出版经史古籍。其中，以各代理学家的著作为编刊首选。一时间，《朱子全书》、《朱子语类》、《大学衍义》、《四书章句集注》等理学著作大量出版，广为流传。方宗诚于此有详细的说明：

---

① 黎庶昌：《曾国藩年谱》，193～194页，长沙，岳麓书社，1986。

② 《清朝续文献通考》卷一〇〇，"学校七"，8591页。

③ 方宗诚：《柏堂师友言行记》卷四，4页。

东南文字，尽毁于贼。胡文忠在湖北首开书局，刻《读史兵略》、《弟子箴言》。曾公在安庆开局刻《王船山先生遗书》，在金陵刻《四书》、《十三经》、《史记》、《汉书》。吴仲宣漕督在淮上刻《小学近思录》诸书；丁雨生中丞在苏州刻《通鉴》、《牧令》诸书；马谷山中丞在浙江刻钦定《七经》等书；左季高宫保在福建刻张仪封所编诸大儒名臣书；何小宋中丞在湖北刻《十三经》经典释文、《胡文忠公遗集》等书；吴竹庄方伯在安庆刻《乾坤正气集》及各忠节书；李少荃节相在金陵刻《名臣言行录》并朱批谕旨等书；丁稚黄中丞在山东亦开局刻《十三经》，皆有益世教也。[1]

除官方组织刻印外，一些地方宿儒名士也出资刊印理学书籍。陕西理学家贺瑞麟从 1854 年起，在讲学之余编印各朝理学书籍，成绩显著。到他 1893 年去世为止，已经出版图书达百种以上。他的门生后人把这些出版物汇编成一套大型丛书，定名为《清麓丛书》。内收各种理学书籍 153 种，集中了宋、元、明、清各代理学家的著述精华，成为咸同年间理学"复兴"的一个重要成果。

庋藏《四库全书》的江浙三阁，即扬州文汇阁、镇江文宗阁、杭州文澜阁，均毁于太平天国战争。1865 年，即清军攻陷天京后一年，曾国藩派幕僚莫友芝前往镇江、扬州一带，探访文汇、文宗二阁散失的书籍，图谋恢复。但经莫氏勘察，两阁已成一片废墟，存书散失殆尽，无法恢复。莫友芝无奈，只好悻悻而归。而杭州文澜阁尽管在火争中坍塌，损毁严重，但在当地士绅丁丙兄弟的努力下，历尽艰辛，百般搜罗，使大批佚书失而复得，为文澜阁在日后的恢复打下了基础。

同治年间，以曾国藩、倭仁、李棠阶等为代表的理学士人大都被清廷起用，担任了从中央到地方的许多要职。他们本着孔孟程朱"内圣外王"的基本宗旨，积极从军参政，为镇压太平天国革命和维护清朝的统治，在政治、军事、文教等方面提出一系列重要的方针策略，如端正朝纲、昌明

---

① 方宗诚：《柏堂师友言行记》卷三，3 页。

正学、笼络士人、恢复文教等。理学士人的这些活动，不仅扩大了程朱理学的影响，而且调整了统治集团内部的关系，增强了清政府在政治、军事、思想文化上的力量，成为清政府最后战胜太平天国的一个重要因素。程朱理学与"同治中兴"息息相关；程朱理学的"复兴"为"同治中兴"的出现创造了重要的条件，"同治中兴"也为程朱理学的重整旗鼓提供了强有力的政治支持。二者互为因果，相得益彰。

四、理学复兴现象的历史透视

从历史发展来看，程朱理学是中国封建社会后期受到统治阶级支持的官方哲学，具有多方面的社会影响。它的兴衰消长绝不是单纯的学术现象，也不是仅由思想学术一方面的因素所决定，而是一个由思想学术、政治、军事、社会诸方面因素交织在一起的复杂的社会现象。对于清朝咸同年间出现的程朱理学"复兴"也应作如是观。程朱理学"复兴"对当时和以后的学术发展、政治变化、政治力量的消长，都有着不小的影响。

程朱理学的复兴对同光时期的思想学术产生了深刻的影响。由于清政府的扶持和理学士人的鼓荡，讲求理学的风气一度得到强化。倭仁制定的《翰林院学规》，加强了翰林院研习程朱理学的内容，官方控制的文教机构竞相效尤，甚至波及洋务学堂。上海广方言馆的《课程十条》明确规定："于课文之前一日讲解《养正遗规》、《朱子小学》诸书。若有进境，则授以《近思录》及《朱子全书》、《性理精义》各篇。诸生听讲时，一态凝神，退而精心体认，笃实践履，庶于言行之际，敬肆之分，皆有所持循焉。"① 程朱理学在文教领域的正宗地位依然不可动摇。曾国藩打出"卫道"的旗帜，把大批"抱道君子"和"有血性"的书生吸引到自己门下，几使其幕府成为当时全国最大的人才库。尤其是曾国藩提出的"孔门四学"、"义理经济合一"的主张，突出了经世之学的重要性，对于经世致用精神的发扬和洋务思想的发展起到重要的推动作用。倭仁、吴廷栋等理学

---

① 《广方言馆全案》，中国社会科学院图书馆藏本，22页。

头面人物在士人中也有一定的影响力。河南林县布衣学者徐淮阳，倾慕倭仁的学养，"年几六十，徒步不远千里，谒艮峰访学"①。在当时的士林中一时传为美谈。吴廷栋在山东为官时，曾与安徽书生方潜论学。方潜时好陆王心学，尝著《心述》沾沾自喜，而吴廷栋则认为他误入歧途。为使方潜"迷途知返"，吴廷栋与他"反复辩论二十余书，大约先辩其心即理也之谬，后辩其心无生死之说"②，终使方潜翻然悔悟，归依程朱。为此，吴廷栋写信喜告倭仁："学子中挽回此一人，亦大幸也。"③ 在这些理学显宦周围大都形成了一个个或大或小的士大夫群体。他们以程朱相标榜，呼应提携、呼朋引类，使所谓"正学"的声势一时大振，对正在兴起的今文经学和处于衰落中的汉学造成一定的冲击。

　　兴起于乾嘉年间的今文经学本来在鸦片战争前后已经呈现向上发展的势头，但程朱理学的兴起几乎淹没了它的声音。在理学颇为盛行的咸同年间，讲求今文经学的学者固然不乏其人，但他们或者依附于理学显宦，或者作一些考据性的研究，大都保持低调姿态，失去了龚自珍、魏源当年愤世嫉俗的虎虎生气。学宗公羊学的王闿运做了曾国藩的幕僚。邵懿辰讲公羊学而不悖程朱，尝著《仪宋堂后记》为理学张目，尝云："苟无孔子之六经与夫有宋程朱所考定四子之书，在天壤之间，与饮食衣服长留而不弊，则夫乾坤几何而不毁坏，人类几何而不灭绝耶！"④ 他与曾国藩交谊深厚，1861 年太平军攻占杭州，"骂贼被害"⑤。戴望是以公羊家法撰《论语注》的今文经学家，也被曾国藩罗致于金陵书局，校勘古籍。大致从咸同至光绪中叶，喧嚣一时的今文经学几乎无大作为，直到 19 世纪八、九十年代，经廖平、康有为等人的鼓吹才又重新活跃起来。

　　乾嘉汉学本来在嘉道年间已呈衰象，后经方东树等理学士人的抨击更

----

① 徐世昌：《清儒学案》第 4 册，卷一六五，"艮峰学案"，87 页，北京，中国书店，1990。

② 方宗诚：《吴竹如先生年谱》，光绪四年（1878）畿辅志局刻本，49 页。

③ 徐世昌：《清儒学案》卷一五九，"拙修学案"，916 页。

④ 邵懿辰：《仪宋堂后记》，《半岩庐遗文》，光绪三十四年（1908）刊本，21～22 页。

⑤ 《清史列传》第 17 册，卷六十五，5220 页，北京，中华书局，1987。

呈凋零之势。陈澧曾在致友人的信中哀叹汉学的衰落：

> 今海内大师，凋谢殆尽。澧前在江南，问陈石甫江南学人，答云无有。在浙江问曹葛民，答亦同。二公语或太过，然大略可知，盖浅尝者有之，深造者未必有耳。吾粤讲汉学者，老辈惟勉翁在，而近年为俗事所扰。同辈中最笃学者李子迪太史，每日读注疏、《通鉴》为正功课，《皇清经解》、《五礼通考》为余功课，惜乎咯血死矣。后生辈好学者，则不过二三人耳。夫以百年来诸儒提倡之力，而衰歇之易如此。①

只是在调和汉宋思潮的影响下，一些学者不再热衷于汉宋学论辩，转而主张汉宋学合流，才缓和了宋学对汉学的攻击。光绪年间，汉宋合流成为晚清儒学发展的主流，汉宋关系出现了新的整合。

作为封建统治阶级支持的官方哲学，程朱理学始终与政治有着密切的关系。这在"同治中兴"的过程中表现得十分突出。程朱理学"复兴"带来的不只有学术方面的变化，而且还有统治阶级内部政治格局的变动。因为随着理学的抬头，一批讲究理学的士人得到统治者的重用，占据朝廷内外要津，理学的影响和作用也自然从意识形态方面转到政治上来，势必引起统治阶级内部各派势力之间力的盈缩长消。这种变化主要表现在两个方面：

其一，以曾国藩、李鸿章、左宗棠为代表的湘淮系汉族地主阶级地方势力的崛起，是咸同年间在提倡理学的背景下地主阶级政治结构发生的最为明显变化。在出身于湘淮系的新贵中，如曾国藩、李鸿章、左宗棠、郭嵩焘、刘蓉、曾国荃、刘长佑、刘坤一等到后来大都转化为洋务派，成为开展洋务运动的中坚力量。他们或者是学宗程朱的理学家，或有理学的学术背景和渊源，既信奉程朱理学的思想信条，而又遵循曾国藩倡导的"义

---

① 陈澧：《东塾续集·与徐子远书》，《东塾读书记（外一种）》，341 页，北京，生活·读书·新知三联书店，1998

理经济合一"原则。具有务实精神和较强的实际才干，不属于只会夸夸其谈的道学家流，可称为理学经世派。当然，不能说洋务派都是理学经世派，但是，讲理学经世者在洋务派中乃至整个洋务运动中具有举足轻重的地位，却不为过。

其二，在朝中位居要津的倭仁、李棠阶等理学重臣感染了一批翰詹御史，逐渐形成名噪一时的清流派，对同光时期的朝局产生了较大的影响。倭仁、李棠阶、吴廷栋被时人誉为提倡"正学"的"海内三大贤"，在士林中享有很高声望。尤其是倭仁，俨然一代儒宗，又掌翰林院，为一般御史翰詹所倾慕，致使此类士人多以弟子事之为荣耀。同光时期的名御史游百川、翰林院编修于荫霖等均为倭仁门生。李鸿藻、翁同龢也都深受倭仁影响，与他有类似师生般的交谊。而李、翁都是清流派的掌门人物，前者为北清流领袖，后者是南清流魁首。翁同龢在日记中时时流露出对倭仁的钦佩之情："听艮峰先生讲，巧言令色足恭章，自知有此病痛，此后当切戒，诚字一刻不可离舍"①；"艮老欲建言大婚礼仪宜从节俭，又弹中官之无状者，风节可钦，余等不及"②。倭仁死后，他如丧考妣，哀叹："哲人云亡，此国家之不幸，岂独后学之士失所仰哉！"③

无论是程朱理学复兴也好，还是"同治中兴"出现也罢，都不是单纯的统治阶级少数人竭力运作、施加影响造成的结局，而是有着更深层的社会原因。简言之，是这个时期因社会动荡而导致的政治力量变动的必然结果。这是因为清王朝赖以支持的除了庞大的官僚机构和正规军——八旗、绿营之外，还有一个人数众多、社会联系广泛的基础阶层，即士绅阶层。程朱理学复兴及"同治中兴"的出现就受到这个阶层的有力支持。

作为中国传统社会的一个重要阶层，士绅集团的形成由来已久，尤其在明清时期，它所起的社会作用日益突出，正如曾国藩所说："绅士能洁己而奉公，则庶民皆尊君而亲上矣。"④ 一语道出士绅集团在下层民众中所

① 陈义杰点校：《翁同龢日记》第 2 册，668 页，北京，中华书局，1989。
② 同上书，684～685 页。
③ 同上书，853 页。
④ 曾国藩：《劝诫浅语十六条·劝诫绅士四条》，《曾国藩全集·诗文》，440 页。

具有的巨大影响力。士绅既拥有"官"的某些特权，又生活在"民"之中，对于"民"有一定的号召力，具有亦官亦民的特殊属性，自然为封建统治阶级上层所倚重。清政府在维持地方风化、主持地方公共事业以及协助官府镇压民变等方面的职能，主要通过士绅来实现。曾国藩把士绅的社会作用概括为"保愚懦以庇乡"①。同时，士绅阶层又是一个在思想上深受程朱理学熏陶的社会群体，他们获取功名必须要熟读理学的范本——朱熹的《四书集注》和《朱子语类》。程朱理学的精神已经深深渗透于这个阶层的主观精神之中。他们中的绝大多数人不仅自己信奉纲常名教，而且还以此理教化乡民，把程朱理学的信条和精神传感到更多的人群之中，包括相当多的一部分下层民众。方宗诚在其著述中曾提到一位普通农家子弟"一意以求道为事"的事迹，颇发人深省。河南西华县的茂才于锦堂向好圣人之学，最初攻读阳明之学，"犹以为未足也"。后来听说倭仁"为程朱之正脉"，便不顾路途遥远，"只身远行，衣衾单薄，而毫无困苦之色"，决意要求学于倭仁。方宗诚曾与此人倾谈，得知于锦堂钟情于圣学是受到身为农夫的老父鼓励。于自谓："此（案：指离家远行求学事）吾父志也。吾父力农，而三子皆读书，为学官弟子。吾尝以求正学之意告父，父大喜曰：'汝能虽奔走万里，困苦劳瘁，皆毋以家为念。科第有无，不足计。家世力田，固亦奚慕邪！'今父康健，一弟侍侧，故遂得出门远行，且将往见艮峰先生也。"② 在一位普通农家之主的心目中，对"正学"的追求甚至超过博取科举功名，竟然鼓励自己的儿子不惜离家远行，去学圣人之道。可见，理学不仅对当时的士大夫有吸引力，而且在下层民众中也有相当深入的影响。然而，像于锦堂那样的一般读书人进身的途径只有参加科举考试，而这条路对绝大多数士人来说却非常狭窄，无异于"千军万马过独木桥"，能够荣登榜上的只是极少数人，多数应考者都要名落孙山。19 世纪 50 年代爆发的太平天国起义不仅受到士绅集团的激烈抵抗，而且也给广大读书人开辟了新的进身途径，即投笔从戎，通过军功保举而飞黄

① 曾国藩：《劝诫浅语十六条·劝诫绅士四条》，《曾国藩全集·诗文》，440 页。
② 方宗诚：《柏堂师友言行记》卷二，15 页。

腾达。

在镇压太平天国的过程中，士绅集团对太平军进行了相当顽强的抵抗，起到了清朝正规军所不能起的作用。曾国藩在署理两江总督后曾在行营设立忠义局，对那些在抵抗太平军战斗中死亡的官绅士女之"节烈"事迹，"委员采访，详核事实，兼考世系"，予以上报表彰。这些材料很能说明士绅集团在当年那场阶级大搏斗中对于封建统治者的重要意义。曾国藩在《行营设立忠义局采访忠义第一案片》提到的"节烈"之事，即避居于安徽宁国的原贵州都江通判程枚"厉声骂贼"，"矢志不屈"，与其家人"同时焚毙"。他建议朝廷"从优议恤，并分别旌表，以褒忠节"①。仅从1860 年 8 月至 1862 年 12 月，曾国藩上报的《行营采访忠义请恤折》就达17 案，表彰了大批"殉节"的官绅，如第十二案提到官绅殉难者 47 人、第十三案 14 人，第十四案死难官绅士民 192 人，第十五案官绅死难者 25人、第十六案 8 人、第十七案 63 人。从他给清廷所上的"请恤折"中可以看出地方士绅对太平天国抵抗的激烈程度。更为重要的是，一些士绅投笔从戎，积极组织团练，直接参与镇压人民起义的活动。湖南诸生罗泽南长期在乡村教读，授徒无数。1852 年，罗泽南在籍倡办团练，后编入曾国藩的湘军，与太平军作战负伤而死。他的学生王鑫、李续宾、李续宜、钟近衡、蒋益澧、杨昌濬、易良干、罗信东、罗信南等均为理学之徒，追随他加入湘军。曾国藩称罗泽南"与其徒讲论濂洛关闽之绪，瘏口焦思，大畅厥志。未几，兵事起，湘中书生多拯大难、立勋名，大率公弟子也"。② 这批人熟读四书五经，善于用理学思想教化、影响士兵，给军队注入一种新的精神力量。王鑫"常教士卒作字读书，书声琅琅，如家塾然。又时以义理反复训谕，若慈父之训其爱子，听者至潸然泪下。"③ 曾国藩亦十分看重士绅的作用，在创办湘军的过程中大量提拔这批人，委以重任，致使他最

---

① 曾国藩：《行营设立忠义局采访忠义第一案片》，《曾国藩全集·奏稿二》，1197～1198 页，长沙，岳麓书社，1987。

② 曾国藩：《罗忠节公神道碑铭》，《曾国藩全集·诗文》，305 页。

③ 罗正钧：《王鑫年谱》，《湘军人物年谱》（一），59 页，长沙，岳麓书社，1987。

后收取平定太平天国之功。

　　总之，咸同年间的程朱理学复兴，不仅是涉及一个学派的兴衰问题，而且与社会政治力量的消长紧密结合在一起。理学的复兴强化了士绅阶层封建性的意识形态，增强了他们对王权的向心力；太平军屡挫八旗绿营，又迫使清王朝不得不寻求新的依靠力量，遂向士绅集团伸出求援之手，最终造成以曾国藩为首的汉族地主阶级地方势力崛起和以倭仁、李棠阶等理学官僚执掌朝纲的局面。所有这些都使统治阶级内部的关系和力量得到新的调整和振兴，从而加强了清王朝在政治、军事、文化等方面的力量，为平定太平天国起义，实现"同治中兴"创造了条件。无怪有人把清朝"同治中兴"归功于"正学"即程朱理学的昌明："其在道光时，唐鉴倡学京师，而倭仁、曾国藩、何桂珍之徒相从讲学，历有数年。罗泽南与其弟子王鑫、李续宜亦讲学穷庐，孜孜不倦。其后内之赞机务，外之握兵柄，遂以转移天下，至今称之。则不可谓非正学之效也。"[1]

　　光绪朝以后，尽管清统治者竭力维持喧嚣一时的王朝"中兴"局面，并采取了种种强化"尊孔读经"的措施，然而，由于民族危机和社会变革浪潮的迭起，使传统社会秩序和意识形态受到严重冲击而被削弱，理学出现了不可逆转的衰败趋势。正如皮锡瑞所说："今人一见人讲道学，即以假道学诋之。"[2] 历史证明，程朱理学既不能永久性地维持封建王朝所谓"中兴"局面，也不能克服自身的痼疾而避免衰落的命运，靠其自身的力量是不能脱旧更新的。随着清朝的垮台，程朱理学最终失去了官方哲学的地位，迅速分化、沦落，为方兴未艾的近代新学术、新思潮所压倒。

---

　　[1]　曾廉：《应诏上封事》，载《中国近代史资料丛刊·戊戌变法》（二），493页，上海，神州国光社，1953。

　　[2]　《皮鹿门学长南学会第三次讲义》，载《湘报》第17号，100页，北京，中华书局，1965。

第二章　晚清理学经世思想

清嘉道以后，程朱理学出现复兴的势头，同时，日渐严重的社会危机又迫使人们不得不对经世致用之学予以更多的关注。这样，在晚清理学士人中，形成一种"义理"与"经济"合一的思想主张，即所谓"理学经济"或"理学经世"思想。这成为晚清理学复兴中的一个思想亮点。曾国藩、刘蓉、罗泽南、夏炯、朱文炜等，即为其中的重要成员，亦可称之为理学经世派。他们的思想很复杂，但其中不乏积极因素，值得深入研究。

一、"义理经济"合一的思想结构

嘉道年间崛起的理学经世派把"义理"与"经济"结合在一起，作为一种救世良方予以提倡，主要是鉴于社会政治危机的日趋恶化。

鸦片战争以后，清王朝固有的统治危机在各方面暴露出来，整个国家每况愈下。这种情况极大地触动了晚清理学士人的思想，强化了他们的忧患意识和为国分忧的责任感。他们本着"修齐治平"的宗旨，思考如何解决社会问题的方法，并通过著书立说的形式表达出来。其中比较有代表性的议论有：刘蓉的《致某官书》（1841 年前后），陈庆镛的《武营积弊疏》（1843 年）、《申明刑赏疏》（1843 年），吴嘉宾的《论内外罔欺疏》，曾国藩的《应诏陈言疏》、《备陈民间疾苦疏》、《议汰兵疏》、《敬陈圣德三端预防流弊折》，等等。这些文章都在不同程度上，对清朝统治的弊病作了大胆的揭露和批评。不少文章、奏疏对问题的抨击相当尖锐，反映出作者的忧患意识。如刘蓉在《致某官书》中对贪官污吏的劣迹作了极为形象的描述：

> 今之大吏，以苞苴之多寡为课绩之重轻，而黜陟之典乱；今之小吏，以货贿之盈虚决讼事之曲直，而刑赏之权乖。黜陟乱，则国何以

治；刑赏乖，则民何以措。自古迄今，未有官由赂得，政以贿成，而国犹不乱者也。……今州县之中，稍有洁己自好者，不惟白首下僚，无望夫官阶之转，而参劾且随之。而贪污者流，既以肥身家、乐妻子，而升擢之荣，岁且数至。

刘蓉的揭露深刻地反映出清朝吏治的败坏已经达到不可救药的程度，也可以看出他社会批判思想的尖刻性。然而，刘蓉并没有就此止步，而是进一步向统治者发出警告：吏治败坏是国家出现危机的重要原因，如果置若罔闻、听之任之，后果将不堪设想。他疾呼：

> 正恐国家之所增无几，而阎闾之被祸已烈；边塞之军资未足，而官司之贪囊已盈；外夷之烽燧未销，而海内之干戈已起。天下之势方岌岌焉，有厝火积薪之忧。今又张之风而助之焰，则前所陈数者之弊，有不一旦并发而速燎原之祸者哉。①

在这里，刘蓉已经敏锐地预感到一场暴风雨般的社会动荡即将来临。当人们在读到这些话语时，不禁会联想起地主阶级经世派人物龚自珍发出的警告。龚氏揭露当时社会危机时说：

> 自京师始，概乎四方，大抵富户变贫户，贫户变饿者，四民之首，奔走下贱，各省大局，岌岌乎皆不可以支月日，奚暇问年岁？②

他同样预感到在这种社会危机中酝酿着一场社会剧变，写道：

> 如是则豪杰轻量京师；轻量京师，则山中之势重矣。……朝士寡助失亲，则山中之民，一啸百吟，一呻百问疾矣……俄焉寂然，灯烛

---

① 刘蓉：《致某官书》，《养晦堂文集》，卷三，4～5页。
② 龚自珍：《西域置行省议》，《龚自珍全集》，106页，北京，中华书局，1959。

无光，不闻余言，但闻鼾声，夜之漫漫，和旦不鸣，则山中之民，有大音声起，天地为之钟鼓，神人为之波涛矣。①

刘蓉、龚自珍对社会危机的揭露有着异曲同工之妙。

吴嘉宾把官场庸吏们的劣迹概括为一个"欺"字。他在一道奏疏中说：

> 臣以为国家之忧未有所底也，窃谓'欺'之一字，非徒海疆诸臣蹈之，即中外大小诸臣皆蹈之。②

所谓"欺"是指官吏们为了升官保官而不惜欺上瞒下，文过饰非，谎报军情政情的恶劣做法和腐败风气。其结果则使国家政事有名无实，百业俱废，民怨鼎沸，祸不旋踵。吴嘉宾的一个"欺"字，一针见血地揭露出清朝吏治败坏的程度之深。

曾国藩对清朝统治危机也有着相当清醒的认识。他在所上的奏疏中直言不讳地抨击贪官污吏鱼肉百姓的暴行，描绘出一幅黑暗无道，暴虐横行的凄惨画面。他在《备陈民间疾苦疏》中揭露了三方面的问题，即"银价太昂，钱粮难纳也"；"盗贼太众，良民难安也"；"冤狱太多，民气难申也"。愤然揭露各级官吏对老百姓的横征暴敛，他指出：

> 朝廷自守岁取之常，小民暗加一倍之赋。此外如房基，如坟地，均需另纳税课。准以银价，皆倍昔年。无力监追者，不可胜计。州县皆全力以催科，犹恐不给，往往委员佐之，吏役四出，昼夜追比，鞭朴满堂，血肉狼藉，岂皆酷吏之为哉！预截太多，缺分太亏，后任无可复征，使循吏亦无自全之法。则贪吏愈得借口鱼肉百姓，巧诛横索，悍然不顾。江西、湖广课额稍轻，然自银价昂贵以来，民之完纳

① 龚自珍：《尊隐》，《龚自珍全集》，88页。
② 吴嘉宾：《论内外罔欺疏》，《求自得之室文钞》，同治五年（1866）广州刻本，卷四，17页。

愈苦，官之追呼亦愈酷。或本家不能完，则锁拿同族之殷实者而责之代纳。甚者或锁其亲戚，押其邻里。百姓怨愤，则抗拒而激成巨案。如湖广之耒阳、崇阳，江西之贵溪、抚州，此四案者，虽闾阎不无刁悍之风，亦由银价之倍增，官吏之浮收，差役之滥刑，真有日不聊生之势。①

庸劣官吏制造的冤狱亦令人发指。他揭露：

> 民人京控……近来概交督抚审办，督抚发委首府，从无亲提之事；首府为同寅弥缝，不问事之轻重，一概磨折恫喝，必使原告认诬而后已。风气所趋，各省皆然，一家久讼，十家破产，一人沉冤，百人含痛。往往有纤小之案，累年不结，颠倒黑白，老死囹圄，令人闻之发指者。②

曾国藩还揭露大小官吏一味敛财虐民，惰于公事，朝内外官场弥漫着因循推诿，泄沓糜烂的腐恶风气。他说："京官之办事通病有二：曰退缩，曰琐屑；外官之办事通病有二：曰敷衍，曰颟顸。"他痛切地感到，庸吏充斥官场不仅大大降低了国家各级衙门的办事效率，而且还阻塞了人才登进的途径，造成国家的人才危机。他说："有此四者（案：指以上提到的官场四项通病），习俗相沿，但求苟安无过，不求振作有为，将来一有艰巨，国家必有乏才之患。"③ 他对清朝军纪败坏，武备松弛同样忧心忡忡，认为最大的问题就是兵饷不足和"兵伍不精"，他批评说：

> 兵伍之情状，各省不一。漳、泉悍卒，以千百械斗为常；黔、蜀冗兵，以勾结盗贼为业；其他吸食鸦片，聚开赌场，各省皆然。大抵无事则游手恣睢，有事则雇无赖之人代充，见贼则望风奔溃，贼去则

---

① 曾国藩：《备陈民间疾苦疏》，《曾国藩全集·奏稿一》，30 页。
② 同上书，32 页。
③ 曾国藩：《应诏陈言疏》，《曾国藩全集·奏稿一》，7 页。

北京师范大学史学探索丛书

杀民以邀功。①

曾国藩对社会危机的抨击是全面而深刻的，在理学经世派的言论中具有代表性。

理学经世派在揭露社会时弊的同时，还进一步探讨了如何解决这些问题的办法和出路。他们得出的结论是："世运之盛衰在风俗，而风俗之浮浇在政教"，政教的优劣又取决于学术。曾国藩曾经说过这样的话："欲使有用之才不出范围之中，莫若使之从事于学术"②，即要士大夫研习程朱理学。从表面上看，这种主张与另一些持正宗理学观点、以主张"守诚主敬"的所谓理学主敬派士人③的观点并无二致，无非是提倡宋学，高张程朱而已。然而，如果细察其详，二者又具有相当程度的不同；理学主敬派士人侧重于强调程朱的道德论，试图通过强化道德教化来达到"振纲常，正人心，淳风俗"的目的；理学经世派则主张在推行道德教化的同时，提倡经世致用之学，关注国计民生，研究有用之学，切实解决现实社会中的具体问题，带有明显的政治实用倾向。

理学经世派与理学主敬派的不同还在于，前者能够用现实主义的立场来看待程朱理学，对其进行一定程度的反思，意识到理学末流存在的流弊并试图予以纠正，而没有像理学主敬派那样陷入思想上的僵化和停滞。理学经世派认为，人们把理学的空疏之病归罪于程朱是不公平的，理学的弊端是由后世腐儒所造成，与程朱诸儒无关。刘蓉说：

> 近世学者诵法宋儒，颇牵文义，动涉迂拘，用是常为世所诟病。不知周、程、朱、张数先生莫不洞达世务，体用兼赅，既躬豪杰之

---

① 曾国藩：《议汰兵疏》，《曾国藩全集·奏稿一》，19 页。
② 曾国藩：《应诏陈言疏》，《曾国藩全集·奏稿一》，7 页。
③ 有的学者认为，在晚清提倡理学的士人中，恪守程朱理学的正统观念，强调内圣，守诚主敬，把内在道德修养视为最重要的"经世"途径，称这些理学士人为理学主敬派，以区别于注重"开外王"的曾国藩等理学经世派。其详论可参见史革新：《晚清理学研究》，北京，商务印书馆，2007。

资，而所学所养又能充实光辉，含宏博大，非同后世腐小生寻行数墨，稍得一知半解，沾沾自喜，以为独得之秘也。①

在他看来，程朱等理学创始人不仅重"义理"，而且还"洞达世务"，通晓"经济"，讲的是"体用兼赅"之学，与理学末流"动涉迂拘"截然不同。程朱之学要旨是否可用"体用兼赅"来概括，是另一个问题。重要的是刘蓉提出了自己对程朱理学的新理解，即程朱理学不仅包括作为"体"的"义理"，而且还包括作为"用"的"经济"，是"体用兼赅"、"本末皆备"的学问。在这里，实用性成为衡量学术价值的一个重要标准。这当然不仅是刘蓉一个人的看法，而是一种带有倾向性的社会思潮。如夏炘也提出治学应当"归本于义理经济"的主张：

> 学无大小，以适于用者为贵。故义理为上，经济次之，经学史学次之，诗古文词又次之。至于名物制度、声音训诂，不过藉以攻诗古文词，藉以考经史而已。诗古文词得其概实，经史涉其门矣。是当归本于义理经济，以求为有体有用之儒，斯可以名一家之学。②

意思是，在各种学问中，"义理"、"经济"最为重要，其地位应该高于其他学术门类。他把程朱之学称为"明体达用"之学，指出："朱子之学，由博返约，尊德性，道问学，未尝偏废，得明体达用之全。"③ 他所说的"明体达用"和刘蓉说的"体用兼赅"意义完全一致。夏炘十分强调学术的致用性，认为讲求理学如果不能在治家治国的实践中显示出它的效用来，就根本谈不上洞知其真谛。他说："根究义理者，虽尺短过长，未必悉归大道。而居家则能治家，居官则能为国，小用之而小效，大用之而大

---

① 刘蓉：《复窦兰泉侍御书》，《养晦堂文集》卷七，4页。
② 夏炘：《乾隆以后诸君学术论》，《夏仲子集》，民国十四年（1925）铅印本，卷一，9页。
③ 方宗诚：《夏仲子传》，载《夏仲子集》附文。

北京师范大学史学探索丛书

效，如是方可谓之有用之学。"① 又说：

> 穷经以致用也，用之于家，则自收束身心，整齐内外，人情物理知明处当，事事皆有实际；用之于国，则自农桑水利，风俗学校，以及奉公守法，洁己爱民，事事皆有实心。如是而后，可为通儒，而后可以谓之学者。②

无论是"穷经"，还是"求理"，都要以"致用"为依归。只有那些既尊崇"义理"，又知晓世事的人，才可以称为"通儒"、"学者"。理学的致用性被他作了充分的发挥。而对"义理经济合一"的思想进行总结性阐述的则是晚清大儒曾国藩。

曾国藩在姚鼐提出的"义理、考据、辞章"的基础上，把"经济"从"义理"中独立出来，与义理、考据、辞章齐驾并驱，从而形成"孔门四科"的说法。他说："为学之术有四：曰义理，曰考据，曰辞章，曰经济。"③ 最初，姚鼐曾经提出"孔门儒学"由"义理、考据、辞章"三科构成的说法，并得到学界的普遍承认。晚清时，理学宗师唐鉴依然持这种看法。他在与曾国藩等人论学时说："为学只有三门，曰义理，曰考核，曰文章。"还是重复姚鼐的说法。与姚鼐有所不同的是，唐鉴在一定程度上承认了讲求"经济"的必要性，但只把"经济"包括在"义理"之中，依然没有肯定它的独立地位。他说："经济之学，即在义理内。"而他对考求"经济"的解释则是："经济不外看史，古人已然之迹，法戒昭然，历代典章，不外乎此。"④ 曾国藩"青出于蓝而胜于蓝"，治理学出于唐鉴而又高于乃师，把"经济"从"义理"中独立出来，与其他三科并列，提出了"孔门四科"的观点，并对此作了详细的说明：

---

① 夏炘：《学术有用无用辨》，《夏仲子集》卷一，12页。
② 方宗诚：《夏仲子传》，载《夏仲子集》附文。
③ 曾国藩：《劝学篇示直隶士子》，《曾国藩全集·诗文》，442页。
④ 曾国藩：《曾国藩全集·日记一》，92页。

义理者，在孔门为德行之科，今世目为宋学者也；考据者，在孔门为文学之科，今世目为汉学者也；辞章者，在孔门为言语之科，从古艺文及今世制艺师赋皆是也；经济者，在孔门为政事之科，前代典礼、政书，及当世掌故皆是也。①

在"孔门四科"中，曾国藩始终把"义理"放在首位，地位高于其他三科，强调在治学之前。首先要学习程朱理学，悉心体会程朱主张的"居敬穷理""诚正格致"等一套道德修养的理论，确立超凡入圣的志向。他说：

　　人之才智，上哲少而中下多，有生又不过数十寒暑，势不能求此四术遍观而尽取之。是以君子贵慎其所择，而先其所急。择其切于吾身心不可造次离者，则莫急于义理之学。……今与直隶多士约：以义理之学为先，以立志为本。……志之所向，金石为开，谁能御之？志既立矣，然后取程朱所谓居敬穷理、力行成物云者，精研而实体之。其事始于修身，终于济事，百川异派，何必同哉？②

可见，曾国藩把"义理之学"视为维系道统，为人立本的根本依据，凌驾于其他三科之上，是治其他三科的基础和前提。要学其他三科，首先要学好"义理之学"。"义理之学"是"体"，是根本，其他三科是"用"，是"义理"的辅助。而在其他三科中，曾国藩强调的是"经济"，称之为"政事之科"，一切考求各种关系到国计民生的学问都包括在内，与"义理之学"互为表里。所以他说："义理与经济初无两术之可分，特其施功之序，详于体而略于用。"③ 曾国藩的以上言论比较全面地阐述了"义理经济合一"的思想，不仅把"经济"独立出来，予以突出的地位，将"孔门三学"发展为"孔门四学"，增强了儒学的实用性、应变性，而且又阐明了"孔门四学"之间的关系，明确地把"义理之学"视为根本，而其他三科

---

① 曾国藩：《劝学篇示直隶士子》，《曾国藩全集·诗文》，442 页。
② 同上书，442～443 页。
③ 同上书，443 页。

北京师范大学史学探索丛书

则为"义理"的辅助，以"义理之学"纲领其他三科，坚持了封建主义的政治方向。曾国藩的这种观点不是孤立的，在晚清理学营垒中拥有不少拥护者。湖南籍学者朱文炘就是其中之一。

朱文炘曾经用果树的根、枝、叶、果做比喻，来说明"正学"内部各科学术之间的关系。他把"正学"中的"义理之学"比做果树的"根"，"经济之学"比做果树的"枝"，"考据之学"相当于"叶"，"辞章之学"相当于"果"。果树如果缺了根、枝、叶、果，便"不足以为树"；同样，如果"正学"缺少以上四科中的任何一科，也"不足以为学"。同时他认为"孔门四学"并不是彼此平等，相互并列，而是像果树的根、枝、叶、果那样，有着主次、体用的区别。他说：

> 其中有体有用。统言之，则根，本体也；枝、叶、果，用也。析言之，则干，体也；根，体之体也；枝，用也；叶、花，用之用也；果则用而反于体者也。有本有末，有先有后，有大有小。……是故为学必以干为本，以根为大本，以枝为用。而叶与花、果经纬其间。此为正学之定，则古今圣贤君子，由此其选也。①

另一位学者沈源深也用"体用"、"根枝"来比喻说明"义理经济"之间的关系。他指出："余谓义理为经济之本，经济为义理之用。考据者，所以考明经济者也；辞章者，所以发挥义理经济者也。犹之木也，义理为根，经济为干，辞章、考据皆枝叶。故此四者，虽不可缺一，而犹必以义理为重。"② 与朱氏不同的是，沈源深更加突出强调了"经济"的重要性，把它摆在仅次于"义理"而重于"考据"、"辞章"的显要位置。也就是说，"考据"、"辞章"的发挥，不仅不能离开"义理"，而且也不能离开"经济"。

概而言之，在嘉道年间，随着清朝统治危机的暴露，一部分崇尚理学

---

① 朱文炘：《果木明正学全体记》，《慎甫文存》，咸丰三年（1853）长沙丁氏刻本，30～31 页。

② 沈源深：《劝学浅语》，光绪二十六年（1900）求实书院刻本，15 页。

的学者打出"义理经济"合一的旗帜，试图"以经济之实，济义理之穷"，为程朱理学及封建制度寻找出路，形成理学经世派的思想主张。经过曾国藩等人的阐述发挥，这种思想主张得到进一步充实，逐渐形成这样一种共识：以"孔门四科"取代"孔门三科"，突显"经济"的地位；"义理"与"经济"既有体用之分，又互为表里，相互补充，不可偏废。"经济"虽然次于"义理"，但却高于"考据"、"辞章"。

二、"求变"、"务实"的基本思想内涵

理学经世派标榜"义理经济"合一的思想宗旨，既保留了程朱理学重道统、崇道德的儒学正宗立场，又突出了经世致用的精神，兼备了解决社会实际问题的学问和才干，竭力发掘传统儒学中的积极因素，形成了与理学主敬派主张明显不同的思想内涵。这些思想内涵可以概括为知权达变、求实务实、注重事功等三个方面。

（一）知权达变——对儒学"变易"观念的发挥

理学经世派不像一些正统理学家那样迂拘、僵化，能够用"变易"观点看待历史和现实，讲求"知权达变"。他们认为，圣人之道虽然是万古不变的大本大原，但是各代实行的法度则是不断变化的。罗泽南说：

> 二帝三王之法本于道，二帝三王之道本于天，大经大法，万世所不能外而其制度文为则，必随时而损益。禹、汤、文、武即生今日，夏、商、成周之制，亦有不能尽行者。道无古今，用有古今也，必泥其迹而行之，非通儒之经济矣。[①]

在这里，罗泽南虽然把圣人之道看做万古不变的法则，但是却承认历代制度可以因时而变，在"不变"之中寓于了"变"，从理论上肯定了变通过时制度的合理性。他说的"道无古今，用有古今"和后来洋务派的"变器

---

① 罗泽南：《人极衍义》，同治二年（1863）长沙刻本，12 页。

不变道"的观点，有异曲同工之妙。也就是说，真正的"通儒"绝不是只会空谈性理道德、耙梳故纸堆的迂夫子，而是通晓"义理经济"，善于知权达变的干才。刘蓉也认为讲理学必须懂得"变通"的道理，破除"拘挛之见"。他说：

> 天下无理外之事，斯无事外之理。善穷理者，未有不证诸事者也；善言天者，必有证于人；善言古者，必有验于今。……穷理之学正所以破拘挛之见，尽变通之妙也。①

曾国藩同样用"变易"观点来看问题。他在谈到政治问题时说：

> （研究治国之术）皆以本朝为主，而历溯前代之沿革本末，衷之以仁义，归之以简易。前世所袭误者，可以自我更之；前世所未及者，可以自我创之。其苟且者，知将来之必弊；其至当者，知将来之必固，所谓虽百世可知也。②

可见，曾国藩并不迷信古人前贤，能够以"自我更之"、"自我创之"的改革观点看待前人留下来的典章制度，敢于"变通"其中的"袭误者"、"未及者"，体现了知权达变的精神。

理学经世派的"知权达变"思想是以传统儒学中的辩证法因素为依据的。宋明理学有着比较丰富的辩证法思想。周敦颐关于宇宙生成的《太极图说》，张载的"气化"、"神化"说，二程对《易传》的发挥，朱熹的《周易本义》等著述，都论述了宇宙生成，阴阳演化的问题，包含着朴素的辩证法观点。这些积极因素大都被晚清理学家所继承。另外，晚清社会处于剧烈的变迁之中，迫使人们不得不用"变易"思想看待客观环境，以应付所处的变局。尤其会使理学经世派积极研究"变易"理论，谈"易"

---

① 刘蓉：《复彭竹溪书》，《养晦堂文集》卷三，1页。
② 曾国藩：《求阙斋日记类钞》，同治年间刻本，卷上，50页。

论"变"，一时成为他们关注的热点。如果考察晚清理学家的著述情况，人们就会发现言《易》的著作特别多，如唐鉴的《易牖》和《读易反身录》、朱文炌的《易图正旨》、罗泽南的《周易本义衍言》和《周易附说》、方宗诚的《读易笔记》、夏炘的《易学旁通》、陈寿熊的《读周易记》，等等。此外，刘蓉的《思辨录质疑》、成孺的《太极衍义》、朱一新的《无邪堂答问》、罗泽南的《西铭讲义》和《人极衍义》等，也都有大量内容谈到天地运行、万物消长、阴阳交变等问题，包含着一定的辩证法思想。如果把理学经世派谈"易"说"变"中的迷信、虚妄的成分排除，他们的朴素辩证法思想包括的内容涉及事物矛盾性、事物矛盾变化性、矛盾变化规律等问题。

关于事物内部矛盾性的问题，他们大多用"阴阳"、"太极"的理论来说明。朱文炌的表述是：

> 一物而两体，其太极之谓与。惟其一物，所以体不杂；惟其两体，所以用不穷。使徒一而已，则焉能不穷哉？①

意思是，任何事物内部都由矛盾着的两"体"所构成，形成该事物区别于他事物的特质；而其内部两个对立面的无穷变化，则使该事物长期存在下去，不会穷尽。曾国藩在谈到"天下之道"时，也涉及了事物矛盾的普遍性问题，指出：

> 盖天下之道，非两不立。是以立天之道，曰阴与阳；立地之道，曰柔与刚；立人之道，曰仁与义。②

"非两不立"，是他对事物存在矛盾的普遍性的一种表述。然而，观其下文可以看出，他对"立天之道"、"立地之道"的矛盾性认识是明确的。阴与

---

① 朱文炌：《从学札记》，咸丰三年（1853）长沙丁氏刻本，32页。
② 曾国藩：《答刘孟蓉》，《曾文正公书札》，同治年间刻本，卷一，8页。

阳、柔与刚，的确存在着矛盾统一关系。但是"立人之道"中的"仁"与"义"只是两个并列的伦理道德范畴，不存在矛盾关系。可见，他对事物矛盾普遍性的认识还有一定的局限性。

理学经世派不仅承认矛盾的存在，而且还认识到矛盾的变化性，把天下万物的存在看成一个生生不息的变化过程。陕西理学家路德在《造化》一文中说：

> 生万物者，天地也；生天地者，吾知之矣。万物莫不朽腐，腐朽之极乃复为土，土复生万物。凡生物者，皆其不自生生者也；不自生生而相生，于是乎无穷。……吾惟归之造化而已。造化者，自然也。其已往者，人皆见之，其将来者，人之所不能穷也。①

在他看来，天下万物是不能"自生生者"的，即不能孤立存在，独自发展，只能在事物矛盾的相互交合中"相生"而成。这样，天下万物才能周而复始，无穷无尽地发展下去。这段话表述了事物产生于矛盾运动这样一个基本道理。朱文炘则用"生克消长"来说明天下万物的发展变化，说：

> 天地间只是一个生克消长。人之衣食，鸟兽之饮啄，草木之滋养，何莫非此事也。故曰：天地设位，而《易》行乎其中矣。②

其意谓，上天虽然给天下万物安排了不同的位置，但是，《易》所包含的"变易"原则是永远不变的。万物的"生克消长"是宇宙间普遍的自然法则，并非人力所能改变。

天地万物发生变化的原因何在？这始终是古今中外的思想家们最关心的问题之一。晚清理学家也不例外，对这个问题作了探索，提出了自己的看法。刘蓉对这个问题的回答颇具代表性。他把天下万物变化的原因归结

---

① 路德：《柽华馆文集》，光绪七年（1881）刻本，卷一，1～3页。
② 朱文炘：《从学札记》，26页。

为"理"与"气"的相互作用，即"屈""伸"交变的结果。指出：

> 夫屈伸者，气也。其所以屈伸者，理也。自阴阳、寒暑、昼夜、
> 晦明，以至人物之生死，草木之荣枯，莫非此气之屈伸者为之。或在
> 天，或在人，或在物，无公私，无彼此，而皆莫之或外焉者也。①

他所说的"屈伸"，即《周易·系辞下》中的"屈信"。《周易》原文称：
"日往则月来，月往则日来，日月相推，而明生焉。寒往则暑来，暑往则
寒来，寒暑相推，易岁成焉。往者，屈也；来者，信也。屈信相感而利生
焉。""屈伸"或"屈信"都是指事物矛盾的运动变化，带有曲直、进退、
盈缩的意义，无非用来概括天下万物变化的运动形态。不同的是，刘蓉把
"屈伸"这两种不同的运动形态与"理气"联系起来，用以说明万物运动
变化的内在原因。按照他的说法，天下万物之所以"屈伸"变化，是直接
受到"气"的作用。因为"气"本身是不断变化的，"屈伸"就是其固有
的属性。然而，"气"的"屈伸"又要受到"理"的制约，正是由于"理"
才给"气"赋予"屈伸"的属性。这种观点与我国古代朴素唯物主义的
"元气"说很接近。只是作者把它限制在"理"的框框内，带上了理学的
印记。

需要指出的是，理学经世派的一些人在本体论上并崇"理"、"气"，
在一定程度上修正了朱熹的"理先气后"论，增添了一些朴素唯物论
色彩。

按照程朱理学的经典解释，"理"或"天理"是决定天下万物的大本
大原和最高的哲学范畴，与"道"、"太极"、"性"等范畴处于同样重要的
地位，是"形而上之道"。而"气"则是"理"的派生物，处于"形而下"
的地位。朱熹说：

> 天地之间，有理有气。理也者，形而上之道也，生物之本也。气

---

① 刘蓉：《复罗中岳论养气说书》，《养晦堂文集》卷三，33页。

也者，形而下之器也，生物之具也。①

他对"理"和"气"关系的基本看法是"理本气末，理先气后"。晚清理学家对这种观点作了一定程度的修正，在言"理"、"气"的时候，着重强调"理气合一"，"理气不分先后"。吴廷栋说："窃谓有气便有理，理气原不相离，故不可划分理气为二，以为先后。然以理为气主言之，则理如将帅，气如徒卒。"② 晚清理学思潮表现出的这种强调"气"的倾向，在理学经世派的论著中体现得比较突出。朱一新在谈到"理气合一"时有这样一段话：

> 《系辞》一阴一阳之为道。阴阳者，气也；道者，兼理与气之名也。舍阴阳无以见道，舍气无以见理，而理则实宰乎气。……故有物必有则，有气必有理。继之者善，纯以理言；成之者性，则兼理与气言。理气合而成质，故恒言曰气质，理在气中，言气不必复言理也。③

在他看来，"气"不仅等于"阴阳"，而且与"理"并存并立，成为"道"的重要组成部分。"理"、"气"融为一体，甚至可以"言气不必复言理"。"气"的地位和重要性显然被他抬高了。

罗泽南也提出了自己的"理气"观。他写的《西铭讲义》、《罗山遗集》等书集中体现了这方面的主要论点。在"理气"的问题上，罗泽南受到张载"气"本体论、王夫之"元气"说比较多的影响。当然，这并不等于说罗泽南继承了张载关学的衣钵，恰恰相反，他尊崇的始终是二程和朱熹，以昌明朱学为己任。罗泽南的"理气"说不过是在程朱思想的基础上，糅进张载的一些观点而已。罗泽南在谈到"理"、"气"关系时说：

---

① 朱熹：《答黄道夫（一）》，转引自侯外庐等：《宋明理学史》上卷，383 页。
② 吴廷栋：《与方鲁生上舍论学第三书》，《拙修集》卷七，7 页。
③ 朱一新：《答康有为第五书》，转引自《翼教丛编》，光绪二十四年（1898）武昌重刻本，卷一，14 页。

布湖天地者，气也；而纲维天地者，理也。理生乎气，理即存乎气之中也。气载乎理，气实统乎理之内也。①

这种说法基本上沿袭了程朱的"理"主宰"气"的观念。然而在谈到宇宙生成、万物发展的问题时，他却把"理"撇在一旁，大谈"气"的作用，说：

邵子（案：指宋儒邵雍）曰："天地之大，阴阳尽之矣。"其说可得而知之乎？曰：可。太极即判，两仪以立，纯阳之气，浮而为天。苍苍之色，非形质也，人望之而所见如是也。一昼一夜，周行三百六十五度有奇，而未尝息者，所以称为健也。地以纯阴之气，凝结于天之中，天有以施，地得以成之，易之，所谓承天时行也。有形者，阴也；无形者，阳也。有形之阴质，摄于无形之阳气，如人之百骸五官，各有定位，精神血气，时灌输于筋节脉络之间也。……物之得阳者，亲上；物之得阴者，亲下。飞也，动也，阳也；潜也，植也，阴也。……凡物之生死伏见鸣已，皆二气之消长也。②

罗氏把天地万物的形成说成是阴阳二气交感衍变的产物，万物的不同性质也取决于"纯阳之气"和"纯阴之气"的支配。"理"只有通过"气"才能显示出来，才能作用于天下万物和证实它的存在；"气"则是"理"的载体，是联系"理"与天下万物的纽带，与"理"俱在。作者在最大的限度内肯定了"气"。

在程朱的理论中，"理"是一种超自然的、主宰一切的绝对观念，是永恒静止不变的。"气"虽然是"理"的派生物，但它有形体，有生气，变化无穷。程朱理学由于在言"理"的同时，也接纳了"气"，把"理"、"气"并提，才被赋予了一定的生命力，保存了儒学中的积极因素。晚清

北京师范大学史学探索丛书

---

① 罗泽南：《天地》，《罗山遗集》，同治二年（1863）长沙刻本，卷三，2页。

② 同上书，1～3页。

理学经世派体现出的知权达变精神，不能不说与他们强调"气"的思想倾向有关。

（二）求实务实——对儒家"力行"精神的发扬

求实务实，躬行实践，是晚清理学经世派的另一个重要思想特征。所谓"实"不外表现在两个方面：一是指提倡关心现实问题，研究时务与实学，强调具备解决实际问题的能力和才干；二是指提倡黜浮华、重实际、讲实效的务实精神和态度。

在理学经世派看来，仅靠道德教化并不能解决封建国家所面临的现实问题，要想解决现实问题还要具备一系列行之有效的办法。这就必须以务实的精神面对现实矛盾，以切实的办法措施解决它们。罗泽南认为，讲理学除在身心修养方面下工夫外，还必须穷究"世务之繁琐，民情之隐微"，会办家事、国事、天下事，才算是"有用学问"。他说：

> 吾人为学，固当于身心下工夫，而于世务之繁琐，民情之隐微，亦必留心穷究，准古酌今，求个至是处。穷而一家一乡，处之无不得其宜；达而天下国家，治之无不得其要。此方是真实经济，有用学问。使徒自说性说天，而不向事物上穷求，虽于本原上有所见，终不能有洛于实用也。①

曾国藩同样注重对现实问题的研究。他在做京官时，一方面，从事理学的道德修养；另一方面，"究心方舆之学，左图右书，钩校不倦，于山川险要、河漕水利诸大政，详求折中"②，并提出有"十四件大政"为"宜考究者"。他不仅自己身体力行地考求实务，而且还在属员中提倡务实精神，要求他们讲究实学，具备较强的治世才干。他在《劝诫委员四条》中说：

---

① 罗泽南：《与刘孟蓉书》，《罗山遗集》卷六，13页。
② 黎庶昌：《曾国藩年谱》，16页。

今世万事纷纭，要之，不外四端：曰军事，曰吏事，曰饷事，曰文事而已。凡来此者，于此四端之中，各宜精习一事。习军事，则讲究战攻防守，地势贼情等件。习吏事，则讲究抚字催科，听讼劝农等件。习饷事，则讲究丁漕厘捐，开源节流等件。习文事，则讲究奏疏条教，公牍书函等件。讲究之法，不外"学问"二字。学于古，则多看书籍；学于今，则多觅榜样。问于当局，则知其甘苦；问于旁观，则知其效验。勤习不已，才自广而不觉矣。①

在这里，他既指明了防法要务那些实政，又讲到应该如何去务这些实政，从内容到方法都讲得明明白白。为了光大经世致用精神，曾国藩把历史上事功昭著的能臣干吏如诸葛亮、陆贽、范仲淹、司马光等人也列入"圣哲"之列，作为后儒效法的榜样。他对诸葛亮等四人评价甚高，赞扬说：

诸葛公当扰攘之世，被服儒者，从容中道。陆敬舆事多疑之主，驭难驯之将，烛之以至明，将之以至诚。譬若御骜马登峻坂，纵横险阻，而不失其驰，何其神也！范希文、司马君实遭时差隆，然坚卓诚信，各有孤诣。其以道自持，蔚成风俗，意量亦远矣。②

他认为，此四人是"以德行而兼政事"的典范，可以与周、程、张、朱等理学大师相媲美。这种看法是他"义理经济"合一思想在历史人物评价上的反映。

理学经世派在强调实学实政的时候，还看到提倡务实精神的重要性。所谓务实精神包括反对说大话、放高论的浮伪作风，注重功效，培养勤勉精神等内容。

曾国藩对清朝官场盛行的浮伪风气极为愤懑，批评说：

① 曾国藩：《劝诫委员四条》，《曾国藩全集·诗文》，439 页。
② 曾国藩：《圣哲画像记》，《曾国藩全集·诗文》，248～249 页。

北京师范大学史学探索丛书

自客春求言以来，有廷献纳不下数百余章。其中岂乏嘉谟至计？或下司核议，辄以"毋庸议"三字了之；或通谕直省，则奉行一文之后，亦复高阁束置，若风牛马不相与……书生之血诚徒以供胥吏唾弃之具。每念及兹，为为愤懑。①

他提出矫正的办法是："惟有自正其心以维风俗，或可补救于万一。所谓正心者，曰厚，曰实。"②"厚"就是实行"恕仁"之道。"实"就是"不说大话，不说虚名，不行驾空之事，不谈过高之理。"③ 其基本意思就是以"实"补"虚"，用务实精神反对浮伪作风。

　　罗泽南也对当时只言不行的虚浮风气进行了抨击，指出：

　　　　古人之学，言与行合而为一者也。以平日之所言者，励而为行，即以一身之所行者，发而为言，故闻其言，即已知其人也。今人之学，言与行分而为二者也。著为议论者，居然圣学之矩矱，见诸行事者，不免世俗之迷乱，问其言则是，问其人则非也。④

他不仅批评了当时社会好放高论的浮华作风，而且指出这种恶劣风气的根源是言行不一。

　　务实离不开治事，而治事的成败又要通过功效来检验。因此，理学经世派在提倡务实精神的同时，又很强调治事的功效问题，并把它作为务实精神的重要组成部分。在这个问题上，曾国藩提出了相当精彩的观点，他说：

　　　　天下之事，有其功必有其效，功未至而求效之遽臻则妄矣。……天下之事，必皆有渐，在乎积日累久而后能成其功。是故为学既久，则道业可成，圣贤可到；为治既久，则教化可行，尧舜可至。……孔

---

① 曾国藩：《复胡莲舫》，《曾文正公书札》卷一，27 页。
② 曾国藩：《求阙斋日记类钞》卷上，18 页。
③ 同上书，19 页。
④ 罗泽南：《答刘孟蓉书》，《罗山遗集》卷六，9 页。

子曰:"欲速则不达"也。是故君子之用功也,如鸡伏卵不舍,而生气渐充;如燕营巢不息,而结构渐牢;如滋培之木,不见其长,有时而大;如有木之泉,不舍昼夜,盈科而后进。放乎四海,但知所谓功,不知所谓效,而效亦徐徐至也。①

在"功"与"效"的问题上,曾国藩把"功"视为前提,把"效"看做"功"的结果,强调只有经日积月累的"用功",才能收到预期的实效。"效"的大小取决于"功"用得如何。这种认识无疑确切地反映了"功"与"效"之间的辩证关系,有助于引导人们把治事的主要精力放在"功用"一环,通过切实的努力去追求预期的效果。他提倡"克勤小物"的精神,也就是重视做好每一件小事的渐进之"功"。他说:

> 古之成大业者,多自克勤小物而来。百尺之楼,基于平地;千丈之帛,一尺一寸之所积也;万石之钟,一铢一两所累也。……朱子谓为学须铢积寸累,为政者亦未有不由铢积寸累而克底于成者也。②

意思是,凡"大业"无不由"小物"点滴积累而成,用功于"小物"就为成就"大业"打下坚实的基础,如果忽视对"小物"的功用,企望"大业"一朝而成,那只是一相情愿的幻想。这番话道出了"大业"和"小物"之间的内在联系,包含着事物由渐变而量变的辩证道理。朱熹讲"铢积寸累"仅指治学,曾国藩则把这一道理扩大到"为政",进一步发挥了朱熹的思想。

曾国藩把理学经世派的治事态度概括为一个"勤"字,并作了精辟的阐述。所谓"勤",指的是一种勤劳刻苦,自勉不息的处世态度和思想作风。曾国藩认为,培养"勤"的精神意义至关重大,田妇农夫由于终岁勤劳而少疾病,士大夫如果注重"勤"的培养,则能够避免沾染浮惰的陋

---

① 曾国藩:《杂著·笔记·功效》,《曾国藩全集·诗文》,378~379 页。
② 曾国藩:《杂著·笔记·克勤小物》,《曾国藩全集·诗文》,386 页。

习，保持廉洁操守。所以"勤则难巧，逸则易坏，凡物皆然。"① 他以"勤"字自励，也以"勤"字相劝，概括出"勤道"之"五要"，指出：

> 勤之道有五：一曰身勤，险远之路，身往验之；艰苦之境，身亲尝之。二曰眼勤，遇一人，必详细察看；接一文，必反复审阅。三曰手勤，易弃之物，随手收拾；易忘之事，随笔记载。四曰口勤，待同僚，则互相规劝；待下属，则再三开导。五曰心勤，精诚所至，金石亦开；苦思所积，鬼神亦通。五者皆至，无不尽之职矣。②

他提出的"勤道五要"，不仅包括对中国传统文化"力行"精神的继承，而且还包括对自己实践经验的总结。他在晚年把"勤"列入"八德"之中，作为道德修养的首要规范加以提倡，尝云：

> 前以'八德'自勉，曰：勤、俭、刚、明、孝、信、谦、浑……勤、俭、刚、明四字，皆求诸己之事；孝、信、谦、浑四字，皆施诸人之事。③

在晚清地主阶级思想家中，如此全面而深刻地论述"勤道"者，曾国藩可谓首屈一指。

理学经世派的务实精神是与他们所坚持的"格物致知"、"以行求知"的认识论紧密结合在一起的，比理学主敬派表现出较多的积极因素。

"格物致知"是传统儒学在认识论方面的一个中心命题。晚清理学家同样重视对认识论的研究，把"格物致知"、"即物穷理"、"知行"关系等问题视为超凡入圣的头等重要功夫。然而，在一些具体问题上，理学经世派和理学主敬派之间存在着不同看法。例如，在对"格物致知"中之"物"的解释上，二者就有差异。一般说来，"格物"之"物"是指认识对

---

① 曾国藩：《劝诫委员四条》，《曾国藩全集·诗文》，439 页。
② 同上书，439 页。
③ 曾国藩：《求阙斋日记类钞》"问学"，甲子四月。

象而言。理学主敬派多把它限定在人伦人事关系方面。河南理学家苏源生说：

> 凡天下物，莫不因其已知之理而益穷之。物之大小巨细均在内，似不专指意、心、身、家、国、天下而言。不知意、心、身、家、国、天下是大纲，凡天下之物，无不包在内，若能格"诚正修齐治平"之理，则纲举目自张，天下岂尚有未格之物者乎？①

北京师范大学史学探索丛书

在他看来，"天下之物"尽管包含很广，但是，人伦人事方面之"物"乃是其中的"大纲"。只要"格"通了这个"大纲"之"理"，就等于完全认识了这个"大纲"所包括的一切事物。其实，天下之物既包括人伦人事之物，又包括自然之物，认识前者固然重要，而对后者的认识考察同样不可忽视。传统儒学的一个重要缺陷就在于过多地强调了前者，忽略后者，造成认识上的偏颇。自然科学在中国封建社会时期长期不被重视，盖与这种思想认识密切相关。苏源生用"以纲代目"的说法排除了"格"自然之"物"的必要性，把"格物致知"只看做是道德体认的过程。这显然步入了传统儒学在认识论上的误区。

理学经世派理解的"物"，既包括伦理道德方面的人伦人事，又包含自然之"物"在内的"天地万物"，带有一定的广泛性。曾国藩说："物者何？即所谓本末之物也。身心、意知、家国、天下，皆物也；天地万物，皆物也；日用常行之事，皆物也。"② "天地万物"显然指的是自然之"物"。郭嵩焘对"物"也作了大致相同的说明：

> 所谓物者，非引外物以为诚意正心之资也。在身曰意，曰心，推而暨之，曰家，曰国，曰天下，皆物也。意心身所以自治，与家国天下所以待治之理，推而至于各物度数，因革损益，穷究其所以然。而

---

① 苏源生：《大学臆说》卷一，11页。
② 曾国藩：《致诸弟》，《曾国藩全集·家书一》，39～40页，长沙，岳麓书社，1985。

尽其所当然，皆有一定不移之程度，是谓格。①

他们对"物"的解释，显然比理学主敬派更为宽泛，把自然之"物"包括在内，有助于纠正传统儒学的思想偏颇。

针对"以纲代目"的说法，刘蓉提出了批评。他认为，虽然"物有本末之物，则自有纲领、条目之分，不可牵连而混同也"，然而重视"纲领"并不等于忽视"条目"，二者不能偏废。正确的理解应该是"本末兼赅"、"粗精备举"，对"纲领"和"条目"都要予以足够的重视。他说：

> 程朱之说，本末兼赅，粗精备举，良以人之一身万物皆备，故自日用伦常，以讫天地阴阳，万事万物之理，莫非学者所当穷，而穷之之功，又自有道，不可求精而遗粗，亦不可逐末而忘本也。②

在"知"与"行"的问题上，理学经世派比较强调"力行"。就"知"与"行"的先后顺序而言，他们主张"知先行后"；就"知"与"行"的轻重而言，他们赞同"行重"而"知轻"，基本上继承的是朱熹的"知行"观。在这个问题上，郭嵩焘的观点颇具代表性。他主张程朱的知行观，反对王阳明的"知行合一"论，声称："王氏知行合一之说，乱道之害也"，认为王阳明的说法是"以知为行，而行废矣，而知亦未为得也"。他强调"行"的重要性，说："行乎君臣父子之间，以求所以自尽也，而后忠孝之谊明。行乎喜怒哀乐万有之境，知其偏以求所以自克也，而后中庸之道著。"③ 也就是说，人们的"知"即对客观事物的体认，主要是在"行"的过程中实现的，"知"为结果，"行"为原因，"知"离不开"行"。曾国藩的"知行"观也是重在言"行"。他认为，"知"固然重要，但不能与"行"脱节，一旦脱节，就会流于空疏，"知"必须见诸于"行"，才可称完备。他说："所谓诚意者，即其所知而力行之，是不欺也。知一句便行

---

① 郭嵩焘：《大学章句质疑》，光绪十六年（1890）思贤讲舍刊，7页。
② 刘蓉：《答曾涤生检讨书》，《养晦堂文集》卷四，14页。
③ 《郭嵩焘日记》卷一，497页，长沙，湖南人民出版社，1983。

一句，此力行之事也。此二者并进，下学在此，上达亦在此。"① 他把《尚书》中"知之非艰，行之惟艰"一语赠与其弟，要他们牢记"行"的重要性。

值得称道的是，理学经世派在谈到"格物致知"标准时主张"以事验理"的观点。这是一个在认识论上占有十分重要地位的问题。

关于"格物致知"的标准问题，理学经世派和理学主敬派各有不同的看法。理学主敬派主张以"合于义理否"为准绳，即把孔孟程朱的"义理"和古人的言行当成衡量一切认识的最高准则。苏源生说：

> 读书讲明义理，论古今人物而别其是非，皆为应接事物起见。如此讲论，自然确实，而又于应接事物时，自验所行合于义理否。果师古人之是而祛其非否，事一经烁，则以后读书明义理，论古今人物而别其是非，所得益深。所得益深，自到知至境界。②

理学经世派同样以"圣人之道"为宗，在"格致"标准问题上不可能完全离开程朱理学的传统看法，同样把"圣贤之言"作为判断是非的重要尺度。但是，他们在这个问题上采取了比较现实的态度，能够在一定程度上看到"力行"对于检验"致知"的重要意义，把"行"纳入检验认识标准的范围内，从而提出"以事验理"、"以今证古"、"以行验知"的观点。贺长龄在委托魏源起草的《皇朝经世文编叙》中就强调了"事"于"心"、"法"于"人"、"今"于"古"、"物"于"我"的辅助、验证作用，他指出："善言心者，必有验于事矣"；"善言人者，必有资于法矣"；"善言古者，必有验于今矣"；"善言我者，必有乘于物矣"。③ 刘蓉对这个观点深以为然，在致友人的一封信中说：

> 夫天下无理外之事，斯无事外之理。善穷理者，未有不证诸事者

---

① 曾国藩：《致澄弟温弟沅弟季弟》，《曾国藩全集·家书一》，40 页。
② 苏源生：《大学臆说》卷一，12 页。
③ 转引自《魏源集》上册，156 页，北京，中华书局，1976。

也；善言天者，必有证于人；善言古者，必有验于今。言理而不证诸事，则所谓理者，特佛氏之妄谈耳；论事而不根诸理，则所谓事者亦管商之杂术也。其于事理之正，盖两失之无足取者。①

无论是贺长龄，还是刘蓉，都把"理"与"事"、"知"与"行"紧密地结合起来，既强调前者支配后者，又承认后者对前者所起的验证作用，在一定的程度上包含了唯物认识论的因素，应当得到肯定。然而，这并不等于说理学经世派已经具备了唯物主义认识论的"实践检验认识"的观点。实际上，他们的认识标准是双重的，既承认"事"与"行"对认识的验证作用，又把"圣人之言"当做判断是非的重要标准，当二者发生矛盾时，往往以后者取代前者。用曾国藩的话来说："义理明则躬行有要，而经济有本。"② 他们的思想从整体上讲属于唯心主义的体系，必然要使其认识论中的唯物论因素受到一定程度的制约，因此，在"知行"观上不能不表现出深刻的的矛盾性。

（三）对"内圣外王"的开掘

传统儒学的基本内容可以概括为"内圣"和"外王"两个方面。"内圣"是指按照儒学规范所进行的个人道德修养，"外王"是指把个人道德修养的一套原理推广到外界，实现儒家所追求的理想境界，即"齐家、治国、平天下"。晚清理学经世派就把"内圣外王"当做修德进业的抱负和志向。曾国藩曾说："君子之立志也，有民胞物与之量，有内圣外王之业，而后不忝于父母之生，不愧为天地之完人。"③ 然而，理学经世派的"内圣外王"思想与其他理学家略有不同，讲"内圣"不离"外王"，比较注重研究"外王"之学，讲求"外王"之道。罗泽南在《人极衍义》一书中对这种观点作了系统论述：

---

① 刘蓉：《复彭竹溪书》，《养晦堂文集》卷三，70页。
② 曾国藩：《曾国藩全集·家书一》，55页。
③ 曾国藩：《致澄弟温弟沅弟季弟》，《曾国藩全集·家书一》，39页。

今夫为学之道果何如哉？内以成己，外以成物而已。人之一心，万物咸备，淑身淑世，至理昭著。内顾一身养性情，正伦纪，居仁由义，祗完吾固有也；外顾天下万物，皆吾心所当爱，万事皆吾职所当尽，正民育物，悉在吾分内也。是故宇宙虽大，吾心之体无不包，事物虽繁，吾心之用无不贯。尽己之性，全己之天也；尽人之性，全人之天也；尽物之性，全物之天而不失也。①

在这里，他用"天人合一"和"民胞物与"的观点论述了"内圣"、"外王"的一致性。在他看来，"内圣"功夫是"祗完吾固有"的"本性"，"外王"之业同样是"吾分内"的追求。在"尽己之性"的同时，还要"尽人之性"、"尽物之性"，把"内圣"与"外王"统一起来。因此，"内圣外王"是一个整体，不能只讲其一而不讲其二，有所偏废。他还说："诚者，非自成己而已，所以成物也。"② 意思是只有把人与天、人与物联系起来考虑，才能弄清"诚"的精神实质。讲的也是"内圣"与"外王"不可分离的道理。由于理学主流派在这个问题上存在重"内圣"轻"外王"的偏颇，曾国藩、罗泽南等人强调"内圣外王"的统一，无疑是提高了"外王"的地位。

晚清理学经世派关于"外王"问题谈得最多的还是它包括哪些具体内容。罗泽南主要讲了两个方面：一是"养民"，一是"治民"。他所说的"养民"，主要指用地主阶级封建土地所有制把广大农民束缚在土地上，采用传统"利农"的方法来巩固和发展小农经济，没有多少新意。不过，他看到土地兼并，贫富分化悬殊的现象日益尖锐，引起严重的社会危机，向社会发出警告，并提出了一系列解决矛盾的办法。他提出的一个重要主张就是以"均田"法解决社会危机："惟正其经界，定其多寡计民之数为授之，则天下之贫富可均，天下之民志可定矣。"③ 所谓"治民"就是用封建政治统治术治理国家和人民。他提出的"治民"方法包括四个方面，即

---

① 罗泽南：《人极衍义》，4 页。
② 同上书，5 页。
③ 同上书，13 页。

"礼"、"乐"、"刑"、"兵"。"礼也者，所以昭天地之节者也"；"乐也者，所以昭天地之和也"；"刑也者，所以彰天之罚者也"；"兵也者，所以行天之讨者也"。① 其中既有教化安抚的办法，也有强硬弹压的手段，可谓恩威并用，软硬兼有。从"人治"观点出发，罗泽南认为，推行"外王"之业的关键是"得人"的问题，即依靠"有道明君"，他指出：

> 今夫天子者，继天立极，致天下于中和者也；宰辅者，燮理阴阳，佐天子以建极者也；百官有司，各修天职，挽四方之风气，同归于极者也。天人之理一也，人之所为，即天之所为也。天人之分殊也，人之所不能为者，恃乎天，天之所不能为者，亦俟乎人也。是故五谷封穰，俟农夫之耕种；蚕桑繁盛，俟女工之缫浴；至理昭著，俟圣贤之发明；民物并生，俟帝王之平治。②

罗氏强调"明君"的作用，无疑是他封建立场的体现，但也在一定程度上反映出他看重人事因素的重要作用，没有陷入天命论的泥潭。

曾国藩对"外王"的理解是与"经世之志"、"经世之学"联系在一起的。他说："圣人者，自天地万物推极之，至一室米盐无不条而理之"③，体现了他积极的用世精神。他清醒地认识到，要实现"内圣外王"之志，仅有"民胞物与"的志向远远不够，还要有足够的经世之才。为此，他"效法前贤澄清天下之志，讲求经世之学。"④ 从而把"经世之学"与开"外王"之业结合起来。他于"经济"用功尤勤，悉心考究，明确提出开"外王"之业的要务有十四项，指出："天下之大事宜考究者，凡十四宗：曰官制，曰财用，曰盐政，曰漕务，曰钱法，曰冠礼，曰婚礼，曰丧礼，

---

① 罗泽南：《人极衍义》，14～15 页。
② 同上书，8～9 页。
③ 转引自李鸿章：《曾文正公神道碑》，《曾国藩年谱》附二，91 页。
④ 李元度：《曾文正公行状》，《天岳山馆文钞》，同治年间文光堂刊本，卷十四，27 页。

曰祭礼，曰兵礼，曰兵法，曰刑律，曰地舆，曰河渠。"① 这十四项"要务"几乎包括了当时国家最主要的军国大政。对此，曾国藩不仅自己率先讲求，而且还在属员中进行提倡。一时间，在咸同年间的士大夫中形成讲求"经济"的风气，使不少理学中人转攻"经济"，矢志于"外王"之业。他们从军、从政，直接参与解决清朝在政治、经济、军事、文教等方面的问题，大显在"事功"方面的身手，取得了不少成效。晚清文人曾廉曾谈到理学在"事功"方面的作用，说：

> 其在道光时，唐鉴倡学京师，而倭仁、曾国藩、何桂珍之徒相从讲学，历有数年。罗泽南与其弟子王鑫、李续宜亦讲学穷庐，孜孜不倦。其后内之赞机务，外之握兵柄，遂以转移天下，至今称之，则不可不谓非正学之效也。②

他所说的"转移天下"指的就是理学经世派在开"外王"方面所取得的"成效"。

三、理学经世思想的历史地位与影响

理学经世派是晚清理学营垒中较有生气、有作为的一个思想派别。这个派别一手高举程朱理学的旗帜，一手又打出"经世致用"的旗号，以标榜"义理经济合一"的口号而调整理学内部的关系。经过他们的努力，使晚清理学既保持了儒学的正统性，又增强了应变性，在一定程度上纠正了理学末流流于空疏的弊病。

理学经世派是一个政治色彩相当浓厚的知识群体，具有干预政治的主动性。在19世纪五、六十年代发生的社会大动荡中，这批人纷纷走出书斋，投笔从戎，参与对太平天国农民起义的镇压，竭力维护清王朝的统

北京师范大学史学探索丛书 58

---

① 曾国藩：《求阙斋日记类钞》卷上，50页。
② 曾廉：《应诏上封事》，载中国史学会编：《戊戌变法》第2册，493页，上海，上海人民出版社、上海书店出版社，2000。

治。在这幕血腥的历史惨剧中，理学经世派大多数人以军功升官晋爵，博得"中兴将帅"的美誉，俨然以喜剧收场。这与林则徐当年"出师未捷身先死"的悲剧结局形成鲜明对照。理学经世派的这些政治活动及鼓吹"尊朱"、"卫道"的思想文化活动，无疑起到了强化封建统治的作用。从中国近代社会发展的趋势而言，这无疑是逆历史潮流而动。在评价理学经世派的时候，决不能忽视这一点。

由于理学经世派带有比较浓厚的"卫道"色彩，思想上的正统性体现得较为突出，因而与龚自珍、魏源等地主阶级改革派的思想相比，有一定的差异。

理学经世派与龚自珍等人都对当时的社会现状表示不满，对清朝统治的许多黑暗面进行揭露、抨击，然而，理学中人的论述远不及龚自珍等人的深刻。龚自珍不仅揭露了社会弊端的表象，而且能够从封建制度本身寻找致弊之因，把批判的锋芒指向皇权，指责封建帝王为了树立自己的权威，不惜把臣子视为奴仆、犬马，"未尝不仇天下之士，去人之廉，以快号令，去人之耻，以嵩高其身"[1]。他的批评涉及中国封建社会后期政治运作的一个根本性问题，即改变皇权高度集中的状况，实行触及君主专制的深层改革。而理学经世派主要把批评的目标集中在朝廷的官吏行政方面。他们对国家吏治败坏的抨击固然言辞激烈，痛心疾首，但只停留于批评朝廷官吏上，而没有对支配百官的君主集权进行反思。似乎国家的弊端都是贪官污吏造成的，而与皇帝无关，皇帝永远是圣明的。他们当中也有人规谏皇帝，但并未像龚自珍那样用批判的锋芒触动皇权，而是希望皇帝按照古代圣人的标准修养"圣德"，更好地实行自己的权力。这种批判的目的旨在加强君权的地位，其结果与龚自珍等人的批判截然不同。龚自珍通过社会批判隐约地感到中国封建社会已经处于"昏时"、"衰世"，是"将萎之华，惨于槁木"，预感到中国社会即将发生重大变化。对于这种变化，他不恐惧，不沮丧，敢于正视和面对。理学经世派也预见和感到社会动荡的到来，但是，他们对待社会变动的心态与龚自珍不同，带有恐惧、凄惶

---

① 龚自珍：《古史钩沉论》，《龚自珍全集》，20 页。

的心情。他们慨叹社会动荡毁坏了"天道"、"天理"，荡涤了纲常名教，主张重振封建纲常，复兴程朱理学，以对抗社会变革。他们梦寐追求的只是"人心正，风俗淳，教化行"的典型封建秩序。他们的思想缺乏龚自珍等人精神深处的那种叛逆性格，带有较多的保守性。可以说，理学经世派是晚清地主阶级改革派中较为保守的一翼。

然而，理学经世派在思想上毕竟保留了地主阶级改革派的基本特征，如主张"经世致用"，赞同"变易"，具有求实务实的风格，等等。这些内容不仅是对中国传统文化中积极因素的继承，而且在客观上也适应了社会变化的需要。他们的思想学术至少有两点可以肯定：

第一，以标榜"经济"影响了当时的士林风气。乾嘉以后，士林风气日益颓废，多数士人或沉湎于八股，或空谈性理，或埋首考据，追求脱离实际的空泛文字。为了纠正这种学风，经世思潮应运而生。理学经世派也提出"以经世之学济义理之穷"的主张，高张"经世致用"的旗帜，成为晚清地主阶级经世派中的一支重要力量，并为"经世致用"思潮的发展起了推波助澜的作用。尤其经曾国藩等人的提倡，"义理经济"为许多士人所接受，成为他们治学修业的一种共识，造就了不少通晓世务的人才。曾国藩幕府的人才之盛可以充分说明这一点。容闳在回忆当年参曾幕的情形时说：

> 当时各处军官，聚于曾文正之大营中者，不下二百人，大半皆怀期而来。总督幕府中亦有百人左右，幕府外更有候补之官员。怀才之士子，凡法律、算学、天文、机器等专家，无不毕集，几于举全国人才之精华汇集于此。……文正对于博学多才之士，尤加敬礼，乐与交游。[1]

在晚清学风由"虚"渐"实"的变化中，理学经世派所起的作用是功不可没的。

---

[1]　容闳：《西学东渐记》，74 页，长沙，湖南人民出版社，1981。

第二，开掘程朱理学的"外王之学"，弥补了理学"重内轻外"的偏颇。"内圣外王"尽管是程朱理学的核心内容，但是晚清以前的理学家主要阐发"内圣"之学，精力全部用于言性说理与"存养"工夫，而忽略了"外王"之业，漠视"事功"，导致理学出现"本末"脱节，"重本轻末"的流弊。理学经世派看到这种弊病，提出"本末兼赅"、"体用并举"的主张，强调了"外王"之业和"事功"的重要性，在一定程度上弥补了理学偏重于"内"的不足，给日趋没落的理学注入了一些活力，使它在衰落的大趋势中出现了短暂的"中兴"。正如贺麟所说："在前清咸同年间，清朝中兴名臣，如曾涤生、胡润芝、罗罗山三人，均能本程朱之学，发为事功。"[1] 它所显示出的效果尽管只有短短的一瞬，也没能从根本上挽救儒学衰败的命运，但却启迪了以后新儒学学者从"开外王"的角度总结儒家思想的历史经验。

现代新儒学大师熊十力曾经把曾国藩和王阳明作过比较，认为王阳明在个人才干、智慧方面高于曾国藩，但在"事功"方面则不及曾。原因在于王氏重内轻外，逐本弃末。熊十力说："阳明非不知本末、体用，乃至一身与民物，皆不相离。然而其全副精神，毕竟偏注在立本，乃至偏注在修身。这里稍偏之处，便生出极大的差异"，其结果直接导致"承学之士皆趋于新学，甚至流为狂禅，卒无留心实用之学者"。[2] 与王阳明偏于"治内"不同，曾国藩在"治内"、"立本"的同时，没有忽视"治外"与"事功"，做到了"本末兼备"，在一定的意义上纠正了理学的偏颇。熊十力评价说：

> 若及涤生，三十二圣哲画像记，以义理、考据、经济、词章四科并重。其为学规模，具见于此，其精神所往，亦见于此。但虽主四科并重，而自己力之所及，终贵乎专。涤生于经济，盖用功尤勤。其诏诸子，恒以农桑、盐铁、水利，或河工、海防、吏治、军事、地理、

---

① 贺麟：《五十年来的中国哲学》，18～19页，沈阳，辽宁教育出版社，1989。
② 熊十力：《与贺昌群书》，载《天然》第1卷第7期，"民国"六十九年（1980）七月版。

历史等等专门之业，淳淳然督之以博学。此皆属社会科学的范围，皆实用的知识。自其为诸生，以至官京师，皆孜孜研讨，并与其子弟以及朋友、学生互相淬砺。一旦领军，又留心四方可造之士，置之左右，幕府而兼学校，将帅而兼师道。其全副精神都在致实用，求实学。故其成就者众，足以康济一时，而收效与阳明迥异者，惟其精神所专注不同故也。①

这段话对曾国藩的"义理经济"合一思想及其实践活动作了较为全面的概括，揭示了曾国藩与王阳明在学术与事功上"迥异"的原因，评价颇为中肯。根据这一思路，熊十力对程朱理学走向衰落的原因作了进一步的探讨，认为清代以前的理学各派大都没有处理好"内圣"与"外王"的关系，主要问题就是偏于"治内"而疏于"治外"，没有把精力放在"外王"之业上，荒废了"事功"，导致虚妄之弊丛生，贻害于后世。他指出：

> 宋儒虽谈政事，大抵食古不化。二程朱子委之吏事，不患无济，惟其能以诚心作实事故也，但欲其翻天动地，创制易俗，开物成务，以利民用，则其学与识皆不足。何以故？其精神所注，终不在此。……宋儒反身工夫甚密，其干察世变，皆极肤也，至今诵其政谈，鲜不惑其迂纯……宋儒于事功方面，自是无足称者……孔子内圣外王的精神，庄子犹能识之，至宋明诸师，而外王之学遂废。自此，民族愈益式微，此非我辈今日之殷鉴耶！夫以学业言之，人生精力自有限，长于此者，短于彼，然识量所涵则不当拘此而遗彼也。宋明诸师识量不免有所拘，而有所遗。②

熊十力在这里批评宋儒治学上的"食古不化"，不仅存在于理学之中，而且是整个传统儒学固有的顽疾。这种顽疾大大助长了中国封建社会后期重

---

① 熊十力：《与贺昌群书》，载《天然》第 1 卷第 7 期。

② 同上。

道德、轻事功，务虚不务实的社会风气，把人们的精力引向内在道德修养、调整人际关系乃至追求八股科举方面，而忽略了探讨和解决人群社会和自然之间的问题，形成了讳言功利，偏重道德的社会价值取向。中国封建社会后期经济停滞，科技落后，社会进步缓慢的一个重要原因就在于此。从这个意义上讲，晚清理学经世派在"义理"与"经济"合一的旗号下，强调"本末兼赅"、"体用并举"，把精力转移到"开外王"方面，对于纠正宋明理学的偏颇是不无裨益的。他们的努力不仅对理学作了新的发挥，而且给后人总结传统儒学的历史经验教训提供了重要的启示。

第三章　晚清陆王心学的复苏
与学术论辩

　　陆王心学是流行于宋元明清时期，对中国封建社会后期的思想文化产生重要影响的一个学术派别。陆王心学，尤其是王学（明代学者王阳明学术的简称），在清代曾经长期受到压抑，直到晚清时期方始复兴。其中的曲折变化、复杂原因，固然见仁见智，然而，就王学及其思想在晚清的复兴问题而言，以往论者多着眼于中日甲午战后新派知识分子的鼓荡提倡，而于中日甲午战前士大夫对王学的各种不同态度的考察，则多有疏略，语焉不详。其实，清代王学在 20 世纪初的复兴绝非偶然，在它从沉寂到复兴、从被贬抑到受重视的转折过程中，经历过一段潜在性的复苏阶段。这一阶段大致从嘉道年间延续到中日甲午战前的同光时期。如果对王学在这一阶段复苏的问题不甚明了，就很难准确地理解和把握王学在晚清的发展变化及其历史走向。

一、王学在晚清时期的复苏

　　作为程朱理学的对立面——陆王心学，特别是王学，在明朝中后期一度兴盛于朝野，大有取代程朱理学的势头。然而，王学末流的泛滥也给学界带来种种弊端，受到士人们的责难。因此，在明末清初，出现了梁启超所说的"对于明学之反动"的情况。一时间，王学成为朝野士人的众矢之的。"其时正值晚明王学极盛而敝之后，学者习于'束书不观，游谈无根'，理学家不复能系社会之信仰。炎武等乃起而矫之，大倡'舍经学无理学'之说，教学者脱宋明儒羁勒，直接反求之于古经。"[1] 梁启超这段话正是对当时王学窘境的真实写照。王学此时不仅受到众多学者反对，而且

---

　　[1]　梁启超：《清代学术概论》，《饮冰室合集》专集之三十四，3页，北京，中华书局，1989。

还遭到统治者的阻抑，迅速走向衰落。受到官方表彰的程朱理学与后起的汉学之间也出现了此起彼伏的兴衰交替，结果在乾嘉年间汉学驾于程朱理学之上，成为显学。然而，这些学术更迭都没有给陆王心学留下多少活动的空间。

王学在清初尽管受到压抑，但因其流风深广，依然在思想界有一定的影响力。有清初"三大儒"之称①的孙奇逢、黄宗羲、李颙都是出自王学的学者。他们只是鉴于清初学风的转变而持调和程朱陆王的立场，试图以朱学、史学，或经世致用之学来弥补王学，达到挽救学风世道的目的。方苞曾对孙奇逢学术由尊陆王到调和程朱陆王的变化作过评论，称孙氏"始与鹿善继讲学，以象山、阳明为宗，及晚年乃更和通朱子之说。"② 孙奇逢写的《理学宗传》称王阳明为继朱熹之后儒家道统的传人，体现出调和程朱陆王的学术立场。孙门弟子汤斌是受到康熙帝称赞的一代名宦，也是清朝谥予"文正"的第一人。于学术，汤斌承袭乃师孙奇逢的衣钵，宗陆王而不排斥程朱，但并未受到尊崇朱学的康熙帝的疏远。汤斌对程朱派学者陆陇其《学术辨》中扬朱抑王的观点不以为然，致书质疑，指责排斥王学造成"海内学术之漓日甚"，败坏学风，"亦有心未究程、朱之理，目不见姚江之书，连篇累牍，无一字发明学术，但抉摘具居乡居家隐微之私，以自居卫道闲邪之功。"③ 护佑王学的匠心，跃然纸上。

自孙奇逢、汤斌而后，王学并未完全断绝，士林中依然不乏讲求之人。仅在唐鉴《国朝学案小识》卷末"心宗学案"、"待访录"目下收录的王学派学者就有张沐、潘平格、赵御众、邵廷采、张问达、彭绍升等共九人④。其中彭绍升及其祖父彭定求对王学追求尤为执著。彭定求⑤曾师事汤斌，精

---

① 全祖望：《二曲先生窆石文》，《碑传集》卷一二八，《清代碑传全集》上册，645页。

② 方苞：《孙征君传》，《碑传集》卷一二七，《清代碑传全集》上册，638页。

③ 转引自吴光酉等撰：《陆陇其年谱》，100页，北京，中华书局，1993。

④ 唐鉴：《国朝学案小识》卷末，《四朝学案·国朝学案小识》，305～314页，上海，世界书局，1936。

⑤ 彭定求（1645—1719），字勤止，号南畇，江苏长洲（今苏州）人。康熙进士，先后任国子监司业、翰林院侍讲学士等职。著有《学易纂录》、《儒门法语》、《姚江释毁录》等。

研王阳明之《传习录》，学术宗陆王而不排斥程朱，尝辑《儒门法语》，收入王阳明的文章共五篇，计有：《拔本塞源论》、《示弟子立志说》、《与诸弟子论改过书》、《示徐曰仁应试语》、《与辰中诸生论学书》，而收朱熹所著者只有两篇，明显把王阳明置于朱熹之上。针对流行一时的程朱陆王之辨，彭定求著《姚江释毁录》为王学作辩护，认为陆王与程朱尽管有同有异，但最终则殊途同归，归宿于圣人之学。尝云："文成入手工夫，与朱子有毫厘之别，故其训诂格物也，实与朱子抵牾。至其所归，同传孔、曾、思、孟微言，同究濂洛渊源。文成揭出良知宗旨，警切著明，于朱子居敬穷理之学，未尝不可互相唱提也。"① 陆陇其等人把明朝灭亡归咎于王学泛滥。彭定求起而辩驳，声称："设使有以致良知之说提撕警觉之，则必不敢招权纳贿，则必不敢好佞害贤，则必不敢戕民纵盗，何至酿成丧乱之祸。识者方恨文成之学不行。"② 彭定求之孙彭绍升③也是陆王之学的推崇者。

彭绍升初慕汉代贾谊才学，因受家学影响，"读先儒书，遂一志于儒言儒行，尤喜陆王之学。"④ 他认为，陆王之学最得儒学要义，说："以为学者，求其在我者而已。于朱陆两家之书，惟取其切于身心者反观而默识之。至彼此异同之故，则不暇致辨。譬饥者之于食求一饱焉，菽麦之辨，非所急也。自一二年来，反复于《中庸》之书，乃益信陆子之学。其为圣人之学无疑也。"⑤ 他由陆王进而沉溺佛学，"阅《大藏经》，究出世法，绝欲素食，久之，归心净土，"⑥ 他由尊陆王转归佛门，成为清代著名的佛学居士。彭氏祖孙是晚清以前士人习陆王之学的典型人物。

北京师范大学史学探索丛书

① 彭定求：《姚江释毁录》，光绪七年（1881）重刊本，5～6页。

② 同上书，1页。

③ 彭绍升（1740—1796），字允初，号尺木，又号知归子、二林居士。乾隆进士，例选知县，未就任。好陆王之学，究佛法，晚年居僧舍以终。著有《二林居集》、《一行居集》等。

④ 江藩：《汉学师承记·宋学渊源记》，"彭尺木居士传"，35页，上海，上海书店，1983。

⑤ 彭绍升：《答宋道原》，《二林居集》，光绪七年（1881）重刊本，卷三，14页。

⑥ 江藩：《汉学师承记·宋学渊源记》，"彭尺木居士传"，35页。

嘉道年间，清朝所谓"盛世"成为过眼烟云，汉学也已盛极而衰，原来受到排斥和压抑的学术学派，诸如程朱理学、今文经学、经世之学等相继兴起。这为陆王心学的复苏提供了契机。此期间，一些士人开始刊刻出版王学著作，成为王学复苏的先河。王学复苏的地区主要在南方一些具有王学学术传统的省份，如浙江、江西、湖南等。讲习者主要是中下层士大夫。王学复苏的迹象可从此期王学类著述的刊刻流行中窥见一斑。

早在 1798 年（嘉庆三年），学人刘永宧曾经刊行过八卷本的《王文成公集要》。这是一部王阳明著述的选读本。1825 年（道光五年）洪洞、张恢等人修补刻印了清初学者范镐鼎编辑的《广理学备考》（康熙年间五经堂刊本），收有《王阳明集》、《王心斋集》、《罗近溪集》、《王龙溪集》、《罗念庵集》等，是为辑录王学派作者著述比较多的一部丛书。

1826 年（道光六年），湖南学人萧名哲等将其师陶浔霍、柳廷方经过多年整理而成的《王阳明先生全集》刊刻出版。王阳明遗著原有 30 多卷，经过明末清初的社会动荡损失近半。康熙时，学者马士琼曾经刊刻过一部十六卷本的王氏文集，后被陶浔霍在北京琉璃厂书肆收购。他在此书基础上再作整理，又经柳廷方、萧名哲等人进一步编辑，遂成这部全集。该书共八卷，卷一录王阳明年谱，卷二为王氏《传习录》，卷三至卷五为《论学书》，卷六至卷八为《南赣书》。这是在王学萧条多年后出现的辑录王阳明遗著较好的一个版本。

1831 年（道光十一年），曹溶等人编辑出版的《学海类编》（六安晁氏活木字排印本）收录了王阳明的《传习则言》一卷、《阳明先生乡约法》一卷、《阳明先生保甲法》一卷，以及王阳明弟子王艮《心斋约言》一卷。

1845 年（道光二十五年），上高李祖陶辑刊《王阳明文选》，凡 7 卷 68 篇，重复收录在他所辑的《金元明八大家文选》和《明文选》两书中。此外，在道光年间还有人重刻了清前期学者朱泽沄辑《阳明辑朱子晚年定论辨》。1858 年（咸丰八年），高邮胡泉刊印两种王学著作：《王阳明先生书疏证》和《王阳明先生经说弟子记》。

相比较而言，刊刻的陆九渊著作数量不多，流行亦不广。道光初年重修《陆象山先生文集》，于 1871 年（同治十年）重刻出版。方宗诚辑《陆象山集节要》6卷（另有首一卷），1868年（同治七年）新建吴氏皖城刻本，收入吴坤修的《半亩园丛书》。与王阳明著述刊刻流行的情况相比，可谓小巫见大巫。彭定求的《儒门法语》、《姚江释毁录》等鼓吹王学思想的著述在嘉道以后也悄然流行，再版重刊，并有疆吏为之张扬。1814年（嘉庆十九年），湖南巡抚广厚与京官汤金钊重订刊刻了《儒门法语》，认为此书是"学者修身之切要，入道之津梁也"，不仅一般士人应阅读，"即居官者亦应时时省览。"① 1849年（道光二十九年），山东巡抚徐泽醇也重刊了《儒门法语》。彭定求的《姚江释毁录》、彭绍升的《二林居集》等王学色彩浓厚的书籍在晚清也都有重刊本。

随着王学著述的刊行，王学思想开始受到士人们的重视，在潜移默化中复苏。只是由于受到理学正统派的压制，一时无人敢于公开打出王学的旗号，标立门户，提倡王学的言论主要反映在程朱派、汉学派、今文经学派学者的有关著述中。总体而言，此期王学仅是学术界刚刚显现出的一股处于萌发状态的思想暗流，离它的复兴还有一段相当漫长的距离。尽管如此，人们还是应该对嘉道年间的一些士人关注和研究陆王心学，引用王学观点阐发思想主张的现象予以注意。在这方面，著名思想家龚自珍、魏源等人都有一些颇具代表性的论述。

龚自珍提出"我"造万物的观点，明显带有陆王心学的思想烙印。"我"为何物？龚氏解释说："众人之宰，自名曰我。"即人的主观精神。在他看来，"我"是万能的，可以创造天下万物，他说："我光造日月，我力造山川，我变造毛羽肖翘，我理造文字言语，我气造天地，我天地又造人，我分别造伦纪。"② 龚自珍所说的"我"和陆王所说的"心"都是指人的主观精神，二者有异曲同工之妙。只是龚自珍把这种主观唯心主义观点发挥得更加淋漓尽致。

魏源早年曾"究心阳明之学"③，并撰《王文成公赞》高度评价王阳明

---

① 广厚：《儒门法语识语》，咸丰年间重刊本。

② 龚自珍：《壬癸之际胎观第一》，载夏田蓝编：《龚定庵全集类编》，107～108页，北京，中国书店，1998。

③ 魏耆：《邵阳魏府君事略》，《魏源集》下册，847页。

北京师范大学史学探索丛书

"道学传孟、陆之说，事功如伊尹之任；与程朱皆百世之师，如夷、惠各得其所近之性。"① 龚、魏的这些言论，反映出今文经学派学者对陆王之学的接纳态度。相比较而言，对陆王之学的萌动态度敏感、反映强烈的还是理学营垒中的士大夫。

　　嘉道年间，由于社会危机和文化危机的不断加深，引起一些士人的忧虑和反思。他们把"道德废、人心坏、风俗漓"的原因归结于理学遭受汉学压抑所致，认为出路在于提倡程朱理学。于是，提倡理学成为当时一部分士人的思想共识，理学在湖南、安徽、陕西、河南等地开始活跃起来。诸如倭仁、吴廷栋、何桂珍、曾国藩、窦垿、唐鉴、罗泽南、方东树等，几乎都是嘉道以后提倡程朱理学的重要名流。他们大都对于陆王心学发表过重要的意见，或者强调程朱陆王之辨，对陆王之学予以严拒；或者主张调和二者，对不同学派持宽容态度。总之，无论是批评也好，反对也罢，陆王之学在此时已成为学者们经常讨论的话题，越来越引人瞩目。

二、程朱陆王之辨的开展

　　陆王之学复萌以后，首先遭到一部分士人，特别是程朱派学者的激烈反对，一度出现程朱陆王之辨的激烈讨论。

　　从道光朝开始，一些程朱理学派士人编写的痛诋陆王心学的著述不断问世。1844 年（道光二十四年）湖南士人罗泽南②写成《姚江学辨》，用程朱理学的观点系统地批判王学，为时人声讨王学的一部力作。次年，被曾国藩誉为"笃信程朱"③ 的理学家唐鉴④编著的《国朝学案小识》问世。

---

　　① 魏源：《魏源集》上册，319 页。

　　② 罗泽南（1808—1856），字仲岳，号罗山，湖南湘乡人，举人出身。潜心理学，学宗程朱。1852 年在籍办团练，协助曾国藩创办湘军，官至道员，死于战事。著有《姚江学辨》、《西铭讲义》、《人极衍义》等。

　　③ 曾国藩：《唐确慎公墓志铭》，《曾国藩全集·诗文》，318 页。

　　④ 唐鉴（1778—1861），字镜海，湖南善化人。嘉庆进士，历官御史、知府、布政使、太常寺卿。学宗程朱，倭仁、曾国藩等曾从其问考学业。晚年主讲金陵书院。著有《国朝学案小识》、《朱子年谱考异》等。

书以程朱理学派的观点对清代学术进行了梳理，将王学学者及倾向于王学的学者"皆厘而剔之"①。河南儒生刘廷诏②于 1870 年（同治九年）刊行的《理学宗传辨正》中，批驳了清初学者孙奇逢《理学宗传》调和程朱陆王的道统说，在论辩理学道统、尊崇程朱的同时，把陆王心学排斥于正宗儒学之外。吴廷栋对其要点的概括是"恪遵濂洛渊源，力辨陆王蹊径"。③此外，程朱派名儒吴廷栋④、方东树⑤、方宗诚⑥等人的著作中都包含了大量抨击陆王心学的内容。光绪年间，"于阳儒阴释之辨尤严"⑦的陕西士人贺瑞麟⑧陆续刊刻了七部专言学术论辩的著作，即《闲辟录》（程瞳著）、《学蔀通辨》（陈建著）、《王学质疑》（张烈著）、《朱子为学考》（童能灵著）、《明辨录》（陈法著）、《汉学商兑》（方东树著）、《姚江学辨》（罗泽南）⑨。在这七部著作中，除了《汉学商兑》外，其余各书都谈的是关于程朱陆王学术论辩的内容。程瞳、陈建是明代的学者；张烈、童能灵、陈法均为清初学人；方东树、罗泽南为晚清儒生。他们皆为程朱派理学家。这七部著作是程朱派学者在明清时期批判陆王心学的代表。这些著作的重新出版，反映了晚清一部分理学派士大夫担心王学复燃侵扰"圣道"的恐惧心理。沈维鐈在为唐鉴《国朝学案小识》所作序文中所说的一段话很能

---

① 曾国藩：《书学案小识后》，《曾国藩全集·诗文》，166 页。

② 刘廷诏，字虞卿，河南永城人，潜心于程朱理学，与倭仁、吴廷栋等往来问学。著有《理学宗传辨正》。

③ 吴廷栋：《理学宗传辨正识语》，载刘廷诏：《理学宗传辨正》卷首。

④ 吴廷栋（1793—1873），字彦甫，号竹如，晚号拙修，安徽霍山人。道光拔贡，官至刑部右侍郎。曾随唐鉴研习理学，宗程朱。著有《拙修集》及续编。

⑤ 方东树（1772—1851），字植之，号歇庵，又号仪卫老人，安徽桐城人。嘉庆间诸生，师从姚鼐袭古文辞，潜心程朱理学，以卫道自恃。未仕，以作大吏幕僚、讲学为业。著有《汉学商兑》、《仪卫轩文集》等。

⑥ 方宗诚（1818—1888），字存之，号柏堂，安徽桐城人早年师事族兄方东树，参曾国藩幕。长于理学及古文辞学，著有《柏堂集》。

⑦ 徐世昌：《清儒学案》第 4 册，卷二〇六，"诸儒学案·贺瑞麟传"，836 页。

⑧ 贺瑞麟（1824—1893），字角生，号复斋，陕西三原人。咸丰贡生，未仕。潜心理学，讲学授徒，主讲清麓精舍，加国子监学正衔。著有《朱子信好录》、《清麓文集》等，辑刊《清麓丛书》。

⑨ 《闲辟录》等"辨学七书"收录在贺瑞麟及其门生编辑的《清麓丛书》中，见北京师范大学图书馆藏民国七年刻本中的第 67、第 68 函。

反映他们的这种恐惧心理。他说：

> 姚江提倡心学，专主良知，非圣无法，簧鼓一世，末派直指心宗，猖狂恣肆……而其余焰，至国初未熄。太冲黄氏以名臣之子，任文献之宗，手辑《明儒学案》，宜如何廓清阴暄，力障狂澜。而乃袒护师说，主张姚江门户，揽金银铜铁为一器。……我友善化唐敬楷先生，秉承家学，著述皆有关系，兢兢于学术真伪之辨，谓统纪必一，则法度可明，涂辙可端。……析之也精，疑似不能乱；辨之也确，异说不得摇。本其躬行心得之余，著为醇正谨严之论，盖纯从卫道辨学起见，而不参以爱憎党伐之私者也。①

晚清的程朱陆王之辨首先就把议论的焦点集中在辨道统的问题上。道统说是自唐宋以来关于儒学承传统绪关系的一种学说，在儒学理论中占有重要的地位。理学中的各派对于道统说都很重视，提出诸多不同观点，彼此间的争论迭起不休。按照正统儒学的解释，圣人之道有一个传授承续的统系，尧、舜、禹、汤、文、武、周公、孔子、孟子就是圣道统系在先秦各时期的代表者、传授者，是圣道的人格化身。孟子以后，圣道式微，直至宋五子即周敦颐、张载、程颢、程颐、朱熹倡明理学，圣人之道才重显于世。依理学家的观点，宋五子阐发圣道的功劳不在孟子之下，被视为孔孟当然的继承人，尤其把二程和朱熹尊奉为旷代儒宗，几与孔孟等量齐观。然而，自从陆王之学兴起，学术界独尊程朱的局面便被打破。陆九渊、王阳明的名气和影响日益增大，也被尊为一代儒学宗师，甚至跻身于圣哲之列，配享文庙，几乎凌驾于程朱之上。这种情况在明末清初的许多学术史著作中反映出来。如黄宗羲的《明儒学案》便把王阳明与明代程朱派大儒薛瑄、曹端相提并论，称王氏之学可以"救学者支离眩骛，务华而绝根之病"，"可谓震霆启寐，烈耀破迷。自孔孟以来，未有若此之深切著

---

① 沈维鐈：《国朝学案小识序》，《四朝学案·国朝学案小识》，1～2 页。

明者也。"① 后来，这部著作被沈维鐈指责为"主张姚江门户，揽金银铜铁为一器"。

与黄宗羲同时代的孙奇逢撰写的《理学宗传》一书，更是带有"混淆"道统的"弊病"。孙奇逢从调和程朱陆王的观点出发，把陆九渊和王阳明都评价为继朱熹以后的儒学道统的代表人物。他借鉴元儒吴澄关于道统论的说法②，把儒学历史分为"上古"、"中古"、"近古"三个时期，又把每一个时期划分为"元"、"亨"、"利"、"贞"四个阶段。他对"圣道"在各个阶段时代表人物作了以下说明：

> 上古则羲皇其元，尧、舜其亨，禹、汤其利，文、武、周公其贞乎。中古之统，元其仲尼，亨其颜、曾，利其子思，贞其孟子乎。近古之统，元其周子，亨其程张，利其朱子，孰为今日之贞乎？……由濂洛而来且五百有余岁矣，则姚江岂非紫阳之贞乎？余谓元公接孔子生知之统，而孟子自负为见知静言，思之接周子之统者，非姚江其谁与归？③

他把王阳明排列在"近古"阶段中"贞"的位置上，视其为紧接朱熹之后的圣道正宗传人。在他看来，王学不仅不是"异端邪说"，而且还与朱学一样，是圣人之道的一个组成部分。

黄宗羲和孙奇逢都是明末清初的学界泰斗，他们的主张在当时有很大的影响。然而，他们袒护王学的观点在晚清理学家看来则是混淆了儒学道统问题上的是非。于是便导致了正统理学家以卫道自诩，重新兴起批判王学、严辨道统的浪潮，以便把陆王等一切非程朱派学者逐出儒学殿堂，维护程朱在学界的宗主地位。

晚清正统理学派对道统的辨析主要表现在两个方面：一是辨析清代以前的儒学系统；二是清理清代的学术统系，建立起清代儒学的正宗统系。

---

① 黄宗羲：《明儒学案·师说》上册，7页，北京，中华书局，1985。

② 参见宋濂等撰：《元史·吴澄列传》卷一七一。

③ 孙奇逢：《理学宗传序》，《理学宗传》卷首，光绪六年（1880）浙江书局刊本。

对清代以前儒学统系的辨析集中地反映在河南儒生刘廷诏撰写的《理学宗传辨正》一书之中。这部著作主要是用程朱派的观点阐述了清代以前儒学承传的历史，推翻了孙奇逢在《理学宗传》中提出的儒学宗传系统，提出了一个以宋五子及后来程朱学派"醇儒"为正宗的儒学承传体系。作者对孙奇逢的《理学宗传》持批评态度，认为该书把王阳明纳入儒学正宗行列是"以异学乱正学"，导致了"宗失其宗，传失其传，裂道术而二之"① 的后果。在否定孙奇逢的观点的基础上，作者提出了以宋五子为核心的道统说，指出：

> 然孔子删书断自唐虞，则道统之叙宜自唐虞始。统而言之，尧、舜其元也，禹、汤、文、武、周公其亨也，洙、泗、邹、鲁其利也，而濂、洛、关、闽其贞也。分而言之，在上之道统，则元其尧、舜，亨其禹、汤，利其文、武，而贞其周公乎。在下之道统，则元其仲尼，亨其颜、曾，利其思、孟，而贞其周、程、张、朱乎。又析而言之，孟子固为仲尼之贞矣，而周子则贞下而起元者也。朱子则统诸儒而集其大成者也。周子固为元，程子固为亨，而大亨，而利在于正，可以朱子之一身当之。朱子固见知于周子，而实闻知于孔孟者也。②

在这里，他大大突出了宋儒的地位，尤其突出了朱熹的地位。在他的笔下，朱熹在道统中的分量远远高于诸儒。这一点也可以从该书所采用的体例上的差别中反映出来。书中提到的学者，上起西汉的董仲舒，下至明末的周汝奎，凡 178 人。根据这些人在儒学道统中的不同评价和地位，作者分别把他们归入"正传"、"列传"、"附传"之中。"正传"最为显要，排在各传之前。列入"正传"者只有周敦颐、程颢、程颐、张载、朱熹等所谓"宋五子"，每人各占一卷篇幅，以凸显他们作为儒学道统正宗传人的特殊位置。其余各儒，包括汉代的董仲舒，唐代的韩愈，宋代的程朱诸弟

---

① 刘廷诏：《理学宗传辨正·后论》第 1 册。
② 同上。

子及元、明两代尊崇程朱的理学家，都被归入"列传"中，表明属于圣人之徒，给予肯定的地位。被列入"附传"的是陆九渊、王阳明及其弟子门人杨简、王艮、王畿、罗汝芳、薛侃等 20 人。在黄宗羲、孙奇逢的著作中，陆王派学人都堂而皇之地占有显要位置，与程朱派学人平起平坐，都被当成圣学门徒。而在刘廷诏的著作中，陆王派学人统统被从圣学体系中剔除出去，贬入"附传"之中，明确表示他们的学术不属于圣人之道的范围，是地地道道的"异端邪说"。刘廷诏对孙奇逢《理学宗传》的"辨正"，反映出晚清程朱派对清代以前儒学统系的清理。

晚清理学家认为，清代的儒学统系同样鱼龙混杂，亟待用正统的观点进行"辨正"。这不仅因为陆王之学在清初没有得到认真的清算，致使清代学术统系混淆，而且连儒学在清朝的正宗传人也未被确认。按照正统理学家的观点，朱熹以后的传道人是黄干、真德秀；在元代，赵复、许衡、金履祥是"正学"的代表人物；明代的理学正宗传人则是薛瑄、曹端、胡居仁等。而理学发展到清代，很快就受到强大的考据学潮流的冲击，尚未完成关于道统的阐明就衰败下来。所以晚清理学家把确认清朝理学正宗传人的问题看得十分重要。唐鉴的《国朝学案小识》用程朱派的观点对清代的学术统系作了一番"辨正"，完成了晚清正统理学派对清代道统的重建工作。

唐鉴此书的宗旨可以用"黜王"、"尊朱"、"扬陆"六个字来概括。"扬陆"中之"陆"指的是清初理学家陆陇其，这是唐鉴确定的程朱理学在清代四位"传道者"中的首要人物。唐鉴在书序中对这一宗旨阐述如下：

> 明之有阳明，横浦象山（案：指陆九渊）之流也，而其焰炽于横浦象山，以朱子为洪水猛兽，以孔子为九千镒，是竟欲变朱子之道，而上及于孔子者也。而及其后也，龙溪（案：即王畿，王阳明弟子）、泰州（案：即王艮，王阳明弟子）、山农（案：即颜钧，王门学人）、海门（案：即周汝登，王门学人）诸人，尊师说而益肆，无所忌惮。数十年间，若愦若醉，不知何者为洛闽，并不知何者为洙泗，惝恍迷

北京师范大学史学探索丛书

离，任其心之所至而已，而甚者遂至于犯法乱纪，而不之顾。入国朝，其流波余烬尚未熄也。平湖陆子，起而辟之；而桐乡（案：即张履祥）、太仓（案：即陆世仪）、仪封（案：即张伯行）三先生先后其间，与陆子同。夫而后天下之学者，上之则相与为辅翼，次之亦不失所持循，即一名一物之长，一字一句之是，或以明故训，或以徵博闻，消其意见，去乃诋訾，亦何不可进于道哉！①

　　这段话包含了两层意思，一是强调了王学泛滥造成严重后果的危害性，一是对陆陇其、张履祥、陆世仪、张伯行四位清初理学家起而辟王、力挽狂澜的肯定，集中体现了该书"尊朱黜王"的写作指导思想。

　　按照"尊朱黜王"的观点和标准，唐鉴把清代学术分成"道学学案"、"经学学案"和"心宗学案"三大类，并以此把清代诸儒分成不同的层次，纳入这三类学案之中。所谓"道学"即程朱理学，也就是唐鉴认为的"正学"，这是清代学术的正宗，置于全书之首。在"道学学案"中，唐鉴又以学术的纯驳程度及对道学阐扬作用的大小又分为"传道学案"、"翼道学案"、"守道学案"，地位最重要的是"传道学案"。有资格列入"传道学案"中的只有四个人，即陆陇其、张履祥、陆世仪和张伯行，其中尤以陆陇其为重要。显然把这四人置于程朱理学在清代正宗传人的地位上。在占有的篇幅上，"传道"四人也与众不同，占有大量篇幅。卷一只有陆陇其、张履祥，卷二只有陆世仪、张伯行，每人占半卷篇幅，论述充分详尽。其余各学案大都数人、十数人，甚至数十人为一卷，叙述相对简略。从各卷篇幅的差别上就可以看出，"传道学案"四人在唐鉴心目中的特殊地位。继"传道学案"之后是"翼道学案"，凡三卷，主要人物有汤斌、顾炎武、张尔歧、王夫之、胡承诺、张烈、魏象枢、朱轼、王懋竑、姚鼐等19人；继之为"守道学案"，凡四卷，包括了于成龙、魏裔阶、李光地、方苞、童熊灵、孟超然、朱泽沄等45人。"道学"类下还有"待访录"二卷，收录学者计68人。总计在"道学"类中，包括"传道学案"、"翼道学案"，

———

　　① 唐鉴：《清学案小识后序》，《四朝学案·清学案小识》。

"守道学案"及"待访录"在内，共收录学者146人，大体上反映出清代在道光中期以前理学阵营的基本状况。"经学学案"共四卷（"待访录"算在内），包括了黄宗羲、阎若璩、胡渭、惠栋、戴震等汉学学者116人。列入"卷末"者为"心宗学案"，算上"待访录"共收录了九位学者，都是陆王派学人。作者对这一派学者的介绍不仅充满批评、否定的言辞，而且内容极其简略，实际上是把这派人排除在清代儒学统系以外。

唐鉴的《国朝学案小识》比较详细地介绍了清代道光中期以前的百余位理学家的情况，大体反映出这个时期理学发展的概况和主要成果，保存了一些清代前半期理学发展的资料，这是它的价值所在。然而这部学术著作存在着比较严重的缺陷，带有浓厚的门户习气。在对清代各派学者的介绍、评价中，明显地褒扬、溢美程朱理学派，对治汉学和心学的学者则采取贬抑甚至排斥的态度。由于把程朱理学放在突出的位置，给人以清代的理学盛于汉学的印象，这与当时学界的实际情况不相符。然而，唐鉴的这部著作对晚清的理学发展却起到积极作用，它不仅用程朱派的观点对清代前期的理学作了一番总结，而且建立起以陆陇其为首的清代儒学道统。他如此看重陆陇其主要出于两点考虑：

第一，他认为陆陇其讲学纯正，恪守程朱之学的传统，最得程朱真传，尊陆陇其就是尊程朱，他说：

> 观先生积诚励行，孳孳不已，自修身正家，以及涖官立朝，动准古人，罔有阙失，俨然程、朱之气象，亦卓然程、朱之事为。学程、朱如先生，则亦程、朱也矣。①

言外之意，陆陇其最有资格充当清代儒学的宗主。

第二，陆陇其讲究学术上的正邪、是非之辨，曾经激烈地抨击过陆王之学，是清代学界"黜邪卫道"的"功臣"。唐鉴说：

---

① 唐鉴：《清学案小识》卷一，《四朝学案·清学案小识》，4页。

北京师范大学史学探索丛书

自平湖陆先生始重传道也，有先生之辨之力，而后知阳明之学，断不能傅会于程朱。①

又说：

国朝稼书、杨园两先生起而昌之，扫荡群嚚，统归一是。其行至卓，其辨至严，谓非许、薛、胡、罗之后劲，周、程、张、朱之继绪乎？②

这些评价反映出陆陇其在辨学中所起的重要作用。

唐鉴提出的以陆陇其等四人为首的清代儒学统系得到理学派的认同。何桂珍完全赞成唐鉴这一观点，称该学案"自陆子以次，标其正宗，衍其支派，判其歧途，严而不苟，简而能尽"。读该书"益信陆子之为当代正学也"③。贺瑞麟与唐氏一样，对陆陇其甚为推崇，称赞陆氏有"传圣道之统，发明朱子以及孔、曾、思、孟之宏纲奥旨"④ 之功。不过他用更为严格的正统理学标准审视作为清代儒学"传道"四人，认为陆世仪的学术尚欠纯粹，不应列入"传道"者的行列。他说："陆稼书为国朝理学之宗，次杨园，次仪封。若桴亭著述虽多，间有不纯处。"⑤ 对唐鉴关于陆世仪的评价稍稍表示了异议。

在辨析道统的基础上，晚清理学家大张旗鼓地对陆王心学从学理上进行了批判。方宗诚在论述程朱陆王之辨时指出：对于陆王心学的"偏蔽"，"朱子、胡敬斋、罗整庵各致争于生前。其后陈清澜《学蔀通辨》、张武承《王学质疑》、顾亭林《日知录》、陈定斋《王学辨》、罗忠节公泽南《阳明学辨》，以及张杨园、陆清献、张清恪、倭文端、吴竹如先生诸儒集中，

① 唐鉴：《清学案小识·自序》，《四朝学案·清学案小识》。
② 唐鉴：《读理学正宗序》，《唐确慎公集》，光绪元年（1875）刊本，卷一。
③ 何桂珍：《清学案小识跋》，《四朝学案·清学案小识》。
④ 贺瑞麟：《书重刊松阳讲义目录后》，《清麓文集》卷二，25页。
⑤ 贺瑞麟：《清麓答问》卷三，38页。

皆已辨之极其明矣。"① 在他开列的这个名单中，涉及的晚清学者有罗泽南、倭仁和吴廷栋三人。

倭仁论学"确守程、朱居敬穷理之训"，"拒绝王学甚严"，② 著书立说不糅杂丝毫王学的影响，能够从学理上与王学划清界限，但他很少正面抨击王学，在程朱陆王之辨中并不具有代表性。

吴廷栋治学十分注重分辨入学门径，严守程朱家法而排斥其他学派，对陆王心学诋排尤力。方宗诚因此而称之有陆陇其的遗风，评价说：

> 国朝自平湖陆清献公，以正学清德为圣祖朝名臣。论者谓其学之精纯，直接程朱之统。越百余年而有少司寇霍山吴公，承清献之后而独有得于程朱论学之宗。其行身居官，清风直节，又足与之相埒。天下知与不知，皆不称其官而称其德，尊之曰竹如先生。③

咸丰时，吴廷栋在山东为官，曾就心性、儒、释等问题与安徽儒生方潜进行论辩。方潜原来究心于陆王心学，曾著《心述》七册请教于吴廷栋。该书大旨欲合儒、释、道为一体，渗透着王学观点。吴廷栋阅后认为："其心精力果足以鼓动后学，殊觉可畏，既悯其陷溺之深，复惧其流毒之远，因答书微见其意。"④ 为了"挽救"这位溺于"异说"的学子，吴廷栋先后与方潜往还书信20余次，辩论学术上的是非问题。他用程朱派观点纠正方潜《心述》中"沾染"的王学"谬误"，"先辨其心即理之谬，后辨其心无生死之说"⑤，终于使方潜"豁然大悟"，放弃了王学立场，改宗程朱。为了表示自己的"觉悟"，方潜复著《性述》，对自己原来的观点作了反省，表示对吴廷栋辨学观点的服膺。吴廷栋对方潜的转变甚为得意，

---

① 方宗诚：《志学录》卷八，31页。
② 吴廷栋：《与方存之学博书》，《拙修集》卷九，14页。
③ 方宗诚：《光禄大夫刑部右侍郎吴公神道碑铭》，载《清代碑传全集》下册，855页。
④ 方宗诚：《吴竹如先生年谱》，47页。
⑤ 同上书，49页。

欣然致书倭仁说："学子中挽回此一人，亦大举也。"①

在晚清，从学理上系统而全面地论述程朱陆王之辨的是罗泽南的《姚江学辨》。这部著作分为上下两卷，洋洋五万余言，主要内容是用程朱的"性"、"理"至上论反驳陆王的"心即理"说，用"格物致知"论否定王阳明的"知行合一"说，用程朱"涵养"、"渐进"的入圣门径反对陆王的"悟性"、"悟领"的致圣之道；从宇宙观到方法论，从哲学思想到道德理念，对王学进行了全面性的抨击。罗泽南认为，程朱与陆王是截然对立的两种学术体系，"其本体异也，其大用异也"。在"本体"方面的不同表现为：

> 朱子以性为有善无恶，阳明以性为无善无恶也。朱子以性为理，心不可谓之性；阳明以心为性，吾心之灵觉即大理也。朱子以仁、义、礼、智为性之本然，阳明以仁、义、礼、智为心之表德也。此本体之所以异也。

二者在"大用"方面的对立则是：

> 若失善念之发，朱子以为率性，阳明则谓心体上著不得些子善念也。好善恶恶，朱子以为皆务决去而求心得之；阳明则谓心之本体本无一物，着意去好善恶恶，又是多了这分意思也。万事万物，朱子以其理悬于心，日用伦常各有当然之则；阳明则以事物为外来之感应，与心体无涉，以事事物物各有定理，是为揣摩测度于其外也。此大用之所异也……两家意旨如冰炭之不相入，此是则彼非，此非则彼是，势有不可两立者。②

这些内容大体概括了朱学与王学的主要分歧点，也揭示出罗泽南辨学的核

---

① 徐世昌编：《清儒学案·拙修学案》卷一五九，20 页。
② 罗泽南：《姚江学辨》，同治二年（1863）长沙刻本，卷下，49～50 页。

心内容。

罗泽南首先从"本体"辨起，引用了王阳明《传习录》所说的"四句教"作为批判的靶子。王氏的"四句教"是："无善无恶是心之体，有善有意是意之动，知善知恶是良知，为善去恶是格物"。王氏对"本体"的理解有两层意思，一是把"心"当做宇宙的大本大原，这个"本体"是无善无恶的；二是"本体即工夫"，本体、工夫原为一体，无内外之分。这是王阳明论学的全部出发点，也是王学思想的理论基础。罗泽南则根据程朱以"性理为本"的观点否定了王学的"心为本体"论，坚持程朱"性理至上"的学说。他认为"人之为学"，归根结底是"复性明理"，要达到这个目的必须依靠一定的"工夫"。"本体"与"工夫"既相互联系，又不可混为一体，二者之间是"体"与"用"的关系。因此，王阳明把二者混为一谈有悖于圣道。罗泽南抨击王氏"本体即工夫"论说：

> 自无善无恶之教行，为其学者率多言本体，不言工夫。夫吾儒之学，有本体斯有工夫者也。……工夫有一毫之不至，本体即有一毫之不尽。是本体之外无工夫，工夫正所以完其本体也。知本体为至善，即工夫，即本体矣；以无善为本体，有本体无工夫矣。以工夫适足为本体累也，虽假为善去恶之言以遮盖其头面，实崇无善无恶之教以大张其宗风，扫除学问，捐弃实修，使天下之士尽不知荡检逾闲之为非。其为世道人心之忧可胜言哉！①

因为王学合"本体"、"工夫"为一事，导出了"致良知"的结论，确立起"吾心良知"为认识标准，打破了程、朱以古圣贤之教为标准的限制，导人以"离经叛道"。所以罗氏一再强调王学把"本体"与"工夫"合二为一就是否定了"工夫"，"废绳墨以示人"，最终导致人们无视纲常名教。他强调说，人之应物能够作出是非判断，不取决于"心"的主宰，而取决于"心"中之"理"的支配作用。"我之应物有定者也，感我以是吾，即

---

① 罗泽南：《姚江学辨》卷上，3 页。

北京师范大学史学探索丛书

吾心之理衡之，有以知其为是，则遂以是应之；感吾以非吾，即吾心之理度之，有以知其为非则遂以为非而去之。"如果没有"理"作万物的"本体"，天下万物无异于"无星之秤，无寸之尺"，"将以何者为准乎……如太虚中之浮云聚散，或往或来，皆与苍苍者无涉，安得不至于大决藩篱，猖狂自恣哉？"①

王学的核心是"良知"说。这自然也是罗泽南辨析的一个重要方面。罗泽南在《姚江学辨》卷下主要从认识论、方法论的角度抨击王学的良知说。王阳明把"心"当做本体，"良知"则是"心"固有的属性。"良知"不仅是先验的，而且能派生出天地万物，与朱熹所说的"理"同具哲学意义上的至上性。于是他把世间万事万物都包含在"心"的"良知"中，认识"本心"的"良知"，也就达到了对一切真理的把握，因此，学习或追求知识只是体认"吾心"中的"良知"。基于这种理论，他对"格物致知"作了与朱熹完全不同的解释，他说："所谓致知格物者，致吾心之良知于事事物物也。吾心之良知即天理也，致吾心良知之天理于事事物物，则事事物物皆得其理矣。致吾心之良知者，致知也，事事物物皆得其理者，格物也。"② 按照王阳明的说法，人们只需要扩充、发挥"心"中的"良知"，就能够达到对封建道德原则的认识和实行，完全不需要后天的向外学习。这就把朱熹主张的一整套"居敬穷理"、"格物致知"的工夫完全给否定了。

罗泽南在批驳这种观点时指出："心"之所以能够起到认识、思维的作用，主要是靠它所具有的"意"和"知"的功能。他说："意即心之意念，知即心之知觉也。然心主全体而言，该动静者也，意则就其发动处言也，意是主张做这事，知是精察此事之是非，是亦各有所属矣。""心、意、知"虽然具备了认识的职能，但最如果没有"理"的主宰，是决然不能产生"良知"、认识万物的。他说："兹之论良知之不可恃也。既曰良知，善即知其为善，恶即知其为恶，则良知无待于致矣。良知犹待于致，不得谓之良知矣。"③ "良知"既然要靠"致"的工夫才能达到，那么就说

---

① 罗泽南：《姚江学辨》卷下，7页。
② 同上书，10页。
③ 同上书，11页。

明它本身是不可靠的，并非"全知全能"。罗氏认为："良知"说的错谬，就在于把"本体"与"工夫"、"诚意"与"格物"混为一谈，用前者取代了后者，他说：

> 阳明之所欲浑同者，知行合一也，博约合一也，理气合一也，心性合一也，动静合一也，已发未发合一也，明德新民合一也，格致诚正修合一也。……阳明必浑同言之者，必如是而后可以托空归寂也。乐简易，堕实修，自谓阐尧舜之正传，为孔氏之心印，诬圣贤乎，抑亦自诬乎。有心世教者能不为之惧哉！①

罗泽南反复强调"本体"与"工夫"不能"浑同"，"格致"工夫不能废除，"明明德，纲也；格致诚正修，目也。目虽有五，只完得明明德一事。明德虽一，工夫实各有其节次，必此五者之兼尽而后明德始明。身曰修，心曰正，意曰诚，知曰致，物曰格，节节有工夫在，此功之不可阙也。曰先曰而后工夫，如是之循循做去，此序不可乱也。"②

程朱派学者在批评王学时，总要把王学与佛教扯在一起，斥之为"阳儒阴释"之学，以此否认王学的儒学属性，彻底把它推翻。方东树在《辨道论》中批评说："王氏之学既以全乎佛，而又必混于儒……陆氏、王氏其取于孟子也同，其流而入于佛也亦同，而王氏之失弥甚。"③ 吴廷栋认为，陆王之学最根本性的过失就是流于"禅"，他说："陆王之学，儒者直斥之为禅，世或疑为大过。不知此正由不明于心性之辨也。禅宗认心为性，乃其本原差处，而陆王谓心即理，其误亦实根于此。"④ 罗泽南在批评王学时，同样未能摆脱这一窠臼，认为王阳明把"无善无恶"称为"心之本体"，是把本来实在的"本体"变为"虚寂"。这种"本体""即佛氏之所谓常住不动，真性如如者也"。可见王学与佛学在根本上是相通的。他

---

① 罗泽南：《姚江学辨》卷下，12～13 页。

② 同上书，7 页。

③ 方东树：《辨道论》，《仪卫轩文集》，同治七年（1868）刻本，卷一，12～13 页。

④ 吴廷栋：《寄倭艮峰中堂书》，《拙修集》卷九，20 页。

还把王学与佛学作了比较，指出：

> 阳明之学与佛氏有异乎？曰有。佛氏怕著相，逃却父子、君臣、夫妇；阳明不怕著相，犹在父子、君臣、夫妇之中也。然则有同与？曰有。佛氏说空寂，事物有著，使为罣碍，所以父子、君臣、夫妇必欲从而弃之；阳明说良知，惟恃此一心之灵明以应万物，即终日应酬，此心之空寂者自在，所谓不著父子、君臣、夫妇的相者，随物现形和镜中花，日在父子、君臣、夫妇之中，父子、君臣、夫妇仍与本体无干也。……阳明欲以吾儒之道捄佛氏之失，而又仍以佛氏之心行吾儒之道。……其有父子、君臣、夫妇虽与佛氏异，而其所以视夫父子、君臣、夫妇者，实与佛氏同矣。弥近似弥乱真，不诚然哉！①

也就是说，阳明之学与佛教的"异"仅是表相，而与其之"同"才是实质。阳明之学虽然承认君臣、父子等人伦关系，表面上不同于佛教的弃绝人伦，但由于"心之本体"是"空寂"的，所讲的人伦关系不过"如镜中花"，在"本体"上并不存在，因此，王学讲人伦只见诸于表相，而不见诸于"本体"，实际上是佛门说教的翻版。这就把王学从儒学系统中清除出去，视之为佛门的变种。罗泽南还从王阳明的学术渊源上说明王学归于佛门的必然性，他说：

> 阳明自幼酷好二氏，十七岁入铁柱宫，见有道者叩之，得闻养生之术。后又闻地藏洞有异人坐卧松毛，不火食，历岩险访之。因论最一上乘，乃筑室阳明洞中，行导引术。……五十岁居南昌，始揭良知之学教人，自谓千圣相传一点骨血，圣贤实有之旨尽从而变乱之。盖其浸淫于二氏者深矣。②

---

① 罗泽南：《姚江学辨》卷上，27～28 页。
② 同上书，3 页。

罗泽南《姚江学辨》用程朱派的观点，从学理上全面地批判了阳明之学，涉及广泛的理学基本范畴，如"本体"与"工夫"、心与理、性与气、性之本质、"良知"说，"致良知"、"天人合一"，"格物致知"，以及儒学与佛老关系等。该书通过对上述问题的论辨，重申了程朱的基本观点，揭示了王学的"谬误"，起到了"卫道"的作用，对清末理学"复兴"产生了积极的影响。正因为如此，这部著作受到晚清理学家的高度评价。贺瑞麟说："予向见其（案：指罗泽南）著述恪守程朱，《姚江学辨》一编，真足为吾道干城。"① 方宗诚把罗泽南尊朱黜王的作用，与罗钦顺、张履祥、陆陇其、张伯行、张烈等明清时期的理学家相提并论，他说："惟罗整庵、张杨园、陆清献、陈清澜、张清恪、张武承、陈定斋以及近世之罗忠节，则专宗守程、朱之言，而严辨陆王似是之非，不遗余力。"② 唐鉴称赞罗泽南的著述"造诣精纯，识量宏大，知不离乎物，则独不欺乎意，心无袭取于外，无幻托于空，斥阳明之顿悟，探伊洛之渊源，孜孜焉以崇正学，辟异端，正人心，明圣教为己任。"③ 罗泽南的《姚江学辨》在晚清批评王学的程朱派理学著作中最具代表性。

当然，晚清学界关于程朱陆王之辨的讨论并没有发展成为大规模的学术论争。其原因在于：第一，由于陆王之学的复兴仅处于萌动状态，尚未形成独立的派别，也无代表人物，在思想学术界未成气候，并不具备还击责难者的条件。因此，在讨论中只有程朱派的侃侃而谈，而无对方的回应。没有对手的讨论是不能形成论争的。第二，当时学界主张各种不同学派共存并立、兼收并蓄的思想盛行起来，使不少理学家对旷日持久的学术争论日趋淡漠，转而主张不同学派的调和。这就使得程朱陆王两派思想由"分"而趋于"合"。这些主张程朱陆王调和的理学士大夫对陆王之学的复兴起到了一定作用。

---

① 贺瑞麟：《重刻小学韵语序》，《清麓文集》卷二，4页。

② 方宗诚：《序石埭杨先生读阳明集拙语》，陈澹然编：《方柏堂先生事实考略》，清末活字印本，卷二，16页。

③ 唐鉴：《罗罗山西铭讲义序》，《唐确慎公集》，光绪元年（1875）刻本，卷一，24页。

三、程朱陆王调和论的弹奏

主张调和程朱陆王的理学士人情况比较复杂，概而言之，可分为两类学者：第一类是陆王之学倾向比较明显的学人，如莫晋①、胡泉②、佟景文③、宗稷辰④、吴嘉宾⑤、刘光蕡⑥等；第二类是主张接纳陆王的正统理学家，如曾国藩⑦、徐桐⑧、李棠阶⑨、朱次琦⑩、朱一新⑪等。

---

① 莫晋（1761—1826），字锡三，别署宝斋，浙江绍兴人。乾隆进士，历官内阁中书、学政、仓场侍郎。治学宗王学，应浙江巡抚阮元之邀掌蕺山书院，校刊《明儒学案》、《王龙溪先生全集》。

② 胡泉（1797—1868），字杖仙，江苏高邮人，道光举人，曾任县教谕，向好王学。著有《王阳明先生书疏证》、《王阳明经学拾余》、《王阳明经说弟子记》等。

③ 佟景文（1776—1836），字质夫，号敬堂，又号艾生，汉军镶黄旗人。嘉庆进士，授编修，历官安徽布政使、云南学政。学宗程朱，后主陆王，著有《絅斋札记》。

④ 宗稷辰（1792—1867），字迪甫，号涤楼，浙江绍兴人。道光举人，历官内阁中书、山东运河道。学宗陆王，主湖南群玉、濂溪、虎溪等书院。著有《四书体味录》、《躬耻斋文钞》等。

⑤ 吴嘉宾（1803—1864），字子序，江西南丰人。道光进士，授编修，缘事谪戍军台，参与镇压太平天国，死于战事。学宗王阳明，长于桐城古文。著有《周易说》、《诗说》、《求自得之室文钞》等。

⑥ 刘光蕡（1843—1903），字焕堂，号古愚，陕西咸阳人。光绪举人，以教读为业，历主陕西泾阳、味经等书院。究心汉宋学诸儒之说，尤喜王学，赞同新学新法。著有《学记臆解》、《烟霞草堂诗文集》等。

⑦ 曾国藩（1811—1872），字伯涵，号涤生，湖南双峰人。道光进士，官侍郎。咸丰初在籍创办湘军，镇压太平天国，官至总督、大学士。提倡义理经济之学，长于古文辞学，为时人目为儒宗，著有《曾文正公全集》。

⑧ 徐桐（1819—1900），字豫如，号荫轩，汉军正蓝旗人。道光进士，为同治帝师傅，官至大学士、尚书，标榜理学，主调和程朱陆王。著有《〈大学衍义〉体要》。

⑨ 李棠阶（1798—1865），字树南，号文园，河南河内人。道光进士，官至尚书、军机大臣。治学主调和程朱陆王。著有《李文清公遗书》等。

⑩ 朱次琦（1807—1881），字雅圭，广东南海人。道光进士，官山西知县，旋引疾归，以讲学著书终。以理学名于世，主张调和程朱陆王之学。大量著述于去世前焚毁，存稿辑为《朱九江先生集》。

⑪ 朱一新（1846—1894），字鼎甫，号蓉生，浙江义乌人。光绪进士，官御史，因弹劾太监李莲英被降职，张之洞延掌广雅书院。学宗程朱而不排陆王。著有《无邪室答问》、《汉书管见》等。

（一）具有王学倾向的理学士人对程朱陆王的论述

莫晋、宗稷辰、吴嘉宾等第一类学者尽管所处政治背景不同，讲学特点各异，但共同之处就是尊崇、提倡王学，具有比较明显的王学倾向。

在学术思想上，他们接受了陆王之学的一些重要观点，对陆王学说作出了自己的解释。他们赞成王阳明的"心本体"、"致良知"的观点。"心"与"本心"是陆王之学中最重要的概念，和程朱理学所讲的"理"、"性"属于同等层次，具有宇宙本体的意义。吴嘉宾《释学》一文说："夫道尝出于吾心之自然，而为吾道者尝出于学。"① 意思是说"道"出于"心"的自然表露，"心"不仅与"道"具有同样的地位，而且先于"道"而存在。他用孟子的话来强调"心"的本体意义，指出："孟子曰：'养其大体为大人。'所谓大体者，非心之谓乎。"② 基于同样的认识，宗稷辰对王学作了这样的概括："阳明之学从天道入者也。惟其得天之圆，是以有觉于一心，即可觉人人之心；有格于一物，即可格物物之事。而其人我事物之无不周偏者，实大圆之中藏大方焉，天道之中涵人道焉。"③ 王学虽然讲"天道"，讲"格物"，但都以"心"为万物的大本。由于认同了陆王的"心"说，吴、宗等人的思想带有明显的主观唯心论的特征。他们所写的文章，如宗稷辰的《深虑篇》、《沈几篇》、《远见篇》、《齐本篇》等，吴嘉宾的《释学》、《释道》、《释心》、《释性》、《释德》等，主要谈的是关于"心"、"意"、"几"、"虑"等主观意识范围的问题，强调主观意识、心理活动对人之行为及"齐家、治国、平天下"的决定性影响。宗稷辰在《沈几篇》中把"沈几"视为人们的一切思想言行的关键所在，指出：

> 将欲通天下之物，非见几不能照；将欲穷天下之理，非研几不能神；将欲陈天下之善，而闲天下之邪，非知几皆不能决。④

---

① 吴嘉宾：《求自得之室文钞》卷一，1页。
② 吴嘉宾：《释学》，《求自得之室文钞》卷一，16页。
③ 宗稷辰：《答黄树斋论姚江》，《躬耻斋文钞》，咸丰间越岘山馆刻本，卷二，30页。
④ 宗稷辰：《躬耻斋文钞》卷一，2页。

"几"为何物？吴嘉宾在《释几》一文中解释为："几者，动之微、吉之先见者也。"即由于"心"动而产生的最初意念，相当于朦胧意识。在宗稷辰看来，无论"诚正格致"也好，还是"修齐治平"也好，都是建立在"沈几"这种心理活动的基础之上。"沈几"的成功与否就成为养"心"、治"心"的关键所在。他说：

> 试令静、躁二人，同居一堂，必躁者臣而静者君；共为一事，必静者成而躁者败；共处一境，必静者安而躁者危。无他，于其几之沈不沈定之而。

他由此得出结论："故儒者将练事先练心也，心能练成宏毅，乃可以任重远也。"[1] 这些论述都体现了陆王之学的基本精神。

在程朱陆王之辨的问题上，宗稷辰等人反对把陆王与程朱截然对立起来，提出"王学即朱学"的观点，试图调和程朱陆王，以抬高陆王。宗稷辰说：

> 自有明以来，讲学宗朱者辄与阳明为敌，众口一词，坚执不破。幸得深如高景逸、刘蕺山，笃信如孙夏峰、汤孔伯，乃克观其会通而定于一，嗟乎！亦知阳明子之学，即朱子之学乎哉！[2]

他从治学宗旨、治学内容、治学方法等方面论述了王阳明和朱熹的共同点，认为：在治学宗旨上，朱王都以拯救学术流弊为己任，"朱子救泛滥词章之锢蔽，而纳之于笃修精诣之中；阳明救墨守章句之末流，而归之于反躬自得之所。因时施教，易地皆然。"他们是"旷代同心，后先一揆。"在治学内容上，王、朱讲的都是"内圣外王"、"修齐治平"之道，同属于"大学"范围。他说："世习知朱子之学，大学也；夫阳明子之学，亦大学

也。阳明提致知为宗，恐世之务外求知也，而特表之曰良知。良知非他，明德而已；致良知非他，明明德而已。”“致良知”是王学的核心内容，“明明德”是朱学的中心思想。把“致良知”与“明明德”等同起来，无异于泯灭了王学与朱学的内容差别。在治学方法上，他反对人们责难王阳明讲“知行合一”、“本体即工夫”有悖于朱熹的观点，认为王阳明的这些观点实际上都来自朱熹，二人提倡的为学工夫在本质上是一致的。他认为：朱熹“融本体工夫而一之”，“先开合一之说”，“由是而推之，阳明悟彻之本，无一非朱子所已径；阳明传习之文，无一非朱子所素辨。”① 他断言，王学与朱学一旦相互补充，相辅而进，便可使圣学、圣道发扬光大。他指出：

> 诚原两先生（案：指王阳明和朱熹）救世之心以教人。学朱子者，当以阳明之警愫牖之使明；学阳明者，尤当以朱子之精严约之使固。有兼资之益而无偏胜之忧，化町畦之私而宏进修之域。圣学自此明，大道自此公，名世之儒自此出。②

他强调王学与朱学互补，实际上借朱学肯定王学，为王学复兴提供合法的理论根据，同时也包含用王学弥补程朱理学不足的意思在内。

嘉道以后，随着清代学术转换期的到来，在学界涌现出一批陆王之学的提倡者，沉寂了百年之久的陆王之学开始复苏。然而，在程朱理学的制约下，复苏中的陆王之学并未公开打出自己的旗帜，没有成为学界的一个独立派别，恢复到明代中后期的规模。它的复苏需要借助程朱理学的帮助。尽管如此，但这毕竟给陆王之学提供了一个有限的生存空间，为它在 20 世纪初的复兴准备了条件。

（二）理学正统派中的程朱陆王调和论

在理学正统派中，曾国藩、李棠阶、朱次琦等人不赞成排斥陆王，主

---

① 宗稷辰：《长沙重刻阳明先生文集序》，《躬耻斋文钞》卷五，4～5 页。
② 同上书，5 页。

张调和两者，表现出一种比较宽容的治学态度。

不可否认，曾国藩等人对陆王之学的总体评价要低于对程朱之学的评价，发表过一些批评性的意见。曾国藩曾对王学表示过怀疑，说：

> 朱子曰："人心之灵，莫不有知。"此言好恶之良知也。曰："天下之物，莫不有理，惟于理有未穷，故其知有不尽。"此言吾心知之有限，万物之分无穷。不研乎至殊之分，无以洞乎至一之理也。今王氏之说曰"致良知"而已，则是任心之明，而遂曲当乎万物之分，果可信乎？①

朱次琦也批评"阳明祖述其说（案：指孟子的良知说），并称佛氏之言亦不之讳，欲使儒释相附，害道甚矣。"② 然而，他们从维护程朱理学的立场出发，也看到陆王与程朱有异亦有同，可以吸收其可取成分光大儒学。他们在这方面的主张可以概括为以下几点：

第一，反对大张旗鼓地抨击陆王之学，把程朱陆王之辨视为"争闲气"。

在唐鉴、罗泽南、贺瑞麟等人看来，抨击陆王之学，清除其影响，是捍卫"圣道"的头等重要的大事，程朱陆王之辨不可不严。理学调和派则把这种论辩看成门户和意气之争，不足为训。李棠阶说：

> 看《学蔀通辨》前编、续编。看完，主程朱以攻陆王，击无完肤。然吾有心性，吾自认真理会，那得如许闲力争此等闲气也。③

《学蔀通辨》是明代理学家陈建所著的辨学著作，主要内容是抨击王阳明的《朱子晚年定论》，备受正统理学家的推崇。清初理学家张伯行曾经重

刊此书，称赞该书"攻新建也，摧陷廓清，不蒂入虎穴而得虎子矣。……此《学蔀通辨》为异端之爱书，为学者之指南，而不可一日无者也。"① 晚清时期的贺瑞麟也重刊了这部著作，以便在程朱陆王之辨中发挥作用。调和派学者则强调儒学的"力行"精神来冲淡辨学风气，以避免重蹈明末学界门户纷争、游谈无根的覆辙。徐桐则把晚清理学界辨学风气看做是误蹈陆陇其倡学的消极一面，说：

> 今之言学者，病王甚于病陆，皆蹈袭清献之绪言，未尝深体其用意之所在也。清献知明季讲学之辨，全在光景门头，卖弄精魂，故力辟王学以卫吾道。此而谓不善学王者承流之弊则可，若王氏良知之正非无据，未可尽情诋毁也。②

也反映了与李棠阶相同的观点。

第二，陆王之学继承了孟子的学说，亦为"圣学"支派，不能视为"异端"。

排斥陆王的理学家把程朱和陆王完全对立起来，斥陆王为"异端"，强调门户之别。贺瑞麟说："今日为学，断当专趋程朱门户。是程朱门户自是孔孟门户，不是程朱门户必不是孔孟门户。大著眼光，牢著脚跟，决不可为似是而非之说所惑。"③ 李棠阶反对把王学诋为异端，说："阳明之学，实能自得，诋为异端，固属过当。"④ "实能自得"一语，肯定了王学对孔孟儒学的发挥有独到之处，是"圣学"的重要组成部分。关于陆王之学与"圣学"的关系，曾国藩也有肯定性的论述：

---

① 张伯行：《学蔀通辨序》，陈建：《学蔀通辨》，《清麓丛书》所收"辨学七种"之一。

② 徐桐：《汉学商兑赘言附识》，豫师：《汉学商兑赘言》，光绪年间刻本。

③ 贺瑞麟：《答王逊卿书》，《清麓文集》，光绪二十五年（1899）刘氏传经堂刻本，卷十，66页。

④ 李棠阶：《李文清公日记》卷十六，同治三年十一月十一日记。

孔孟之学，至宋大明，然诸儒互有异同，不能屏门户之见。……朱子主"道问学"，何尝不洞达本原？陆子主"尊德性"，何尝不实徵践履……当湖学派极正，而象山、姚江亦江河不废之流。①

徐桐比较了陆王之学和程朱之学的异同，认为二者在治学宗旨和目的上是相同的，不同之处主要是方法上的差异。他说：

程朱陆王资禀不同，故所由之途亦不同，而及其所至则一。程子主一，朱子居敬，陆子先立其大，王子致良知，名目虽分，实则一贯。陆王之学，尊程朱者诋之，抑知陆子之学非主一居敬，何能致良知乎？方氏恪守程朱，痛诋陆王，亦是门户之见未化，正坐务博未能返约之病。②

文中提到的"方氏"是指方东树。徐桐对方东树在《汉学商兑》、《辨道论》等著述中诋毁陆王之学提出质疑，恢复了陆王之学作为儒学门派的名誉。

第三，具体阐述了陆王之学的可取之处。综合曾国藩等调和派学者关于陆王之学的论述，他们对陆王及其学术的肯定主要表现在三个方面：一在学理，二在事功，三在文学。

在肯定陆王之学的学理方面，李棠阶的论述比较具有代表性。其论述主要集中反映在他写的《志节篇》、《四书约解》、《语录》及书信、日记等著述中。李氏认为，陆王之学和程朱之学都属于"圣人之学"，同源殊流，各有特点，成互补关系。对陆九渊的"先立其大"、王阳明的"致良知"、"治心"等观点都取赞成态度。因为从表面看，人的思想言行受"心"的支配，只有把"心""治"好，才算解决了"修齐治平"的"所以然"问题。他在向朝廷提出的施政建议中就把"治心"提到首要地位：

---

① 曾国藩：《复颍州府夏教授书》，《曾文正公书札》卷二十，39页。

② 徐桐：《汉学商兑赘言附识》，豫师：《汉学商兑赘言》。

臣窃谓刻苦奋励之实，不徒在于用人行政，而在于治心；治心之
　要，不徒在于言语动作，而尤在于克己。①

所谓"克己"是指去掉"人心"中的"私欲"。其意义和王阳明的欲去
"山中贼"先去"心中贼"的主张如出一辙。在"治心"方法上，李棠阶
既赞同朱熹的渐进修德方法，又肯定陆王简捷易行的至圣途径。他说：

　　学者只须为己，无庸多辨。程朱陆王，皆可至道，要在真修真
　悟，实实用功。彼此掊击，于己何与焉，即陆王程朱，亦岂以此为加
　损哉！②

北京师范大学史学探索丛书

类似持李棠阶这种看法者在当时大有人在。

　　关于王阳明的事功，晚清理学正统派一般都持以肯定的态度。特别是
王阳明在明正德年间成功地镇压南赣农民起义和平定宁王朱宸濠叛乱二
事，尤其受他们的称道，甚至连王学的反对者也没有异议。如方宗诚一方
面抨击陆王的学术，另一方面则肯定他们的德业和事功，指出："陆、王、
陈（案：指陈献章）三先生，行谊、气节、功烈、政绩、忠孝大端，固皆
可为后世师表。"③ 王学的激烈反对者罗泽南说："若陆子品谊，阳明勋业，
固有不可磨灭处，但欲废讲学，以求顿悟，窃禅门之宗旨为吾儒之工夫，
有害吾道非浅。"④ 可见，罗泽南反对的只是陆王的学术，而不是他们的道
德、事功。特别在清咸同时期，清王朝面临的统治危机比明朝正德年间严
重得多，迫切需要士大夫中涌现出更多的王阳明式的人物来为朝廷敉平变
乱，重建纲纪。在这种情况下，陆、王的尽忠之德、经济之才自然受到晚
清理学家的普遍重视。倭仁虽然在学术上对陆王抱有成见，但主张把学术
之辨"暂行撤开"，效法二人的经济之才。他在致友人的信中说：

---

　① 李棠阶：《条陈时政之要疏》，《李文清公遗书》卷一，1页。
　② 李棠阶：《李文清公日记》卷一，道光十四年六月十八日记。
　③ 方宗诚：《志学录》卷八，31页。
　④ 罗泽南：《与高旭堂书》，《罗山遗集》卷六，3页。

陆王之学，阁下已洞悉其弊，较然不感矣。若象山之知荆门，姚江之抚江西，政绩具在，不当效法乎？今且将学术之辨暂行撇开，不须再议，取两贤经济仿而行之，不尚虚词，惟求实用。①

王阳明的事功同样受到曾国藩的推崇。为了应付艰难复杂的政治环境，曾国藩不仅吸收了王学中的"诚"作为发挥主观进取精神的营养，而且在实际军事、政治活动中把王阳明当成效法的榜样。无怪有人把他与王阳明相比拟："尽瘁武乡侯，千秋臣节；望隆新建伯，一代儒宗。"②

王阳明的文学成就同样受到曾国藩等理学调和派的肯定。曾国藩是晚清文坛桐城派的代表人物。他在继承姚鼐文论的基础上，用"义理经济合一"思想充实了桐城派的文论，以适应变化了的形势。作为正统理学家，曾国藩并不赞同王阳明的思想观点，但却肯定王氏文章的风格。他选编的《鸣原堂论文》收录了从汉到清17位名臣文士的代表作品，包括贾谊的《陈政事疏》、诸葛亮的《出师表》、朱熹的《戊申封事》及王阳明的《申明赏罚以厉人心疏》等名篇。王阳明此文不仅在内容上讲的是经国安邦之策，而且在文法上也很讲究，颇具阳刚雄健的气势，因而受到曾国藩的称赞。曾国藩论文一宗姚鼐阳刚、阴柔之说：

> 吾尝取姚姬传先生之说，文章之道分阳刚之美、阴柔之美。大抵阳刚者气势浩瀚，阴柔者韵味深美。浩瀚者喷薄而出之，深美者吞吐而出之。③

他虽然以阳刚、阴柔并举，但于文却重阳刚，自称"平生好雄奇瑰玮之文"。他认为王阳明的文章就带有十足的阳刚之气，评价说：

---

① 倭仁：《答王子法》，《倭文端公遗书》卷八，16 页。
② 黎庶昌：《曾国藩年谱·附事略荣哀录》，62 页。
③ 曾国藩：《求阙斋日记类钞》，光绪二年（1876）刊本，卷下，6～7 页。

文章之道，以气象光明俊伟为最难而可贵。如久雨初晴，登高山而望旷野；如楼俯大江，独坐明窗净几之下，而可以远眺；如英雄侠士，褐裘而来，绝无龌龊狷鄙之态。此三者皆光明俊伟之象。文中有此气象者，大抵得于天授，不尽关乎学术。自孟子、韩子而外，惟贾生及陆敬舆、苏子瞻得此气象最多。阳明之文亦有光明俊伟之象，虽辞旨不甚渊雅，而其轩爽洞达，如与晓事人语，表里粲然，中边俱彻，固自不可几及也。①

他不仅把王阳明的文章列入"气象光明俊伟"之文的行列，而且把它与孟子、韩愈、苏轼等文坛大师的文章相提并论，认为自己"不可几及"，反映出他对王阳明文学成就的肯定。

在晚清学术的发展变化中，陆王之学的复苏是一个值得重视的学术动向。随着汉学的衰落，各种学术思想开始活跃起来，为陆王心学的萌动创造了客观条件。大致在中日甲午战争以前，陆王之学尽管受到理学正统派的压抑，未能恢复到明代时的规模，发展成为独立的学派，但是，陆王学说的许多思想内容通过持调和论学者的阐发，保留下来，得到潜在传播，为在 20 世纪初的兴起打下了思想基础。

也要看到，这一时期赞成陆王之学的学者有不少是程朱理学的信奉者，他们对陆王之学的肯定、发挥，都用程朱理学的观点进行过滤，阐扬的内容只限于那些对封建统治无妨害的和与程朱理学不相悖的东西，而陆王之学中的精华成分，即与封建专制传统相矛盾的内容却被掩而不彰，受到禁锢。在中国社会已经步入近代的历史条件下，依靠旧式的理学派士大夫的努力，既不能把陆王心学恢复到它在明代盛时的规模，也不可能给它注入新的内容与活力，使它得到更新和振作。这是由他们阶级的和历史的局限性所决定的。复兴陆王心学的使命最终是由 19 世纪末 20 世纪初登上政治斗争舞台的新型知识分子来承担。

北京师范大学史学探索丛书

---

① 曾国藩：《鸣原堂论文》，《曾国藩全集·诗文》，554 页。

第四章　晚清汉学的兴衰变迁

谈到晚清时期的思想学术，论者往往把研究目光集中在西学和今文经学方面，而忽视了一度颇具影响的汉宋学，尤其是汉学。晚清学者皮锡瑞称清代"经学凡三变"，清初为"汉宋兼采之学"，乾隆以后为"专门汉学"，晚清时期为"西汉今文之学"。① 王国维说："国初之学大，乾嘉之学精，道咸以降之学新。"② 梁启超则认为晚清时期是清代学术的"蜕分期"，学术代表人物是康有为、梁启超，"有为、启超皆抱启蒙期'致用'的观念，借经术以文饰其政论，颇失'为经学而治经学'之本意，故其业不昌，而转成为欧西思想输入之导引。"③ 这些说法尽管都有一定的道理，但又不甚全面。

西学与今文经学在中国社会产生了重要影响，并逐渐成为思想学术的主流是在 1895 年戊戌维新运动之后。然而，在此以前，受到清朝统治者扶持的汉学、宋学依然在学界占着主导地位，有着不可忽视的社会影响。西学在当时虽然已被提倡，但尚处于"用"的地位，受到作为"体"的中学（儒学）的制约。今文经学只是儒学的一个在野学派，讲求的学者为数寥寥，不能与汉宋学相比。大致来说，从嘉道年间到甲午中日战争前，是传统儒学的主流学派——汉宋学继续延绵，并不断调整其内部关系，以应付所面临的危机及内外挑战的时期。在此期间，汉学虽然走向衰落，但依然保持着一定的规模，且有局部性的回升；程朱理学乘汉学衰落之机一度出现短暂的"复兴"，汉宋学关系发生了从"鼎峙"到"合流"的走向。从中日甲午战后到清朝垮台的十余年，是中国传统儒学走向衰落和发生新转变的时期。科举制被废除，《四书》、《五经》遭受冷落，再加上西学和今

---

① 皮锡瑞著，周予同注释：《经学历史》，341 页，北京，中华书局，1981。

② 王国维：《沈乙庵先生七十寿序》，《王国维文集》卷一，97 页，北京，中国文史出版社，1997。

③ 梁启超：《清代学术概论》，《饮冰室合集》专集之三十四，5 页。

文经学的冲击，使汉宋学旧日的地位从根本上发生动摇。章太炎、刘师培等新一代汉学家在学术研究中显示出的新趋向，反映了传统汉学在社会转型时期的新变化。以上所述，大体勾画出了汉宋学在晚清时期兴衰演变的轨迹。由于篇幅所限，在兹只论及晚清汉学发展变化中的一些问题。

一、晚清汉学的局部性发展及其衰落

清代汉学肇始于明末清初的顾炎武、黄宗羲等著名学者的提倡。顾炎武等人标举"经学即理学"的旗帜，力倡实事求是之学，以矫正王学末流的流弊。后经阎若璩、胡渭等人的发挥，为汉学的形成打下基础。至乾嘉年间，清代汉学发展达到鼎盛，成为学界显学。以惠栋为首的吴派和以戴震为首的皖派，构成了汉学阵营中的两大派别。

乾嘉汉学的宿儒学者以"实事求是"的原则和"无证不信"的方法，对儒家经典和古代文献作了全面、系统的整理，在对古文献的校勘、训诂、辑佚、音韵等方面的研究上取得重大成就，并推动了名物制度、天文历算、地理、金石、目录等专门学问的发展。阮元编辑的《皇清经解》（刊于 1829）收录清代经学著作 173 种，凡 1408 卷，作者 74 家，集中反映了清代中前期汉学所取得的主要成就。对此，梁启超评价说："当时学者，以此种学风相矜尚，自命曰朴学。其学问之中坚，则经学也。经学之附庸则小学，以次及于史学、天算学、地理学、音韵学、律吕学、金石学、校勘学、目录学等等，一皆以此种研究精神治之。"①

嘉道以后，由于清朝统治出现了日益严重的内外危机，汉学的弊病充分暴露而受到越来越多的批评，再加上今文经学、经世之学、程朱理学的相继兴起，使曾经盛极一时的汉学走上衰落的道路。然而，汉学在晚清的衰落不是直线性地下降，而是有起有伏，在总体衰落的大趋势下，也有局部性的发展和回升。大致在甲午中日战争以前，清代汉学依然保持着相当的规模，仍在学界具有举足轻重的影响力。这可以从以下两个方面体现

---

① 梁启超：《清代学术概论》，《饮冰室合集》专集之三十四，35 页。

出来。

（一）晚清汉学保持着一支颇具规模的学术群体

在晚清，一些汉学影响较大的地区依然活跃着不少汉学家。他们的学术思想和著述依然在较大的程度上影响着当时的学坛。

吴派、皖派尽管失去了昔日的辉煌，但其余脉仍有生气。嘉道以后，吴派惠栋及其弟子仍有不少传人活跃在学坛。惠栋弟子江声之孙江沅精通文字音韵之学，有弟子雷浚①能承其学。雷浚师从宗师，攻小学，著《说文外编》、《说文引经例辨》等书，并主讲学古堂等书院，"以朴学相尚"②。文字学家朱骏声③少时问学于钱大昕（惠栋弟子），精于小学、经史诸学，著《说文通训定声》，于汉代许慎之《说文解字》多有发明，为清人治《说文》的名著。惠栋的再传弟子顾广圻（1770—1839）、朱骏声的弟子程仲威（1834—1909）等，都精通经史小学，著述丰富，延绵吴派风流。

皖派戴震的许多弟子如段玉裁、王念孙、王引之等人，都一直存见于嘉道年间。晚清汉学中的不少学者都与之有着各种不同的联系，受其影响甚深。陈奂④先后师事江沅、段玉裁及王念孙父子，治学专攻《毛传》，著《毛诗传疏》，造士众多。陈奂弟子中著名者有陈倬、马钊、戴望、李善兰等。戴望是咸同年间的著名今文经学家，李善兰则是晚清数学泰斗。段玉裁还有弟子龚丽正、沈涛及私淑弟子马寿龄等。马寿龄⑤究文字学，尤以段玉裁之学为然，著《说文段注撰要》。戴震高足卢文弨有弟子臧庸、丁履恒、李兆洛等人。其中李兆洛⑥对晚清学界影响尤大。李氏究心于考据训诂之学，于天文、地理、文辞、经史均有深厚造诣，辑著《皇朝文典》、《大清一统舆地全图》以及《养一斋文集》等。他先后主讲安庆敬敷、江

---

① 雷浚（1814—1893），字深之，号甘黟，江苏吴县人，岁贡生，候选训导。
② 徐世昌：《艮庭学案》，《清儒学案》第 2 册，357 页。
③ 朱骏声（1788—1858），字丰芑，号允倩，江苏吴县人，举人，官训导。
④ 陈奂（1786—1863），字硕甫，号师竹，江苏长洲人，诸生，受聘江南校刊书籍。
⑤ 马寿龄（？—1870），字鹤船，安徽当涂人，诸生，曾任向荣幕僚。
⑥ 李兆洛（1769—1841），字申耆，江苏武进人。嘉庆进士，授翰林院庶吉士，官知县。

阴暨阳、常州龙城等书院，育才众多。主要弟子有蒋彤、薛子衡、承培元、夏炜如等人，或以经学见长，或以小学为优，或通天文地理之学，称颂一时。

乾嘉年间，扬州地区的学术发展起来，形成所谓扬州学派，成为清代汉学营垒中的一支重要力量。刘台拱、刘宝树、刘宝楠、刘恭冕、阮元、刘文淇、刘毓崧等均为扬州学派在清中后期的代表人物。刘台拱为乾嘉时期的汉学名家，与朱筠、戴震、邵晋涵、王念孙等汉学名流过从甚密。他的族人中多有学者继起，光大其学，如刘宝树、刘宝楠兄弟等。刘宝树①之父与刘台拱是同祖兄弟，宝树幼承家学，精研经训，著有《娱景堂集》，对《易》、《书》、《春秋》等各经典均有心得。宝树之弟宝楠②自幼受经于台拱，博览群籍，著《论语正义》，考证详备，为清人研究《论语》的总结性著作。刘宝楠次子刘恭冕，亦为一方汉学名士，除助父完成《论语正义》外，尚有《何休论语注训述》、《广经室文钞》等著述。仪征阮元③酷好考据学，恪守皖派学风，著述宏富，有"一代儒宗"之称，为扬州学派中的学术重镇。他的贡献在于以毕生精力提倡朴学，汇编了一系列经学书籍，如《十三经注疏校勘记》、《皇清经解》等，对乾嘉汉学的研究成果作了总结。他创办的诂经精舍、学海堂等书院，以"明体达用"、"实事求是"为宗旨，教士以经史训诂，在当时的书院教育中独树一帜，成为晚清培养经学人才的重要机构。阮元的同乡刘文淇④治学攻《左传春秋》，撰写《春秋左氏传旧疏考证》。由于该书规模浩大，至其晚年尚未写成。其子毓崧、孙寿曾继续撰述，书稿积至80卷仍未完成，但其成就却不可埋没。刘毓崧曾参曾国藩、曾国荃幕府，任职金陵书局，校勘经史。刘寿曾为毓崧长子，以游幕校书为业，助祖、父编撰书籍，还著有《梦窗词》、《词律校勘记》等。清末民初著名学者刘师培亦为刘毓崧之孙。扬州学派在晚清延

① 刘宝树（1777—1839），字幼度，号鹤汀。嘉庆举人。国子监典簿。
② 刘宝楠（1791—1855），字楚桢，号念楼。道光进士，官知县。
③ 阮元（1764—1849），字云台，号雷塘庵主，江苏仪征人。乾隆进士，官至总督、大学士。
④ 刘文淇（1789—1854），字孟瞻，嘉庆优贡生，以课徒、游幕、校书为生。

续了较长时间，不仅影响于江苏地区，而且波及其他地区，在学界具有举足轻重的地位。

嘉道年间，岭南地区的学风发生了新的变化。晚清以前，岭南地区的学术基本上是理学的天下，考据之风在这里未成气候。嘉道之际，阮元督两广，在广州创办学海堂，提倡汉学，使岭南学风为之一变。正如梁启超所说："呜呼！自吾之生，而乾嘉学者已零落略尽，然十三岁肄业于广州之学海堂。堂则前总督阮元所创，以朴学教于吾乡者也。其规模矩镬，一循百年之制。"① "广东近百年的学风由他一手开出。"② 由学海堂培养出的或在该堂任职的著名学者有：林伯桐、吴兰修、江藩、严杰、曾钊、张维屏、黄培芳、侯康、陈澧、谭莹等人。阮元弟子侯康③精于注疏，通经史，著《春秋古经说》、《三国志补注》等书。谭莹④长于文献版本、收藏，博考广东文献，凡粤人著述，搜罗而尽读之，汇刻成《岭南遗书》、《粤十三家集》等书。陈澧⑤宗汉学而不排斥宋学，以训诂考据为门径，发明经典义理，并提倡自然科学，称天文、算学、地理、律历、音韵、文字、音乐等知识均为儒者研究之事。著有《汉儒通义》、《东塾读书记》、《声律通考》、《水经注提纲》等书多种。陈澧的弟子众多，主要有：桂文灿、廖廷相、林国赓、陈宗谊（陈澧之子）。陈澧是继阮元之后在广东学坛影响最大的汉学家。

清朝中期，当汉学在全国大部分地区流行的时候，贵州地区尚无问津者。这种情况在嘉道年间开始有了变化。嘉道年间的莫与俦⑥是贵州地区较早治汉学的学者。他在做京官时就受阮元、纪昀、王引之等人的影响习考据学，后任遵义府学教授，以倡汉学为任，对惠栋、阎若璩、段玉裁、王念孙等汉学名家的著作，"盖未尝隔三宿不言，言之未尝不津津。听者

---

① 梁启超：《清代学术概论》，《饮冰室合集》专集之三十四，44页。
② 梁启超：《儒家哲学》，《饮冰室合集》专集之一○三，67页。
③ 侯康（1798—1837），字君模，广东番禺人。道光举人，学海堂学长。
④ 谭莹（1800—1871），字兆仁，号玉生，广东南海人。道光举人，为学海堂学长。
⑤ 陈澧（1810—1882），字兰甫，号东塾，广东番禺人。道光举人，师从张维屏、侯康等，主持学海堂、菊坡精舍。
⑥ 莫与俦（1763—1841），字犹人，一字杰夫，晚号寿民，贵州独山人，嘉庆进士。

虽愚滞,未尝不怡如旱苗之得膏雨也。久之,门人郑珍与其第五子友芝,遂通许、郑之学,充然西南硕儒矣"①。受莫子偲影响较大、学术成就显著的学者有莫友芝(莫子偲之子)和郑珍。莫友芝②治学兴趣广泛,尤精许郑之学及名物制度、版本、目录等学,并长于诗文,工书法。著《韵学源流》、《宋元旧本书经眼录》、《郘亭诗钞》、《郘亭遗文》等书多种。薛福成评价说:"自昔黔中,僻处西南,儒风朴略,古训未谐。君开厥先,博讨穷探。溯源汉代,许郑之囿。间以诗鸣,宫徵并奏。篆书所法,秦斯周籀……广搜古籍,琳琅充积。宋椠元雕,珍逾卞璧。百方钩致,精心研覈。"③ 肯定了莫友芝为晚清西南学界开风气的人物。郑珍④治学从小学入手,以穷经为专业,并兼治宋学,长于《礼》学,著有《仪礼私笺》、《郑学录》等。黄彭年⑤治学一秉汉学家法,心仪许郑,"潜心学问,颇有功力,不徒托空言以播为口说,与庸常拥皋比为山长者,固自不同耳"⑥。著有《畿辅通志》、《东三省边防考略》等书。黄氏弟子有王仁俊、许克勤、于鬯、吴寿萱等。

清代时期,浙江地区学术发达,以至有人把浙江作为清学的发祥地之一。清前中期,黄宗羲、万斯同、朱彝尊、全祖望等学者,在经学、史学、小学、名物训诂、金石、版本等方面的研究都取得了辉煌的成果。嘉道以后,尽管考据学出现退潮,但汉学在浙江地区依然有着一定的规模,涌现出一大批著名学者,如黄式三、黄以周、钱仪吉、钱泰吉、俞樾、孙诒让等。他们的研究成果与其前辈比起来毫不逊色,同样令人钦羡。

黄式三父子的学术成就在晚清颇具影响。黄式三⑦治学主汉宋兼采,

北京师范大学史学探索丛书

---

① 曾国藩:《曾国藩全集·诗文》,263 页。

② 莫友芝(1811—1871),字子偲,号郘亭,道光举人,莫与偲之子。参曾国藩幕,任职金陵书局,主讲遵义湘川、启秀两书院。

③ 薛福成:《祭莫子偲文》,《庸庵文外编》卷四,33 页,新学书局,1897。

④ 郑珍(1806—1864),字子尹,贵州遵义人,举人出身,师从莫与偲习经史小学,官训导,掌榕城、遵义湘川、启秀等书院。

⑤ 黄彭年(1823—1890),字子寿,贵州贵筑(今贵阳)人。道光进士,任按察使、布政使等职,主讲关中书院、保定莲池书院。

⑥ 张舜徽:《清人文集别录》下册,528 页,北京,中华书局,1980。

⑦ 黄式三(1789—1862),字薇香,浙江定海人,岁贡生。

博览经史，尤长于《三礼》，著述有《约礼说》、《复礼说》、《崇礼说》、《易释》、《儆居集经说》等多种。其子黄以周①主讲江阴南菁书院多年，著录弟子千余人。以周宗汉学，兼采宋学，守顾炎武"经学即理学"故训，精于《三礼》，著《礼书通故》100卷，受到学界高度评价。另著有《经训比义》、《儆季杂著》等。钱仪吉②学识广博，尤精史学，撰写《三国会要》，编《碑传集》，兼长历算。在河南时，尝"病徐乾学《通志堂经解》采摭未备，搜罗宋元以来说经家，汇为《经苑》一编"③。《经苑》列书目41种，实刻25种，可补《通志堂经解》的不足。有仙蝶齐藏书所，亦以藏书丰富知名于世。其从弟钱泰吉④与仪吉齐名，时称"嘉兴钱氏二吉"。钱泰吉治学广博，"自周秦诸子，马班群史，许郑诂训，杜马典章，洛闽之渊源，唐宋名贤之诗古文辞，及目录校雠金石书画方志杂说，一孔半枝，无所不询，盖亦无所不辨。"⑤ 著有《曝书杂记》、《海昌学职禾人考》等书。俞樾⑥治经以高邮王念孙父子为宗，于经学、小学、诸子学多有发明。其代表作有《群经平议》、《诸子平议》、《古书疑义举例》等。先后在江苏、浙江等地的著名书院讲学，造士无算，诸如戴望、黄以周、吴大澂、袁昶、朱一新、吴昌硕、谭献、林颐山、章太炎等即其中著名者。孙诒让⑦治学以汉学为宗，旁及史学、诸子学、校勘学等无不精通，成就卓著。尤以治《周礼》闻名，著《周礼正义》、《周礼政要》，受学界高度评价。另著《墨子闲诂》、《古籀拾遗》、《契文举例》等，被称为"清代最后的朴学大师"⑧。

　　江苏、安徽两省汉学在清代向称发达，涌现出大批长于考据的学者。

---

①　黄以周（1828—1899），字元同，号儆季，同治举人，任县学训导、府学教授等职。

②　钱仪吉（1783—1850），字蔼人，浙江嘉兴人，嘉庆进士，官主事，主讲大梁等书院。

③　《续碑传集》，《清代碑传全集》下册，1809页。

④　钱泰吉（1791—1862），字辅宜，号警石、深庐，以廪贡生官海宁州训导。

⑤　《续碑传集》，《清代碑传全集》下册，1221页。

⑥　俞樾（1821—1906），字荫甫，号曲园，浙江德清人，道光进士，官河南学政。

⑦　孙诒让（1848—1908），字仲容，号籀庼，浙江瑞安人，同治举人，官主事。

⑧　张舜徽：《清儒学记》，521页，济南，齐鲁书社，1991。

苏皖地区的汉学家除以上提到的吴、皖派余脉和扬州学派外，其在晚清时期影响较大者还有丁晏、缪荃荪、叶昌炽、胡承珙、胡培翚、俞正燮、姚配中、江有诰、马瑞辰、马其昶等。丁晏①治学宗汉学，推尊汉儒郑玄，长于治《毛诗》、《礼经》，研经不分汉宋，著有《毛郑诗释》、《三礼释注》、《周易解故》、《颐志斋文集》等。胡承珙②究心经术，尤长于《毛诗》，所著《毛诗后笺》，对后儒说《诗》之作广为收集考辨，发前人所未发。胡培翚③为乾嘉时期汉学经师胡匡衷之孙，师从皖派学者凌廷堪，深通《礼》学。所著《仪礼正义》，博采众论，成一家之言。有人评价该书"上推周公、孔子、子夏垂教之旨，发明郑君、贾氏得失，旁逮鸿儒经生之所议，张皇幽眇，阐扬圣绪二千余岁绝学也。"④ 江有诰⑤潜心汉学，在顾炎武《音学五书》、江永《古韵标准》等研究成果的基础上撰著《江氏音学十书》，"颇多创获"⑥，深受学界推重。马瑞辰⑦精于《毛诗》，所著《毛诗传笺通释》于《毛诗》多有发明，与胡承珙的《毛诗后笺》、陈奂的《诗毛氏传疏》齐名，被称为嘉道年间论《诗》的"三部名著"⑧。

嘉道以后，福建学术发生的变化也不可忽视。清初以来，占据福建学坛主导地位的是以李光地、雷宏、阴承方等学者代表的程朱理学，汉学并不彰显。清代中期以后，情况发生了变化，汉学发展起来，与理学形成鼎足之势。陈寿祺就是嘉道间闽省提倡汉学的代表人物。陈寿祺⑨治学深受阮元影响，兼采古今，不主门户，主张治学"当以经义为根柢，辞章为华

---

① 丁晏（1794—1875），字俭卿，号柘堂，江苏山阳人，道光举人，官内阁中书。
② 胡承珙（1776—1832），字景孟，号墨庄，安徽泾县人，嘉庆进士，官道员。
③ 胡培翚（1782—1849），字载屏，安徽绩溪人，嘉庆进士，官内阁中书。
④ 《续碑传集》，《清代碑传全集》下册，1187页。
⑤ 江有诰（？—1851），字晋三，号古愚，安徽歙县人，补博士弟子，未仕。
⑥ 梁启超：《中国近三百年学术史》，215页，北京，中国书店，1985。
⑦ 马瑞辰（1782—1853），字伯元，安徽桐城人。嘉庆进士，官郎中，主讲江西白鹿洞、安徽庐阳等书院，死于桐城战乱。
⑧ 梁启超：《中国近三百年学术史》，184页。
⑨ 陈寿祺（1771—1834），字恭甫，号左海，福建闽县人，嘉庆进士，历官翰林院编修，乡、会试考官，主讲泉州清源、福州鳌峰等书院。

叶，且通经则立言有物"①。于《五经》研究多有发明，著有《尚书大传疏证》、《鲁齐韩诗说考》、《礼记郑读考》等。被时人目为嘉道间闽省学界开风气的人物："国朝闽大儒，其通经泽古，躬行萃然，必以嘉庆间左海陈先生寿祺为巨擘。"② 其子乔枞③，少承家学，致力于经史，撰《鲁诗遗说考》、《齐诗遗说考》、《今文尚书经说考》等多种。梁章钜④博览群书，于经史、诗文、掌故无不精通，著有《归田琐记》、《浪迹丛谈》、《三国志旁证》等书数十种。林春溥⑤治学长于经史、文辞，主讲福州鳌峰、南浦、江西鹅湖等书院，造士无数。著有《孔子世家补订》、《孔门师弟年表》、《武王克殷日记》、《说文方言》等，后辑为《竹柏山房十五种附刻四种》。

两湖地区向来不乏倡明理学的鸿儒，然而，在晚清也涌现出一些讲求汉学的学者。如湖南的邹汉勋兄弟、王先谦，湖北的杨守敬等就是其中的佼佼者。邹汉勋⑥恪守汉学家法，于天文推步、方舆沿革、声韵故训，无不深究，著作有《榖梁传例》、《说文谐声谱》、《六国春秋》、《邹叔子遗书》等书凡 14 种。邹汉勋兄弟多为学术有成者。其长兄汉纪、次兄汉潢、四弟汉嘉、六弟汉池，或以经史名世，或以小学见长，或精于舆地、天算之学，均为学术精湛、著述颇富的一方名士。王先谦⑦治学循乾嘉遗轨，不主门户，主张义理、考据、经世并用，在古籍整理方面亦有卓越成就。督江苏学政时，仿阮元辑《皇清经解》体例，编辑《续皇清经解》凡 1430卷，汇集了嘉道以后汉学家说经、注经的主要成果，又编《续古文辞类纂》28 卷。他著有《诗三家义集疏》、《汉书补注》、《庄子集解》、《荀子集

① 陈寿祺：《与张南山书》，《左海全集》，清代陈氏刻本，卷四，54 页。
② 陈康祺：《郎潜纪闻初笔二笔三笔》下册，722 页，北京，中华书局，1984。
③ 陈乔枞（1809—1869），字朴园，道光举人，官知府。
④ 梁章钜（1775—1849），字闳中，福建长乐人，嘉庆进士，官知府、布政使、巡抚、署理总督。
⑤ 林春溥（1775—1861），字立源，号鉴塘，福建闽县人，嘉庆进士，授翰林院编修。
⑥ 邹汉勋（1806—1854），字叔绩，湖南新化人，举人出身，参与镇压太平军，死于南昌战事。
⑦ 王先谦（1842—1917），字益吾，湖南长沙人，同治进士，官国子监祭酒、江苏学政。

解》等数十种。杨守敬①于光绪年间，出任清政府驻日公使随员，搜集流传于日本的中国古籍及文物，撰有《日本访书志》，刊成《古逸丛书》。该丛书"均宋元旧刻，或数百年之古钞，为此土所罕见者，择名手影雕，士林咸珍异之"②。著有《禹贡本义》、《古地理志辑本》、《历代舆地沿革险要图》、《水经注疏》等史地类著作多种。

在清朝统治者的提倡下，汉学也在以北京为中心的北方地区流传开来。清政府倡修《四库全书》，把各地的汉学名家网罗到北京，诸如戴震、邵晋涵、程晋芳、任大椿、王念孙、纪昀、朱筠等人，都分别担任了重要的修撰工作，使北京成为光大汉学的中心都市。乾隆以后，清廷注重提拔任用精于汉学考据的文臣，于是出现了一批以提倡朴学为己任的朝中显贵。乾隆时的纪昀，学识渊博，长于经史，被称为"通儒"，官至尚书、协办大学士，任《四库全书》总纂官。顺天大兴的朱筠（1729—1781）说经宗汉儒，出任学官，宏奖人才，并首议开四库馆。其弟朱珪（1731—1806），进士出身，后拜体仁阁大学士，以学问优长为嘉庆帝师傅。汪廷珍（1757—1827），受知于皖派学者任大椿，精于经学，亦为嘉庆帝师傅，官至礼部尚书、协办大学士。道咸以后以汉学受知于朝廷，身居高位的有祁寯藻、潘祖荫、张之洞等。祁寯藻③学宗汉学，尤好许氏学（即小学），曾获景宋钞本《说文系传》，"锓诸版，于是小徐书始行于世涉猎百家"。造就士人众多，其中不乏汉学人才，如王筠、苗夔等人"率精研训诂声韵，胥公提倡之力也"④。祁氏著述有《说文解字系传校勘记》、《马首农言》等。潘祖荫⑤以世族显宦在士林中提倡经学，"夙治《说文》，耽耆汉学，所刻书几及百种，皆有功学者"，"尤留心金石文字"⑥。著有《攀古楼

---

① 杨守敬（1839—1915），字惺吾，湖北宜都人，同治举人，晚清文献学家。

② 支伟成：《清代朴学大师列传》下册，475页，长沙，岳麓书社，1986。

③ 祁寯藻（1793—1866），进士出身，官侍郎、尚书，命为军机大臣，拜体仁阁大学士。

④ 支伟成：《清代朴学大师列传》下册，638页。

⑤ 潘祖荫（1830—1890），字伯寅，江苏吴县人。大学士潘世恩子，咸丰进士，官侍郎、尚书。

⑥ 《续碑传集》，《清代碑传全集》下册，1285页。

北京师范大学史学探索丛书

彝器款识》、《秦辖日记》，刊《滂喜斋丛书》。张之洞①治学以汉学为宗而不排斥宋学，对经世之学、西学也刻意追求。有人说他"为学兼师汉宋，去短取长，恶说经袭公羊。"② 著述有《书目答问》、《劝学篇》等。此外，直隶、山东等省都有一些讲究汉学的学者，如雷学淇、苗夔、王筠等人。雷学淇③好经史考据，著有《介庵经说》、《夏小正经传考》、《竹书纪年义证》等。苗夔④擅长文字学，于许氏《说文解字》用力笃深。受顾炎武《音学五书》的启发，著《毛诗韵订》、《广籀》，受小学大家王念孙父子的好评。为祁寯藻所赏识，先后撰成《说文声订》、《说文声韵表》、《经存韵补正》等书，于文字音韵学多有发明。王筠⑤自幼涉猎经史，精于文字学，著有《说文释例》、《说文句读》等。

由上可见，在晚清较长一段时间内，汉学营垒仍然保持着较为庞大的学术队伍，不仅昔日的吴派、皖派各有自己的学术传人称著于学坛，而且在全国不少省区都保持着实力不等的汉学群体。尤其值得注意的是，在有些地区如贵州、岭南、福建等地的汉学甚至呈现出发展的势头，出现了新的回升，显示出晚清汉学尚具有一定的学术活力。

（二）学术研究成就斐然

晚清汉学尽管在其发展规模、气势等方面逊于乾嘉时期，但它所取得的成果不可忽视，在晚清学坛具有举足轻重的影响。它的某些方面甚至不亚于乾嘉时代的水平。

晚清时期，民间刻书藏书蔚然成风，给汉学绵延以有力支持。叶德辉在《书林清话》中对当时的刻书之风有如下描述：

> 道光朝有伍元薇刻《岭南遗书》。同治朝有胡凤丹刻《金华丛

---

① 张之洞（1837—1909），字孝达，号香涛，同治进士，官至总督、大学士，授军机大臣。

② 《续碑传集》，《清代碑传全集》下册，1269 页。

③ 雷学淇，生卒年不详，字瞻叔，号竹卿，直隶通州人，嘉庆进士，官知县。

④ 苗夔（1783—1857），字先麓，直隶肃宁人，曾主翼经书院。

⑤ 王筠（1784—1854），字贯山，号菉友，山东安丘人，道光举人，官知县。

书》，孙依言刻《永嘉丛书》。光绪朝此风尤盛。如孙福清刻《檇李遗书》，丁丙刻《武林掌故丛编》，又刻《武林先哲遗书》，陆心源刻《湖州先哲遗书》，赵尚辅刻《湖北丛书》，王文灏刻《畿辅丛书》，盛宣怀刻《常州先哲遗书》。力大者举一省，力小者举一郡一邑。然必其乡先辈富于著述，而后可增文献之光。①

　　在此风气影响下，晚清数十年间出版的解经训诂之书数量众多，足以与乾嘉时代相匹。钱仪吉编辑的《经苑》，刻于开封大梁书院，共列书目41种，实刻25种。所辑各书主要为宋元明学者训解经典之书，弥补了《通志堂经解》的不足。光绪时，江苏学政王先谦编辑《皇清经解续编》，尽收乾嘉后的经学、考据学名著，兼收阮刻《皇清经解》于乾嘉前所遗者，共计收书209部，1430卷，作者113家。《续编》一书所收书籍的时间期限短，但在收录书种类、卷数、作者人数等方面，都超过阮刻《皇清经解》，反映出嘉道以后汉学发展一度有过的强劲势头。除了汇编经学著作外，晚清汉学家、文献学家还收集汇刻各种文献丛书，成绩斐然。马国翰收集历代佚书成就卓著，所编《玉函山房辑佚丛书》包括各种书籍33类，其中经部452种，史部8种，子部172种，共计632种。王锡祺汇刻的《小方壶斋舆地丛钞》是一部汇集清代地理学大型丛书。编者用从1877至1897年的20余年时间始刻完，计录地理学著作1400余种。值得称道的是，杨守敬在随何如璋使日期间，在日本发现大量流散的中国古籍及文物，遂搜寻之。"时日本维新伊始，唾弃旧学书。所有善本，守敬贱价得之殆尽，满载海舶，归黄州，有屋数十间充栋焉"②，刻成《古逸丛书》。"《杨氏旧藏书目》一册，油印刻写本，著录约千五百种。"③

　　汉学研究的主要内容是经学和小学。由《诗》、《书》、《礼》、《易》、《春秋》等儒家经典组成的《五经》是汉学家们孜孜以求的永恒学术主题。《五经》中的《书》、《易》二经，晚清学者尽管有所论及，但都没有超过

---

　　① 叶德辉：《书林清话·书林余话》，210页，长沙，岳麓书社，1999。
　　② 《续碑传集》，《清代碑传全集》下册，1620页。
　　③ 郑伟章：《文献家通考》中册，1089页，北京，中华书局，1999。

他们前代的学者。相对来说，晚清汉学家在《诗》、《礼》、《春秋》的研究方面，成绩斐然，其水平并不逊色于乾嘉学人。

关于《诗》的研究，嘉道以后，成就突出者有胡承珙、马瑞辰、陈奂、丁晏等。马瑞辰的《毛诗传笺通释》32卷，写成于40岁以后，积16年之功而成。该书不仅继承了毛诗、郑笺等古文经传统，而且对早已佚亡的齐、鲁、韩等今文经三家诗亦有发掘，同时还吸收了清代治诗名家郝懿行、胡承珙等人的成果，为一时宏博之作。陈奂看到历代治诗的弊病在于"兼习毛、郑，不分时代，不尚专修，不审郑氏作笺之旨，而又苦毛义之简深，猝不得其涯际，漏辞偏解，迄无巨观，二千年来毛虽存而若亡有固然已。"① 在此基础上，他撰写《诗毛氏传疏》以总结前人研究的成果。该书专毛废郑，吸收《毛诗》长于训诂名物的优点，对《诗经》的一些重要问题作了深入研究。梁启超称赞道："硕甫（案：陈奂字）以极严谨的态度演绎它（案：指《诗毛氏传疏》），而又常能广采旁征以证成其义，极洁净而极通贯，真可称疏家模范了。"② 马瑞辰、陈奂是清代《诗》学研究的代表人物。

清代学者一向重视关于《礼》的研究。乾隆年间的秦蕙田撰《五礼通考》凡262卷，深受学界推崇。晚清汉学家对《礼》的研究倍加关注，涌现出更多的研究专家和成果，如丁晏（《仪礼释注》）、郑珍（《仪礼私笺》）、陈乔枞（《礼记郑读考》）、胡培翚（《仪礼正义》）、黄以周（《礼书通故》）、孙诒让（《周礼正义》）等。其中以黄、孙二人取得的成就尤为突出。黄以周治学无汉宋门户之别，对《三礼》用功尤勤。所著《礼书通故》融会各家心得，博采众长，择善而从，对《礼》作了全面阐述。俞樾曾把此书与秦蕙田的《五礼通考》相比较，说："《礼书通故》足究天人之奥，通古今之宜，视秦氏《五礼通考》，博或不及，精则过之。"③ 梁启超称其为"集清代礼学之大成"，称赞黄氏"对于每项礼制都博征古说而下以判断，正和《五礼通考》的性质相反。他的判断总算极谨慎极通明，但

---

① 陈奂：《诗毛氏传疏叙》，《诗毛氏传疏》，吴门陈氏扫叶山庄光绪九年（1883）版。
② 梁启超：《中国近三百年学术史》，189页。
③ 俞樾《礼书通故序》，《礼书通故》，黄氏试馆光绪十九年（1893）版。

能否件件都算为定论，我却不敢说了"①。晚清以前虽有人治《周礼》，但多为局部性的考察，缺少贯通性的研究成果。孙诒让专攻《周礼》，积20年之功写成《周礼正义》，把学界对《周礼》的研究提到新的水平。他认为：《周礼》不只是一代之典，而是"自黄帝、颛顼以来纪于民事以命官，更历八代，斟酌损益，因袭积累，以集于文武，其经世大法，咸粹于是。"他对前人的研究并不满意，深悉其利弊得失，指出："郑注简奥，贾疏术略，未能尽通也"；"我朝经术昌明，诸经咸有新疏，斯经不宜独阙"。② 他以《尔雅》、《说文》正其训诂，以《礼》大小《戴记》证其制度，博采汉唐以来诸家之说，参互证译，写成此书，通解了《周礼》。对此，近人予以高度评价。章太炎称："古今言《周礼》者，莫能先也。"③ 梁启超评价说：孙诒让"费二十年工夫成《周礼正义》八十六卷，这部书可算清代经学家最后的一部书，也是最好的一部书。"又说："《周礼》一向很寂寞，最后有孙仲容（案：孙诒让字）一部名著，忽然光芒万丈。"④ 此外，孙诒让还写了《周礼政要》，论证西方政治与《周礼》有相合之处，为当时的新政提供理论依据，表明他的经学研究具有经世致用的精神。

《春秋》是经过孔子整理的史书，为《春秋》作传者有《左传春秋》、《公羊春秋》、《穀梁春秋》三家，同具经典的地位。有清一代治《春秋》者代不乏人，但论所下工夫深巨者，当首推扬州学派的刘文淇祖孙。刘文淇长于《左传春秋》，全面研究各代有关《左传》的注疏，为撰写《春秋左传旧注疏证》付出数十年的努力，书未完成即去世。其子毓崧、孙寿曾继续先业，勤奋编著，但仅至襄公五年为止，全书仍未完成，书稿已达80卷。尽管如此，还是颇受梁启超好评。他不无惋惜地说："此事若成，价值或为诸家新疏之冠，也未可知。"⑤

① 梁启超：《中国近三百年学术史》，189页。
② 孙诒让：《周礼正义序》，《清人注疏十三经》第2册，1～2页，北京，中华书局，1998。
③ 章太炎：《孙诒让传》，《章太炎全集》第4册，212页，上海，上海人民出版社，1985。
④ 梁启超：《中国近三百年学术史》，187、190页。
⑤ 同上书，200页。

在小学方面，晚清汉学家的成就虽然没有超过乾嘉学者，但也取得了可观成绩。胡奇光的《中国小学史》说："清代汉学的根底在文字学，文字学的中心是《说文》研究。研究《说文》二百余人里，在专题探讨上作出贡献的有五十人左右，进行全面考释，卓然成为大家的仅有四人，即段玉裁、桂馥、朱骏声、王筠。"① 他提到的四位文字学"大家"中，后两位均为晚清时期的学者，即朱骏声和王筠。关于文字学研究，王筠的《说文释例》、《说文句读》和朱骏声的《说文通训定声》，皆是发挥乾嘉汉学文字学要义的名著。胡适对朱骏声的《说文通训定声》评价甚高，称："其体例与方法却稍胜前人。体例是一部表示声音与训诂变迁滋生的字典，是一部有创见的辞书；方法是特别注重'转注'与'假借'，用为训诂演变与形声变异的原则……朱骏声用假借的原则来解释连语，为字典学上的一大进步。"② 在音韵学方面，江有诰的《音学十书》发前人所未发，成就重大。俞樾的《古书疑义举例》在音训、校勘等方面亦有所发明，为世人所关注。

二、晚清汉学的基本特征

晚清时期，中国社会发生了深刻变化，这种变化给汉学赋予了新的时代意义，使其带有新的历史特点。概而言之，晚清汉学特征可归纳为三个字："实"、"通"、"变"。

(一) 所谓"实"，也就是指具有经世致用的精神

经世致用是中国传统儒学的一种基本精神，也是儒学的重要传统。孔子编撰《六经》是为实现自己的社会理想。汉代以后的封建统治者更是把儒学作为实行统治的"道术"。因此而有以《诗》正风俗，以《禹贡》治河，以《礼》定制度，以《春秋》断狱的说法。明人曾编辑《皇明经世文编》，以提倡务实用事相标榜。嘉道以后，清朝统治走向衰落，经世致用

① 胡奇光：《中国小学史》，258页，上海，上海人民出版社，1987。

① 胡奇光：《中国小学史》，258页，上海，上海人民出版社，1987。
② 胡适：《辞通序》，《胡适文存》四集，435页，合肥，黄山书社，1996。

之学开始为一部分士大夫所提倡。1826 年贺长龄、魏源编刊了《皇朝经世文编》，标志着晚清经世致用思潮的兴起，其影响随着社会危机的加深而愈演愈烈，遂成一种思想发展趋向和学术风气。晚清学界，在汉学、宋学、今文经学等不同的学术群体中，都有主张经世致用的学者。有的主张关注社会现实问题，关心国家和民族的命运；有的提倡研究实际学问，解决实际问题。"经世致用"不是今文经学的专利品，其精神同样体现在汉学学者的主张中。

汉学派中，何秋涛《朔方备乘》、张穆《蒙古游牧记》等书，是研究边疆地理学的精品；李善兰的《则古昔斋算学》于数学多有发明，并在鸦片战争后关注西方数学，与外国学者翻译了大量西方数学及科学著作，如《几何原本》（后 9 卷）、《代微积拾级》、《谈天》等，为西方科学的传播作出了重要贡献；汪世铎的《乙丙日记》研究了中国的人口问题，试图从一个新的角度审视中国社会的现实危机。总之，经世致用在晚清已经成为相当一部分汉学家的治学宗旨。"精研汉学，服膺宋学"的陈庆镛说："汉宋之学，其要皆主于明经致用，其归皆务于希圣希贤。他人视为二，吾直见为一也。"① 张之洞提倡经学时强调"通大义"，指的就是要有"通经致用"的精神。他说：

> 切于治身心治天下者，谓之大义。凡大义必明白平易，若荒唐险怪者乃异端，非大义也。《易》之大义，阴阳消长；《书》之大义，知人安民；《诗》之大义，将顺其美，匡救其恶；《春秋》之大义，明王道，诛乱贼；《礼》之大义，亲亲、尊尊、贤贤；《周礼》之大义，治国、治官、治民三事相维。此总括全经之大义也。②

张之洞还主张在"通经致用"的宗旨下提倡实学。他在《创立存古学堂折》中说："既以国文为主，即宜注重研精中学，至外国历史、博物、

① 何秋涛：《籀经堂类稿序》，《籀经堂类稿》，光绪十九年（1895）刊本。
② 张之洞：《劝学篇》，《张文襄公全集》第 4 册，561 页，北京，中国书店，1990。

北京师范大学史学探索丛书

理化、外国政治、法律、理财、警察、监狱、农林、渔牧、工商各项实业等事，只须令其略知世间有此各种切用学问，即足以开其腐陋，化其虚骄。"[1] 孙诒让的《周礼政要》以古学来印证西政的合理性，其用意也在于抒发"经世致用"之志。他在书叙中说："辛丑夏，天子眷念时艰，重议更法。友人以余尝治《周礼》，属捃摭其与西政合者甄缉之，以备财择。此非欲标楬古经以自张其虚骄，而饰其窳败也。"[2] 治学不再纯然泥古，而是带有一定的现实意义，给经学研究赋予明确的经世致用精神，这就构成了晚清汉学与乾嘉汉学的一个明显区别。

（二）所谓"通"是指强调学术上的会通与合流

清代中前期，儒学内部不同学术流派之间的论争很激烈，诸如汉宋之争、程朱陆王之争、义利之辨、夷夏之辨等，不一而足。以汉宋之争而言，道光年间，江藩写《汉学师承记》，方东树作《汉学商兑》予以反驳，汉宋学争得一时水火不容。稍后，一些学者对学派纷争提出质疑，反思汉宋学的利弊，出现了学术会通的主张，包括主张"汉宋合流"、"程朱陆王调和"等。如曾国藩就认为汉宋学的治学宗旨具有相通之处，应该合流，指出：

> 近世乾嘉之间，诸儒务为浩博。惠定宇、戴东原之流钩研诂训，本河间献王实事求是之旨，薄宋贤为空疏。夫所谓事者，非物乎？是者，非理乎？实事求是，非即朱子所称即物穷理者乎？[3]

冯桂芬也主张汉宋学合流，声称：

> 且汉儒何尝讳言义理，宋儒何尝尽改汉儒考据，汉儒、宋儒皆圣人之徒也。汉古而宋今，汉难而宋易，毋蔑乎古，毋薄乎今，毋畏乎

---

[1] 张之洞：《创立存古学堂折》《张文襄公全集》第 4 册，146 页。
[2] 孙诒让：《周礼政要叙》，《籀膏述林》，民国五年（1916）刊本，卷五，7 页。
[3] 曾国藩：《曾国藩全集·诗文》，166 页。

难，毋忽乎易，则学者之为之也。用圣人四科四教之法取之，兼收并蓄，不调而调，圣人复起不易吾言矣。①

可见，反对汉宋门户之争，主张不同学派的兼收并蓄，已成为晚清学界一种带有普遍性的呼声。这种呼声得到不少汉学家的响应。张之洞就提倡"息争"。所谓"息争"就是平息汉宋学之间的纷争。他这样陈述"息争"的理由：

> 学术有门径，学人无党援；汉学学也，宋学亦学也，经济词章以下皆学也，不必嗜甘而忌辛也。大要读书宗汉学，制行宗宋学。汉学岂无所失，然宗之则空疏蔑古之弊除矣。宋学非无所病，然宗之则可以寡过矣。……不惟汉宋两家不偏废，其余一切学术亦不可废。②

反思各自学术的不足，强调不同学术的互补，也是此期汉宋学合流论者的一个重要观点。一些汉学家看到汉学拙于义理，琐碎支离的弊病，主张吸收宋学的义理来弥补。江苏汉学名家丁晏批评汉学末流不讲儒学义理，"专己守残，支离傅会，掊击宋儒，学愈歧而经愈晦矣"③。广东学者陈澧对考据学派中一些人的反朱学倾向不以为然，认为这些人多是"未读朱子书而辄诋之耳"。在他看来，朱熹并不反对汉学考据，指出："朱子自读注疏，教人读注疏，而深讥不读注疏者如此。昔时讲学者，多不读注疏；近时读注疏者，乃反訾朱子，皆未知朱子之学也。"他十分赞成李光地对朱熹的评价："李文贞云：'周、程、张、邵，不得朱子，恐不能如此烜赫。'澧谓尊朱子者，原不在乎称颂之语，而文贞此语则确极。"④ 在汉宋学之争的问题上，陈澧主张"不交争"：

---

① 冯桂芬：《阙里致经堂记》，《显志堂稿》，光绪二年（1876）校邠庐刊本，卷三，6页。

② 张之洞：《劝学篇》，《张文襄公全集》第4册，760页。

③ 丁晏：《读经说》，《颐志斋丛书》，咸丰年间刊本，第15册，1页。

④ 陈澧：《朱子书》，《东塾读书记（外一种）》，332页。

自宋以来，学术迭变，固由风气之转移，亦由门户之争竞。有争竞，故有兴衰。然门户之争，总不出孔门之四科：德行，道学传也；言语，文苑传也；文学，儒林传也；政事，则大而将相、小而循吏传也。四科之人，皆天下所不可无，故孔门兼收而不偏废，尤不交争。争则有胜负，有胜负则必偏废，偏废则天下受其害矣。①

　　顾广誉的《学诗详说》，"衷之毛、郑、陆、孔、朱、吕，以正其端；参之欧阳、苏、李、范、严，以究其趣；博采之宋、元、明、国朝诸家，以畅其文。"他反对一些汉学家排斥宋儒的偏执态度，高度评价朱熹治诗的成就，指出：

　　朱子何可非也？朱子之度越诸子，固自有在，即以释《诗》，论其义理之精微，他家有之乎？曰无之。辞气之通畅，他家有之乎？曰无之。其解'二南'，则一与《大学》相表里也。自来说《诗》者所未及，虽以质之百世，而莫可易者。②

主张汉宋学合流至此已经成为一时风气。正如时人所论："道咸以来，儒者多知义理、考据二者不可偏废，于是兼综汉宋学者不乏其人。"③

（三）所谓"变"是指在近代社会变革潮流的影响下，汉学出现的重要自我调整和演变

　　作为清代主流学派，儒学为适应统治阶级政治上的需要和应对外部挑战，本着《易》"穷则变，变则通，通则久"的精神进行自我调整，竭力发挥其自身固有的积极的和应变的因素，试图保持自己的主流地位，致使它的表现形态不断发生变化。这种变化的总体表现是：既有儒学内部进行的自我调整，又有儒学与西学、新学的冲突融合，或者表现为体系的更新，或者表现为地位的衰落。晚清时期的宋学如此，今文经学如此，汉学

---

① 陈澧：《朱子书》，《东塾读书记（外一种）》，342 页。
② 顾广誉：《学诗求是录自序》，《学诗详说卷首》，光绪间刻本。
③ 徐世昌：《心巢学案》，《清儒学案》第 4 册，336 页。

亦如此。

就汉学之"变"而言，中日甲午战争前主要表现为协调与儒学其他学派如宋学之间的关系，发生了从汉宋之争到汉宋合流的转变。中日甲午战争后，中国社会及思想领域发生了重要变化，突出表现为近代新文化的兴起。在社会新思潮的影响下，在一些汉学家的思想活动中出现了"趋新"的动向。如张之洞等倡导"中体西用"，主张中西学、汉宋学的会通，以"经世致用"的精神治学。孙诒让不仅著《周礼政要》，为当时的政治改革寻找历史依据，而且还在家乡创办新式学堂，推广新学。他认为，在近代离开新学就谈不上经世治用，"盖中土此学之不讲二千年于此矣"，而"泰西之学由艺以通于道，而化学尤为专家盛业，究极微眇，弥纶大用，批窾导郤，左右逢源，渐濡增积，其学大昌，遂视为生人日用之常。……而中土老师宿儒问以原质，乃懵然莫能举其物，是非吾党之大耻欤?"基于此，他提出振兴中国的当务之急，"莫先于兴学"①。

尤其值得注意的是，一批在戊戌维新运动前后成长起来的青年汉学家不囿于乾嘉考据学陈说，勇于接受新思想，开掘出汉学研究的新局面。俞樾的弟子章太炎、扬州学派的新生代传人刘师培等人，虽出于传统汉学门下，但都接受了新的学术思想和治学方法，以近代的眼光从事学术研究，写下《訄书》、《诸子学略说》（章太炎著）、《周末学术史序》、《汉宋学术异同论》、《清儒得失论》、《孔学真论》（刘师培著）等论著。在治学指导思想、治学内容、治学方法等方面，都显示出与旧式汉学家的不同风貌。他们从事的汉学研究可谓之"新汉学"。他们之"新"主要表现为两点：

一是突破"独尊儒术"的思想藩篱，把儒学看成诸子百家之学中的普通一家，并持以批评的态度。章太炎的"尊荀抑孔"论、刘师培指出的"孔学四弊"，打破了人们对传统儒学的迷信。刘师培在《孔学真论》一文把儒学的弊端归纳为四点：其一是"信人事而并信天事"，批评儒学包含着讲天命谶纬、五行变异的迷信糟粕；其二是"重文科而不重实科"，批评儒学偏重伦理道德，讳言功利的偏颇；其三是"有持论而无驳诘"，批

---

① 孙诒让：《周礼政要叙》，《籀膏述林》卷十，5页。

评儒学不重视逻辑思辨；其四是"持己见而排异说"，批评儒学"罢黜百家"、排斥异己的霸道学风。① 这种言论在当时令人耳目一新。

二是以近代学术观点对儒学作了初步性学术解释。章太炎等人已经接受了许多新的学术思想，初步形成了不同于他们前辈的学术观点。以章太炎为例，他接受和吸收的西学理论包括西方哲学、进化论、社会学等，同时还坚持进步的民族民主革命的政治立场。章太炎把儒学《六经》称为史书，主张从"国学"、"国粹"的角度来看待中国传统学术文化。他说："为甚提倡国粹？不是要人尊信孔教，只是要人爱惜我们汉种的历史。这个历史，是就广义说的，其中可以分为三项：一是语言文字，二是典章制度，三是人物事迹。"② 把爱国和学术研究结合起来。刘师培把儒家经典看成是古代的教科书，把儒学从神圣不可侵犯的"圣经"地位还原为一门普通的学术，对其含义作出新的阐释，并竭力挖掘积极因素。刘师培在小学研究中，用资产阶级"君为民立"的观点诠释"君"字，说："中国上古之时，君为民众所共立。故《韩诗外传》、《白虎通》皆训君为群。……则以君为民立，为太古最初之义，而天帝皇王诸训皆起于林之后。此可以破中国以君为无上者之疑。"③ 章太炎等一代汉学新人的崛起表明旧式汉学已经日暮途穷，开始发生新的转化。晚清汉学呈现出的"新"与"变"，是乾嘉汉学所不能同日而语的。

晚清汉学形成的"实"、"通"、"变"的特征，固然有汉学自身的学术因素在起作用，更重要的是受近代社会发生的一系列变革的影响。这些变革深深地震撼着汉学家们的心灵，给他们以深刻的社会危机感和文化危机感，迫使他们不得不对汉学进行反思，为儒学寻求新的出路，从而导致汉学在一些方面的变化，形成与乾嘉时代"凡古必真，凡汉皆好"④ 迥然不

---

① 参见刘师培：《左庵外集》卷九，《刘师培全集》第 3 册，314～315 页，北京，中共中央党校出版社，1997。

② 章太炎：《东京留学生欢迎会演说辞》，汤志钧编：《章太炎政论选集》上册，276 页，北京，中华书局，1977。

③ 刘师培：《左庵外集》卷九，《刘师培全集》第 3 册，231～232 页。

④ 梁启超：《清代学术概论》，《饮冰室合集》专集之三十四，24 页。

同的学术特征。

三、晚清汉学的历史影响与地位

汉宋学是清代儒学的主要表现形式，既沿袭了传统儒学的许多消极因素，也包含着积极成分，产生了复杂和多重的社会影响。

在思想方面，传统儒学的消极因素在汉学中体现得非常突出，如独尊儒术、崇古复古、道德至上、重义轻利、循守旧法等大都成为无形的思想教条，起到束缚思想、禁锢精神、阻碍社会发展的作用。搞汉学的人把"凡古必真，凡汉皆好"当做思想信条，对孔子、孟子及许慎、郑玄顶礼膜拜。在近代史各时期的论争，诸如"义利之辨"、"夷夏之辨"、洋务与守旧之争、中学与西学之争、新学与旧学之争中，不少守旧人物以汉学经典为其理论依据。守旧者动辄便把《四书》、《五经》搬出来，指责别人"离经叛道"，反对新思想、新事物。张之洞认为，道光以来，异端邪说盛行，"学人喜以纬书佛书讲经学。光绪以来，学人尤喜治周秦诸子。其流弊恐有非好学诸君子所及料者。"他极力主张："今日学者必先通经，以明我中国先圣先师立教之旨"；士子在"十五岁以前诵《孝经》、四书五经正文，随文解义。"① 试图以经学对抗维新潮流。更严重的是，长期奉行汉学形成的"以古为是"、"重义轻利"的思维定式和价值取向，阻碍着近代国人的思想解放。

然而，对汉学不能一笔抹杀，即使是对封建社会后期的儒学也应如此看待。晚清汉学中有不少内容落后了、腐朽了，但也保存着一些积极因素和有生命力的内容，如"通经致用"、"变易"精神、"道艺体用兼备"、"会通互补"、通博古今、言必有据等，都是具有积极意义的思想意义，往往为进步人士所阐发，成为论证新思想合理性的理论依据。从这个角度讲，汉学的这部分内容能够适应新的时代变化，充当了沟通新旧思想、中西文化的中介。许多外来的新思想、新观念、新理论，都是首先经过这些

---

① 张之洞：《劝学篇》，《张文襄公全集》第 4 册，561 页。

思想中介的溶释，才转化成可以为国人理解接受的理念，最终完成"西学东渐"的过渡。在近代新文化的形成过程中，晚清汉学中的积极因素是不可或缺的思想学术来源和构成因子。"中体西用"思想就与传统儒学的"道艺体用兼备"的观念密切相关。阮元认为：圣人之学应该是"道艺兼备"之学，"孔子以王法作述，道与艺合，兼备师儒。颜曾所传，以道兼艺。游夏之徒，以艺兼道。"① 在这里，"道"与"体"相对应，"艺"与"用"相对应。前者指的是事物根本性的方面，后者是指事物的具体方法，总的意思是两者兼顾，不使偏废。黄式三也谈到"本原"和"枝叶"问题，指出："夫理义者，经学之本原；考据训诂者，经学之枝叶、之流委也。"② 也讲的是主次、本末不可偏废。后来，张之洞在新的形势下，面对中西学、新旧学的激烈冲突，提出"旧学为体，新学为用"的口号，意在用"体用兼备"的形式把新旧学加以调和。这不过是在"道艺体用兼备"的旧框架中添加了新的内容。

晚清汉学是当时学坛的重要派别，与许多学派的兴衰有着密切的关系。

第一，今文经学的兴起与汉学息息相关。治今文经的学者凌曙、陈立、戴望等人都出于汉学。他们的治学趋向虽然最终归结于今文经学，但在治学宗旨、方法等方面却深受汉学影响。包世臣在《国子监生凌君墓表》中勾画出凌氏从汉学古文经学到今文经学的治学历程："君既治郑氏，得要领，又从今宁国训导吴沈钦韩问疑义，益贯串精审，嗣闻今仪制武进刘逢禄论何氏春秋而好之。及入都，为云贵总督仪徵阮芸薹校辑《经郛》，尽见魏晋来诸家春秋说……乃博稽旁讨，承意仪志"③，写成《公羊礼疏》等著作。陈立为凌曙的学生，戴望为皖派学者陈奂的弟子。

第二，诸子学的兴起也与汉学密切相关，是汉学整理古代典籍文献的产物。许多汉学家都是整理诸子文献的专家，如俞樾的《诸子平议》、孙

---

① 阮元：《拟国史儒林传叙》，《儒林传稿》，光绪年间刻本，1页。

② 黄式三：《汉郑君粹言叙》，《儆居集》，光绪十四年（1888）续刻本，卷五，14～15页。

③ 《续碑传集》，《清代碑传全集》下册，1190页。

诒让的《墨子闲诂》、王先谦的《庄子集解》和《荀子集解》等书，都是阐发诸子学的重要著作，为晚清诸子学的兴起奠定了基础。

第三，汉学与西学、科学的关系同样密切。早在鸦片战争前，一些汉学家就注意研究科学、西学问题，如天文、算学、地理、水利等学科。戴震就通晓算学，著有《勾股割圜记》、《考工记图》等。阮元编辑《畴人传》，这是中国第一部天文算学家传记，其中提到了西方科学。尽管阮元认为中国的古学远在西学之上，但认为西学自有长处，值得学习。他说：

> 自利玛窦入中国，西人接踵而至，其于天学者皆有所得。采而用之，此礼失求野之义也。……天文算数之学，吾中土讲明而切究者，代不乏人。自明季空谈性命，不务实学，而此业遂微。[1]

他办的书院就开设科学课程，在《学海堂策问》中就有"今大小西洋之历法来至中国在于何时？所由何路？""元之《回回法》，明之《大西洋新法》如是古法，何以不来于唐《九执法》之前？《九执法》又自何来？且西洋又何以名借根方为东来法也？"[2] 道咸年间的数学家如罗士琳（著有《四元玉鉴细草》、《畴人传续编》）、项名达（著有《下学庵算学三种》）、徐有壬（著有《务民义斋算学》七种）、戴煦（著有《对数简法》及续编等）、夏鸾翔（著有《洞方术图解》、《致曲术》）、邹伯奇（《格术补》、《乘方捷术》）、李善兰（著有《则古昔斋算学》十三种及诸多西学译著）等，都是出自汉学学者。

第四，汉学还促进了晚清边疆地理学的研究。继何秋涛、张穆之后，陈澧、汪士铎、洪钧、杨守敬等人都关注边疆地理学及历史地理沿革，写下不少著作。此外，西方地理学也在这个时期得到介绍，进一步丰富了传统地理学。汉学中许多精于金石、校勘、目录等学问的专家，对于近代考古学、文献学、历史学的开展起到了重要作用。

---

① 阮元：《畴人传·利玛窦传》，光绪二十二年（1896）上海玑衡堂刻本，卷四十四，20 页。

② 阮元：《研经室续集》卷三，《研经室集》，广州粤雅堂刻本，11～12 页。

北京师范大学史学探索丛书

综上所述，把晚清学术简单地概括为"新"，称西学或今文经学为晚清的主流学术，显然是不全面的。如果用这种说法来概括中日甲午战争以后的学界，可谓大体正确，但涵盖在此以前的学术领域则不尽然。甲午战前中国社会的特征是"器惟其新，道惟其旧"，汉学保持着庞大的队伍，宋学一度出现"复兴"，学术主流既不是新学，也不是今文经学，而是传统的汉学及宋学。是否可以这样说，晚清学术从总体上来说是处于新旧交替的变化之中，它的发展轨迹是从"新旧并存"到"以新代旧"，学术主流是以汉宋学为主转变为以新学、今文经学为主。此期间，晚清汉学无疑有着不可忽视的历史地位和学术影响。

在晚清，汉宋学的辉煌时代已成过眼烟云，其发展的基本趋势是走向衰落和发生衍变，这已是不争的历史事实。至于它们在此期间出现的回升和"复兴"只是局部性的情况，绝不能予以夸大。以汉学为例，不少考据学家对它的衰落已有深切感受。陈澧曾在1851年时就感慨汉学营垒的今不如昔："今海内大师，凋谢殆尽。澧前在江南，问陈石甫江南学人，答云无有。在浙江问曹葛民，答亦同。二公语或太过，然大略可知，盖浅尝者有之，深造者未必有耳。"① 到戊戌变法以后，汉学乃至整个儒学受到国人更多的批评。孙宝瑄曾批评中国学术败坏于"三误"："一误于荀卿，再误于郑元（案：即汉经学家郑玄），三误于程、朱而极矣。"尤其斥责程朱理学"误国误人"："至程朱又令尽弃名物象数，以求诸心性之内，好议论天下事，而不考核实理，于是又以痴语谬言流毒后世也。"他断言汉宋学"皆自塞民智者也，于是为民贼者始可肆行而无忌矣。"② 可见，汉学在近代的衰落和被新学术所取代是历史发展的必然趋势。这种必然性表现在：从其客观方面看，近代社会的变迁、清王朝及封建制度的衰落、近代资本主义因素的产生，都使汉学遇到难以应付的外在危机，使其存在的客观环境土崩瓦解；从其主观方面看，汉学的弊病和缺陷日益发展，"独尊儒术"

---

① 陈澧：《朱子书》，《东塾读书记（外一种）》，341 页。

② 以上引文均出自孙宝瑄：《望山庐日记》上册，120 页，上海，上海古籍出版社，1983。

的思想教条把学术严格限制在儒学范围内，致使嗜好此术的学者视野狭隘，思想僵化，方法陈旧，不能适应近代社会文化发展变化的需要。基于此，一些汉学家尽管做了一些自我调整、自我更新，但由于不能彻底摆脱"独尊儒术"的旧框框，使得这些努力只流于局部性的调整，不能从根本上解决儒学所面临的危机，达到挽救其衰落的目的。

第五章　从"汉宋鼎峙"到
"汉宋合流"
——晚清汉宋学的关系

汉学与宋学之争是清代特有的学术现象。如果以嘉道时期为界把清代分为前、后两个时期，那么在前期是汉盛宋衰；而在后期，即晚清时期，随着宋学的"复兴"改变了以前汉、宋对峙的格局，出现了有利于宋学的变化。然而，晚清的汉、宋之争没有演化成旷日持久的对垒，最终被调和汉宋的潮流所取代。从"鼎峙"到"合流"，是汉宋学两方之离合交融在晚清经历的轨迹。

一、宗宋学者对汉学的猛烈批判

清代汉学一直把宋学当成主要的批评对象。从清初的顾炎武、毛奇龄、阎若璩、胡渭，到后来的戴震、焦循、阮元等人，都从不同的角度对宋学展开了批评，而且这些批评是从注疏经文到义理宗旨，逐次深化。其中，以毛奇龄、戴震对宋学抨击最为激烈。毛奇龄曾著《四书改错》，指斥朱熹编著的《四书章句集注》错误百出，谬漏满篇，从论人到论事、论物几乎"无一不错"，列举出的错误多达 32 项，"真所谓聚九州四海之铁，铸不成此错矣。"① 他公然否定宋学的儒学属性，称其为道教的变种，道学家不过是"道士"而已，抨击说：

> 宋儒从二氏授受，篡据圣门，妄以华山道士、河洛寿涯僧太极认
> 作道学，实于圣学首功如何下手，圣学究竟如何归结，所云忠恕一贯

---

① 毛琦龄：《四书改错》，嘉庆十六年（1801）学圃重刊本，卷一，4 页。

者，全然不晓。①

戴震则从义理的角度批驳了宋儒的主要观点，痛斥道学家以"理"压抑人性无异于"以理杀人"，他说：

> 尊者以理责卑，长者以理责幼，贵者以理责贱，虽失，谓之顺；卑者、幼者、贱者以理争之，虽得，谓之逆。于是下之人不能以天下之同情，天下所同欲达之于上；上以理责其下而在下之罪，人人不胜指数。人死于法，犹有可怜；死于理，其谁怜之！②

这些批评有不少切中宋学的流弊要害，突破了理学的一些思想教条，反映出广大士人对理学的不满和理学衰落的趋势。然而，有些批评则属于门户之见、意气用事，其中不乏偏激语言和不实之词。

　　嘉道时期，汉学流弊充分暴露出来，引起一些文人学士的不满。汉学的衰败给程朱理学的"复兴"提供了有利的时机。理学派学者在振兴宋学的过程中主要做了两方面的工作，一是从正面宣扬、阐发程朱的思想观点，二是发起学术上的争端，批判非程朱的学术派别。汉学就是理学家们攻击的一个主要目标。然而，这时的汉宋对峙形势已非昔比。面对处于上升势头的宋学，日益衰落的汉学处在被动的地位，不时受到来自宋学营垒的攻击。说到这个时期的汉宋之争，就不能不提到桐城派著名学者方东树和他的《汉学商兑》。

　　《汉学商兑》成书于1826年（道光六年）。其时方东树客居广东，参阮元幕。出任两广总督的阮元，力倡汉学，辑《皇清经解》，与方氏治学路向不同，二人"论学意不合"③。《汉学商兑》分为上、中、下三篇，洋洋洒洒数万言。书成后，作者又对内容作过修改、增补于1838年（道光十八年），写成《汉学商兑刊误补义》一卷，充实了全书的内容。

---

① 毛琦龄：《四书改错》卷一，6页。
② 戴震：《孟子字义疏证》，10页，北京，中华书局，1961。
③ 徐世昌编：《清儒学案》卷八十九，第2册，620页。

北京师范大学史学探索丛书

《汉学商兑》是一部学术论辩著作，其宗旨可以概括为"辟汉扬宋"四个字。作者在该书原序中开宗明义地指出了这一点，他说：

> 近世有为汉学考证者，著书以辟宋儒，攻朱子为本，首以言心、言性、言理为厉禁。海内名卿巨公、高才硕学数十家递相祖述，膏唇拭舌，造作飞条，兢欲咀嚼。①

他所说的"近世有为汉学考证者"指的是《国朝汉学师承记》的作者江藩②。江藩在《国朝汉学师承记》中把儒家经学分为汉学和宋学两大派，崇汉抑宋，标立门户。他认为，在孔孟儒学中，只有汉代经学最纯正，称赞汉儒"诵先王之书，被儒者所服，彬彬然有洙泗之风焉。"谈到宋学时，他鄙夷地说：

> 宋初，承唐之弊，而邪说诡言，乱经非圣，殆有甚焉。……至于濂、洛、关、闽之学，不究礼乐之源，独标性命之旨，义疏诸书，束置高阁，视如糟粕，弃等弁髦。……四方季艾困于帖括，以讲章为经学，以类书为博闻，长夜悠悠，视天梦梦，可悲也夫！③

在他看来，宋明理学的盛行，导致"圣人之道""益晦"，只是由于清代汉学家的考证功绩，才使"圣道"晦而复明。他说："至本朝，三惠之学盛于吴中，江永、戴震诸君继起于歙，从此汉学昌明，千载沉霾，一朝复旦。"④ 在对清代前期学者的评价上，该书表现出较深的门户之见。如阮元撰的《国史儒林传稿》，将顾炎武、黄宗羲列为卷首，肯定他们在经学方

① 方东树：《汉学商兑·序例》，1页。
② 江藩（1761—1830），字子屏，号郑堂，江苏甘泉人，乾嘉朝著名经学家。著作除《国朝汉学师承记》外，还有《周易述补》、《尔雅小笺》、《经解入门》、《炳烛室杂文》等。
③ 江藩：《国朝汉学师承记》卷一，3页，北京，中华书局，1983。
④ 同上书，6页。

面作出的成就，承认他们的儒宗地位。而江藩则把他们编于卷末，原因是他们的学术"不纯宗汉学也"①。阮元对江藩的著作很赞赏，不仅资助刊刻，而且作序加以推崇，称赞说："读此可知汉世儒林家法之承授，国朝学者经学之渊源，大义微言，不乖不绝，而二氏之说亦不攻自破矣"②。阮元是具有显宦身份的汉学儒宗，他的推崇使江藩身价倍增，该书遂在学界得到广泛传播。江藩的《国朝汉学师承记》所持的扬汉抑宋观点再次标立起汉学门户，是汉学营垒继戴震之后向宋学开展的又一次强有力攻击。这自然会引起方东树的注意，成为激发他撰写《汉学商兑》的一个直接动因。

《汉学商兑》仿朱熹《杂学辨》体例，摘引了汉学诸家的大量著述原文，自著按文于后，引文辨文相间内行。该书全面地讨论了汉宋学论辩的诸问题，如学术来源、治学内容、治学方法等，归纳起来有以下几个要点：

首先，《汉学商兑》对汉学进行了一次全面性的批判。

在清初，程朱理学派主要的攻击目标是陆王心学及释、老二教，而对来自汉学方面的挑战则鲜有回应。后来一些宗宋学学者对汉学断断续续地开展了反批评。姚鼐不仅抨击汉学"以攻驳程朱为能，倡于一二专己好名之人而相率而效者，因大为学术之害"③，而且还指名道姓地批评考据学泰斗戴震"为论之僻，则过有甚于流俗者"④。攻击戴震欲夺程朱之席，是不自量力。被唐鉴列入"守道学案"的谢金銮对汉学流弊也表示不满，批评汉学家们"于圣人之经也，不求其端，不讯其末，惟以抄袭旧说为尊古，以论辨折衷为武断，学虽博，以语修己致用之方则无术焉。此第谓之经学则可，不足以语经术也"。为了纠正汉学造成的弊端，他提出治学要"以四子书为纲，以《六经》为辅"⑤。李元春、许鼎等人对汉学也发表过许多

---

① 伍崇曜：《国朝经义目录跋》，《国朝汉学师承记》，191 页。
② 阮元：《国朝汉学师承记序》，《国朝汉学师承记》，1 页。
③ 姚鼐：《复蒋松如书》，《惜抱轩全集》卷六，73 页，北京，中国书店，1991。
④ 姚鼐：《程锦庄文集序》，《惜抱轩全集》文后集卷一，207 页。
⑤ 转引自唐鉴：《清学案小识》卷九，《四朝学案·清学案小识》，211 页。

批评性意见。这些批评虽然是方东树抨击汉学的先声，但大多属于就事论事，论辩比较分散、零碎，缺乏系统性，无法与方东树的《汉学商兑》相比拟。

方东树的《汉学商兑》对汉学的批判，无论是在深度还是在广度上，都远远超过了前人，称得上是宋学对汉学的一次总结性清算。这一点可以从被该书点名批评的学者名单中反映出来。该书点名批评的学者在 30 名以上，从清初的名士到嘉道时期的儒宗，主要的汉学名流大都包括在内，如顾炎武、阎若璩、胡渭、毛奇龄、万斯同、万斯大、惠士奇、惠栋、戴震、钱大昕、朱彝尊、张惠言、凌廷堪、江藩、钱大昭、臧琳、汪中、孙星衍、阮元、焦循，以及黄宗羲、颜元、李塨等，还有宋儒黄震、明儒杨慎等。涉及人数之众非一般批评汉学的理学著述可比肩。

方东树首先抨击了毛奇龄等人把宋学诬为道教流派、称理学家是"道士者流"的说法，从学术渊源上辨明程朱理学与孔孟儒学的承继关系。

清初胡渭作《易图明辨》，提出宋儒尊崇的《河图》、《洛书》出于五代道士的观点，一些反理学学者便以此为据，把宋学的渊源归结于道教。在这方面阐发最详尽者是毛奇龄。他在《辨道论》一文斥责宋儒周敦颐、邵雍、二程兄弟、朱熹等人"篡道教于儒书之间"，把"圣学"变成了"道学"，宋儒实际上只是"居道观之羽流黄冠"的"道士"而已。这就不仅从学术来源上否定了理学作为正宗儒学的合法性，而且等于宣布它是"异端邪说"。方东树认为，理学所讲的"道"与道教的"道"有着根本不同的含义。程朱所说的"道"是"圣人之道"，"凡尧舜之道、文武之道、大学之道，何莫非圣学也"，程朱诸儒则是发扬"圣人之道"的功臣。他说："盖自汉儒分道为一家，而道之正名实体大用皆不见。惟独董子、韩子及宋程、朱，始本《六经》、孔、孟之言而发明之，而圣学乃著。"说程朱是"道士者流"，"非但诬而失是非之心，又将使来学视周、程、张、朱为异端，而断其非圣学。此其为害，岂在洪水猛兽之下也！"[①]

方东树还就汉学家对宋儒关于"十六字心传"、"人心"、"道心"、"存理灭欲"、"格物穷理"、"养性存德"等观点的非议进行了反驳,认为这些非议"鲁莽灭裂","徒乱圣人经义,贻误来学"。他尤其不满戴震对程朱"理欲"说的批判,反驳说:

> 如戴氏所申,当体民之情,遂民之欲,亦必民之情欲不出于私,合乎天理者而后可。若不问理,而于民之情欲一切体之,遂之,是为得理,此大乱之道也。①

在治学方法问题上,方东树坚持程朱的治学方法,认为训诂固然重要,但是不能过于迷信。因为古人训诂并不全都靠得住,包含着许多穿凿附会、师心自用的解释。他举例说明"汉儒所说违误害理者甚众",质问道:"此可谓求义理于古经中乎?"他指出:由于迷信训诂,清代的汉学诸人"释经解字谓本之古义者,大率祖述汉儒之误,傅会左验,坚执穿凿,以为确不可易",结果是步入歧途,损害了《六经》的"微言大义"。他主张训诂不离义理,"训诂多有不得真者,非义理何以审之"②。

其次,《汉学商兑》带有极其明显的"尊朱卫道"色彩。

关于朱熹的评价是汉宋学争论的一个重要问题。汉学既然对宋学持批判态度,自然不承认朱熹的儒宗地位,批评朱熹的文字经常出现在汉学家的著述中。为了取代朱熹地位,汉学家们抬出了汉代的许慎和郑玄。许慎是文字学巨匠,郑玄是经学大师,都受到清代汉学界的顶礼膜拜,被视为继承孔孟儒学的正宗代表人物。这与宋学尊崇程朱的立场格格不入。方东树批驳汉学的一个重要方面就是肯定程朱,推崇朱熹,树立朱熹在学界的权威。他高度评价程朱在发扬孔孟儒学中的重大作用,认为孔孟之道自孟子后因受到异说的扰乱而长期被埋没,只是由于出了程朱才重见光明。他在《汉学商兑序》中说:"窃以孔子殁后千五百余岁,经义学脉至宋儒讲辨始得圣人之真。平心而论,程、朱数子廓清之功,实为晚周以来一大

---

① 方东树:《汉学商兑》卷六中上,22 页。
② 方东树:《汉学商兑》卷六中下,1 页。

治。"在该书《重序》中他再次强调：圣人之道"及至宋代程、朱诸子出，始因其文字以求圣人之心，而有以得于其精微之际，语之无疵，行之无弊，然后周公、孔之真体大用，如拨云雾而睹日月"。他还在《重序》中把程朱比诸于孔子，指出："尝观庄周之陈道术，若世无孔子，天下将安所止；观汉唐儒者之治经，若无程、朱，天下亦安所止。"在同一文中又说，"后世之学者不幸不见天地之纯，古今之大，全赖程、朱出而明之"。针对汉学家指责朱熹说理"杜其聪明，断以一师"，他起而为之辩护，认为朱熹"谆谆教人读汉魏诸儒注疏，文集中凡数十见，即《四子书集注》所采五十四家之言，何尝杜其聪明，断以一师"。汉学家的攻击"是不知程朱之道与孔子无二。欲学孔子而舍程朱，犹欲升堂入室而不屑履阶由户也。"①

再次，《汉学商兑》集中地揭露了汉学末流的弊病。

方东树把汉学的弊病概括为"六蔽"，具体是：

> 其一，力破理字，首以穷理为厉禁，此最悖道害教；其二，考之不实，谓程朱空言穷理，启后学空疏之陋……其三，则由于忌程朱理学之名，及《宋史》道学之传；其四，则畏程朱检身，动绳以理法，不若汉儒不修小节，不矜细行，得以宽便其私，故曰宋儒以理杀人，如商韩之用法……其五，则奈何不下腹中数卷书，及其新慧小辨，不知是为驳杂细碎，迂晦不安，乃大儒所弃余而不屑有之者也；其六则见世科举俗士空疏者众，贪于难能可贵之名，欲以加少为多，临深为高也。②

他对汉学流弊的指摘，主要是从维护宋学的立场上来说的，其中不乏门户之见，然而也有不少中肯的批评。如他批评汉学搞繁琐考证，致使士人埋头故纸堆，不关心现实社会和国事民情，他说："汉学诸人言言有据，字

---

① 方东树：《汉学商兑》卷上，15～16 页。
② 方东树：《汉学商兑》卷下，12～13 页。

字有考，只向纸上与古人争训诂、形声，传注驳杂，援据群籍，证佐数百千条，反之身己心行，推之民人家国，了无益处，徒使人狂惑失守，不得所用。"① 他还看到汉学只注重文字、考证等治学的具体技术性问题，而忽视探讨经书中的义理，犯了"不知本末"的错误。他说：

> 古今学问大抵二端：一小学，一大学。训诂名物制度，祗是小学内事，《大学》直从"明新"说起，《中庸》从性道说起。此程子之教所主为其已成就向上，非初学之比。……汉学家昧于小学、大学之分，混小学于大学，以为不当歧而二之，非也。故自首著书，毕生尽力，止以名物训诂、典章制度小学之事成名立身，用以当大人之学之究竟，绝不复求明新至善之止，痛斥义理性道之教，不知本末也。②

这些批评都切中汉学流弊的要害，颇有见地。

总之，在方东树笔下的汉学不仅学理荒诞无稽，无复可取之处，而且简直就是离经叛道的"异端邪说"，它造成的危害远远超过"杨墨佛老"。他在书中写道：

> 今汉学家首以言理为厉禁，是率天下而从于昏也，拔本塞源，邪说横议，较之杨、墨、佛、老而更陋，拟之洪水猛兽而更凶。何者？洪水猛兽害野人，此害专及学士、大夫。学士、大夫之学术昧，则生心发事害政，而野人无噍类矣。③

方东树作为晚清汉宋之争中宋学营垒的主将，在《汉学商兑》中用程朱理学的观点，对汉宋学作了系统的考察，尖锐而全面地批评了汉学，大胆地揭露了汉学末流的种种弊端，这在当时学界不能不引起重大震撼。因为汉学经过一百多年的发展，已经成为清代学术的主流，占领了大部分学

---

① 方东树：《汉学商兑》卷六中上，16页。
② 方东树：《汉学商兑》卷六中下，9～10页。
③ 方东树：《汉学商兑》卷下，29页。

术领域。考据之风已深深影响了大多数的学林士子，不少人已经深溺此道而不能自拔。在汉学余威尚炽的情况下，方东树的《汉学商兑》树起程朱的旗帜，把汉学批得体无完肤，这对那些醉心于考据的人来说好比当头一棒，促使他们对汉学进行反思。就打破汉学对学界的禁锢，破除对汉学的迷信这一点而言，《汉学商兑》的确给学界带来了清新之感。梁启超在《清代学术概论》中对宋学诸儒不乏微词，唯独对方东树的《汉学商兑》赞不绝口，评价道：

> 方东树之《汉学商兑》，却为清代一极有价值之书。其书成于嘉庆间，正值正统派炙手可热之时，奋然与抗，亦一种革命事业也。[1]

方东树的《汉学商兑》对程朱理学在晚清的"复兴"发挥了重要作用。这部著作刊行后，不仅使究心于宋学的学者受到鼓舞，而且感染了不少原来对程朱理学抱有成见的士人，使他们"翻然悔悟"，归于"正学"。他们称赞方氏及其著作是"真吾道干城"，"实为南宋以来未有之书，真朱子功臣也"，"此亦功不在禹下者也"[2]。方东树虽是古文学家，但在中年以后专治理学，标榜程朱，俨然一派理学家气象。这对后来桐城派产生了影响，使不少古文辞学高手转攻理学，学术风气为之一变。有人说："然桐城自东树后，学者多务理学云。"[3] 方氏去世后，此书的影响并未受到削弱，一直受到正统理学派的青睐，被视为论学圭臬，卫道干城，翻印再版，广为传诵。关中理学家贺瑞麟曾经刊刻了《辨学七种》，方氏的《汉学商兑》亦被选入，与程瞳《闲辟录》、陈建《学蔀通辨》、童能灵《朱子为学考》等历史上的辨学名著同刊并载。贺氏对《汉学商兑》十分称道，甚至把它与陆陇其的著作并论，称："此书诚足干城吾道，不知为汉学者曾肯潜心一读否。国朝自陆稼书先生辨明王学良知之说，始不足以感人。乾隆嘉庆间，汉学之风复炽，皆力攻程、朱，此又圣学一厄。植之此书，

---

① 梁启超：《清代学术概论》，《饮冰室合集》专集之三十四，50页。

② 《汉学商兑》题辞，1～2页。

③ 《清史列传》第17册，卷六十七，5416页。

真与朱子《杂学辨》、陈清澜《学蔀通辨》诸书，同一有功圣道不少。多刻广布，庶几异说少息乎。"①

然而，《汉学商兑》也是一部带有严重缺陷的著作，采取了把对方完全否定的极端化批评方法，有"矫枉过正"之弊。它批评汉学末流的弊端是对的，有的批评的确击中要害，但是把汉学称为"圣人之道"的"异端"，否定汉学是儒学的一个流派，完全抹杀汉学的研究成果就属荒唐可笑了。一些汉学家，如戴震曾经对理学"存天理，灭人欲"的观点作过正确分析，斥责其为"以理杀人"，这在中国思想史上具有进步意义。方东树对此攻击尤力，诬为"亘古未有之异端邪说"，是要"以之易程、朱之统"，是"以无忌惮之言以汩乱圣人之经，教所谓生于其心，害于其事，作于其事，害于其政者也"。② 这实际上是一种思想倒退。由此可见，方东树是从保守的立场上反对汉学。

方东树之后，对汉学持批评态度的理学家，除了贺瑞麟之外，还有邵懿辰、方宗诚等人。邵懿辰发表过许多抨击汉学的言论，最有代表性的是他写的《仪宋堂记》。"仪宋"即"翼宋"之意，顾名思义，从文章篇名就可以看出他的"卫道"立场。他批评汉学之尖刻程度亦不亚于方东树。他在文中说：

> 今自乾隆嘉庆以来六、七十年之间，学者以博为能，以复古为高，矜名而失实，务劳精疲神，钩考众家笺疏之说，下至官车制度、六书假借，碑碣盉鼎之铭识，而广为之证。凡传注之出于宋儒者，概弃不录，曰吾以崇汉而已。其徒相与号曰汉学。噫！此岂异夫立熟食大化之世，而追茹毛饮血之俗，挽碣石入海之河流，而反诸大龙门以上哉！不唯骂讥吐弃，于宋儒无毫发之损，亦且推崇奖许，于汉儒无涓埃之益。③

① 贺瑞麟：《复杨石公学博书》，《清麓文集》卷十一，19页。
② 方东树：《汉学商兑》卷中之上，20～21页。
③ 邵懿辰：《仪宋堂记》，《邵位西遗文》，同治四年（1865）刻本，19～20页。

方宗诚不仅对汉学末流进行了抨击，而且还批评了清代汉学的开创者顾炎武。顾炎武曾经说过：

> 愚独以为理学之名，自宋人始有之。古之所谓理学，经学也，非数十年不能通也。故曰：君子之于《春秋》。没身而已矣。今之所谓理学。禅学也。不取之《五经》，而但资之语录，校诸帖括之文而尤易也。①

这段话是针对宋明理学束书不观，崇尚空谈的末流学风而言。企图通过倡导朴实、严谨的经学来纠正理学的空疏之弊。方宗诚则认为，顾炎武的这一观点"立说偏宕"，没有弄清宋明理学产生流弊的真正原因，"不知其为不穷理之弊，而但以为不穷经之弊"。在他看来，明季学风的败坏是由于学人不懂得"穷理"，而非不知道"穷经"。这与顾炎武的观点正好相反。他认为，正是由于顾氏强调了"穷经"，使得"承学之士务明经学而不求其理，溺于训诂名物文义小学，而凡古圣贤明体达用、内圣外王之大经大法，全然不省，以为是经学也。经学日多而理益晦，理益晦而经学亦名存而实亡。盖先生明之季但见舍经学而言理学者，邪说由此兴，而乌知近世舍理学而言经学者，邪说之横流亦更甚哉！"他不同意笼统地说"经学即理学"，认为"惟程、朱数子之经学足以当之，若汉唐诸儒之注疏正义，其补于诠训者，因多其穿凿细碎而背理本者亦殊不少，不得谓'经学即理学'。程、朱由《六经》而洞达本源，后世儒者得其微言而因不知止穷夫六经，诚不免堕于空疏之弊。然谓邪说禅学由是而起，则有不尽然者。禅学之病正由不肯穷理之故，非徒在于不穷经也"②。他们的论说与方东树《汉学商兑》遥相呼应，促成了"汉宋鼎峙"的学术格局。

---

① 顾炎武：《与施愚山书》，《亭林文集》，宁波山隐居校刻本，卷三，22页。
② 方宗诚：《书顾亭林年谱后》，载陈澹然编：《方柏堂先生事实考略》卷二，21～22页。

二、"汉宋合流"的学术发展趋势

在对待汉学的问题上，清代宋学派中始终存在着两种不同的意见：一种是排汉主张，另一种是融汉主张。在晚清，这两种观点同时存在，并行发展，只不过在不同的时期这些观点各自影响大小不同而已。嘉道时期，由于方东树《汉学商兑》的鼓荡，理学中人以辟汉为时尚，排汉观点占了上风；至同光年间，随着整个儒学内部的变化、调节，调和汉宋的观点逐渐取得优势成为一种学术发展趋势。

融合汉宋的主张并非晚清学界的产物。被清代汉宋两派学者共同推崇的顾炎武就说过"经学即理学"的话，包含了视经学与理学为一体的意思。只是后来的汉学家另辟蹊径，把经学发展成与传统理学截然不同的一个新学派，立起了汉学门户。清初不少理学家治学都走的是兼采汉宋的路子。康熙朝理学名臣李光地的治学特点就是"以朱子为依归，而不拘门户之见"①。他写的《周易折中》就本着这一宗旨，对汉宋以来诸家《易》论之心得兼收并蓄，不病异同，成为传世之作。李氏之后的姚鼐也视汉宋为一家，主张治学应该将"义理、考据、词章"三者兼顾。尽管他对汉学进行过严厉的批评，但是仍然把汉学看成儒学中的一个重要派别。

嘉道时期，理学"复兴"呼声鹊起。一时间，扬宋抑汉成为学界的时尚。然而一些程朱派理学家对汉学作了相当的保留。唐鉴的《国朝学案小识》以"经学学案"名目、用三卷的篇幅叙述汉学，收录了100多位汉学家的传略，对"经学学案"的评述与"心宗学案"明显不同。他一方面批评汉学"穿凿附会，亦在所不免"，另一方面又肯定汉学在"天文、地理、音学、算学等事，则于古为精"②。唐氏以后，宋学派中持调和论者日益增多．终于在同光时期成为一种重要的学术倾向。这个时期的许多理学要人，如曾国藩、朱次琦、夏炘、徐桐、成孺、刘熙载等都持这种主张。他

---

① 徐世昌编：《安溪学案》，《清儒学案》第1册，卷四十，685页。
② 唐鉴：《清学案小识提要》，《四朝学案·清学案小识》，3页。

们从不同的角度论述了汉宋合流的问题，提出以下几种观点：

（一）用"孔门四科"的旗号化解汉宋学的对立

持这种观点的人把汉学、宋学都看成孔门儒学的一部分，大同而小异，殊途而同归，都是达到圣贤境界的门径。曾国藩对"孔门四科"，"缺一不可"的观点所做的阐述尤其明确，指出：

> 有义理之学，有词章之学，有经济之学，有考据之学。义理之学即《宋史》所谓道学，在孔门为德行之科；词章之学在孔门为言语之科；经济之学在孔门为政事之科；考据之学即今世所谓汉学也，在孔门为文学之科。此四者缺一不可。[①]

在他看来，无论是汉学，还是宋学，都是孔门中的一门具体学科，关注的侧重方面虽有不同，但是所本的宗旨，所起的作用却是相同的，有着共同性。这种共向性是汉宋学相互融合的基础。

"精研汉学，服膺宋儒"的陈庆镛从儒学的实用性出发，看到汉宋学的一致性。他说："汉家之学，其要皆主于明经致用，其归皆务于希圣希贤。他人视为二，吾直见为一也。"[②] 曾国藩则进一步阐述了汉宋学在实用性方面的内在联系。他把汉学宗旨概括为"实事求是"，把宋学宗旨概括为"即物穷理"，认为二者的基本精神是一致的。他明确指出："近世乾嘉之间，诸儒务为浩博。惠定宇、戴东原之流构研诂训，本河间献王实事求是之旨，薄宋贤为空疏。夫所谓事者，非物乎？是者，非理乎？实事求是，非即朱子所称即物穷理者乎？名目自高，诋毁日月，亦变而蔽者也。"在他看来，"即物穷理"也不是朱熹的发明创造，而是古来圣贤共同遵守的原则，他说："即物穷理云者，古昔贤圣共由之轨，非朱子一家之创解也。"[③]"实事求是"和"即物穷理"都体现了传统儒学"力行"和"致用"

---

① 曾国藩：《求阙斋日记类钞》卷上，辛亥七月，8 页。
② 参见何秋涛：《籀经堂类稿序》，陈庆镛：《籀经堂类稿》，光绪九年（1883）刊本。
③ 曾国藩：《书学案小识后》，《曾国藩全集·诗文》，165～166 页。

的务实精神，具有实质上的相通之处。曾国藩的这一说法颇为独到。

（二）用《礼》沟通汉宋学之结

部分理学家把《礼》视为融合汉宋二学的结合点，认为通过提倡和研究《礼》，平息汉宋学之间的门户对立，使儒学达到"本末兼赅，源流毕贯"的和谐境地。曾国藩曾经积极赞同这一主张，他说过一段颇具代表性的话：

> 乾嘉以来，士大夫为训诂之学者薄宋儒为空疏；为性理之学者，又薄汉儒为支离。鄙意由博乃能返约，格物乃能正心。必从事于《礼经》，考核于三千三百之详，博稽乎一名一物之细，然后本末兼赅，源流毕贯，虽极军旅、战争、食货、凌杂，皆《礼》家所应讨论之事。故尝谓江氏《礼节纲目》、秦氏《五礼通考》可以通汉、宋二家之结，而息顿渐诸说之争。①

曾氏提出用《礼》"通"汉宋学之"结"的观点是有一定道理的。在封建时代，"礼"主要有两种含义：一是指中国古代的宗法等级制度和道德规范，这是它的社会意义；二是指记载这种制度和规范的儒家典籍，如《礼记》、《仪礼》、《周礼》等古籍，这是它的学术意义。无论是社会意义上的礼制，还是学术意义上的《礼经》，都是中国封建时代政治制度和意识形态的核心部分。秦以后的儒家各派对《礼》的研究高度重视。汉代的今古文经两派都把《礼》作为重要的研究内容。戴德、戴圣是今文经学派的《礼》学权威，被汉武帝立为《礼经》博士。《逸礼》、《周礼》是古文经学派尊崇的《礼经》经典。东汉郑玄融通众说，集成《周礼注》，是古文经学家说《礼》的代表作。对《礼经》的研究在清代达到了全盛，研究成果大批涌现，如惠士奇的《礼说》、孙希旦的《礼记集解》、张惠言的《仪礼图》、秦惠田的《五礼通考》、黄以周的《礼书通故》等，考订详确，论辩精当，其成就远迈汉唐。宋儒同样注重研究《礼经》。朱熹在自己的《语

---

① 曾国藩：《复夏弢甫》，《曾文正公书札》卷十三，3页。

类》、《文集》中留有许多关于《礼经》、礼制的论述,晚年则把治学兴趣转向《礼经》,编修《礼书》,形成了自己的治《礼》特点。朱熹治《礼》不废考据,对古代诸礼进行过精当的论证。然而其所用心不在就事论事,而是发挥寓于《礼经》中的义理,注重《礼》在社会教化中的实际运用。他把对"礼"的研究纳入了"理"的范围,提出"礼即理也"的观点。他说:"礼即理也,但谓之理,则疑若未有形迹之可言,制而为礼,则有品节文章之可见矣。"① 也就是说,"礼"与"理"是相通的,"理"包含了存在于"礼"中的精神内质,而"礼"则是"理"的外在表现。治《礼》的意义不仅在于考证历代典章制度的来龙去脉,而且还要善于发挥蕴藏在《礼》中的义。朱熹治《礼》体现了治学方法上的兼容性。晚清学者正是基于《礼经》研究的这些成果,才试图用对《礼》的研究调和汉宋学。高均儒在《礼理篇跋》中用比喻的手法说明"礼"与"理"的关系,他指出:

> 礼犹体,理即脉。人具体而脉不调,则病;人袭礼而理不析,则诬。汉儒精言礼,宋儒承之。而特揭理字,导人以从入之径,持循之端,犹之医者切脉,以审人气血偏滞之由,而后方以治之,其体始可无恙也。学者不察,自判汉宋各执门户,为一家言,亦日勤止,而制礼之初意果如是乎?②

这段话包含了两层意思:一是说明了"礼"与"理"的关系好比人体与血脉,同处一体,密不可分;二是肯定了以朱熹为代麦的宋儒注重揭示寓于"礼"中之义理的治《礼》方法。这篇《跋》是为经学家丁晏的一部谈《礼》著作所写的。丁氏在该书中大量借鉴了宋儒治《礼》的方法,融汉宋学为一体。高均儒对这一点十分称赞,肯定丁氏能够"先徵理字之见诸经者",称该书具有"为学之准"的作用,视之为融合汉宋学的典型之作。

---

① 朱熹:《答曾择之》,《晦庵先生朱文公文集》,上海涵芬楼影印本,卷六十,19 页。
② 高均儒:《礼理篇跋》,《续东轩遗集》,光绪七年(1881)刊本,17 页。

（三）汉宋学各有所长，不容偏废，应该互相取长补短

晚清的一些学者看到，汉学、宋学各有自己的长处。汉宋之争只能加剧二者的对立，抱残守缺，排斥对方，妨害儒学的发展。不少人对喋喋不休的汉、宋纷争表示不满，提出汉宋学"不可偏废"的主张。方濬颐说：

> 训诂、义理二者不可偏废。何有汉、宋之分哉？今之讲汉学者目宋学为空疏，讲宋学者诟汉学为穿凿，于是有专宗汉学者，有专宗宋学者，判然两途，几乎不可复合，虽通儒正士犹不免泥门户之见而斤斤焉，谓吾之师承在此，凡彼之沿讹踵谬者，皆宜屏绝焉。累牍连篇，互相攻击，歧汉宋而二之。一若言训诂，则义理可勿谈；言义理，则训诂可勿论也。呜呼！是直学中之蠹矣。恐汉宋诸儒亦未必乐有此高足弟子也。①

曾国藩的弟子张裕钊用"道器相备"的观点总结了清康乾以来的汉宋学发展状况，指出：汉学的流弊在于"穷末而置其本，识小而遗其大"，宋学的缺陷则是"摒弃考证为不足道"。二者由于排斥对方，把自己的长处变成了短处。他指出：

> 夫学固所以明道，然不先以考证，虽其说甚美，而训诂制度之失其实，则于经岂有当焉？故裕钊尝以为道与器相备，而后天下之理得，至于本末精粗轻重之数，是不待以说之辨而明者也。②

也就是说，汉学重于实证，宋学长于思辨，这些功夫都是治学不可缺少的基本功。二者相斥学则弊，二者相济学则益。方濬颐对这一点讲得更明白，他说："学一而已，不穷经不可以为学，不讲道不可以为学。穷经者何？训诂之学也，汉学也；讲道者何？义理之学也，宋学也。有训诂之学

---

① 方濬颐：《梦园丛说》内篇，同治十三年（1874）扬州刻本，卷五，5页。
② 张裕钊：《与钟子勤书》，《濂亭文集》，光绪八年（1882）查氏木渐斋刻本，卷四，4～5页。

而后义理不蹈于空虚，有义理之学而后训诂不邻于穿凿。二者相需为用，而弗容以偏胜也。"他分别肯定了汉宋学在阐扬儒学方面的作用，称赞汉学经师"笺疏传注绍述"，使"礼乐典章，名物度数，俾考古者得所师承，实事求是，其有功于圣经贤传者，固不小也"；肯定宋儒"发明义理以佐训诂之不足，而圣人率性修道之旨，遂以大白于天下"。他主张应该打破汉宋学的门户之见，兼采二者之长，指出："后之学者当两宗之，而取其醇，舍其疵，树其闲，决其障。晓然于训诂之非义理弗明，义理之非训诂弗著。合朴学、正学而一以贯之，无穿凿之害，无空虚之病。斯处则可以为师儒，出则可以为卿相。"①

调和汉宋的主张经过曾国藩等理学名臣的提倡，在晚清理学士人中得到响应，逐渐形成了一种不重门户、兼收并蓄的学术风气。在这种学风的影响下，一些理学士人本着兼采汉宋的原则，写出了一些别具特色的学术著作，使汉宋融合从一种学术主张转变成为实际而有成果的学术活动。

能够学贯汉宋，兼采二者之长著书立说，不是一般人所能做到的。这样的学者在当时为数不多，比较具有代表性的学者是邵懿辰和夏炘。邵氏的《礼经通论》和夏氏的《檀弓辨诬》、《述朱质疑》等著作，便是他们试图汇通汉、宋所做的一种创作尝试。

他们在治学态度上都不拘于门户、抱残守缺，具有兼容的精神。在学宗程朱的同时，兼习经学、文辞学，广泛涉猎汉宋学的许多领域，有着深厚的儒学功底，称得上是学贯汉宋的学者。王光甲称赞夏炘"于书无所不读，而尤邃于经。其治经也，不参己见，不设成心，博考诸儒之说以求通其义。其有不能通者，则屏去旧说，诵咏经文，虚与委蛇，以体察之，往往得其真解。"②《景紫堂全书》收录了夏氏著述17种，凡81卷。其中既有《述朱质疑》、《三纲制服尊尊述义》、《学制统述》等发挥宋学义理的著作，又有《诗经廿二部古韵表》、《六书转注说》、《转音纪始》等属于考据学方面的作品，体现出他对汉宋学的渊博贯通。邵懿辰在道光中期曾随桐

---

① 方濬颐：《学论》，《二知轩文存》，光绪四年（1878）刻本，卷一，3~4页。

② 王光甲：《景紫堂全书序》，《景紫堂全书》，同治间刻本。

城派大师姚鼐之高弟梅曾亮学习古文辞学，后来又拜唐鉴为师，讲习程朱理学，晚年又转攻经学。他的学术主要由程朱理学、古文辞学和经学三部分组成，起主导作用的是程朱理学。邵懿辰的著作大半毁于战火，保留下来的仅有《忱行录》《礼经通论》、《尚书通义》、《孝经通论》、《半岩庐日记》等，大都是阐述理学与经学方面的内容，反映出作者试图汇通经学、理学、古文辞学的学术倾向。他曾说："经者，天地之心。史者，天地间簿籍也，必木板刻之精善而究心焉。外此，宋儒者言理、道之书，乃经之支流，亦天地之心所寄。韩、欧以来之述作言文而行远，乃释经作史之准的也。"① 需要指出的是，邵氏治经重今文、薄古文，对乾嘉汉学持批判态度，所以当代学者汤志钧先生评价他说："邵懿辰对程朱理学尊为'理道之书'，而对乾嘉汉学则持批判。他晚年专攻《礼经通论》，又重今文、薄古文，可以说，他基本上是今文经师，而在一定程度上又是主张汉宋兼容的。"② 能否称邵氏"基本上是今文经师"是值得讨论的，但就邵氏对汉学的总体看法而言，他对汉学的批判并不是整体性的否定，他所反对的只是乾嘉汉学标立门户、排斥宋学的偏颇治学态度，而对汉代儒学的许多观点和方法，他还是主张采纳的。

邵、夏二人的著作既没有像宋明理学诸儒那样一味空谈性理，也没有重蹈乾嘉考据学者繁琐考证的老路，而是借助考据的方法，发挥经书中的义理，熔汉宋学于一炉，体现出兼收并蓄的治学风格。

邵懿辰和夏炘的著作都以阐发包含在经书中的"义理"为目的，在写作宗旨和思路上保持了宋学的特点。以邵懿辰为例，他的《礼经通论》一本李光地《礼学四际约言序》的治学立意。李光地治经的特点是"以朱子之意贯串汉儒"。③ 这一治学特点深刻地影响了邵氏的治经路向，使他"独得嗜之，所著《礼经通论》、《尚书通及》、《孝经通论》亦既无愧于二溪矣"④。邵懿辰认为，《礼经》内容庞杂，条目繁多，其大要就是"四际八

---

① 邵懿辰：《检书图记》，《邵位西遗文》卷上，50 页。

② 汤志钧：《近代经学与政治》，142~143 页，北京，中华书局，1989。

③ 吴大廷：《跋邵位西遗文》，载邵懿辰：《邵位西遗文》。

④ 同上。

编"。"四际八编"说就是李光地在《礼学四际约言序》中提出的观点。李光地写道：

> "四际八编"者何？冠昏也，丧祭也，乡射也，朝聘也。《易》曰："有天地万物而后有男女夫妇，有男女夫妇而后有父子，有父子然后有上下君臣，而礼义有所措也。"三代之学皆所以明人伦也。有冠昏而夫妇别矣，有丧祭而父子亲矣，有乡射而长幼序矣，有朝聘而君臣严矣。夫妇则而后父子亲，父子亲而后长幼序，长幼序而后君臣严。由闺门而乡党，由乡党而邦国朝廷，盖不可以一日废也。是故先王之制礼也，纲维五典，根极五性，通四时，合五行，本于阴阳而顺乎天命。有冠昏而夫妇别，夫妇则然后智可求也；有丧祭而父子亲，父子亲而后仁可守也；有乡射而长幼序，长幼序而后礼可行也；确朝聘而君臣严，君臣严而后义可正也。[①]

所谓"四际八编"就是把"冠"、"昏"等八项礼仪组合成为四个方面，并把它们纳入夫妇、父子、兄弟、君臣的伦常之中，从而使《礼》完全伦理化。在李光地看来，"四际八编"既是对《礼经》宗旨的概括，也是理解《礼经》要义的钥匙。这一观点的提出是李氏"以朱子之意贯串汉儒"解经方法的具体运用。邵懿辰在治《礼经》时，把此说当成他撰写《礼经通论》的依据，如他自称：

> 安溪之说略本小戴之经解，大戴之盛德，而其编未成，引而未发，待后人疏通证明焉。懿辰初不习乎《礼经》，偶因读《礼运》识御、射一字之误，因据孔子之言，证以经解盛德及十七篇大戴之次，有会于"四际八编"之说。窃自幸为天牖其衷，是乃二千年儒先未发之覆也。[②]

---

① 李光地：《礼学四际约言序》，《榕村全集》，乾隆年间刻本，卷十，19～20页。
② 邵懿辰：《论礼十七篇当从大戴之次本无阙佚》，《礼经通论》，仁和邵氏戊辰孟夏刊本，卷上，4页。

邵懿辰认为，无论是《仪礼》大戴本，还是李光地的"四际八编"说，无非都与朱熹讲的"修齐治平"之道相符合。他说："冠昏、丧祭，家礼也；射乡，乡礼也；朝聘，邦国王朝之礼也，而《士相见》则学礼办寓焉。于朱子之例亦无不合。自一身一家，推而一乡一国，以达于天下，小大微著，近远卑高之序，固当如此。"①《礼经》中包含着儒学修己治人，赞地参天的"义理"。治《礼》并非单纯考察古代典制礼仪的源流演变，主要在于发挥寓藏在"礼"中的精神实质。按照理学家的解释，"礼"源于"理"，成于"性"，是"天理"的产物，体现着"天理"的精神。李光地说："先王之制礼也，纲维五典，根极五性，通四时，合五行，本于阴阳而顺乎天命。"②"阴阳"、"天命"的含义与"理"近似。邵懿辰也是从这个角度来谈论"礼"中之义理的。他认为"性"是"礼"的根本，"性"之"智、仁、礼、义"等属性分别是制定冠昏、丧祭、乡射、朝聘诸礼之原则。他说：

> 君子所性，仁、义、礼、智根于心，由五常五典发而为五品五教，固礼之根源至极也。而始于冠，本于昏，则男女有别而智端焉；由是重乎丧祭，则父子有亲而仁笃焉；和于乡射，则长幼有序而礼达焉；尊于朝聘，则君臣有义而义行焉。又以智、仁、礼、义为次者。《论语》屡言智仁，智仁合则天地成，负下起元，故冠昏皆为成人之始，所以著代嗣亲，万物之所成终而成始也。③

邵懿辰还认为，"礼"的条文规定与蕴含于条文中的"义理"既相联系，又相区别。它们之间是变与不变的关系。前者是变量，随着时代和历史的发展而不断变更；后者是常量，与天地同在，与日月同辉，是万古不

---

① 邵懿辰：《论礼十七篇当从大戴之次本无阙佚》，《礼经通论》，仁和邵氏戊辰孟夏刊本，卷上，5页。
② 李光地：《礼学四际约言序》，《榕村全集》卷十，20页。
③ 邵懿辰：《论礼十七篇当从大戴之次本无阙佚》，《礼经通论》卷上，5～6页。

变的"常经"。礼经诸典中的《周官》不过是古代典章制度条文的汇编，属于前者，而《仪礼》则蕴含了"圣人之道"的"微言大义"，是礼经诸典中的"常经"。他指出：

> 《大传》曰，立权度量，考文章，改正朔，易服色，殊徽号，异器械，别衣服，此其所得与民变革者也。其不可得变革者则有矣，亲亲也，尊尊也，长长也，男女有别，此其不可得与民变革者也。所谓可得变革者，《周官》是也；不可得变革者，《礼经》是也。①

夏炘的《檀弓辨诬》是在用《礼》通汉宋学的观点影响下写成的。《檀弓》原是《礼记》中的一章，内容是记载先秦时代孔子及其弟子们奉行丧礼的活动及言论，是一篇专论丧礼的作品。经西汉经师戴圣选编入《礼记》（即《小戴礼记》）。至于《檀弓》篇成于何时，作于何人，一直没有确切的说法。有人说它成于曾子门人之手，也有人说它是子游门人所作。尽管具体说法不一，但是称其为孔门弟子之作在学界是没有什么疑议的。然而宋代的一些学者对《檀弓》成于孔门弟子说提出质疑。原因在于该篇多处涉及孔子师徒的"违礼"问题，如"孔子出妻"、"伯鱼（孔子之子）妻嫁"、"子思出妻"、"孔子不知父墓"、孔子葬亲不慎、孔子在哀朝"受肉弹琴"，以及孔门弟子曾子、子贡、子游等人"入厕修容"、"易箦"等"违礼"行为。在宋儒看来，孔子及其门徒都是完美无缺的"千古圣贤"，决不会作出"违礼"的举动，由此而对《檀弓》的真实性提出了怀疑。朱熹说：《檀弓》"出于后儒之杂记恐未必得其真也"。② 自宋代至清代中叶，怀疑、批评《檀弓》的论著屡见不鲜。夏炘的《檀弓辨诬》则是一部全面辨析《檀弓》，并彻底予以否定的著作。在写此书时，夏炘依据朱熹论礼的立意，以"羽翼经传，扶持名教"③ 为宗旨，指出："盖二千余年于兹矣，世晚道微，异端更甚，或世诬民之说愈出愈奇，安知后世不更有

---

① 邵懿辰：《论礼十七篇当从大戴之次本无阙佚》，《礼经通论》卷上，7页。
② 转引自夏炘：《檀弓辨诬》，咸丰五年（1855）刊本，卷中，13页。
③ 石景芬：《檀弓辨诬序》，《檀弓辨诬》。

黠者流，援《檀弓》为口矢，以集矢儒门者乎。余不胜杞人之忧，辨而正之。"① 邵懿辰的"发明义理"与夏炘的"羽翼经传"如出一辙，著书立说都是出于"卫道"的需要。

在作具体论证的时候，邵、夏二人的著作都借鉴了汉学的研究方法，对所述问题作了一系列详确的考证，使其著增强了说服性，避免了以往理学著作流于空疏的弊病。

邵著《礼经通论》提出的一个主要观点就是今文经的《仪礼》十七篇是一部完整的经典，包括了有关"礼"的一切内容，应该用《仪礼》取代《周官》。围绕着这一观点，邵懿辰杷梳古籍，引经据典，作了详尽的考证。在邵氏之前，学界讲"礼"多重《周官》与《逸礼》，而视流行于西汉的《仪礼》十七篇为秦火残烬，是"阙佚"不全之书。邵氏对这种传统看法提出质疑，认为在孔子以前"礼"文固然不止十七篇，可是孔子定《礼》、《乐》时，本周公之意，"独取此十七篇以为教，配六艺而垂万世，则正以冠、昏、丧、祭、射、乡、朝、聘八者，为天下之达礼耳"。② 他用西汉学者对《仪礼》的肯定态度作为旁证，指出：

> 汉初，鲁高堂生传《礼经》十七篇。五传至戴德、戴圣，分为大戴、小戴之学，皆不言其有阙也。言仅存十七篇者，后人据《汉书·艺文志》及刘歆《七略》，因多《逸礼》三十九而言耳。夫高堂、后苍、二戴、庆普不以十七篇为不全者，非专己而守残也。③

他比较了《仪礼》的大戴本、小戴本和刘向《别录》本的篇目编次，认为小戴本次序最为杂乱，刘向《别录》本虽然比小戴本稍有条理，但不如大戴本的编次合乎《礼运》。他的结论是《仪礼》以大戴本次第最合理，应该是《礼经》的权威定本。这定因为《仪礼》大戴本的次第为：《士冠礼》第一、《士昏礼》第二、《士相见礼》第三、《士丧礼》第四、《既夕礼》第

① 夏炘：《檀弓辩诬自序》，《檀弓辨诬》。
② 邵懿辰：《论礼十七篇当从大戴之次本无阙佚》，《礼经通论》卷上，3页。
③ 同上书，1页。

五、《士虞礼》第六、《特牲馈食礼》第七、《少牢馈食礼》第八、《有司彻》第九、《乡饮酒礼》第十、《乡射礼》第十一、《燕礼》第十二、《大射仪》第十三、《聘礼》第十四、《公食大夫礼》第十五、《觐礼》第十六、《丧服》第十七。归纳起来依次就是冠、昏、丧、祭、射、乡、朝、聘等八个方面。他说：

> 冠以明成人，昏以合男女，丧以仁父子，祭以严鬼神，乡饮以洽乡里，燕射以成宾主，聘食以睦邦交，朝觐以辨上下。天下之人尽于此矣，天下之事亦尽于此矣。①

在他看来，冠、昏、丧、祭诸礼概括了家事活动应行的礼仪；乡、射、聘、朝诸礼则把社会活动应行的诸礼包罗无遗。这一排列顺序，不仅包括了人事活动的各个方面，而且这种按人之身、家、社会活动的排列次序正与《大学》中的"修身"、齐家、治国、平天下的德治精神相符合。《大学》正是程朱派学者最尊崇的儒家典籍。除此以外，邵氏还对《乐》作了考证，得出"《乐》本无经"的结论，对前人把《乐》列为《六经》之一的传统观点提出了大胆的挑战。

夏炘的《檀弓辨诬》分上、中、下三卷，总共辨析了 29 个问题。每辨一题，先列出《檀弓》篇中的例句，其次罗列历代经师学者的注疏评论，最后是作者的按语结论。为写此书，作者博览群书、旁征博引，引用了由汉至清的 30 多位学者的著作，涉及的著名学者有郑玄、孔颖达、张载、朱熹、游酢、王应麟、党怀英、郦道元、杨时、阎若璩、江永、杭世骏、陈澔，等等。

夏炘辨析的一个重要问题就是孔子祖孙三代是否皆有"出妻"之事。"出妻"即遗弃妻子。在《檀弓上》中有这样的记载："伯鱼之母死期而犹哭。夫子闻之曰：'谁与哭者？'门人曰：'鲤也'。夫子曰：'嘻，其甚也'。伯鱼闻之，遂除之。"伯鱼即孔子之子鲤，字伯鱼。由于伯鱼之母已

---

① 邵懿辰：《论礼十七篇当从大戴之次本无阙佚》，《礼经通论》卷上，1 页。

"出"，按古代丧礼规定死后无"服"，不需哀哭。而伯鱼在其"出母"服期过后仍哀哭，是"违礼"行为，所以受到孔子的嗔怪。如果肯定《檀弓》篇，就等于承认了孔子有"出妻"之事，也就意味着孔子这位"至圣先师"在"修身齐家"方面有"惭德"。这是理学家们所无法接受的。所以夏炘要彻底否定《檀弓》篇。他一方面用理学的观点批驳《檀弓》及孔颖达等人的注疏，另一方面用历史考证的方法证明孔子并无"出妻"之事，以推翻《檀弓》篇所依的事实根据。如夏炘对孔子夫人开官氏就作过一番考证。他研究了历代有关开官氏的材料，如《孔子家语》、孔子各种年谱、《孔庭摘要》、党怀英《重建郓国夫人殿记》、陈庚焕《衢州孔氏夫子夫人楷像考》等材料，得出孔子并无"出妻"之事的结论。他写道：

> 孔子十九岁娶开官夫人，二十四岁颜母卒。比四五年之间生伯鱼及公冶长之妻。孔子少孤贫贱，菽水之养，乳哺之勤，皆夫人是赖，岂有母来卒而去妇之理？迨颜母既卒，则夫子之于夫人又在与更三年丧不去之列矣。而况哀公十年，开官夫人卒，见于年谱，与孔子合墓泗上，见于孔庭《摘要》；历世奉祀，见于诸儒之记载。反复考之，《檀弓》之妄，不待智者而决也。①

根据这一考证结果，夏炘断言：《檀弓》完全是"为专毁孔门而作"，绝非出于孔门弟子之手，其作者乃是"墨氏之徒"，"故专与孔门为仇软"。②

邵懿辰和夏炘的著作既宗程朱"翼圣卫道"的宗旨，又采纳汉学考据之法，熔汉宋学特点为一炉，于"礼"学研究多有发明。邵懿辰提出《仪礼》十七篇本是"完经"，并无"阙佚"，"乐本无经"的观点发前人所未发，是对清人研究《礼经》的重大突破。近代经学家皮锡瑞对《礼经通论》倍加赞赏，说："论《礼》十七篇为孔子所定，邵懿辰之说最通，订正《礼运》射御之误当作射乡尤为精确。"又称："邵懿辰以《逸礼》为

---

① 夏炘：《檀弓辨诬》卷上，9页。
② 夏炘：《檀弓辨诬例言》，《檀弓辨诬》。

伪，与伪古文《书》同，十七篇并非残阙不完，能发前人之所未发"。① 值
得称道的是，邵氏此书的主要观点被康有为所接受，为康氏撰写《新学伪
经考》提供了重要的学术依据。康有为在辨析汉代"三礼"真伪时，不仅
采用了邵氏《礼经通论》的主要观点，而且还大段摘引了邵书内原文。夏
炘的《檀弓辨诬》在宋儒怀疑《檀弓》篇的基础上，作了进一步的考辨，
得出否定《檀弓》篇的结论。这是理学士人在《檀弓》研究上作出的突破
性贡献。该书刊行后，在士大夫中传诵一时，受到推崇，称赞此书集汉宋
学之长，具有"本末兼赅，源流毕贯"的优点，在学界树立了兼通汉宋二
家之学的典范。曾国藩对这部书评价很高，指出："《檀弓辨诬》发千古之
覆，成一家之言，足与阎氏《古文尚书疏证》同为不刊之典。"② 1868 年
（同治七年），吏部侍郎胡肇智（夏炘门生）以夏氏所著《圣训附律易解》
及《檀弓辨诬》、《述朱质疑》等书进呈朝廷，受到清朝最高统治者"年届
耄耋，笃学不倦"的褒奖。所进之书均准由武英殿刊刻颁发，供士子诵
读。由此也能看到其在学术界所产生的影响。

三、晚清汉宋学关系透视

　　宋学和汉学是两个学术特点差异较大的儒学派别，各有自己独特的长
处和短处。宋学注重探讨儒家经典中的"义理"，偏重于哲理方面的思辨，
而汉学则注重"名物训诂"，偏重于疏通文字，考证史实。如果以近代学
术类比，宋学近于哲学、伦理学、心理学，属于"思辨型"的学派；汉学
类似"实证型"学派，近于文字学、考古学。前者活泼，后者朴实，各有
不同的学术风格。由于存在这些差异，使两派在一些重要的学术问题上，
如儒学要旨所在、儒学与佛道之关系、心性为虚为实、治学求道之法的真
伪优劣等，形成不同的看法，演化成激烈的学术论争。在论争中，他们提
出的一些批评的确揭露了对方的流弊。如汉学家指责理学的"空疏玄谈"、

---

　　① 皮锡瑞：《经学通论》，13～15 页，北京，中华书局，1954。
　　② 曾国藩：《复夏弢甫》，《曾文正公书札》卷十三，3 页。

"以理杀人"；方东树等抨击汉学"驳杂细碎"，疏于义理，都有一定的道理，从不同的角度暴露出儒学的弱点和缺陷。然而，参加论争的一些人却抱着深刻的门户之见，使他们的批评带有较多的偏见和狭隘性。晚清的方东树、贺瑞麟等人就是如此。他们只把程朱一家称为孔孟的正宗嫡传，把程朱以外的学术派别一概视为"异端"，予以排斥。这种偏激态度与汉学营垒中的毛奇龄全盘否定宋学是如出一辙的。这样做的结果不仅没有为传统儒学的发展找到出路，反而陷入思想上的形而上学泥潭，加剧了儒学的危机。

当一种思想学术在自己的独立发展中已经山穷水尽的时候，便会转向对其他学派的渗透，通过吸收和融合相邻学派的长处来充实和丰富自己，以获得进一步发展的活力。这在中国思想史上是一种常见的现象，晚清时期出现的汉宋学融合正体现了这一点。

许多学者通过汉宋之争的事实看出：汉学、宋学相斥两害，相济两利，由此而产生了融合二者的思想。嘉道以后，这种主张不仅出现在宋学营垒，也同样在汉学营垒中形成。可以说是当时学界流行的一种带普遍性的观点。由于亲身经历了考据学的衰败及受到理学"复兴"思潮的影响，汉学营垒中的一些有识之士放弃了固守门户的立场，开始对乾嘉汉学进行反省，把学术目光移向宋学，主张在经学研究中借鉴宋学的一些方法来救考据学的流弊。陈澧、丁晏、顾广誉、黄式三及其子黄以周等人就是当时主张融合汉宋的汉学名家。

陈澧等人对汉学流弊有着清醒的认识，看到汉学末流只重考证，而忽视义理的危害性。对此，陈澧批评说："谓汉儒善言义理，无异于宋儒。宋儒轻蔑汉儒者，非也。近儒尊汉儒，而不讲义理，亦非也。"[1] 他们摈弃汉宋学门户之见，肯定宋儒的学术地位。另一位汉学家丁晏也认为朱熹治学对注疏极为讲求，汉、宋学在根本上是相通的。他说："窃谓为学之道莫先于读经。读经之法莫先于读注疏。注疏之学。朱子教人之争也"。又说："余谓汉学、宋学之分门户之见也。汉儒正其诂，诂定而义以显；宋

① 　陈澧：《自述》，《东塾读书记（外一种）》，356 页。

儒析其理，理明而诂以精。二者不可偏废，统之曰经学而已。"① 他看到汉宋学各有长短，可以在"经学"的旗号下统一起来。

顾广誉等经学家还写出具有兼采汉宋特点的经学著作。如顾广誉的《学诗详说正诂》，"衷之毛、郑、陆、孔、朱、吕，以正其端；参之欧阳、苏、李、范、严，以究其趣；博采之宋、元、明、国朝诸家，以畅其文"。可见，这部著作是广泛吸收包括宋学在内的诸家诗说的研究成果。作者认为，过于强调门户，排斥异己之说者"皆不可以言经"。他反对一些汉学家排斥宋儒的偏执态度，高度评价朱熹治《诗》的成就。他说：

> 朱子何可非也？朱子之度越诸子，固自有在，即以释《诗》，论其义理之精微，他家有之乎？曰无之。辞气之通畅，他家有之乎？曰无之。其解"二南"，则一与《大学》相表里也。……自来说《诗》者所未及。虽以质之百世，而莫可易者。②

黄式三及其子以周都是嘉道时期的汉学名家，深究郑学，长于《三礼》，但是不排斥宋学。他们不仅积极主张把义理与考据合为一体，而且对抨击宋儒的汉学家提出反批评。如黄式三作《申戴氏气说》、《申戴氏理说》、《申戴氏性说》等文章，用会通汉宋的观点，重新解释"理"、"气"、"性"等理学概念，指责戴震批评宋儒是"矫枉过正"。黄以周亦撰写过《对义利问》、《德性问学说》、《道德说》、《辨虚灵》、《辨无》等文章，论述的尽是以往汉学家不屑一顾的理学范畴问题，表明晚清的部分考据学家注意在注疏经典时发挥义理，借鉴宋学的治学方法。这种治学宗旨与理学士人邵懿辰、夏炘等人兼采汉宋的治学思路有异曲同工之妙。

可见，调和汉宋的呼声不仅见于理学营垒，在汉学营垒中也产生了积极的回应，再加上曾国藩、张之洞这些身居显要的封疆大吏的热心提倡，到同光之际，竟成潮流。至此，汉宋学关系从"鼎峙"转变为"合流"。

---

① 丁晏：《读经说》，《颐志斋丛书》第 20 册，1 页。
② 顾广誉：《学诗求是录自序》，《学诗详说正诂》，4～5 页。

清代的汉宋学从"鼎峙"走向"合流"不是偶然的。首先，这两个学派有着共同的学术渊源，都是孔孟儒学的发展流派。它们的具体主张、方法各有不同，但在尊孔这一点上是没有区别的。它们的差异和区别正可以形成互补关系，尊崇孔孟正是导致汉宋学走向"合流"的共同思想基础。冯桂芬对这一点看得很清楚，指出：

> 且汉儒何尝讳言义理，宋儒何尝尽改汉儒考据。汉儒、宋儒皆圣人之徒也。汉古而宋今，汉难而宋易，毋蔑乎古，毋薄乎今，毋畏乎难，毋忽乎易，则学者之为之也。用圣人四科四教之法取之，兼收并蓄，不调而调，圣人复起不易吾言矣。①

冯氏的话反映出晚清士大夫不满于汉宋之争而赞同于汉宋合流的思想倾向。

其次，还要看到，晚清的理学"复兴"是在汉学盛行百余年之后而兴起的。许多理学家都或多或少地受过汉学的熏陶，有着考据学根底。他们中大多数人的知识结构并不是单纯的程朱理学，而是汉宋兼习，有的还是"义理、考据、辞章、经济"四科并举，具有多方面的知识结构。与宋明时代的道学家不同，像曾国藩、邵懿辰、夏炘、方宗诚、苏源生、李元春等人，都有较深的汉学造诣，自幼受过良好的汉学训练。这种学术经历使他们对汉学的意义和作用有着深切的体会，不会采取完全排斥的态度。

再次，汉宋合流与晚清政治方面的因素有着一定的关系。嘉道以来，由于种种复杂的社会历史原因，清王朝实行的文化专制政策稍有松动，思想领域开始活跃起来。儒学内部的各个派别、儒学以外的派别，以及传入中国的西学，都在学界涌现出来。然而，在封建统治阶级看来，这种学派林立的情况只会助长"异端"思想的蔓延，削弱自己对意识形态领域的控制力。他们尤其对今文经学和西学与日俱增的影响感到忧心忡忡。晚清名儒朱一新对晚清今文经学的复兴极为反感，批评说：

---

① 冯桂芬：《阙里致经堂记》，《显志堂稿》卷三，6页。

道咸以来，说经专重微言，而大义置之不讲。其所谓微言者，又多强《六经》以就我，流弊无穷。即如魏默深《诗古微》之攻《故训传》。《书古微》以杜林漆书诬马、郑，遂欲废斥古文。魏氏史学名家，其经学实足误人。①

在他看来，汉学虽然拙于义理，但毕竟恪守了儒学家法；而提倡今文经学的人"强《六经》以就我"，篡改了经学的本意，是"误人"的"歧途"。于是他放弃了理学家对汉学的门户之见，转而站在汉学一边，批评今文经学。汉学出身的张之洞对晚清学界日渐活跃的局面更是忧心忡忡。他不仅对今文经学的兴起不满，而且对士人讲求周秦诸子等学亦表示担忧。他说："道光以来，学人喜以纬书、佛书讲经学。光绪以来，学人尤喜治周秦诸子，其流弊恐有非好学诸君子所及料者。"②

最令封建统治者和正统派士人恐惧的就是中日甲午战后兴起的资产阶级维新思潮。康有为、梁启超、严复、谭嗣同等人用西方的进化论和民权学说，对以汉学、宋学为代表的封建正统思想进行了猛烈的冲击，这就大大改变了晚清思想界矛盾冲突的格局，使旧有的程朱、陆王之争及汉宋学之争日益趋于缓和，而使新学与旧学、西学与中学的斗争突显出来。其结果，进一步促进了汉宋学的合流。事实很明显，在新思潮的冲击下，如果继续进行汉宋之争，势必导致两败俱伤的结果，直接削弱了传统儒学的统治地位，而维护儒学最好的办法就是使汉宋调和，协调儒学内部各派的力量，共同对付"异学"、"异说"的挑战。无怪乎张之洞在《劝学篇》中既尊许、郑，又崇程、朱，给士子们开列了一大堆汉儒、宋儒的著作目录。③其用意是要他们通过兼修汉宋学术确立坚定的尊孔崇儒立场，成为"护圣"、"翼道"，不为"邪说"所惑的封建卫道士。政治因素并不是导致汉宋融合的唯一因素，但是它在其中所起的作用是相当重要的。

---

① 朱一新：《无邪堂答问》，清末广雅书局刻本，卷一，34页。
② 张之洞：《劝学篇·宗经第五》内篇，《张文襄公全集》，20页。
③ 张之洞：《劝学篇·守约第六》内篇，27~34页。

无论是汉宋对峙，还是汉宋融合，都是晚清儒学为了摆脱危机而采取的一种自我调节的形式。就传统儒学本身的发展来说，汉宋对峙，弊大于利；汉宋融合，利大于弊。后者的出现对于晚清儒学乃至其他学术领域，都曾经产生过积极的影响。

汉宋学各有所长，有所长亦有所短。汉学长于考证而拙于思辨，而宋学偏重义理而忽于实证。二者的优缺点正好形成互补关系。调和汉宋派正是基于这种认识，使之在融合中互相取长补短，弥补汉宋学各自的不足之处，克服传统儒学自身的缺陷。张之洞在创建广雅书院时就提出各种学科兼收并蓄，互相取长补短的原则。他指出：

> 经学以能通大义为主，不取琐屑。史学以贯通古今为主，不取空论。性理之学，以知今切用为主，不取浮摩。士习以廉谨厚重为主，不取嚣张。其大旨总以博纳兼资，文行并美为要归。①

所谓"经学以能通大义为主"就是指研经不得重蹈繁琐考证的老路，而应该借鉴宋学的方法，领会经书中的"义理"，明确表示以宋学之长济汉学之短的治学趋向。任何一种学派如果把自己封闭起来，与其他学派处于彼此隔绝的状态，它便不可能从外部环境中获得发展的养料，只会使自己变得越来越僵化，最终无可挽回地衰落下去。要避免这种状况，就必须要有兼容性。汉宋融合就是儒学所固有的这种兼容性的具体体现。晚清的汉宋融合也使儒学的兼容性有所加强。在融合思潮的影响下，不仅程朱与陆王、汉学与宋学间的矛盾得到缓和，出现了互相融合的情况，中学与西学也出现了层次较低的融合。在"中体西用"的呼声影响下，一些开明士大夫开始对西方的自然科学表示接受，认为这些东西本来就是中国的，中国人学习西学西艺是"礼失求诸于野"。从某种意义上讲，晚清学界是"古今中外"的汇聚，也是它们的融合。汉宋融合对后来中国传统文化的发展也产生了一定的影响。20世纪30年代，主张"复兴"儒学的张君劢

---

① 张之洞：《创建广雅书院折》，《张文襄公全集·奏稿》卷二十二，11页。

提出将汉宋两家熔"于一炉",可以开出中国传统儒学的"新的面目"。他说:

> 今以义理为主与以训诂为主之两派经籍注疏于一炉,可以为经学另开一新面目。更就将来之思想途径言之,以汉学家之精神,发挥之于考古学、文字学、史学。以宋学家之精神发挥之于哲学,或人生观,岂非《中庸》所谓"万物并育而不相害,道并行而不相悖",多而为吾哲学界之大幸事乎?①

须要说明的是,晚清士大夫们提出的学术融合是有条件、有前提的。这个条件和前提就是必须保持"义理"的统率地位和孔、孟、程、朱的绝对权威不得动摇。把兼容的保准定为孔孟之道,只有符舍此"道"的才能被兼容,不符合此"道"的则被排斥。按照此"道"融合的结果只能是传统儒学旧有结构的自我调整,而不可能开出近代学术的新花。

① 张君劢:《中国学术史上汉宋两派之长短得失》,转引自胡适等编辑:《张菊生先生七十生日纪念论文集》,上海,商务印书馆编印,1937。

第六章　晚清诸子学的萌发与复兴

诸子学又称子学，除儒学以外的诸子各家的学说，诸如活跃在先秦时期的道家、法家、墨家、阴阳家、农家、兵家等，都是很有名气的学派。诸子学兴起于先秦，后来由于汉武帝时实行"罢黜百家，独尊儒术"的政策，诸子学遭到压抑，甚至禁止，走向了衰落。明末清初，一些学者曾对诸子学产生兴趣，如傅山好老庄学，遍注诸子。清代中期，汪中曾撰《墨子序》，对墨学推崇备至。到晚清，社会风气丕变，诸子学日益受到人们的重视，逐渐萌发崛起，不意竟成复兴之势。大致而言，晚清时期的诸子学发展，在19世纪末戊戌维新运动以前是它的萌发阶段，在此以后则是它的复兴阶段。

一、晚清诸子学的悄然兴起

晚清诸子学的兴起不是偶然的现象，从其渊源来讲，至少可以追溯到乾嘉时期。乾隆年间，考据学盛行，文人学者多以把梳古籍为治学本务。部分学者不满于仅在儒学典籍的整理上耗费精力，于是把治学目光移向诸子学，开始对这些千年绝学进行研究。嘉道以后，清朝统治趋于衰落，文化专制有所松动，一些原来被压抑的学术思想开始活跃起来，其中就包括诸子学。从嘉道年间到光绪朝中后期，研究诸子学的学者主要以旧式宿儒为主体，他们的研究主要还是停留在对历史文献的技术性整理上，基本上还是乾嘉考据学在诸子学领域中的延伸。论及的范围有《韩非子》、《吕氏春秋》、《老子》、《庄子》、《荀子》、《管子》、《公孙龙子》、《商君书》、《淮南子》等。这些研究尽管没有超出传统学术的藩篱，但毕竟为晚清中后期诸子学的新发展打下了基础。

(一)《韩非子》

韩非子是先秦时代法家思想的集大成者，著有《韩非子》55篇。《史记·老庄申韩列传》说：韩非子"作《孤愤》、《五蠹》、《内外储》、《说林》、《说难》十万余言"。秦汉时，其书称《韩子》，而非名《韩非子》。宋以后，书名始有变化。因宋以后学者尊称唐韩愈为"韩子"，为避免混淆，人们便把《韩子》改称为《韩非子》。流传至清代的宋版《韩非子》只有南宋时所刻的"乾道本"。该书在序里题署"乾道改元中元日黄三八郎印"，可知它印于1165年（南宋乾道元年）农历七月十五日。此印本在清代有过两个传本，即李奕畴所藏的原印本和钱曾的述古堂影抄本。李奕畴所藏的原印本现已亡佚，但它尚有两种抄本传世：一是张敦仁在1805年（嘉庆十年）曾向李借阅，抄了一部，但未刊刻，影响不大；二是吴鼒在1816年（嘉庆二十一年）抄录了李氏藏本，并在南京刊印。顾广圻发现其中卷十四有缺页，便用述古堂抄本予以补足。为此，他作了《韩非子识误》3卷，附刊在吴鼒所刻印的南京翻刻本之后。这个本子又叫"吴鼒本"，或"吴氏仿宋本"，是清代著名的精刻本，亦为学界所认可的善本。1845年（道光二十五年）扬州汪氏编印"乾晏合编"中的《韩非子》及《韩非子识误》，1875年（光绪元年）浙江书局刻《二十二子全书》中的《韩非子》，以及后来鸿文书局的石印本等，都是根据吴鼒影宋乾道本翻刻的。清初钱曾的述古堂影抄本曾被黄丕烈购到。黄氏借到李奕畴所藏的原印本，将两书作了校勘，付梓刊刻，后为上海涵芬楼收藏。

除了顾广圻的《韩非子识误》外，晚清学界关于《韩非子》的著述还有：俞樾《诸子平议》中有专论《韩非子》一卷，孙诒让《札迻》亦有论及以及吴汝纶《韩非子点勘》、王先慎《韩非子集解》等。影响较大的是后者。王先慎，湖南长沙人，晚清名儒王先谦从弟，向好诸子学。王先慎以乾道本为主，参用他本，博采诸家，间付己见，写成《韩非子集解》20卷，于1896年（光绪二十二年）刊印。他在考释该书时，除以宋乾道本为底本外，还用其他版本及唐宋时所编的类书，如《群书治要》、《艺文类聚》、《初学记》、《北堂书钞》、《太平御览》等书的引文来加以校勘。他在注释时不但保存了旧注，还广泛采集了卢文弨、顾广圻、王念孙、张文虎、俞樾、孙诒让、王先谦及日本蒲阪园《增续韩非子》的各种校释，附以己见，内容相对精当。王先慎的《韩非子集解》使《韩非子》一书"厘然可诵”，成为当时最通行的注释本之一，以至不断被翻印。

(二)《老子》

《老子》是在中国历史上影响很大的一部诸子学典籍，然而关于老聃其人及《老子》一书的研究却疑问颇多，不少问题至今仍无定论。汉以后流传下来的《老子》注释本有魏王弼的《老子注》、河上公的《老子道德经》、唐傅奕的《老子古本篇》等。清代学者毕沅撰《老子道德经考异》二卷，用唐傅奕本校勘通行的伪河上公注本，间下训释，刊刻于1781年（乾隆四十六年）。汪中（1744—1794）的《述学补遗》中有《老子考异》一篇，对孔子问礼于老子、《老子》一书的成书年代等问题作了研究。崔述（1740—1816）的《洙泗考信录》一卷，也考辨了孔子问礼于老子的问题，得出否定性的结论。晚清学者论《老子》者不胜枚举。魏源的《老子本义》二卷，并不斤斤于字句篇章的考证，而是阐发书中的“微言大义”。作者肯定《老子》蕴含的“静制动，牝胜牡”，“无为而治”等思想观点具有积极意义，可资借鉴。他说：

> 天下之生久矣，一治一乱，如遇大寒暑、大病苦之后，则惟诊治调息以养复其元，而未可施以肥浓朘削之剂。如西汉承周末文胜、七国嬴秦汤火之后，当天下生民大灾患、大痌瘝之时，故留侯师黄石佐高祖，约法三章，尽革苛政酷刑。曹相师盖公辅齐、汉，不扰狱市，不更法令，致文景刑措之治，亦不啻重睹太古焉。此黄、老无为可治天下。①

此外，俞樾还写了《老子平议》，见于《诸子平议》，对《老子》第八十一章中的五十八段文字作了注释，旁征博引，辩驳详明。类似的著作还有孙诒让的《老子札迻》等。

(三)《庄子》

《庄子》是诸子学的重要内容，形成于先秦，对后世产生了深远而复

① 魏源：《老子本义序》，《魏源集》上册，254页。

杂的影响。后人虽以老庄并称，但清儒对《庄子》的研究远比《老子》开展得充分。晚清以前有关《庄子》研究的著述屡有问世，如高秋月的《庄子释意》、吴世尚的《庄子解》、孙嘉淦的《南华通》、宣颖的《南华经解》、姚鼐的《庄子章义》、林云铭的《庄子因》、陆树芝的《庄子雪》、王懋弘的《庄子存校》等。晚清时期，学界对《庄子》的研究、整理有了新的进展。一些学者，包括像曾国藩那样的正统理学家，都对《庄子》抱有浓厚的兴趣，予以高度评价。曾国藩在《圣哲画像记》中就把庄周与司马迁、班固、左丘明相提并论，列为"三十二圣哲"之一。此期刊行的《庄子》研究著作有：

《庄子约解》，刘鸿典著，刊于 1864 年（同治三年）；

《庄子内篇注》，王闿运著，刊于 1869 年（同治八年）；

《庄子平议》，俞樾著，所著《诸子平议》内容之一；

《庄子集释》10 卷，郭庆藩著，有 1894 年（光绪二十年）湖南长沙思贤讲舍刻本；

《庄子集解》8 卷，王先谦著，有 1909 年（宣统元年）长沙思贤讲舍刻本及涵芬楼影印本。

此外，孙诒让校《庄子》53 则，收入《札迻》之中。在这些著作中，以郭庆藩的《庄子集释》尤为精当。郭庆藩（1844—1896），字孟纯，号子瀞，湖南湘阴人，郭嵩焘之弟崑焘子。其著《庄子集释》采用注疏体，具录晋人郭象注、唐代陆德明的《经典释文》及晋唐人逸注，并搜集了清代研究《庄子》的学者如卢文弨、王念孙、洪颐煊、郭嵩焘、俞樾、李桢等人的有关著述，材料丰富，内容充实，受到时人高度评价。梁启超说："郭孟纯（庆藩）的《庄子集释》，用注疏体……在现行《庄子》诸注解书中算最好了。"①

（四）《荀子》

荀子与孟子同为孔子以后儒家学派的两位大师，但至宋代，《孟子》被尊为儒学经典，几与孔子并列，而《荀子》则以"异端"而受到儒学正

---

① 梁启超：《中国近三百年学术史》，《饮冰室合集》专集之七十五，232 页。

统派的排斥，长期隐而不彰。清代中期，汪中著《荀卿子通论》，对《荀子》作了阐释，《荀子》受到人们的注意。晚清时期，《荀子》进一步受到学界关注。该书读本以谢墉（1719—1795）、卢文弨的合校本为最善，流行亦广。关于《荀子》的研究成果主要有：顾广圻的《荀子异同》1卷、郝懿行的《荀子补注》1卷、刘台拱的《荀子补注》1卷、陈奂的《荀子异同》、陈昌齐的《荀子正误》、俞樾的《荀子平议》4卷、孙诒让的《札迻》校《荀子》29则，以及王先谦的《荀子集解》。集大成者为王先谦的《荀子集解》。该书在谢墉校刻本的基础上，广泛吸收了王念孙、刘台拱、陈奂、俞樾诸家对于《荀子》考订、整理的成果，内容充实，甚便于学者阅读。在对《荀子》的评价上，王先谦提出了与正统派学者不同的观点，不同意对《荀子》的否定。他说："昔唐韩愈氏以荀子书为大醇小疵，逮宋，攻者益众。推其由，以言性恶故。余谓性恶之说，非荀子本意也。……大使荀子而不知人性有善恶，则不知木性有枸直矣。然而其言如此，岂真不知性邪？余因以悲荀子遭世大乱，民胥泯棼，感激而出此也。荀子论学、论治，皆以礼为宗，反复推详，务明其指趣，为千古修道立教所莫能外。"称赞《荀子》"探圣门一贯之精，洞古今成败之故，论议不越凡席，而思虑浃于无垠，身未尝一日加民，而行事可信其放推而皆准。"①这些评价在一定程度上纠正了以往对《荀子》的认识偏颇，有利于对《荀子》研究的开展。

（五）《墨子》

墨子是先秦时代与孔子齐名的思想家，墨学与儒学在当时都曾号称"显学"。但是，自汉初实行"罢黜百家，独尊儒术"的文化政策后墨学衰落，渐成绝学，废止长达两千年之久。至清代，墨学才受到一些学者的重视，开始复兴。乾隆年间，汪中治墨学，校《墨子》全书，又采古书之涉于《墨子》者辑为《表微》一卷。之后，毕沅著《墨子注》、张惠言著《墨子经说解》、王念孙著《读墨子杂志》等，都对《墨子》进行了一定程度的研究和整理，为墨学在晚清的进一步发展奠定了基础。鸦片战争后，

————————————

① 王先谦：《荀子集解序》，《葵园四种》，78～79页，长沙，岳麓书社，1986。

北京师范大学史学探索丛书

西学东渐，中国社会发生了深刻变化。面对西学潮流的冲击，国人反思传统文化，企图从中找到应付外来冲击的对策。《墨子》一书中包含的大量自然科学内容，与传入中国的声光电化之学堪相匹敌。这样，《墨子》便受到国人的重视，有关墨学的著述不断刊行。如苏时学的《墨子刊误》（1867 年刊）、俞樾的《墨子平议》（收于《诸子平议》，1870 年刊）、王树楠的《墨子斠注补正》（1887 年撰）、陈澧的《东塾读书记》（1871 年撰）、殷家俊的《格术补笺》（1876 年撰）、邓云昭的《墨经正文解义》（1896 年撰）、王仁俊的《格致古微》（1896 年撰）、孙诒让的《墨子闲诂》（1895 年聚珍本）等。

孙诒让的《墨子闲诂》是一部带有总结性的著作。作者积十年之功，潜心钻研《墨子》，集各家研究墨学成果于一书，遂告大成。全书计《闲诂》正文 15 卷，校释原书 53 篇之文；《目录》1 卷，考 71 篇之佚存；《附录》1 卷，为《墨子篇目考》、《墨子佚文》、《墨子旧序》；《墨子后语》上下篇，为《墨子传略》、《墨子年表》、《墨学传授考》、《墨子绪闻》、《墨学通论》、《墨家诸子钩沉》等。该书既有对《墨子》一书的校勘、考证，又有对墨学思想的探讨阐发，与当时其他墨学著述风格迥异。朴学大师俞樾对此书评价甚高，说：

> 国朝镇洋毕氏，始为之注。嗣是以来，诸儒益加雠校，涂径既辟，奥窔粗窥，《墨子》之书，稍稍可读。于是瑞安孙诒让仲容，乃集诸说之大成，著《墨子闲诂》。凡诸家之说，是者从之，非者正之，缺略者补之。至"经说"及"备城门"以下诸篇，尤不易读，整纷剔蠹，爬摘无遗，旁行之文，尽还旧观，讹夺之处，咸秩无紊。盖自有《墨子》以来，未有此书也。……近世西学中，光学、重学，或言皆出于《墨子》，然则其备梯、备突、备穴诸法，或即泰西机器之权舆乎？嗟乎！今天下一大战国也，以孟子反本一言为主，而以墨子之书辅之，傥足以安内而攘外乎！[1]

---

[1] 俞樾：《墨子闲诂序》，《墨子闲诂》，1～2 页，上海，上海书店，1986。

梁启超亦评价说："盖自此书出，然后《墨子》人人可读。现代墨学复活，全由此书导之。古今注《墨子》者固莫能过此书，而仲容一生著述，亦此书为第一也。"①

（六）《管子》

《管子》是一部重要的子学著作，受到清代学者的重视。流行于清代的《管子》是唐人尹知章的注本，错谬甚多。嘉庆时，洪颐煊吸收了王念孙、孙渊如等人校证《管子》的一些成果，附以己说，写成《管子义证》八卷。之后，王念孙也写成《读管子杂志》24 卷，凡 640 余条。这两部管学著作成为晚清《管子》研究的先声。鸦片战争以后刊行的管学著述主要有：戴望（1817—1873）的《管子校正》26 卷、宋翔凤（1776—1860）的《管子识误》1 卷、张佩纶（1848—1908）的《管子学》（不分卷，有影印原稿本 12 册）、俞樾（1821—1906）的《管子平议》6 卷等。

（七）《商君书》

《商君书》是关于商鞅思想言论的资料汇编，是商鞅后学编成的，但大部分代表商鞅的思想。在清代，《商君书》的校本主要有三种：孙星衍、孙冯翼的《商君书校》，收录于《同经堂丛书》；严可均校本，在浙江书局《二十二子》内；钱熙祚校本，在《指海》内。此外，注解《商君书》的著述还有：俞樾的《商子平议》、孙诒让的《商子札迻》和王仁俊的《商君书发微》等。

从嘉道年间至 19 世纪末，是晚清诸子学复兴的第一阶段。在此期间，秦汉时期的诸子学主要流派普遍受到学者的关注。涌现出的研究成果除了上述提到的各家外，还有《吕氏春秋》、《公孙龙子》、《慎子》、《邓析子》、《孙武子》、《关尹子》、《列子》、《淮南子》等各家。秦汉诸子百家，几被网罗殆尽。从这些成果的形式来看，既有专题性的著作，如王先慎的《韩非子集解》、孙诒让的《墨子闲诂》、王先谦的《荀子集解》等，又有综合

---

① 梁启超：《中国近三百年学术史》，《饮冰室合集》专集之七十五，230 页。

性的研究著作，如俞樾的《诸子平议》、孙诒让的《札迻》等，在研究的深度与广度上已经可以与乾嘉诸老相媲美，其中不乏精品在内。王先慎的《韩非子集解》、郭庆藩的《庄子集释》、孙诒让的《墨子闲诂》、王先谦的《荀子集解》以及俞樾的《诸子平议》都是深受学界好评的传世之作。俞樾的《诸子平议》可称为晚清学者综合性研究诸子学的一部代表作。该书仿照王念孙《读书杂志》体例，对《管子》等十四家作了阐释。全书共 35 卷，其中《管子平议》6 卷、《晏子春秋平议》1 卷、《老子平议》1 卷、《墨子平议》3 卷、《荀子平议》4 卷、《列子平议》1 卷、《庄子平议》3 卷、《商子平议》1 卷、《韩非子平议》1 卷、《吕氏春秋平议》3 卷、《董子春秋繁露平议》2 卷、《贾子平议》2 卷、《淮南内经平议》4 卷、《杨子太元经平议》1 卷、《杨子法言平议》2 卷。从其书目录涉及范围之广博，可见作者治学规模的宏大。俞樾虽然学宗儒学，尤其服膺汉学，但是对于诸子百家并无成见，而采取接纳的态度。他在书序中说：

> 圣人之道，具在于经，而周秦两汉诸子之书，亦各有所得。虽以申、韩之刻薄，庄、列之怪诞，要各本其心之所独得者，而著之书，非如后人剽窃陈言，一倡百和者也。且其书往往可以考证经义，不必称引其文，而古言古义，居然可见。①

章太炎则把俞樾此书与王念孙的《读书杂志》相提并论，称："《诸子》乃与《杂志》抗衡。"② 这种评价是非常中肯的。

此期的诸子学研究尽管取得了一些成绩，但是在治学思路、治学风格上并没有超出乾嘉汉学的范畴，从某种意义上说，只是乾嘉汉学在诸子学研究领域中的一种延伸。关注诸子学的学者主要是旧式士夫宿儒。所述问题，多为对于诸子典籍的校勘、辑佚、考证、注释，侧重于技术性的整理，鲜有对于诸子学义理的深入阐发。从研究者的指导思想来看，基本上

---

① 俞樾：《诸子平议》，1 页，北京，中华书局，1956。
② 章太炎：《俞先生传》，《章太炎全集》第 4 册，211 页。

是站在儒学的立场上看待诸子学的，把诸子学视为坚持儒学的一种补充，是以诸子学辅翼儒学。因此，此期的诸子学研究尽管有所开展，但只是作为传统儒学的附属学术而存在，并没有自己的独立地位。

二、甲午战争后诸子学发展的新局面

戊戌维新思潮的兴起对晚清思想学术领域产生了重大影响。在新学思潮的感染下，学术界成长起一批具有近代学术目光的知识分子群体。严重的民族危机迫使他们痛定思痛，从文化学术的层次来反省中国的问题，重新估价中国传统学术的地位和作用。此期的新派知识分子，无论是改良派，还是革命派，都非常看重诸子学，竭力攻读之、研究之，试图从中挖掘于己有用的内容。这批人治诸子学的思路、宗旨和方法，与老辈宿儒截然不同。因此，自戊戌维新思潮兴起后，尤其在晚清最后十年，中国学界的诸子学研究别开生面，进入了一个新的复兴阶段。

在新派知识分子中，系统研究诸子学首当其冲的是维新派领袖康有为。康有为在《孔子改制考》中不仅对以孔子为代表的儒学作了论述，还对老、墨各家进行了考辨，提出了"诸子并起创教"、"诸子创教改制"、"诸子改制托古"、"诸子争教互攻"等观点。但是，康有为在这里谈诸子完全是从政治着眼，以诸子印证儒家的今文经学，为其尊孔倡教、托古改制的政治主张服务，而且所论主观武断，"自由进退古今"，引起了学术上的争议。谭嗣同、唐才常从反对封建专制主义的立场出发，抨击守旧士人排斥诸子学为"异端"的谬见。唐才常指出：

> 尘尘世界，桎梏于文法，昏瞀于科目，沈冥于俗儒，如蛾趋焰，如蚁附膻。其上者能笺注虫鱼，批风抹月，人许、郑而家徐、庾；其下则抱兔园册子，束湮老师宿儒之言，以谋通显；或且睥睨群论，私尊敝帚。与之言西学，则曰异端；与之言周秦诸子，则亦曰异端。而试问彼之不异端而绳矩昌平者，糟粕而已，圈苴而已。呜呼！孔教之晦，学派之蓁，斯云居矣。

他认为：先秦诸子都是从孔学中衍化出来的，与孔学并不矛盾，指出：

> 是故周、秦诸子，悉荄滋孔氏，而孟子、公羊子，衍太平之仁理，寻平权之坠绪，其嫡派也。墨子、庄、列，精研天人之旨，曼衍格物之词，其支派也。荀子开历代网罗钳束之术，其孽派也。

唐才常还认为，诸子学不仅与孔学同源，而且还能解决中国的现实问题，他说：

> 故欲求今日民穷财尽、公私窳敝之病，则必治之以管学；欲求今日士、农、工、尚各怀私心之病，则必治之以墨学；欲求今日吏治废弛、弄文舞法之病，则必治之以申、韩之学；欲画五大洲大同之轨，进一千五百兆仁寿之民，则必治之以孟子、公羊之学。[1]

谭嗣同在《仁学》中则强调诸子学是西学的源头，说：

> 如商学，则有《管子》、《盐铁论》之类；兵学，则有孙、吴、司马穰苴之类；刑名学，则有邓析之类；任侠而兼格致，则有墨子之类；性理，则有庄、列、淮南之类；交涉，则有苏、张之类；法律，则有申、韩之类；辨学，则有公孙龙、惠施之类。盖举近来所谓新学新理者，无一不萌芽于是。[2]

维新派士人反对排斥诸子学的守旧观点，肯定诸子学的价值和意义，具有进步性，但他们中的不少人受康有为的影响较深，带有不少附会的成分。

20世纪初，在资产阶级民主革命潮流的影响下，新派知识分子以近代

---

[1] 唐才常：《治新学先读古子书说》，《唐才常集》，30～31页，北京，中华书局，1982。

[2] 蔡尚思等编：《谭嗣同全集》下册，399页，北京，中华书局，1981。

学术观点审视中国传统学术，开拓出诸子学研究的新局面。

此期诸子学研究的开展，是与新派知识分子突破"独尊儒术"的学术旧格局紧密联系在一起的。章太炎尖锐揭露历代帝王尊孔的目的是为了"便其南面之术"①，批评孔学"《论语》者暗昧，《三朝记》与诸告饬、通论，多自触击也"；孔子不过为"古良史"② 而已，完全不必对其迷信。刘师培在《国粹学报》发表《论孔子无改制之事》一文，指出康有为提出的孔子"托古改制"说是无稽之谈，并论证儒学并非深不可测，无非是和诸子百家一样的学术派别。摆脱儒学一家束缚的倾向非常明显。由于突破了"独尊儒术"的教条，新派知识分子对于诸子学的意义有了新的认识，把它们看成是与儒学同样重要的历史遗产和文化宝库。邓实甚至把中国先秦诸子学与古希腊学术相提并论，把诸子学的复兴视为中国民族复兴与文化复兴的希望。他说：

> 考吾国当周秦之际，实为学术极盛之时代，百家诸子争以其术自鸣，如墨荀之名学、管商之法学、老庄之神学、计然白圭之计学、扁鹊之医学、孙吴之兵学，皆卓然自成一家言，可与西土哲儒并驾齐驱者也。夫周秦诸子之出世，适当希腊派兴盛之时，绳绳星球，一东一西，先后相映，如铜山崩而洛钟应，斯亦奇矣。③

基于这种认识，一些新派学者不囿于儒学一格，对先秦诸子及汉唐后非主流学派的思想家展开研究，所及范围包括道家、法家、墨家、名家、杂家、农家、兵家等，以及汉唐后的王阳明、李贽、徐光启、黄宗羲、顾炎武、王夫之、颜元、李塨等。谈论诸子学较为活跃的主要有两部分人：一部分为革命派学者，诸如章太炎、刘师培、邓实、黄节、马叙伦、陆绍明等，《国粹学报》、《政艺丛报》是他们的主要论坛；另一部分为改良派学者，主将是梁启超，以《新民丛报》为主要舆论阵地。他们就诸子学问

---

① 章太炎：《驳康有为论革命书》，《章太炎全集》第 4 册，174 页。
② 章太炎：《訄书重订本·订孔第二》，《章太炎全集》第 3 册，134 页。
③ 邓实：《古学复兴论》，载《国粹学报》第 9 期，1908 年 10 月。

题发表的文章甚多，仅见于《国粹学报》者就有：

《国学发微》，刘师培，第 1 期，1905 年 2 月；

《周末学术史叙》，刘师培，第 2 期，1905 年 3 月；

《国学通论》，邓实，第 3 期，1905 年 4 月；

《古学起原论》，刘师培，第 8 期，1905 年 9 月；

《古学复兴论》，邓实，第 9 期，1905 年 10 月；

《王艮传》，刘师培，第 10 期，1905 年 11 月；

《颜李二先生传》，刘师培，第 12 期，1906 年 1 月；

《老子韵表》，刘师培，第 14 期，1906 年 3 月；

《明末四先生学说》，邓实，第 15 期，1906 年 4 月；

《诸子言政本六经集论》，陆绍明，第 16 期，1906 年 5 月；

《古代政术史序》，陆绍明，第 18 期，1906 年 7 月；

《论史分二十家为诸子之流派》，陆绍明，第 18 期，1906 年 7 月；

《徐光启传》，黄节，第 19 期，1906 年 8 月；

《答问诸子》，王闿运，第 19 期，1906 年 8 月；

《诸子学略说》，章绛（章太炎），第 20 期，1906 年 9 月；

《黄梨洲行朝录后叙》，邓实，第 20 期，1906 年 9 月；

《中国哲学起源考》，刘师培，第 23 期，1906 年 12 月；

《王学释疑》，刘师培，第 26 期，1907 年 3 月；

《荀子词例举要》，刘师培，第 31 期，1907 年 7 月；

《荀子名学发微》，刘师培，第 32 期，1907 年 8 月；

《晏子春秋补释》，刘师培，第 35 期，1907 年 11 月；

《水经注札记》，王闿运，第 38 期，1908 年 2 月；

《邓牧传》，邓实，第 40 期，1908 年 4 月；

《荀子补释》，刘师培，第 48 期，1908 年 12 月；

《穆天子传补释》，刘师培，第 50 期，1908 年 2 月；

《庄子解故》，章绛（章太炎），第 51 期，1909 年 3 月；

《吕氏春秋斠补自序》，刘师培，第 60 期，1909 年 12 月；

《贾子新书斠补》，刘师培，第 61 期，1910 年 1 月；

《白虎通义阙文补订》，刘师培，第 75 期，1911 年 2 月；

《管子斠补》，刘师培，第 80 期，1911 年 7 月。

此期间，梁启超发表的有关文章有：

《论中国学术思想变迁之大势》，《新民丛报》第 3 号（连载），1902 年
3 月；

《周末学术余议附识》，《新民丛报》第 6 号，1902 年 4 月；

《墨子之论理学》，《新民丛报》第 49～51 号，1904 年 6—8 月；

《子墨子学说》，《新民丛报》第 49～58 号，1904 年 6—12 月；

《重印郑所南心史序》，《新民丛报》第 69 号，1905 年 5 月；

《中国法理学发达史论》，《新民丛报》第 77、78 号，1906 年 3—4 月；

《论中国成文法编制之沿革得失》，《新民丛报》第 80～82 号，1906 年
5—7 月；

《中国之武士道》，广智书局，1904 年；

《管子传》，1909 年 4 月，收入《饮冰室专集》第 28 卷。

此外，还有严复的《庄子评点》、蔡元培的《中国伦理学史》等论著。
后者对先秦的荀子、老子、庄子、许行（农家）、墨子、商君、韩非子、
淮南子、王阳明、黄宗羲等诸家的伦理思想作了论述，从一个新的学术视
角对诸子学进行了阐发。上述学者中，以章太炎、梁启超、刘师培等人的
影响为大。

就总体而言，晚清最后十年的诸子学研究具有视野广阔、思路新颖的
特点。

所谓视野广阔是指研究的范围有所扩大。在此以前，学界对诸子学的
研究范围较窄，主要局限在先秦两汉时期的各家，而对汉以后的非主流学
术则很少提到。此期的新派学者则不然，不仅对秦汉诸子进行研究，还对
汉以后的各家学派进行开掘，极大地丰富了诸子学的研究内容。这主要是

因为他们已经在思想上摆脱了"独尊儒术"传统观念的束缚，不再把诸子学仅看成"千古绝学"，而是从振兴中华民族文化的高度来看待诸子学研究。为此，他们提出了"国学"的概念，把中国学术分为"国学"与"君学"、"真儒之学"与"伪儒之学"，为诸子学研究赋予近代民主的意义。邓实对此作过明确的说明，指出："国学"是深为帝王所不喜欢的"真儒"学术思想，"与有国以俱来，因乎地理根之民性，而不可须臾离也"；"君学"是帝王所尊崇的"伪儒"学术思想，"以人君之是非为是非者也"。"真儒之学，只知有国；伪儒之学，只知有君。知有国则其所学者，上下千载，洞流索源，考郡国之利病，哀民生之憔悴，发愤著书以救万世，其言不为一时，其学不为一人，是谓真儒之学。若夫伪儒者，所读不过功令之书，所业不过利禄之术。苟以诵德歌功，缘饰经术，以媚时君，固宠图富贵而已。"① 他认为，"国学"与"君学"是对立的，"此盛则彼衰，此兴则彼扑"。而受到"君学"压抑的先秦诸子及后世诸子之学，均属于"国学"之列，应该大力挖掘与发扬。邓实说：

> 亭林乡治之说行，而神州早成地方自治之制；梨洲原君、原臣之说倡，则专制之局早破；船山爱类辨族之说著，则民族独立之国久已建于东方矣。是故数君子之学说而用，则其中国非如今日之中国可知也。推而老、庄、申、韩、荀、墨之学用于战国，则战国非昔日之战国；伏生、申公、辕固生之学用于汉，则汉非昔之汉，又可知也。惜其学不用，乃成此晚近衰亡之局，而反以无用诬古人，古人不更悲乎！②

新派知识分子用"国学"的观点看待中国学术，把诸子学纳入"国学"的范围，不仅打破单纯从时间上区分诸子的界限，有助于扩大诸子学的范围，而且大大提升了诸子学的地位，使诸子学不再是"异端"、"蘗

---

① 邓实：《国学真论》，载《国粹学报》第 27 期，1907 年 4 月。
② 邓实：《国学无用辨》，载《国粹学报》第 30 期，1907 年 6 月。

枝"，而是中华文化主流的重要组成部分。

所谓思路新颖是指新派学者摆脱汉学考据治学宗旨与方法的影响，运用近代学术思想和方法开展诸子学研究所开出的规模。

从研究的侧重点看，此期的研究成果固然有一些关于诸子学典籍的注释、考证类作品，但是数量不多，而占主导地位的则是在宏观方面的综论，探讨诸如诸子学的总体定位、各学兴衰成败的原因、历史价值与现实意义等问题，在研究深度上进了一大步。梁启超的《论中国学术思想变迁之大势》，以进化论为思考理论，从宏观上考察了中国学术的历史发展进程，把中国学术史分为八个时代：

> 吾欲画分我数千年学术思想界为七时代（案：应为八时代），一胚胎时代，春秋以前是也；二全盛时代，春秋末及战国是也；三儒学统一时代，两汉是也；四老子时代，魏晋是也；五佛学时代，南北朝唐是也；六儒佛混合时代，宋元明是也；七衰落时代，近二百五十年是也；八复兴时代，今日是也。其间时代与时代之相嬗，界限常不能分明，非特学术思想有然，即政治史亦莫不然也。一时代中或含有过去时代之余波，与未来时代之萌蘖。①

他称春秋战国为中国学术的"全盛时代"，把魏晋时期称为"老子时代"，反映出作者对于诸子学的看重。梁启超还对诸子学的特点作过归纳，按各派发源地域关系的不同把先秦诸子百家分为南北两派。儒家、法家、阴阳家、墨家、名家等归于北派，而老子、庄子、杨朱、许行、屈原等归于南派。北派的特点概括为"崇实际"、"主力行"、"贵人事"、"明政法"、"重阶级"、"重经验"、"重保守"、"主勉强"、"畏天"、"言排外"、"贵自强"等。南派的特点则是"崇虚想"、"主无为"、"贵出世"、"明哲理"、"重平等"、"重创造"、"喜破坏"、"明自然"、"任天"、"言无我"、"贵谦弱"等。这种概括是否正确是可以讨论的，但他试图从宏观上把握诸子百家思

---

① 梁启超：《论中国学术思想变迁之大势》，《饮冰室合集》文集之七，3 页。

想特征的努力是值得肯定的。梁启超对于先秦诸子百家活跃的学术局面格外赞赏，以深邃的眼光分析了"全盛时代"之所以形成的七项原因，概括为：第一"由于蕴蓄之宏富也"；第二"由于社会之变迁也"；第三"由于思想言论之自由也"；第四"由于交通之频繁也"；第五"由于人才之见重也"；第六"由于文字之趋简也"；第七"由于讲学之风盛也"。[①] 梁启超的以上论述着重把握诸子学及中国学术的总体特征，初步性地探讨了其发展大概及变化的因果规律，发前人所未发，在我国学术史研究上具有开创性的意义。诸子学中那些具有科学性、民主性的成分，受到新派知识分子的高度重视，成为他们用来发挥自己现实思想的依据。诸如《墨子》的"兼爱"思想和科学精神、《管子》的经济思想、《商君书》的变法图强主张等，都被他们所阐发。梁启超在《子墨子学说》一文中称墨学为拯救中国危机的真理，"今举中国皆杨也。有儒其言而杨其行者，甚有墨其言而杨其行者，亦有不知儒、不知杨、不知墨而杨其行于无意识之间者。呜呼！杨学遂亡中国！杨学遂亡中国！今欲救之，厥为学墨，惟无学别墨而学真墨。"[②]

从撰写体例上看，打破了传统学术以儒学为重点、以人物学派为中心的旧体例，把诸子百家的研究纳入近代学科分类的框架之中，变"以人为主"为"以学为主"。在此以前，中国学术思想史著作多以黄宗羲的《明儒学案》、《宋元学案》等书为范例，其写法多以王朝兴替为断限，以人物为中心，以学派源流为线索来撰写。这种写法虽然长于表现个别学派和学者个体的情况，但却难以从整体上反映思想学术的变化规律与特征。刘师培的《周末学术史序》则打破了旧的写作体例，把诸子百家纳入近代学术分科体系之中。他在文中开列的学科计有心理学、论理学、伦理学、社会学、宗教学、政法学、计学（经济学）、兵学、教育学、理科学、哲理学、术数学、文字学、工艺学、法律学、文章学共 16 科，尽属近代学术分科。他认为，以上学科在中国先秦时代都已形成，并已经达到一定研究深度。

① 梁启超：《论中国学术思想变迁之大势》，《饮冰室合集》文集之七，11～15 页。
② 梁启超：《子墨子学说》，《饮冰室合集》专集之三十七，1 页。

心理学方面，"惟孔子性近习远之旨立说最精"①。伦理学方面，墨家、老庄、杨朱、韩非子、商君、管子各家都有创见，但"汉魏以降，学者侈言伦理，奉孔孟为依归，视诸家为曲说，故诸子学术湮没不彰，亦可概矣。"② 刘师培最推崇荀子的名学思想，认为它已经具备了归纳法与演绎法，指出："归纳者即荀子所谓'大共'也，故立名以为界。演绎者即荀子所谓'大别'也，古立名以为标。"③ 在政治学方面，儒家"以德为本，以政刑为末，视法为至轻"，把权力集中于君主一人之手，而又不以制度加以限制，是"不圆满之政法学也"，不足为训。墨家主张平等，"较之儒家，其说进矣。"法家"虽以主权为君，然亦不偏于专制。"④ 在经济学方面，他最赞同管子的"贷国债"、"税矿山"的主张，认为这与西方国家"所行之政大约相符"，是先秦诸子百家中唯一"以富民与富国并重者"⑤。总之，刘师培的论述分析体现了近代民主精神，对儒学中的"敬天法祖"、"尊君崇上"、"重本抑末"、禁止私欲等思想信条作了鞭笞，而对诸子百家中带有进步性、民主性的思想因素却给予充分肯定，如高度评价墨家的"兼爱"与"非攻"思想、道家藐视权贵的平等精神以及管子富国富民的主张，使诸子学研究别开生面。

在研究方法方面，新派学者除使用传统学术的研究方法对诸子学典籍作过一些考证外，还采用近代科学方法进行阐述。梁启超在《论中国学术思想变迁之大势》中对中国学术与古希腊、古印度的学术作了比较，运用了科学研究中的比较研究法。他说："以地理论，则中国、印度同为东洋学派，而希腊为西洋学派；以人种论，则印度、希腊同为阿利物族学派，而中国为黄族学派；以性质论，则中国、希腊同为世间学派，而印度为出世学派。故三者互有其相同之点，相异之点。"⑥ 这些论述虽然流于肤浅，

---

① 刘师培：《周末学术史序》，《刘申叔先生遗集》，民国二十五年（1836）宁武南氏铅印本，第14册，21页。

② 同上书，22页。

③ 同上书，6页。

④ 同上书，13～14页。

⑤ 同上书，77页。

⑥ 梁启超：《论中国学术思想变迁之大势》，《饮冰室合集》文集之七，31页。

但却是用比较法研究中外学术的最初尝试，其意义不可小视。梁启超还把比较研究的方法运用于对先秦诸子百家的研究，得出总体性考察的结论。他把先秦学术归纳为五点长处和六项弱点。五点长处是："国家思想之发达"、"生计问题之昌明"、"世界主义之光大"、"家数之繁多"和"影响之广远"；六项弱点是："论理思想之缺乏"、"物理实学之缺乏"、"无抗论别择之风"、"门户主奴之见太深"、"崇古保守之念太重"、"师法家数之界太严"。他对比较研究的重要性作过这样的说明："不知己之所长，则无以增长光大之；不知己之所短，则无以采择补正之。语其长，则爱国之言也；语其短，则救时之言也。"① 这些论述都显示出新派学者开阔的视野。

　　总之，从戊戌维新思潮以后，尤其在晚清最后十年，诸子学研究在新的起点上开展起来。在治学宗旨上，新派学者改变了乾嘉考据学那种脱离现实、崇古信古的治学老路，把治学与解决中国现实问题的斗争实际结合起来，注意发挥学术在现实社会中的作用。在治学内容上，西方学术深刻地影响了中国知识界，使新派学者破除了"独尊儒术"的旧框框，扩大了学术眼界，把研究的重点转移到振兴祖国民族文化和探讨学术发展的内在规律性上。在治学方法上，他们把当时传入中国的一些科学理论与方法，如历史进化论、逻辑法、比较研究法等，引进诸子学研究领域，提出了一些有价值的见解，为民国时期现代学术事业的进一步发展打下了基础。

---

① 梁启超：《论中国学术思想变迁之大势》，《饮冰室合集》文集之七，33 页。

第七章 16世纪60至90年代西学在中国的传播

晚清七十年间（1840—1911），西学在中国的传播经历了曲折的历程。鸦片战争后，来华的外国人在通商五口建立了一些学堂、报馆、印书馆及医院。这些机构在宣传西方宗教的同时，也介绍了一些科学知识，成为中国人了解世界新知的重要窗口。在民族危机的刺激下，从士大夫阶层中分化出少数睁眼看世界的开明知识分子，如林则徐、魏源、李善兰、王韬、冯桂芬等。但是，在闭关大门刚刚打开的年代，整个社会的风气仍十分闭塞保守，西学传播受到极大阻碍。而从第二次鸦片战争到中日甲午战争的30余年间，即洋务运动期间，中国社会发生了新的变化，产生了对西学的社会内在需要，出现了中国近代史上第一次西学传播的高潮。从此，西学与中学不断冲突融合，对中国社会的发展产生了深刻影响。

一、西学在中国传播的新形势

在洋务运动期间，西学传播进入到一个新的阶段。这可以从西学传播的途径和内容两个方面反映出来。

鸦片战争以后，西学主要通过报刊、学堂、翻译出版机构等途径传入中国。但在洋务运动之前，这些机构多为外国传教士所掌握，输入的内容完全受传教士左右。第二次鸦片战争后，随着西方列强在华侵略权益的进一步扩大，外国传教士取得在各地自由传教的特权。他们所到之处，建立大量各种文化侵略设施，在客观上扩大了西学传播的渠道。就报刊而论，在19世纪40—90年代的半个世纪里，外国人先后在中国创办了近170种中、外文报刊，约占同期中国报刊总数的95%①，其中绝大部分都是由教

---

① 参见方汉奇：《中国近代报刊史》上册，18页，太原，山西人民出版社，1981。

会或传教士创办的。著名者有《教会新报》、《中西闻见录》、《格致汇编》、《益闻录》、《万国公报》等。第二次鸦片战争后，外国传教士兴起了一个办学热潮，教会学校数目与日俱增。据统计，1875年，教会学校从过去的50余所增加到800余所，在校学生达2万人。而到1899年，教会学校发展到2000所，已出现一些中学及少量大学，其发展势头呈上升趋势。早在19世纪40年代，外国传教士曾在上海等地创办墨海书馆、华花圣经书房等出版机构，翻译出版西书。60年代以后，这类机构有所增加，如美华书馆、益智书会、广学会等。由英国传教士韦廉臣、李提摩太等人主持的广学会在40多年中，编译出版书籍2000多种，其中非宗教性书籍占一多半，涉及哲学、法律、政治、教育、实业、天文、地理、数学、博物、理化等许多方面。同时还发行《万国公报》、《大同报》、《训蒙画报》、《中西教会报》等报刊，为晚清介绍西学最多的机构之一。由外国传教士掌握的以上传播途径，尽管以宣传宗教为宗旨，但不少教会传教都本着"以学证教"的原则，在传教的同时附带介绍科技知识，这就使掌握在他们手中的这些传播工具成为介绍西学的媒介。

19世纪60年代以后，随着洋务运动的展开，中国也出现了自己办的新式学堂、译书机构、近代报刊，并派出了驻外使节和留学生，不仅扩大了西学传播的途径，而且打破了外国人垄断西学的局面。

洋务运动期间，清政府共兴办新式学堂20余所，培养外语、军事和技术等方面的人才。这些学堂虽然还没有完全摆脱封建传统教育的窠臼，但都程度不同地采用了西方近代学校的某些体制教法，开设一些自然科学、外语之类的课程，传授域外新知。京师同文馆开设的课程有外语、天文、数学、理化、测算、地理、万国公法、翻译等，"讲求实学，磨砺真才，广见闻而开风气"[①]。在翻译西书方面，鸦片战争时期的林则徐、魏源等有识之士就提出"访夷情"、"译西书"的主张。林则徐还聘请译员，查寻外文报刊，辑成《华事夷言》，开晚清译书之先河。然而，这项有意义的工

---

① 吴宣易：《京师同文馆略史》，载舒新城编：《中国近代教育史资料》上册，127页，北京，人民教育出版社，1983。

作却因风气未开而没能继续下去。洋务运动时期，清政府出于政治需要，成立了翻译出版机构，开始有组织、有计划地翻译西书，局面稍有转变。成立于1868年的江南制造局翻译馆在译书方面取得的成就最为突出，京师同文馆也兼有译书的职能。江南制造局翻译馆聘用徐寿、李善兰、华蘅芳等中国著名学者及伟烈亚力、傅兰雅、林乐知等外国传教士为译员，有计划、有系统地翻译出版西方科技类书籍，介绍了大量近代自然科学及其他方面的知识。到1880年，该馆译成西书143种，出版98种，销售达3 1111部①。京师同文馆在1888年也编译出版西书22种②。这些出版物成为当时国人学习西学的主要来源。

为应对中外变局，清政府陆续派官员出国，或充当驻外使节，或考察游历，并要求他们"凡有关系交涉事件，及各国风土人情，该使臣皆当详细记载，随时咨报"③。其他方面的出国人员也不断增加。他们都写出风格不同的日记、游记、笔记及其他著作，记载在国外的所见所闻和体会感受，传达了不少西学信息。如斌椿的《乘槎笔记》、张德彝的《航海述奇》、志刚的《初使泰西记》、郭嵩焘的《使西纪程》、曾纪泽的《出使英法日记》、李凤苞的《使德日记》、薛福成的《出使四国日记》等，都如实而生动地记述了世界各国的政教学术、习俗风光，传诵一时。还有一些开明士人写的政论性著作，如冯桂芬的《校邠庐抗议》、王韬的《弢园文录外编》、郑观应的《盛世危言》、薛福成的《海外文编》、马建忠的《适可斋记言记行》等，在阐述社会问题的同时，也论述了提倡、推广西学的重要性，对西学传播起了推波助澜的作用。

传播途径的展拓必然导致引进西学内容的丰富多彩。洋务运动时期传播的西学既有科学技术知识，又有社会人文科学方面的片断内容。不过，前者的引进是系统而大量的，占着主导地位；后者的引进则是片断而零散的，在数量和质量上都逊于前者。可以说，西方近代自然科学的大量引

---

① 傅兰雅：《江南制造总局翻译西书事略》，载张静庐辑注：《中国近代出版史料初编》，23页，北京，中华书局，1957

② 丁韪良：《同文馆记》，载张静庐辑注：《中国近代出版史料补编》，11页。

③ 转引自薛福成：《出使四国日记》，1页，长沙，湖南人民出版社，1981。

进，是西学在这个时期传播的最重要特征。

早在 19 世纪四、五十年代，西方的数学、医学等知识就被介绍进来。李善兰与英国传教士伟烈亚力合译《几何原本》后九卷、《代数学》、《代微积拾级》等书，英国传教医师合信编写的《全体新论》、《西医略论》等书，分别介绍了这两门科学的基本知识。而对于天文学、物理学、化学，也有中外学者予以初步介绍。然而，洋务运动以前的西学介绍尚处于落后状态。60 年代以后，随着洋务运动的开展，这种情况发生了很大变化，引进西学的数量迅猛增加，达到前所未有的水平。仅据傅兰雅 1880 年统计，江南制造局翻译馆一处出版的西学书籍就有 11 类 98 部，具体分类有：算学测量 22 部、汽机 7 部、化学 5 部、地理 8 部、地学 5 部、天文行船 9 部、博物学 6 部、医学 2 部、工艺 13 部、水陆兵法 15 部、年代表新闻纸 6 部①等。而 1909 年出版的《江南制造局译书提要》所显示的出版西书则增加到 24 类 160 部之多，具体分类有：史志、政治、交涉、兵制、兵学、船政、学务、工程、农学、矿学、工艺、商学、格致、算学、电学、化学、声学、光学、天学、地学、医学、图学、补遗、附刻等。既包括天文、地理、数学、物理、化学、动植物学等基础科学，又包括工艺、制造、采矿、军工等应用科学，还有少量的社会科学知识。尤其以自然科学的介绍最为全面和系统。

在数学方面，《代数术》②、《微积溯源》③、《三角数理》④、《算式解法》⑤ 等书，介绍了西方从初等数学到微积分等高等数学的系统知识，展示了西方数学取得的不少新成果，使国人大开眼界。在介绍电学的一系列译著中，傅兰雅、徐建寅（徐寿之子）合译的《电学》（英国瑙挨德撰，1879 年出版）不仅系统讲述电学基础知识，而且还叙述了富兰克林对电学

---

① 傅兰雅：《江南制造总局翻译西书事略》，载张静庐辑注：《中国近代出版史料初编》，24～25 页。

② 英国华里司著，傅兰雅、华蘅芳合译，1873 年出版。

③ 英国华里司辑，傅兰雅、华蘅芳合译，1874 年出版。

④ 傅兰雅、华蘅芳合译，1878 年出版。

⑤ 美国好司敦、开奈利同撰，傅兰雅、华蘅芳合译。

的贡献，是同类译著中内容较为详备的一种。时人评价说："西人电学日精，此皆十年前旧说，然中土无新译者，姑读之。"① 金楷理、赵元益合译的《光学》（英国田大里撰，1876 年出版）全面介绍西方光学原理，并首次提到"以太说"，受到中国学界重视，在后来的思想领域产生了很大的影响。徐寿、徐建寅父子与傅兰雅合译的化学译著共 20 余部，对化学的介绍功不可没。他们的主要译著有：《化学鉴原》②、《化学鉴原续编》③、《化学鉴原补编》④、《化学分原》⑤、《化学考质》⑥、《化学求数》⑦ 等。这些书概述了化学基本原理和重要元素的性质，对有机化学、无机化学、定性化学分析和定量化学分析等都有深入的阐释。此外，《化学鉴原》是首次提出并沿用至今的化学元素确定中文名称的原则。其方法是以罗马字母名称的主要音节的译音，再加偏旁，以确定元素的中文名称。该书提到的 64 种元素名称，有 44 种为后来化学界所沿用，如铅、钾、钠、镁等，有 10 种经过改造而被通用，如"养"改为"氧"，"淡"改为"氮"，"轻"改为"氢"，"弗"改为"氟"等。这些都为中国近代化学的确立起了奠基的作用。美国传教士玛高温与华蘅芳合译的《地学浅释》，原书为英国著名地质学家赖尔的名著《地质学原理》，用物质进化的观点阐述了地质构造的形成变迁及动植物种的兴灭盛衰。《地学浅释》译成后于 1873 年出版，共 38 卷，配有大量绘制精细的插图，以内容精当而备受学界重视。

在此期间，西方社会科学的一些信息也传了进来，出版了少量介绍西方历史、教育、政治、外交等内容的书籍。主要有：美国传教士谢卫楼的《万国通鉴》（1882 年出版）、英国传教士艾约瑟的《欧洲史略》（1886 年税务司刊本）、德国传教士花之安的《西国学校》（1873 年广州刊本）、英国传教士李提摩太的《七国新学备要》（广学会 1886 年刊本）和《泰西新

① 徐维则：《东西学书录》，光绪二十五（1897）年刻本，下卷，10 页。
② 英国韦尔司著，傅兰雅、徐寿合译，1871 年出版。
③ 英国蒲陆山著，傅兰雅、徐寿合译，1875 年出版。
④ 英国蒲陆山著，傅兰雅、徐寿合译，1879 年出版。
⑤ 英国包曼著，傅兰雅、徐建寅合译，1871 年出版。
⑥ 德国富里西尼乌司著，傅兰雅、徐寿合译，1883 年出版。
⑦ 德国富里西尼乌司著，傅兰雅、徐寿合译，1883 年出版。

史览要》（广学会 1895 年刊本）、美国传教士丁韪良的《万国公法》（1864 年同文馆刻本）等，内容比较浅显，多为知识性的读物。像《法国志略》①、《日本国志》② 这样质量较高的史学著作，在当时犹如凤毛麟角。与自然科学的传播相比，对西方社会科学的介绍则处于落后状态。

二、西学传播的社会影响

恩格斯指出："在马克思看来，科学是一种在历史上起推动作用的、革命的力量。"③ 在中日甲午战争前，尽管社会上的守旧势力还相当强大，但是，自然科学作为一种"革命的力量"，还是对中国封建制度和传统思想进行了有力的冲击。在此期间，西学对中国政治的影响主要表现在对科举制及传统教育制度的冲击。

明清两朝，作为封建王朝选官举士的要途——科举制度已经腐朽不堪，但是，在 19 世纪 60 年代以前，人们改革它的要求并没有超出传统经世之术的范围。之后，由于洋务运动的深入开展和西学的大规模传播，一些进步士人把提倡西学和改革科举制，乃至改革整个传统教育联系起来。西学开始向科举渗透。

冯桂芬是这个时期最早把改革科举和推行西学结合在一起的思想家。在 19 世纪 60 年代初，冯桂芬在《校邠庐抗议·采西学议》中就主张成立西学堂，选拔聪颖文童，入堂学习，学有成效者"由通商大臣请赏给举人"。晚于他的郑观应则在《盛世危言·考试下》中力主废除八股时文，把西学列做科举考试的内容，并建议仿照西方国家的学校来改革中国的传统教育制度，即把文武各分大、中、小三等，文科类学校设六科：文学科、政事科、言语科、格致科、艺学科、杂学科；武科类学校设陆军科和

---

① 王韬撰，1871 年刊本。

② 黄遵宪撰，1890 年羊城富文斋刻本。

③ 恩格斯：《在马克思墓前的讲话》，《马克思恩格斯选集》第 3 卷，777 页，北京，人民出版社，1995。

海军科。"至于登进之阶级，如秀才、举人、进士、翰林之类，一仍旧称"①。除冯、郑外，当时的进步士人王韬、薛福成、马建中、汤震等也都发表了类似的言论。批评科举制的弊病，以西学及西方学校之优长来济中国传统教育之穷，是他们主张的共同之点。

值得注意的是，在统治阶级上层也出现了变通传统教育的呼声。1867年，恭亲王奕䜣奏请在同文馆内设天文算学馆，选拔正途人员学习自然科学和外语，由此在统治集团中引起轩然大波，导致洋务派和顽固派之间就中西学问题展开一场激烈论战。1874年，直隶总督李鸿章上奏抨击科举弊病，声称："小楷试帖，太蹈虚饰，甚非作养人才之道。似应于考试功令稍加变通，另开洋务进取一格，以资造就"，并主张在海防省份设立洋学局，分为"格致、测算、舆图、火轮、机器、兵法、炮法、化学、电气学数门"②，选择通晓时务大臣为主管，延请博学西人为教师，造就有用之才。议论归议论，一旦面临实际变动，便阻力重重。1878年，两江总督沈葆桢鉴于武科只以刀、弓、石见长，无裨实用，奏请停止，不料遭到朝廷上谕申饬："国家设立武科，垂为定制，其中不乏干城御侮之才。沈葆桢辄因搏节经费，请将武闱停止，率改旧章，实属不知大体。著传旨申饬，所请著无庸议。"③ 科举考试的改动一直延迟到十年以后。先是，御史陈琇莹在1887年奏请变通科举，开算学科，并得到醇亲王奕譞及总理衙门大臣的支持。奕譞等人建议朝廷：

> 拟请旨饬下各省学臣，于岁科试时，生监中有报考算学者，除正场仍试以四书经文诗策外，其考试经古场内，另出算学题目。果能通晓算法，即将原卷咨送总理各国事务衙门复勘注册。俟乡试之年，按册咨取，赴总理衙门试以格物、测算及机器制造、水陆军法、船炮水雷或公法条约、各国史事诸题，择其明通者录送顺天乡试，另出算学

① 郑观应：《盛世危言·考试下》，载中国史学会编：《戊戌变法》第1册，54页。

② 李鸿章：《筹议海防折》，《李鸿章全集》第2册，831页，海口，海南出版社，1997。

③ 朱寿朋编：《光绪朝东华录》第1册，582页，北京，中华书局，1984。

题目。其试卷由外帘另为一束，封送内帘，比照大省官卷之例，每于二十名额外取中一名，但文理清通即为合式。①

尽管对应考条件规定得十分苛刻繁琐，但这毕竟是西学渗入科举的第一次尝试。1888年，顺天乡试时各省考算学题目的有32人，考试结果取中1名。次年，报考者只有15人，连取1名的人数也不够，遂停招考。中国实行的第一次西学与中学同考遂遭夭折。

近代自然科学的积极影响在思想领域中体现得比较突出。

近代自然科学是蒙昧与迷信的对立物。它的确立是与资本主义反对封建主义的斗争结合在一起的。作为处于封建统治下的中国来说，近代科学的传播势必要与封建正统观念和各种落后迷信思想发生矛盾，引起思想领域的变革。在洋务运动期间，因受西学冲击而导致思想观念的变化主要体现在以下几个方面。

（一）近代唯物主义自然观的萌发

中国古代思想家曾以卓越的个人才能和独到的见解，对自然现象及其规律发表过许多真知灼见。但是，由于缺乏对各种自然现象作深入系统的研究和近代科学提供的依据，以及研究理论、研究手段落后等原因，中国传统的唯物论自然观长期停留在朴素发展的阶段，受到"天人合一"、"天人感应"等唯心主义、神秘主义旧说的支配。近代以后，引进的西学给人们提供了正确认识自然现象的科学手段，破除了许多传统的迷信和偏见，端正了人们对自然现象及其规律性的认识。李善兰接受了哥白尼、牛顿的科学理论，抛弃了"天动地静"的陈旧观念，对天体运行作了科学的解释，说：

> 歌白尼求其故，则知地球与五星皆绕日，火、木、土之岁轮，因地绕日而生，金、水之伏见轮，则其本道也。由是五星之行，皆归一例。

---

① 朱寿朋编：《光绪朝东华录》第2册，2262页。

他还用牛顿力学原理进一步解释"五星绕日"的原因：

> 奈端（案：牛顿）求其故，则以为皆重学之理也。凡二球环行空中，则必共绕其重心；而日之质、积甚大，五星与地俱甚微，其重心与日心甚近，故绕重心即绕日也。

他还针对守旧士人所说"以天为静，以地为动，动静倒置，违经畔道，不可信也"的观点进行批评，指出："窃谓议者未尝精心考察，而拘牵经义，妄生议论，甚无谓也。"① 郭嵩焘接触到化学知识后，不再用"阴阳五行"陈说解释天下万物的组成构造，对物质结构有了新的认识：

> 本质不变者凡六十三种（案：指当时科学界发现的 63 种化学元素），养气、炭气、轻气三者为之大纲。……中国言金、木、水、火、土，西国言地、水、火、风四大；近言化学者，谓地水、火皆无本质，养气与淡气合而成水，土、火尤杂诸气，与诸气合，即化分之，仍还本质。惟金类为繁：金、银、铅、铁，种类极多。②

传入的西方动植物学改变了人们对于自然界动植物及人类形成的传统看法。薛福成在《出使日记续刻》中用生物进化的观点描述了这种衍变过程，指出：

> 盖自土、水、风、火咸备而植物生；又久之而化生、湿生之物生，虫鱼是也；又久之而卵生之羽族生；又久之而胎生之毛族生，最后人类蕃。③

① 李善兰：《〈谈天〉序》，光绪五年（1879）江南制造局重刻本。
② 郭嵩焘：《郭嵩焘日记》第 3 册，221 页。
③ 薛福成：《出使日记续刻》，清末刻本，卷三，光绪十八年五月初二日记，46 页。

这些论述大体符合近代科学原理，基本上突破了传统的有机自然观的藩篱，标志着近代唯物主义自然观的萌发。

（二）"夷夏之辨"观念的动摇

"夷夏之辨"是中国封建时代人们看待外国、处理外交的一个基本思想观点。它一方面表现为唯我独尊的盲目的民族优越感，另一方面则表现为鄙视外国外族的盲目排外情绪，是一种带有片面性的思想认识。"贵中贱外"、"以夏变夷"等说法就派生于这种思想。鸦片战争后，这种观念因受到外来冲击而沿着两个方向发生变化：一是形成了惧洋、恐洋的崇洋媚外思想，即主张对内保持"天朝至尊"，对外来侵略者只讲"仁义"、"礼让"，消极地保求"和局"。再就是带有理性色彩的西洋观的形成。一些进步人士用实事求是的观点看待中国和外国，既承认西方国家的长处，又看到它们的弊病；既主张"师夷长技"，又要求抵制外来侵略。这是一种区别于盲目排外和媚外的进步思想主张。冯桂芬在《校邠庐抗议·制洋器议》中认为，国人在鸦片战争后不能再用以往的眼光看待西方国家，"欲以战国视诸夷，而不知其情事大不侔也"，进而提出中国"四不如夷"的观点，即"人无弃才不如夷，地无遗利不如夷，君民不隔不如夷，名实必附不如夷"。在他看来，存在"不如"并不可耻，知道"不如"而不振作，自甘堕落，"尤可耻也"。他坚信，中国人的聪明才智绝不亚于外国，只要真心"师夷长技"，"始则师而法之，继则比而齐之，终则驾而上之。自强之道，实在乎是"①。王韬批评"夷夏之辨"论是"大谬不然"，"苟有礼也，夷可进为华；苟无礼也，华则变为夷。岂可沾沾自大，厚己以薄人哉？"② 主张区别"夷夏"的标准应是"系于礼之有无也"，西方国家不仅拥有自己的政教文化，而且许多方面比中国先进，不能再把它们看成历史上的"藩邦蛮夷"。可贵的是，这些开明士人对西方国家并不一味迷信，能够初步地揭露西方国家的腐败内政和弱肉强食的对外政策，并以清醒的头脑批评国人中在对外问题上存在的两种错误态度。薛福成说：

① 冯桂芬：《校邠庐抗议·制洋器议》，载中国史学会编：《戊戌变法》第1册，31页。
② 王韬：《弢园文录外编》，296页，北京，中华书局，1959。

> 今之议者，或惊骇他人之强盛，而推之过当；或以堂堂中国何至
> 效法西人，意在摈绝，而贬之过严。余以为皆所见之不广也。①

他既批评了上述两种错误的对外态度，还指出产生这种错误的原因是"见之不广"，即思想认识上的片面性，应该说是深刻的。王韬也认为，学习外国应该采取"择其善者而去其所不可者"的原则，西法虽好，但不能原封照搬，"故善为治者，不必尽与西法同"②。外国的"善者"与"不善者"在不同时期人们的理解各异，但是，这种对于外来文化采取有分析、有区别、择善而从的态度是完全正确的。

（三）冲击了崇尚"义理"、讳言"功利"的传统价值观念

19 世纪 60 年代后，由于中国社会资本主义因素的发展和西学的传播，以讲求实际利益为特征的资产阶级价值观念始有提倡。冯桂芬说中国"名实必符不如夷"；郑观应在《盛世危言·道器》中批评务"虚"不务"实"，"循空文而高谈性理"，是中国落后于西方国家的重要原因。这些都是进步士人对传统价值观的质疑。他们所强调的"实"，不仅包括务实求实精神，还包括发展近代工商业经济，追求实际利益的"时务"，大言"兴利"。王韬作《兴利》篇称：

> 中国地大物博，于地球四大洲中最为富强，特当轴者不能自握其
> 利权，自浚其利薮，而亟为之兴利焉耳。迂拘之士动谓朝廷宜闭言利
> 之门，而不尚理财之说。

他认为一味片面强调"农为本富而商为末富"，实行"重本抑末"，结果"河道日迁，水利不讲，旱则赤地千里，水则汪洋一片，民间耕播至无所施"。鉴于此，他认为言富说利是中国的当务之急，主张大兴"掘铁之利"、"掘煤之利"、"开五金之利"、"织纴之利"、"造轮船之利"、"兴筑轮

北京师范大学史学探索丛书

① 薛福成：《出使四国日记》，68 页。
② 王韬：《漫游随录·扶桑游记》，231～232 页，长沙，湖南人民出版社，1982。

车铁路之利"① 等。薛福成检讨了"讳言功利"的历史原因,指出:

> 宋、明以来,专尚时文帖括之学,舍此无进身之涂。于是轻农工商而专重士;又惟以攻时文帖括者,为已尽士之能事,而其他学业,懵然罔省;下至工匠,皆斥为粗贱之流。寖假风俗渐成,竟若非性粗品贱,不为工匠者。于是中古以前智创巧述之事,阒然无闻矣。②

他把工商之利称为"利"中之"要",并为"商"正名:

> 夫商为中国四民之殿,而西人则恃商为创国、造家、开物、成务之命脉,迭著神奇之效者,何也?盖有商,则士可行其所学而学益精,农可通其所植而植益盛,工可售其所作而作益勤。是握四民之纲者,商也。③

这些都反映了近代资产阶级功利主义价值观念正在形成。

(四) 政治思想领域的新征候——早期民权观念的萌芽

鸦片战争以来,西方社会政治思想方面的信息伴随着科技的引进而传入中国,引起国人的重视。19 世纪七、八十年代,一些进步士人在继承传统的"民贵君轻"、"爱民重民"思想和吸收西方政治思想的基础上,提出了以君主立宪体制改革君主专制制度的主张,形成了近代早期资产阶级改良思想。他们批评封建专制制度不合"三代圣人之治"的精神,是导致中国贫弱受侮的根本原因。何启在《新政真诠》中指出:"中国之所以见欺于强敌,受侮于邻邦,而低首下心,甘作屡王,而屈为软国者,实坐内政之不修。"他所说的"内政不修"指的就是封建专制的腐朽统治。他们向往的是君主立宪体制。郑观应在《盛世危言·议院》中对行君宪、设议院

---

① 王韬:《弢园文录外编》,45~47 页。

② 薛福成:《庸庵海外文编·振百工说》,《薛福成选集》,482 页,上海,上海人民出版社,1987。

③ 薛福成:《出使四国日记》,16~17 页。

有过系统论述。他称赞："议院者，公议政事之院也，集众思，广众益，用人行政，一秉至公，法诚良，意诚美矣。"他认定：开设议院，实行君主立宪，是中国转弱为强的重要举措，指出："中国户口不下四万万，果能设立议院，联络众情，如身使臂，如臂使指，合四万万之众如一人，虽以并吞四海，无难也。何至坐视彼国，越九万里而群逞披猖，肆其非分之请，要以无礼之求，事无大小，一有龃龉，动辄称戈，显违公法哉？故议院者，大用之则大效，小用之则小效者也"。他还就在中国实行这种制度提出了具体设想，即"本中国乡举里选之制，参泰西投匦公举之法"，由基层逐级推举议员组成各级议会。郑观应的以上论述在开明士人中颇具代表性。汤震、陈炽等人也提出过类似的具体设想。他们设计的议院尽管还是咨询性机构，但毕竟是中国历史上最先出现的资本主义政治改革方案。这表明反映新兴资产阶级利益的政治思想幼芽已经破土而出了。

自然科学的传播在经济和科技方面同样产生了积极的影响。它提高了科技的社会地位，改变了中国科技的传统结构，为近代数学、天文学、物理学、化学、动植物学等学科的确立奠定了一定的基础。近代科学研究方法的引进，使中国科技开始摆脱忽视实验的原始状态，进入新的发展阶段。在洋务运动中，许多引进的应用技术知识在生产实践中得到应用，转化成新的生产力，促进了民族资本主义经济的发展。但是，西学在经济方面的影响，似乎要比它在思想领域的影响小一些。因为近代中国最严重的问题是民族危机。引进西学不可避免地与中国人民争取独立解放的政治运动结合起来，在思想政治方面迸发出更加耀眼的火花。

三、西学在晚清传播的历史思考

明末清初，传入中国的西学只留下一些浮光掠影般的痕迹，最终被中国传统文化所湮没；而在近代，特别是在 19 世纪 60 年代以后，西学却能植根中国，广泛传播，究竟其因何在？自然科学是人类探索自然现象及其规律性的一种认识活动，它的存在、发展离不开一定的社会需要。恩格斯说：

技术在很大程度上依赖于科学状况，那末科学状况却在更大得多的程度上依赖于技术的状况和需要。社会一旦有技术上的需要，这种需要就会比十所大学更能把科学推向前进。①

西学在中国传播的先后不同的结局，从根本上说，正是由于这两个时期社会变迁及社会对科技需要的程度不同而决定的。

　　明末清初，中国处于封建社会发展的后期，小农业与家庭手工业相结合的封建自然经济占绝对优势，严重压抑和阻挠着幼弱的资本主义萌芽的成长。封建君主专制统治达到它自身发展的顶点，窒息着整个社会的活力。科技活动严格地被纳入为封建统治服务的轨道，成为依附在枯木上的残花。这种历史条件很难产生适合于近代科技生存的社会条件。

　　鸦片战争以后，中国社会开始逐步发生新的变化，形成了对西方科技的社会需要。林则徐、魏源是近代中国最早的西学提倡者。魏源在《海国图志》中提出了"师夷长技以制夷"的口号，把西方长技概括为"一战舰，二火器，三养兵练兵之法"，主张既要拥有西方的先进武器，又要掌握使用、制造这些武器的技术和训练军队的方法，发出了近代中国追求西方科技的时代强音。

　　第二次鸦片战争以后，清王朝遭到太平天国革命和外国侵略者的双重打击，不得不采纳洋务派的意见，把20年前开明士人提出的"师夷之长技"的主张付诸实践。一场以举办近代军事工业为中心的洋务运动终于拉开帷幕。西方科技首先在清王朝兴办的军事工业的实践中得到应用，中国社会对近代科技的呼唤终于从议论阶段走到实践阶段。尽管这种要求最初只限于军事领域，但是，军事上的需要实际上是社会需要的一种特殊表现。从某种意义上说，军事需要对自然科学发展的推动是相当重大的。军事工业的出现必然刺激人们对科技的迫切追求。洋务派正是不自觉地趋从这一规律，逐步认识到"坚船利炮"和科技之间的依赖关系，从追求"坚

---

　　①　恩格斯：《致瓦·博尔吉乌斯》，《马克思恩格斯选集》第4卷，731～732页。

船利炮"转为提倡西学。洋务派领袖、恭亲王奕䜣说："洋人制造机器、火器等件，以及行船行军，无一不自天文算学中来。"① 曾国藩、李鸿章在联名奏请派幼童出国留学的奏折中也说：西方国家"如舆图、算法、步天、测海、造船、制器等事，无一不与用兵相表里。凡游学他国得有长技者，归即延入书院，分科传授，精益求精。其于军政、船政，直视为身心性命之学。"② 这些议论反映出洋务派对西学认识的思想转变。大致说来，洋务派创办新式学堂、设立翻译馆、派遣留学生等接受和推广西学的举措，都是发展军事工业的副产物。19世纪70年代以后，洋务派开始举办民用工业，民族资本主义经济破土而出，于是，中国社会对科技的需要便从军事领域扩大到经济方面，为西学在中国的植根提供了丰厚的土壤。

西学的广泛传播还与当时中国人看待中西关系的指导思想有关。在近代，中国人对西学的认识经历了一个从浅入深、由表及里的发展过程。在19世纪60年代以前，士大夫用"夷夏之辨"观点看待西学，目之为"奇技淫巧"、"异端邪说"，不屑一顾。60年代后，西学在国人心目中的地位提高了。冯桂芬在《校邠庐抗议》中首次提出了合中西学为一体的原则，即"以中国之伦常名教为本原，辅以诸国富强之术"。这也是洋务运动所坚持的"中学为体，西学为用"思想信条的滥觞。"中体西用"论把原来互相对立的两种文化都纳入同一个"体"内，看做同一事物的两个不同组成部分，这就在传统中学体系内为西学争得了一席合法存在的地位。但是，它又用中学规定、制约西学，又反映了士大夫思想上的局限性。

在"中体西用"论的支配下，中国人一度认为中学的"体"，即封建政治制度和伦常名教至善至美，远胜各国。薛福成曾说："中国所长，则在秉礼守义，三纲五常，犁然罔致，盖诸国之不逮亦远焉。"③ 而对西方国家之"体"，或是否定，或是贬抑，排斥于学习之外。因为欧美资本主义的政治制度和社会思想，对于长期受儒家思想禁锢的士大夫说，实在是难咽的苦果。他们所能接受的只限于西学中的"器用"，即科技知识。当然，

---

① 中国史学会编：《洋务运动》第2册，22页。
② 李鸿章：《李鸿章全集》第6册，2921页。
③ 薛福成：《赠陈主事序》，《薛福成选集》，46页。

自然科学与社会科学不同，它是以自然为研究对象，并不直接牵扯到人事关系和阶级关系，可以为一切社会群体服务。在西学东渐的过程中，它的作用最容易被人们所认识，因而也最先为中国人所接受。洋务运动时期的中国人几乎把自然科学与西学等同起来，推崇备至。李鸿章说："泰西之学，格致为先，自昔已然，今尤为盛。学校相望，贤才辈出，上有显爵，下有世业，故能人人竞于有用，以臻于富强。"① 另一官员罗应旒也把科技视为西国富强之本，称："汽机之学，西人赖以富强者"，"西学之最有用者曰：几何学、化学、重学、汽学、热学、光学、声学、天文地理学、电学、兵学、医学、动植学、公法学、律例学"，"有心人诚当急为讲求。"② 人们对近代科学重要性的认识并不是一件难事。

西方传教士对西学的传播也起了很大的作用。无论在明末清初，还是在晚清时期，这些穿着黑道袍的域外布道者都充当了西学东渐的桥梁和媒介。

西方传教士来华的目的是替耶稣基督征服崇拜"异教"的中国，使中国基督教化。开始时，他们的宗教与中国传统的信仰习俗格格不入，受到中国人的抵制。为了减少传教的阻力，传教士们便"以学证教"，即借科学为传教之媒，把宣传科学当做诱人入教的传教手段。江南天主教总会直言不讳地宣布："用自然科学的研究来愈显天主的光荣，拯救人们的灵魂，为宗徒事业服务，这是创办科学机构的真正目的。"③ 对此，一位传教士作了更为详尽的说明：

> 单纯的传教工作，是不会有多大进展的。因为传教士在各方面都要受到"无知"官吏们的阻挠。学校可能消灭这种无知，但在一个短时期内，在这样一个地域广阔、人口众多的国家里，少数基督教学校能干出什么？我们还有一个办法，一个更迅速的办法，这就是出版书报的办法。这是基督教教会历史上常见的办法。传教士对于这一办法

---

① 李鸿章：《西学略述序》，载《万国公报》第 5 册，2 页。
② 中国史学会编：《洋务运动》第 1 册，78 页。
③ ［法］史式微：《江南传教史》，209 页，上海，上海译文出版社，1983。

研究的结果，使他们相信，只要他们首先取得了当权人物的信任，一切就会容易发展。他们准备出刊杂志和书籍，在该项杂志和书籍内，不但传播基督教福音，同时传播一些现代的科学和哲学。①

恰值19世纪60年代以后，中国兴起了洋务运动，实行"师夷之长技"，学习西方科学技术。传教士便投其所好，施展"医学证教"的手段，借传播科学知识之名义，贩售宗教之实货。在他们编写的一些讲西学的书中，一方面极力渲染近代科学的奇幻奥妙，另一方面却又煞有介事地说什么西方人之所以能发明这些"奇技"，是得到了"上帝赋予的智慧"，来源于"上帝的启示"。批评中国人只学西方科技而忽略学习西方宗教，是"逐末舍本"，不得要领。他们鼓吹"教化为本，器艺为末"，"天道与格学，同条共贯，若舍天道而学格致，犹采果实而遗其根，食乳浆而离其母，必不可得之数也"②。在中国人接触西学之初并对之缺乏了解的情况下，传教士的这种说法很容易把人们引向歧途，其危害性是显而易见的。

第二次鸦片战争后，中外反动势力开始携手合作，共同建立半殖民地半封建的统治秩序。为了加快中国半殖民地化进程，西方列强一方面通过政治、外交途径向清政府施加压力，另一方面通过"赞助"洋务运动来向中国进行经济、文化的渗透。大批传教士趁机涌入中国的各种洋务机构，提供建立半殖民地社会所需要的科技、公法、社会制度方面的知识。不可否认，他们当中不乏怀有政治目的者。曾担任京师同文馆总教习的美国传教士丁韪良，最初因该馆学生少，薪水低，看不起这个职位。但是，美国驻华公使蒲安臣提醒他说："诚然，这个位置并不大，但是你可以使它变大啊。"又经总理衙门挽留，丁韪良才同意留任。他公开表示："我之所以留任，是认为同文馆将来的影响要比北京道旁教堂的力量大。"③ 言外之意

---

① 玛卡雷·布朗宜：《没有更迅速的道路》，转引自卿汝楫：《美国侵华史》第2卷，290页，北京，人民出版社，1962。

② ［美］林乐知：《格物致知序》，载《万国公报》第21册，10 957页，台北，华文书局股份有限公司，1968。

③ ［美］丁韪良：《同文馆记》，载张静庐辑注：《中国出版史料补编》，17～19页。

是通过培养能够进入中国上层的学生，来扩大美国的在华利益。他的《西学考略》、《格物测算》、《富国策》等书，就是在这种思想支配下写成的。在传教士中，也有一些对中国怀有友好感情、以认真严肃的态度介绍西学的学者。英国传教士傅兰雅就是其中的突出代表。他来华后，受聘入江南制造局翻译馆，一面自修自然科学，一面与徐寿、华蘅芳等中国学者合译西书，刻苦钻研，勤奋著述，成绩突出。据统计，在1896年以前该局译成刊行的西书300余种中，成于傅兰雅之手的就达119种之多，为中西文化交流作出了杰出的贡献。

在近代中国，无论是基督教，还是天主教，都是西方列强进行侵略扩张的工具。但这并不等于说每一个来华的外国传教士都是侵略者，对他们必须作具体分析。他们当中既有干涉中国内政、散布奴化思想的人，也有真诚布道、传播西方文化的人。他们用"以学证教"的方式介绍的科学知识，尽管因受到神学思想的过滤而在一定的程度上被扭曲，但对当时的中国来说依然是新鲜信息，起到开新风的作用，并为资产阶级维新思想的形成提供了重要的思想资料。这是传教士们始料未及的。从这一点讲，外国传教士不自觉地充当了西学在华传播的工具。

洋务运动时期是西学在中国传播的一个重要阶段。在此期间，西学传播途径多样化了，中国有了自己的近代文教机构，打破了外国人对西学的垄断，使西学的引进从被动转变为主动。从引进的内容看，自然科学占了主导地位。科技与生产实践相结合，使知识形态的自然科学转化为生产力，为中国近代工商业的起步发展准备了不可缺少的文化氛围。更重要的是科学打开了人们的眼界，冲击和动摇了封建守旧意识，形成了一些新的思想观念，为戊戌维新运动准备了必要的思想条件。

应该看到，这一时期的西学引进存在着不平衡的缺陷。就总体来说，科技知识的引进，从数量到质量，都远在人文社会科学之上。诚如梁启超所说：

> 已译诸书，中国官局所译者，兵政类为最多。盖昔人之论，以为中国一切皆胜西人，所不如者，兵而已。西人教会所译者，医学类为

最多，由教士多业医也。制造局首重工艺，而工艺必本格致，故格致诸书虽非大备，而崖略可见。惟西政各籍，译者寥寥，官制、学制、农政诸门，竟无完帙。①

这反映了洋务运动时期西学引进的偏颇之弊。第二次鸦片战争后，中国日益半殖民地化。支配中国的两大势力——西方列强和封建统治者都把西学引进限制在科技方面。另外，在中西文化交流之初，中国人对西学的认识还处于较低层次，带有表面性、片面性的缺陷。人们对与社会经济生活联系比较密切的自然科学容易认识，而接受差异较大的西方社会科学则比较困难，这就造成西学引进中的不平衡现象。就自然科学本身的引进来说，也存在不平衡的情况。重视应用科学而忽视基础理论是一个明显的问题。介绍进来的内容有的属于当时国外的先进水平，有的已陈旧落后；有的学科介绍得比较系统，有的则缺乏完整性。不过，这只是暂时存在的现象。随着时代的发展，中国社会逐渐产生了对西学的新要求，即对西方社会科学的需要。中日甲午战争后，维新志士突破"中体西用"论的束缚，在鼓吹变法改制的同时，大力宣传介绍西方资产阶级的进化论、民权说等社会政治学说，从而把西学传播推进到一个新的阶段，揭开中西文化交融新的一页。

晚清社会是晚清时期的学术文化赖以生存的广阔基础和土壤。晚清学术文化发生的种种变化无不反映着晚清社会的新陈代谢，都可以从晚清社会的变化中找到它的根源。与鸦片战争以前相比，晚清时期的中国社会发生的变化可以概括为两个基本方面：一是中国遭受帝国主义列强的野蛮侵略，丧失了民族独立，沦为半殖民地半封建社会；二是由于中国社会产生了新的政治和经济因素以及新的阶级关系，使传统封建社会结构开始解体。这些变化都对中国传统文化学术产生了决定性的影响。

晚清时期的民族危机，在外是由于帝国主义列强的侵略所致，在内则是由于清王朝的腐朽统治使然。清王朝是中国历史上最后一个封建王朝，

① 梁启超：《西学书目表序例》，载中国史学会编：《戊戌变法》第1册，449页。

对国内各族人民实行专制统治。尤其在鸦片战争以后,清朝统治者更加腐朽堕落,走上与外国侵略者妥协的道路。《辛丑条约》签订后,清政府丧失了最后一点抵抗意志,完全听从列强的摆布,成为"洋人的朝廷"。可见,帝国主义列强的侵略和封建主义的统治,正是导致中国在鸦片战争后民族危机日甚的根本原因。

为了挽救民族危机,中国人民掀起了轰轰烈烈的反帝反封建斗争,汇成了中国近代历史发展的主流。在晚清70余年间,抵抗、革命与社会改革此起彼伏,风起云涌,对中国社会的发展产生了不可估量的影响。反帝反封建斗争是中国近代社会民族矛盾、阶级矛盾不可调和的必然产物,是历史赋予中国人民的神圣使命。鸦片战争以后,西方列强打开了中国的大门,造成了中国严重的民族危机。这种危机不仅是政治的、经济的,而且也是文化的。因此,中国近代的民族危机、中国人民的反帝反封建斗争必然对中国传统文化产生巨大的影响,引起文化领域的震动和变化。这种变化主要表现为:

其一,西方文化的大量涌入。鸦片战争以后,随着中国大门的打开,西方文化源源不断地涌入中国,迅速渗透到中国社会的各个方面。西方文化的涌入,一方面是由于外来入侵者有意识地进行文化渗透,通过他们在中国办的各种文化传播机构,宣扬西方社会的思想、理论、观念,对中国进行文化侵略和精神征服;另一方面是由于处于民族危机、文化危机中的先进中国志士仁人,为了挽救自己的祖国和本民族的历史文化传统,深刻反思,大胆探索,向西方寻求救国真理,积极主动地学习、吸收西方文化。许多外来的文化因素逐步为国人所接受,在中国落地生根,最终成为中国近代新文化的重要组成部分。

其二,动摇了传统儒学的统治地位。在近代以前,中国传统文化的一大特色就是传统儒学占据了独尊的社会地位。战后,国人鉴于民族危机深化和愤于清王朝的腐化堕落,寻找新的思想文化出路,对儒学采取了怀疑、批评的态度。新派学人以近代新观念审视儒学的价值,主张用民主取代专制、用平等取代纲常名教,对儒学产生了猛烈的冲击,动摇了儒学在文化领域中的统治地位。1905年,清政府迫于社会新思潮的压力,宣布废除科举制度，对传统儒学来说无异于釜底抽薪，使之失去了最后一块文化领地。当然，儒学的衰落就其内部来说，是其内在生命力的衰竭。晚清儒学的各个主流学派，无论是汉学派，还是宋学派，都呈现出僵化的状态，失去了理论上的创造能力，不能有效地应对接踵而来的外部挑战。传统儒学在中国社会一向处于主导性的地位，它的衰落与动摇不能不引起中国传统文化要发生质的变化。

鸦片战争以后，西学东渐大潮涌动的冲击下，中国社会已经出现一批初步具有近代知识结构的知识分子，如容闳、李善兰、王韬、郑观应、马建忠、严复、康有为等人，或者出国留学，或者通过接触西方文化，获得了一定的西方近代知识，成为这一新型社会群体中的代表人物。但是，在中日甲午战争以前，这类士人人数较少，活动分散，尚未形成一支有组织的社会力量。而甲午战后，在民族危机刺激和维新运动的影响下，这一群体的许多成员集结在"救亡图存"的旗帜下，通过学堂、学会、报刊等形式，动员起来，登上了政治斗争的舞台，同时也使近代新文化事业得到长足的发展。在新型知识分子的积极参与下，使甲午战后出现了办学热、办报热、出版繁荣、小说兴盛的局面。在学术界、文艺界喊出了"史界革命"、"诗界革命"、"小说界革命"、"戏剧界改良"的口号，涌现出大量体现新时代精神的作品与成果，开拓出许多新的文化领域。

第八章　戊戌维新运动与中国近代学术文化

距今一百多年以前，以康有为、梁启超为代表的维新派发动了震惊中外的戊戌变法运动，揭开了近代中国新兴资产阶级政治斗争的第一页，在历史上写下了光辉灿烂的篇章。戊戌变法运动不仅是一场真正的爱国救亡运动、资产阶级政治斗争，而且也是一场意义重大而深远的文化革新运动，对中国近代新文化的成长壮大产生了不可估量的影响。

一、揭示了中国近代新文化主导精神

文化的主导精神是文化体系的核心内容，而不同性质的文化体系则有完全不同的文化主导精神。所谓文化变革，从一定的意义上说就是指文化主导精神的新旧更迭，即新文化的主导精神冲击并取代旧文化主导精神的变动。因此，把一种文化主导精神的揭示和确立看做该文化体系形成的重要标志，应该是不成问题的。

鸦片战争以前，以孔孟儒学纲常名教为主导精神的中国封建传统文化占着绝对统治地位。战后，一些开明人士在吸收外来文化的基础上，提出新的文化主张，诸如"师夷长技"、"中体西用"，以及早期改良思想家的各种主张，等等。但是，这些主张在当时还是分散的、不系统的，没有完全摆脱封建主义纲常名教的桎梏。真正突破封建主义文化主导精神的藩篱、揭示出近代新文化的主导精神，则肇始于戊戌变法运动，在中国文化史上立下了不可磨灭的历史功勋。

与甲午战争以前的开明士人不同，戊戌维新派已经从思想上突破了封建传统观念的束缚，形成了自己独特的文化观，提出了新的文化主导精神。戊戌维新派的文化观主要有两个特点：一是把西方社会政治学说，如进化论、民主平等学说、天赋人权论等糅进了自己的主张中，形成了中西合璧的新的文化理论；二是在提倡科学的同时大力宣传民权（即近代中国早期的民主思想），从而把科学和民主结合起来，使之成为其新文化思想的核心内容。

戊戌变法以前，中国人尽管已经开始学习西学，但主要吸收的是西方自然科学和经济技术，而对西方社会政治学说尚很隔膜。戊戌变法期间，维新派出于救亡图存的需要，广泛介绍西方的哲学、社会政治学说，把学习西方的运动推到新的阶段。首先是严复从1895年（光绪二十一年）起开始翻译英国学者赫胥黎的《进化论与伦理学》一书，取名《天演论》，把达尔文生物进化论的基本原理第一次系统地介绍到国内。严复在《原强》一文中介绍了西方新兴学科——社会学，后又把英国著名社会学家斯宾塞的《社会学研究法》翻译出版，取名《群学肄言》。严复的这些努力不仅把中国人学习西学的活动推向新的阶段，而且给维新派的新型文化思想的形成提供了有力的理论依据。自此以后，介绍西方哲学、社会政治学说的译著纷纷问世，仅在1896—1898年间（光绪二十二年至光绪二十四年）出版的这类著述就有：《民约通义》、《英民史略》、《华盛顿传》、《史氏新学记》、《拿破仑失国记》等。西方社会政治学说的输入明显地改变了维新派的知识结构，为他们形成新的文化思想提供了丰富的营养。

维新派的文化思想既不同于封建士大夫，也有别于早期改良派，掺入了更多的西方社会政治学说的内容。他们用进化论解释社会历史文化的发展过程，认为人类文化不是凝固不变的，而是在不断的演变中逐步积累起来的。从野蛮到文明，从愚犷到智慧，从低级到高级的渐进发展是人类文化进步的普遍规律。诚如严复所说："盖能言而后能积智，能积智者，前代阅历传至后来，继长增高，风气日上。故由初民而野蛮，由野蛮而开化也。"[①]"物竞天择，适者生存"的竞争法则是进化论的一个基本原理，也被他们用以说明人类文化演进变化的规律性。用西方进化论阐释人类文明发展的历程，维新派首创先例。

科学、民主是近代新文化的核心内容和主导精神，为"五四"时期的

① 严复：《西学门径功用》，《严复集》第1册，92页，北京，中华书局，1986。

北京师范大学史学探索丛书

先进分子大力提倡。然而，先于五四运动的戊戌维新派已经论述过提倡科学与民主的问题，后来的陈独秀等人只是把这个问题讲得更加透彻而已。戊戌变法时期的维新派对科学与民主的理解远远超过他们的前人。维新派不仅初步接受了西方"天赋人权"、"三权分立"、自由平等的民主学说，用这种学说阐述自己的思想主张，而且把科学和民主联系起来，作为近代新文化的基本内容和主导精神加以鼓吹。兴民权、设议院、开国会，用君主立宪取代君主专制，是维新派提出的最重要的政治改革主张。在大加宣传这一主张的同时，他们认识到：专制与愚昧，民主与科学是紧密联系在一起的；兴民权必须要以开民智为前提，实行民主政治必须要有科学文化来作辅助。严复在《原强》中提出"以自由为体，以民主为用"，其中的"自由"既包括自由、平等等政治原则，也包括以开民智为重点的思想启蒙。他提出的"鼓民力"、"开民智"、"新民德"① 的著名口号就体现了这一思想。所谓"开民智"指的是用科学对民众进行思想启蒙；"新民德"则是指提高民众的政治道德素质。他在《论世变之亟》一文中明确指出："于学术则黜伪而存真，于刑政则屈私以为公。"② "黜伪而存真"就是崇尚科学和科学方法，"屈私以为公"就是提倡民主政治制度。严复对此二者相提并论的观点，实际成为五四新文化运动高举科学与民主这两面大旗的先导。不仅严复如此，梁启超也持这种主张，说："强国以议院为本，议院以学校为本"③，他解释说："是故权之与智相倚者也。昔之欲抑民权，必以塞民智为第一义。"④ 梁氏所说的"广民智"的首要含义就是进行科学启蒙和民主启蒙。他还说，"以政学为主义，以艺学为附庸"⑤，主张把科学与民主并行的原则贯彻到学校教育之中。尽管维新派在此时对科学与民主的理解尚不如五四新文化代表人物的论述明确、深刻，但他们已把科学

---

① 严复：《原强》，《严复集》第 1 册，27 页。
② 同上书，2 页。
③ 梁启超：《古议院考》，《饮冰室合集》文集之一，96 页。
④ 梁启超：《上陈宝箴书论湖南应办之事》，载中国史学会编：《戊戌变法》第 2 册，551 页。
⑤ 梁启超：《变法通义·学校余论》，《饮冰室合集》文集之一，62 页。

与民主紧密地联系起来，作为自己追求的目标，发前人所未发，其积极意义和深远影响是不可低估的。

维新派不仅提倡科学与民主，而且以此为武器对封建专制主义开展猛烈的批判，触及封建专制主义的实质性问题。严复的《辟韩》、谭嗣同的《仁学》、梁启超的《变法通义》以及康有为的《新学伪经考》，都从不同的角度抨击了封建政治和封建文化，振聋发聩，鞭辟入里。在此以前，许多仁人志士也曾批判封建主义，但大都没有新的批判武器，走的是传统批判的老路。而戊戌维新派则不同，他们以西方的进化论、民权说和科学思想为武器来反对封建主义，这就把近代中国的反封建斗争提到一个新的水平。

戊戌维新派在吸收近代西学的基础上，提出了新的文化观念，揭示出以科学与民主为特征的近代新文化主导精神，并以此为武器空前深刻地冲击了封建旧文化，为中国传统文化的转型奠定了重要的基础。

二、新型知识群体的最初集结

知识分子群体是一定社会文化的重要群体。近代文化则需要具有新知识结构的新型知识分子群体来进行建设和传播。所谓新型知识分子是指那些受过一定的近代文化教育，具有一定的近代知识和观念，并从事新式文化事业的个人和群体。鸦片战争以后，中国社会的新型知识分子开始出现，但是在甲午战争前，这批人数量还很少，没有形成一支独立的有组织的社会力量。甲午战争以后，这种情况发生了根本性的变化。空前严重的民族危机把国人从梦中惊醒，使那些受到维新运动影响的知识分子抛弃旧思想，接受新观念，大胆冲破清王朝不许结社的禁令，在救亡图存和变法维新的旗帜下通过学堂、报刊、学会等组织形式集结起来，汇成一股新的社会力量。因此，戊戌维新运动不仅是中国近代资产阶级开展政治斗争的起点，而且还是近代新型知识分子集结的开端，对中国近代文化的形成发展起到不可估量的推动作用。

戊戌变法时期的新型知识分子群体的集结与旧式士大夫的组群结社截

北京师范大学史学探索丛书

然不同，采取了新的指导思想和组织形式。在西方政治思想的启迪下，维新派认识到社会组织的力量与作用，并称之为"群"或"能群"。他们认为，在中国这样一个久行专制统治、人民愚昧贫困的国家谋求独立富强，就必须"能群"，即增强人民的群体意识和社会组织能力，把一盘散沙的社会变为有组织的近代社会。梁启超说："西人之为学也，有一学即有一会，故有农学会，有矿学会，有商学会，有工艺会……故学无不成，术无不精，新法日出，以为民用，人才日众，以为国干，用能富强，甲于五洲。"他断言："今欲振中国，在广人才；欲广人才，在兴学会。"① 他在《汇报序》中进一步强调："欲救今日之中国，舍学会末有。"② 这种见解在维新派的议论中普遍存在。湖南维新志士大声疾呼："中国之所以弱，由于不群，不群以无学；西人之所以强，由于能群，能群以有学。则今欲合不群而群之，实合本群而群之，群之于学会，或可转弱而为强也。"③ 维新派强调"能群"是为了动员广大民众起来进行爱国救亡斗争，宣传自己的思想主张和创建新的社会组织。这是封建士大夫的旧式结社活动所不能比拟的。

怎样实现"群"的目的呢？维新派采取的完全是新式的组织形式，即通过兴学堂、办报刊、设学会的形式把志同道合的人组织起来。他们尤其强调学会的作用，采用比较灵活的方式组织学会。一般是先建立小会，再建大会，因地制宜，不拘一格。正如梁启超所说："学者一人独立，难以成群，或力量不能备购各书，则莫若设立学会；大会故不易举，则莫若小会。数十人可以为会，十余人可以为会，即等而少之至三四人，亦未尝不可以为会。"④ 据不完全统计，从 1895 到 1898 年（光绪二十一年至光绪二十四年）的四年间，维新派创办的新式学堂共有 94 家，报刊 28 种，学会

---

① 梁启超：《论学会》，载中国史学会编：《戊戌变法》第 4 册，375 页。
② 梁启超：《汇报序》，载中国史学会编：《戊戌变法》第 4 册，377 页。
③ 《沅州设立南学分会公告》，载《湘报》第 96 号，中华书局影印本，876 页。
④ 梁启超：《西学书目表》，载中国史学会编：《戊戌变法》第 4 册，10 页。

34 个。① 这些机构和组织规模不等，成员不定，职能各异，但在宣传救亡图存和维新变法，提倡新学新知方面，则有共同点。这也成为它们之所以能够吸引广大维新志士，促进新型知识分子实现近代中国第一次集结的根本原因，维新派结社活动的意义何在呢？笔者认为主要有以下两点：

其一，破除了清王朝不许士人结社的禁令，冲击了"君子不党"的旧俗，树立了近代中国民众组党结社之新风。梁启超也说："自近世严禁结社，而士气大衰，国之日屡，病源在此，故欲破此痼习，所至提倡学会，虽屡遭反对，而务必达其目的然后已。"② 尽管维新派的活动遭到守旧派的镇压，清廷在戊戌政变后颁发了"禁立会社"的命令，但由维新变法开辟的民间组党结社风气已成大势所趋，不可阻挡。此后，各种民间结社不断涌现出来，成为传播新思想、新文化的重要途径。梁启超在谈到湖南维新运动时说："自此以往，虽守旧者日事遏抑，然而野火烧不尽，春风吹又生，湖南之士之志，不可夺矣。"③ 湖南如此，全国亦如此。

其二，加速了旧士大夫阶层的分化，推动了近代新型知识分子群体的成长和发展。甲午战争失败的噩耗击碎了国人的昏然迷梦，戊戌维新运动的兴起给中国带来了新的曙光。许多士人以此为契机，积极参与新文化事业的社会活动，使其思想发生了新的转变。梁启超、严复、谭嗣同、唐才常等维新健将的思想转变无不如此。在维新运动比较活跃的地区，士人参与社会组织活动积极踊跃，且人数众多。康有为在谈到北京保国会的活动盛况时说："胶旅割后，各国索地，吾与各省志士开会自保，末乃合全国士大夫开保国会，集者数千人。"④ 湖南的学堂、学会也吸引了大量读书人，梁启超说："自时务学堂、南学会等既开后，湖南民智骤开，士气大昌，各县州府私立学校纷纷并起，小学会尤盛。人人皆能言政治之公理，

---

① 根据汤志均《戊戌变法史》、闵杰《戊戌学会考》（载《近代史研究》，1995(3)）、乐正《从学堂看清末新学的兴起》（载《中国近代文化问题》，中华书局，1989)等论著有关内容统计。

② 梁启超：《康有为传》，载中国史学会编：《戊戌变法》第 4 册，10 页。

③ 梁启超：《戊戌政变记》，载中国史学会编：《戊戌变法》第 1 册，304 页。

④ 康有为：《南海先生诗集》，载中国史学会编：《戊戌变法》第 1 册，341 页。

以爱国相砥砺，以救亡为己任，其英俊沈毅之才，遍地皆是；其人在二三十岁之间，无科第，无官阶，声名未显著者，而其数不可算计。"① 维新派掌握的各种团体一时成为新派知识分子的大本营。这种集结表明传统士大夫阶层在新的历史条件下的公开分化，标志着作为近代文化的载体——新型知识分子群体——已经成为一支不可忽视的社会力量。杨深秀曾谈到戊戌变法期间士大夫中新旧两派的尖锐冲突："其守旧者，谓新法概宜屏绝；其开新者，谓旧习概宜扫除。小则见诸论说，大则形之奏牍，互相水火，有如仇雠。"② 可见，新派知识分子不仅形成，而且已经树立起自己的旗帜，向守旧势力发起了进攻。

新型知识分子群体在戊戌变法时期的集结成长，标志着中国近代新文化的发展进入了一个新阶段。维新运动不仅赋予这个群体以独立的意识，而且把这个群体推上社会政治舞台，使其从分散走向集中，从孤立的个体成为有组织的力量。这种变化既反映了中国封建社会在近代变革浪潮的冲击下阶级结构的分化组合，也揭示了文化变革的一个重要内容。文化变革的内容，除了包括自身的内容和形式的变化外，还包括其载体成分的改变。如果其载体的成分不变，文化内容和形式的变革就失去了相应承载的社会物质力量，文化变革也就成了一句空话。从这个角度说，戊戌变法对于造就近代新文化载体的功绩是不可抹杀的。

三、对近代新文化建设的重大贡献

传统文化在戊戌时期的变化还表现为部门文化发生的变化。中日甲午战争以前，中国的部门文化已经发生变化，只是变化缓慢而已。甲午战争以后，在维新变法的影响和新型知识分子群体的推动下，中国出现了一个新的文化运动高潮。"诗界革命"、"文界革命"、"道德革命"、"史界革命"、"戏剧改良"等相继兴起，部门文化变革已成潮流，变化的速度明显

---

① 梁启超：《戊戌政变记》，载中国史学会编：《戊戌变法》第1册，303～304页。
② 《戊戌变法档案史料》，1页，北京，中华书局，1958

加快。这种变化主要表现在两个方面：一是传统的文化部门得到更新、改造，逐步的近代化；二是建立起一些新的文化部门。变化较为显著的领域主要有以下几个：

（一）学术思想

戊戌变法运动打破长期以来"独尊儒术"的局面。维新派大胆吸收西方进化论、社会学、民权说等外来新知，提出自己新的学术思想，为近代学术的确立奠定了基础。19 世纪末 20 世纪初，中国的哲学、政治学、经济学、逻辑学、伦理学、美学等学科摆脱了儒学体系，独立出来，成为近代学术的骨干门类。史学也在新思潮的影响下出现更新，从治学思想到治学方法都发生了根本性的变化，经过戊戌维新运动的洗礼，中国近代学术体系的规模大体上具备了。

（二）道德

在戊戌变法运动中，维新派提出了"道德革命"的口号，用自由、平等、博爱的进步道德观批判封建伦理道德，"冲决"纲常名教的网罗。他们主张用自由、平等、尊重个性等新的伦理道德来取代旧道德，强调"开民智"，试图通过发展文化教育提高国民的素质，改变中国人的道德状况。他们还高度重视妇女解放问题，倡女学，兴女学，批判男尊女卑，并成立各种团体推行自己的主张，把"道德革命"的震荡深入到社会深层。20 世纪初中国出现的"改造国民性"的呼唤和妇女解放的时代潮流，皆源于戊戌变法时期的"道德革命"。

（三）教育

在戊戌变法以前，有识之士对科举制度的腐朽进行过一定的批判，戊戌变法运动把这种批判推到新的阶段。维新派在抨击科举的同时，大力鼓吹教育改革，宣称："变法之本，在育人才；人才之兴，在开学校；学校之立，在变科举。"① "百日维新"期间，光绪帝在维新派的鼓动下，下令废除八股文，开经济特科，对传统教育进行较大幅度的改革。这一改革尽

① 梁启超：《变法通义·论变法不知本原之害》，《饮冰室合集》文集之一，10 页。

管遭到挫折，但到 1901 年（光绪二十七年），清政府不得不宣布实行"新政"，废除八股文，次年又制定了新学制，1905 年（光绪三十一年）最终废除了科举制度。维新派的教育改革是中国近代教育变革的真正起点。

（四）文学艺术

戊戌变法运动给中国文艺领域注入了新的活力，掀起了变革的波澜。首先是"诗界革命"。甲午战争以后，梁启超、谭嗣同、夏承佑、黄遵宪等人就酝酿"诗界革命"，尝试写作"新派诗"。他们写的新诗摆脱了当时居于诗坛正统地位的"同光体"诗拟古主义的习气，内容清新，风格活泼，富有时代气息。维新派高度评价小说的社会作用，著文阐述小说对思想启蒙的重要意义，影响深远。晚清著名小说家吴研人、李伯元就是在这时开始从事文艺创作的。梁启超还写了《译印政治小说序》鼓吹翻译外国小说的重要性。经维新派大力倡导，翻译小说一时风行，到"五四"时期，出现了中国近代翻译小说的全盛局面。维新派还是戏剧改良的鼓吹者，不仅撰文提倡，而且公开支持京剧演员汪笑农等人进行戏剧改革。后来，改革之风波及川剧等其他剧种，产生了全国性的影响。

（五）新闻

中国的新闻业在戊戌运动期间出现了新的发展。甲午战争以前，中国已经出现了近代报刊，但绝大多数都掌握在外国人手中，由中国人创办的报刊数量很少。甲午战争以后，维新派把报刊当做倡变法、开民智的武器，掀起了一个国人办报的高潮。他们办的《时务报》、《国闻报》、《湘报》、《女报》、《无锡白话报》等都很享有盛名，这些报刊不仅在启蒙宣传上做了大量工作，而且在新闻业务的编辑、采访、印刷等方面也做了改进，提高了办报水平。论者评论："资产阶级改良派的这一思想启蒙运动，主要通过组织学会、出版译著和创办报刊来进行的。报刊宣传在这当中起了十分突出的重要作用……对以后半个世纪的社会生活也起了极其深远的影响。"[1]

---

[1]　方汉奇：《中国近代报刊史》上册，128～129 页。

（六）出版

戊戌变法运动极大地推动了中国的图书出版业。为了宣传变法主张，维新派创办了许多出版机构，大量出版中西学书籍和宣传变法维新的读物，开国人创办图书出版业的新风尚。在维新派的影响下，各地出现了一批新式书局，如商务印书馆、算学书局、译书汇编社、广智书局，等等。其中创办于1897年（光绪二十三年）的商务印书馆影响最大，逐渐发展成为当时国内影响最大的出版机构。

除此以外，受戊戌维新运动影响较大的文化领域还有语言、自然科学、图博业、社会习俗等方面。

部门文化是构成一定文化体系的基本因素。部门文化的更新不仅传达了文化体系更新的信息，而且迟早会引起整个文化体系的新变动。就此而言，部门文化的变化是文化体系变革的重要标志。戊戌变法运动作为一场近代思想启蒙运动，以文化变革的浪潮冲击到诸多文化领域，引起一系列部门文化的变革，加快了中国传统文化向近代转变的进程。

四、中国近代文化发展的里程碑

戊戌变法运动在近代中国的救亡图存、政治变革方面所起的重大作用是不言而喻的，而这一运动对中国近代文化发展所产生的积极影响是不可低估的。

从鸦片战争到甲午战争的半个多世纪里，中国社会尽管有了一些近代文化的因素，但封建传统文化仍然占着统治地位，近代新文化的体系并没有真正建立起来。严格说来，这个时期只是近代资产阶级新文化形成的准备阶段。中日甲午战争以后，新兴资产阶级登上政治斗争舞台，发动和领导了戊戌变法运动，在文化领域掀起一场变革，有力地推动了近代新文化的发展。如上所述，维新派在继承中国文化思想的基础上，吸收西方的进化论、民权说等社会观念，提出了自己新的文化思想。他们突破了洋务派"中体西用"的旧框框，同时提倡自然科学和民权精神，最早给近代文化赋予新的含义，使科学、民主成为中国近代文化的主导精神。维新派把对封建专制主义的批判推进到一个新阶段，动摇了封建传统文化的基础，开始实现中国近代文化主导精神方面的转换。戊戌变法运动最早实现了新型知识分子的集结，并以新的思想观念影响了更多的知识分子。自此开始，新型知识分子作为一支有组织的社会力量活跃在中国社会政治舞台，使近代新文化的发展也有了相应的传播载体。维新派呼出了"诗界革命"、"文界革命"、"小说界革命"的口号，引起一系列部门文化的变革，给当时的文化领域带来勃勃生机。可以说，戊戌变法运动使中国封建传统文化受到空前剧烈的震荡，拉开了近代资产阶级新文化反对封建旧文化的序幕，在中国近代文化的发展历程中树立起具有划时代意义的里程碑。戊戌变法时期的文化运动对中国后来的历史进程产生了重要的积极影响。由戊戌维新运动启动的近代思想文化启蒙在辛亥革命和民国初年得到发扬光大。维新派倡导的爱国精神、改革精神、科学民主精神为资产阶级革命派、"五四"时期的新文化派所继承，成为中国近代新文化的一种优良传统。

革命派尽管在政治上与维新派相水火，但在思想启蒙和文化建设问题上却和维新派有着不少共同之处，如介绍西学、宣传新知、开发民智、反对封建迷信等，都为他们所共同关注。而且往往是维新派鼓吹在先，革命派提倡在后，前呼后应，相得益彰。如维新派很早就注意到卢梭、孟德斯鸠等人的学说。黄遵宪说他在出使日本期间，"明治十二、三年时（1879、1880）民权之说极盛，初闻颇惊怪，既而取卢梭、孟德斯鸠之说读之，新志为之一变。"① 以后，维新派视卢梭等人的著作为圭臬，赞不绝口："欧洲近世医国之国手，不下数十家，吾视其方最适于今日之中国者，其惟卢梭先生《民约论》乎！……呜呼，《民约论》兮，尚其东来，大同大同兮，时汝之功！"② 革命派用几乎相同的语言欢呼："夫卢梭诸大哲之微言大义，为起死回生之灵药，反魄还魂之宝方……吾请执卢梭诸大哲之宝幡，以招展于我神州土。"③ 二者在启蒙宣传上的共同点是明显的。戊戌变法运动宣传的思想主张对近代中国影响最大的要算进化论。这是马克思主义传入以

---

① 黄遵宪：《东海公来简》，载《新民丛报》第13号。
② 梁启超：《自由书·破坏主义》，《饮冰室合集》专集之二，25～26页。
③ 邹容：《革命军》，载中国史学会编：《辛亥革命》第1册，335页。

前中国最流行的西方理论，影响了几代先进的中国人。革命派不仅接受了进化论，而且赋予其新的含义，发展为"革命进化论"，进一步丰富了这一学说的内容。

戊戌变法运动对五四新文化运动的影响同样不可忽视。五四新文化运动的健将大都受过戊戌维新的洗礼。陈独秀自己"由选学妖孽转变到康梁派"，经历了"康党、乱党、共产党"①的发展道路。显然，成为"康梁派"，是他一生中的一个重要转折点。五四新文化运动提出的许多主张，诸如科学与民主、改造国民性、白话文运动，等等，追根溯源，都可以从戊戌变法运动中找到它们的源头。从中国近代文化整个变化过程来看，戊戌变法运动是中国近代新文化形成的真正起点；辛亥革命和"五四"新文化运动时期的文化变革，则是前者的继续和深入。它们之间有着不可分割的内在联系。

戊戌变法运动尽管引起了一系列文化部门的变革，但它没有也不可能完成中国传统文化从古代向近代的转变。实际上，这一运动只是吹响了文化变革的号角，拉开了文化革新的序幕，为"五四"时期的文化革命高潮的到来做了准备工作。中国近代新文化的变革和建设，还要经历相当漫长而曲折的道路。

北京师范大学史学探索丛书

---

① 陈独秀：《实庵自传》，载陶元德编：《自传之一章》，30、23页。

第九章　辛亥革命时期的近代科学传播

辛亥革命（1900—1911）[①]不仅是一场发生于近代中国的深刻的社会革命，而且也是一场影响广泛的思想启蒙运动。辛亥革命在思想领域取得的一个重要成就，就是推动了近代科学及科学思想在中国的进一步传播，从而构成了近代中国科学思想发展中的一个重要阶段。

一、辛亥革命时期近代科学传播途径的扩大

辛亥革命时期近代科学在中国传播出现新形势的一个重要表现，就是传播途径的进一步扩大化。辛亥革命以前，近代科学通过报刊、学堂、译书、出版、出国留学、科学团体等途径已经输入中国。辛亥革命以后，这些传播途径不仅在数量和规模上有了迅猛的扩展，发挥的作用更为明显，而且还出现了新的传播途径，即科学小说这种新的宣传科学的形式。这就为近代科学在辛亥革命时期的大量输入创造了有利条件。

（一）报刊

辛亥革命时期，国人创办的大量报刊成为传播科学知识、宣传科学思想的重要途径。刊登科学知识的报刊主要有两类：一类是综合刊登自然科学、社会科学和各种社会新闻的报刊，如《译书汇编》、《普通学报》、《江苏》、《湖北学生界》、《蒙学报》、《女界灯学报》等；另一类是专门性的科技类报刊，这是传播科学知识的主要渠道。仅就后者而言，据笔者所知其

---

① 关于辛亥革命时期的时间起止问题，一般从兴中会成立的 1894 年算起，迄于 1911 年武昌起义。本文出于研究上的考虑，把考察的时间范围限定在 1900 至 1911 年期间，特予申明。

数量已经相当可观。兹列表如下（以创刊年份先后为序）①：

表 9-1

报刊名称	创办时间	创刊地点	说　明
《亚泉杂志》	1900 年 11 月	上　海	
《医学报》	1900 年	杭　州	
《农学报》	1901 年	武　昌	
《工艺报》	1901 年	北　京	
《中外算报》	1902 年	上　海	
《白话学报》	1902 年	北　京	
《科学世界》	1903 年	上　海	
《启蒙格致报》	1903 年	北　京	
《医学报》	1904 年	上　海	
《蚕学月报》	1904 年	武　汉	
《博医会报》	1905 年	上　海	
《直隶农话报》	1905 年	保　定	
《医学报》	1905 年	上　海	
《卫生学报》	1906 年	上　海	
《科学画报》	1906 年	北　京	
《医　报》	1906 年	北　京	
《理学杂志》	1906 年	上　海	
《理科杂志》	1906 年	上　海	
《农桑学杂志》	1906 年	日本东京	
《理　工》	1907 年	上　海	
《科学一斑》	1907 年	上　海	
《普通科学画报》	1907 年	北　京	
《科学讲义》	1907 年	上　海	

---

①　根据方汉奇主编《中国新闻事业编年史》、张静庐辑注《中国近代出版史料》、丁守和主编《辛亥革命时期期刊介绍》等著作有关内容统计。

报刊名称	创办时间	创刊地点	说 明
《学 报》	1907 年	日本东京	
《医药学报》	1907 年	日本东京	
《江西农报》	1907 年	南 昌	
《医药新报》	1907 年	日本千叶	
《理 工》	1907 年	上 海	
《医药学报》	1907 年	上 海	
《汇报科学杂志》	1908 年	上 海	从第 13 期起简名为《科学杂志》
《学 海》	1908 年	日本东京	
《数理化月志》	1908 年	上 海	
《万有学报》	1908 年	上 海	
《医学世界》	1908 年	上 海	
《吉林农报》	1908 年	东北吉林	
《绍兴医药学报》	1908 年	浙江绍兴	
《蚕学报》	1908 年	广 东	
《河南白话科学报》	1908 年	开 封	
《医学公报》	1909 年	上 海	
《农工杂志》	1909 年	杭 州	
《中国蚕丝业会报》	1909 年	日本东京	
《地学杂志》	1910 年	北 京	
《中西医学报》	1910 年	上 海	
《医学杂志》	1910 年	上 海	
《上海医报》	1910 年	上 海	
《数理化学会杂志》	1910 年	上 海	
《地理杂志》	1910 年		
《医学新报》	1911 年	上 海	

上表仅是不完全统计，其数量已达 48 家之多，超过辛亥革命以前任何一个时期创办的科技报刊数量。这些报刊多数由民间创办。其中既有综合

晚清学术文化新论

第九章 辛亥革命时期的近代科学传播

性的,又有专门性的。各分类情况为:综合类 21 种;医学类 17 种;农学类 7 种;地理地质学类 2 种;数学类 1 种。专门性科技报刊共有 4 类 27 种,其数量超过综合性科技报刊。这反映了中国近代科技向专业化方向发展的趋势。

(二)学堂

辛亥革命时期在社会变革潮流的冲击下,以科举制为代表的封建传统教育制度迅速没落,社会上出现了兴办新式学堂的热潮。据清朝学部统计,仅 1908 年新式学堂达 47 995 所,学生数达 1 300 739 人,分别比上年增长了 26.7% 和 26.9%。在这些新式学堂中,无论是中小学,还是大学,都开设了自然科学类课程。清政府在 1903 年颁布的《奏定初等小学堂章程》[①] 规定的 8 门必修课程中有 3 门自然科学类课程,即算术、格致、地理课程。中学堂开设的相关课程有地理、算学、博物、物理、化学。大学则设立各类理工科专业。清政府颁布的《奏定大学堂章程》[②] 规定,大学设置的此类专业为 21 个,其中医科 2 个、格致科 6 个、农科 4 个、工科 9 个,讲授的内容具有一定的深度和系统性。如大学物理专业的主课有:物理学、力学、天文学、数理结晶学、物理化学、应用力学、气体论、毛管作用论、音论、电磁光学论、应用电气学、物理星学、微积分、几何学、求函数、函数论等门类,以及相关实验。地质学的主课有:地质学、矿物学、岩石学、古生物学、晶象学、矿床学、地质学及矿物学研究、普通动物学、骨骼学、植物学,以及相关实验。像京师大学堂、北洋大学堂、山西大学堂、南洋公学、震旦学院(1903)、南洋大学堂(1907)等高等学校都开设了理工科专业。与同文馆时期的教育比起来,此期大学的科学教育水平有了很大提高。

除了在综合性学校开设科学类课程外,中国还出现了理工科及应用类的大中学堂,专门授以各种科学知识和专业技术知识。这些学堂分为官办和民办两种类型。著名者有:山西农林学堂(1902)、江西医学堂

① 《奏定初等小学堂章程》,载舒新城编:《中国近代教育史资料》中册,420 页。
② 《奏定大学堂章程》,载舒新城编:《中国近代教育史资料》中册,578~631 页。

（1902）、湖南高等实业学堂（1903）、保定医学堂（1904）、京师高等实业学堂（1904）、直隶高等工业学堂（1904）、唐山路矿学堂（1905）、江西高等农业学堂（1905）、瑞平化学学堂（1905）、贵州桑蚕学堂（1905）、杭州富华工艺学堂（1906）、北京协和医学校（1906）、邮传部高等实业学堂（1907）、山西实业学堂（1907）、上海同济德文医学堂（1907）、广东农业讲习所（1909）、湖南铁路学堂（1909）、渔业公司水产学堂（1910）、茶务讲习所（1910）、浙江中等工业学堂（1911）等。以上学堂，尤其是其中的高等学堂，以培养高级专门科技人才为宗旨，讲授的知识比较深入系统。如清政府办的高等工业学堂就规定："以授高等工业之学理技术，使将来可经理公私工业事务，及各局厂工师，并可充各工业学堂之管理员教员为宗旨。"① 所设置的专业有 13 科：应用化学科、染色科、机织科、建筑科、窑业科、机器科、电器科、电气化学科、土木科、矿业科、造船科、漆工科、图稿绘画科，均讲授较为高深的专业内容。

（三）翻译出版机构和译书

翻译出版西书是传播近代科技知识的一个重要途径。早在洋务运动时期，清政府就成立专门的译书机构有组织、有计划地翻译西书，掀起了一个输入西方近代科技知识的高潮。中日甲午战争后，在戊戌维新运动的影响下，出现了一批民办翻译出版机构。商务印书馆编译所、大同译书局、译书公会等机构的涌现就是维新运动的产物。1900 年以后此类机构的创办如雨后春笋，如南洋公学译书院（1900，上海）、译书汇编社（1900，日本东京，上海设有总发行社）、广智书局（1901，上海）、江楚编译局（1901，南京）、教育世界出版社（1901，上海）、上海文明编译印书局（1902）、京师大学堂译书局（1903）、京师编译图书局（1906）、中国医学会（1909，上海）等。这个时期的翻译出版机构不仅数量多，而且情况复杂，大有"官办民办并举，国内国外遍设"之势。但是，无论哪种机构，都把出版发行科技类书籍当做一项重要的工作。有一种说法认为，辛亥革

---

① 《奏定高等农工商实业学堂章程》（1903），载舒新城编：《中国近代教育史资料》中册，769 页。

命时期传入中国的西学主要是西方的哲学和社会政治学说,传入的自然科学数量不多,出版译书的种类数量甚至逊于洋务运动时期。徐维则的《东西学书录》、顾燮光的《译书经眼录》所收录的西方社科类译书多于科技类译书,也为这种说法提供了依据。其实,徐书、顾书的统计并不完全,遗漏甚多,并不符合实际。笔者曾就这一问题对北京部分图书馆馆藏作过调查,访查的图书馆有北京图书馆(现更名为国家图书馆)、首都图书馆、中国社会科学院图书馆、北京大学图书馆、北京师范大学图书馆,访查对象是辛亥革命时期出版的科技类书籍。现将以上图书馆馆藏的该时期出版的数学、物理学、化学、生物学、地质矿物学等学科书籍,与《东西学书录》、《译书经眼录》的有关记载列表 9-2,以作比较:

表 9-2

	《东西学书录》	《译书经眼录》	北京部分馆藏
数　学	32	47	56
物理学	15	15	45
化　学	18	6	38
动植物学	15	5	67
地质矿物学	18	11	38

需要指出的是,《东西学书录》、《译书经眼录》所收录的书目中有一些是辛亥以前出版的旧籍,如《东西学书录》中所收录的化学类书籍共 18种全都出版于 1900 年以前;动植物学 15 种中有 12 种是洋务运动时期的出版物。其他门类也有这种情况。可见,《东西学书录》和《译书经眼录》的记载不仅有遗漏,而且所反映的内容也大打折扣。笔者所调查的实际数量远远超过此二书的记载已是不争之事实。需要指出的是,笔者的调查也很不完全,只是一个地区的部分情况,远不是它的全貌。如果对全国各地的大型图书馆馆藏的此类图书作一个比较全面的调查,那将是一个相当庞大的数字。可见,辛亥革命时期国人在介绍西方社会科学的同时,并未忽视对于西方科学的介绍,引进的数量和种类相当可观,其规模无疑超过以前任何一个历史时期。

（四）出国留学

辛亥革命时期，大批青年学子怀着救国和求知的热切愿望，不辞辛劳，远渡重洋，前往欧美、日本留学，不少留学生把理工科作为学习的主攻方向。据《东方杂志》① 报道，1904 年一年中，南洋公学领凭毕业的 15 人中，有 12 人被派往比利时留学工科。江西省农工商矿局一次选派 10 人到日本学习农工商各科。山东省在七月派学生 20 人赴日专习农学，十二月又招学生 24 人，其中学工科 9 人，学商科 5 人，学农科 10 人。大致而言，辛亥时期的中国赴欧美各国的留学生以学习科技为主，赴日留学的情况比较复杂，有学习文科、理工科、军事等不同学科的区别，其中习科技的人为数不少。据实藤惠秀《中国人留学日本史》一书记载，清末中国留日学生中除在综合性学校学习理工科外，在工业院校学习者 101 人，在医学院校学习者 52 人，在农业院校学习者 58 人，共计 211 人。②

（五）科学团体

中国最早的科学团体出现于 19 世纪七、八十年代。1895 年戊戌维新运动以后，国人结社组会蔚然成风，其中不乏讲求科学的团体。如上海农学会（1896）、算学会（上海，1897）、测量学会（南京，1897）、质学会（武昌，1897）等。辛亥革命时期，中国出现了更多的科学团体。它们的组织与活动，比以前的同类团体更加规范化和专业化。比较有代表性的科学团体主要有：

1. 上海科学仪器馆，它的前身是杜亚泉在 1900 年于上海创办的亚泉学馆，1903 年以后改现名。其成员主要有杜亚泉、虞和钦、王本祥等留学日本的青年学人。该馆以研习和宣传自然科学为宗旨。创办《亚泉杂志》（后改名为《科学世界》）作为宣传科学的舆论工具。

2. 中国化学会欧洲支会，1907 年由留学欧洲的中国学生在法国巴黎组建，俞同奎任该会书记。成员 20 余人，均为研习化学的专业人员。该会

---

① 参见《东方杂志》第 1 卷第 6、第 12 期，1904 年出版。

② ［日］实藤惠秀：《中国人留学日本史》，113 页，北京，生活·读书·新知三联书店，1983。

曾经印行过一本题为"中国化学会欧洲支会戊申年报告"的小册子①。内有关于学会缘起、年会记事、工作报告、化学物质命名等内容和一些照片。

3. 中国地质会，1909 年由张相文约集白毓昆、陶懋立、韩怀礼等人在天津创立。张相文被推举为会长。次年 3 月创办《地学杂志》作为会刊，刊登大量有关地学方面的知识，一直持续近 30 年，在国内科学界具有一定的影响。有人"把中国地学会的创立，作为我国近代各种学会建立的开始。"②

与以前出现的科学社团相比，这个时期的科学团体主要由留学欧美、日本的理工科学人组成，专业化水平高，社团组织更加规范，学术研究的色彩更加浓厚。

（六）科学小说

科学小说既是出现于清末民初的文学新品种，又是传播科学知识、宣传科学思想的一个新途径。它的问世和流行说明辛亥革命时期科学思想的影响更为广泛和深入。科学小说有的发表在文学报刊和综合性报刊上，有的则由各种书社、书局编辑成书出版发行。《绣像小说》、《小说林社》、《新小说》、《月月小说》、《小说时报》、《新民丛报》等文学报刊就刊登过不少科学小说。如《新法螺先生谭》③、《生生袋》④、《乌托邦游记》⑤、《世界末日记》⑥、《世界末日记》⑦、《窃贼俱乐部》⑧、《飞访木星》⑨、《伦敦新世界》⑩，等等。其中既有创作，又有译著。署名"东海觉我"的《新

① 袁翰青：《中国化学史论文集》，295～296 页。
② 杜石然等编著：《中国科学技术史稿》下册，300 页，北京，科学出版社，1983。
③ 东海觉我，载《小说林社》1905 年 6 月。
④ 支明著，韫梅评，载《绣像小说》49—52 期，1905 年 6—7 月。
⑤ 萧然郁生，载《月月小说》第 1—2 号，1906 年 11 月。
⑥ 笑，载《月月小说》第 19 号，1908 年 8 月。
⑦ 任公译，载《新小说》第 1 号，1902 年 11 月。
⑧ 周桂笙译，载《新民丛报》第 3 年第 15 号，1905 年 2 月。
⑨ 周桂笙译，载《月月小说》第 5 号，1907 年 2 月。
⑩ 周桂笙译，载《月月小说》第 10 号，1907 年 11 月。

法螺先生谭》生动地描写了小说主人公法螺先生漫游月球、火星、金星的奇遇，与包天笑译的《法螺先生谭》、《法螺先生续谭》合刊一册，是中国近代最早的科学幻想小说之一。当时的有识之士把科幻小说看做宣传科学知识和科学思想的重要手段，大力提倡。徐念慈在《小说林缘起》一文中指出："月球之环游，地心地底之旅行，日新不已，皆本科学之理想，超载自然而促其进化者也。"① 从辛亥革命时期起，中国学界又多了一个引人注目的新名词——科学小说。

上文提到的传播途径，有的尽管久已存在，但在辛亥时期都已在数量和质量上发生了更加有利于科学传播的重要变化，同时还有了科学小说这一宣传科学的新形式，这就使辛亥革命时期出现了又一个科学传播的热潮。

二、辛亥革命时期输入的科技新知和传播主体的转换

辛亥革命时期的科学传播不仅传播途径多样化，而且介绍的内容也更加丰富多彩，所介绍的近代科技信息具有新知识多、系统性强的特点，远非洋务运动时期输入的西学可比。

19世纪末20世纪初，人类科学技术无论是基础研究，还是应用技术，都出现了新的发展和飞跃。世界科技的这些飞速发展备受国人重视，成为辛亥革命时期科技知识输入的热点。输入的内容包括基础理论和应用技术两个方面。

（一）关于科学基础理论的介绍

1. 物理化学

1895年德国科学家伦琴发现了 X 射线，在科学界引起轰动。1899年江南制造局出版的由傅兰雅、王季烈合译的《通物电光》及时介绍了这一新发现。该书原著是由美国科学家莫尔登、汉莫尔合著。"通物电光"是当时学界对 X 射线的称谓。该书的最后一卷介绍了 X 射线在医学方面的应

---

① 徐念慈：《小学林缘起》，载《小说林》创刊号，1907 年 1 月。

用。1898年居里夫人发现了镭。1903年鲁迅（署名自树）发表《说镭》一文，介绍了镭元素的性质和使用价值，特别提到居里夫人对镭的发现和提取。文章写道：

> 法国巴黎工艺化学学校教授古蒍夫人，于授业时为空气传导之装置，偶于别及不兰（澳大利产之复杂矿物，即铀矿）中，见有类似 X 线之放射线，闪闪然光甚烈，亟告其夫。古蒍研究之末，知含有铋化合物，其放射性凡四千倍于铀盐。以夫人生于坡兰德（波兰）故，既以坡罗尼恩（即钋）名之，既发表于世。①

对 X 射线和镭的介绍都是在它们被发现后不久进行的，对这些知识的引进尚属及时。

电化学在当时是一门新的分支学科，也受到国内学界的广泛关注。在山西大学堂任教的瑞典籍化学教师常新富写的《无机化学》一书中，专列一节简明扼要地介绍了"电化学"。并指出，电化学是以研究化学能与电能之间转换的规律为对象，介绍了法拉第的电解定量规律、阿累尼乌斯提出的电离学说。

2. 生物学

晚清中国学界对西方生物学新理论的介绍以进化论最有影响。严复翻译《天演论》、系统介绍进化论的首译之功不可抹杀。然而，严复在戊戌维新运动期间翻译的《天演论》并非达尔文的原著，而是赫胥黎阐述达尔文学说的著作。达尔文提出进化论的原著《物种起源》最早的中译本则成书于辛亥革命时期。1901至1902年，留日学生马君武将达尔文《物种起源》中的第三章"生存竞争"和第四章"自然选择"译毕，分别冠以《达尔文物竞篇》、《达尔文天择篇》的名称出版发行。虽然这只是达尔文原著的节译本，但这两章乃是达氏原著的核心部分，集中反映了达尔文进化论的精华。

---

① 鲁迅：《说镭》，载《浙江潮》第8期，86页。

北京师范大学史学探索丛书

在辛亥革命时期出版的其他生物学译著中，有相当多的作品都是阐发达尔文的生物进化论。如窦乐安的《克洛特天演学》、安东伊三次郎的《生物界之现象：动物篇》、横山又次郎的《生物之过去未来》等。《克洛特天演学》在从正面阐述了达尔文学说之后，还批驳了非难该学说的观点。他说：这些非难性意见均"不足破天演之理，且益以坚其说耳。"作者坚信："学以辨而愈明，真理所在，不可诬也。"[①] 安东伊三次郎的《生物界之现象：动物篇》也驳斥了那种以自然界存在物种退化的现象而否定进化论的观点，认为这是对进化论的一种曲解。作者认为进化论的本质是承认物种的变化，而物种变化分为两种情况，即进化与退化。从这个意义上讲，进化论也可称之为"变迁论"。他说："变化与退化二者之意义，本无一定，即以近化论谓为变迁论可也。"在这里，作者不仅捍卫了进化论，而且还提出了对这一理论的新理解。值得注意的是，该书还介绍了西方生物学界兴起未久的遗传学，对孟德尔的学说倍加推崇：

> 关于遗传之研究尚属幼稚，异说纷纷，右仅述其一派之说。若以维志莽氏（孟德尔）所言，遗传依染色体而行之者。其一生阅历中所受之变化，无遗传于子之事。而其生变化者，乃依染色体之量而然。[②]

日本理学博士箕作佳吉的《动物学教科书》论述了"自然之平均"的生态平衡理论。作者认为，自然界存在的各种生物不是彼此孤立的，而是存在着相互依赖的关系。在正常的情况下，这种关系体现为"自然之平均"，即生态平衡。作者举例说明"动物与植物有因各自之生理作用而助相互生计关系。"人类一方面依赖大自然的赐予，同时又不能无限制地向自然索取，必须保护自己的生存环境。然而，这种"自然之平均"状态、人类生存的环境经常遭到破坏。这种破坏来自两个方面：一是自然气候的复杂变化，二是人为的破坏。后者危害尤其严重。作者指出：

① ［英］窦乐安著：《克洛特天演学》，44 页，太原，协和书店，1905。
② ［日］安东伊三次郎：《生物界之现象：动物篇》，光绪三十三年（1907）版，180、179 页。

人为而破自然界之平均时，亦带来意外之结果。例如滥伐森林，其结果尤为可恐，不仅栖息于森林之鸟兽昆虫失其住所，而至消灭，又因之常降多量之雨水，不复止于山中，一时自河川流下，屡起泛滥，为人畜之大害。[①]

这些论述在今天看来尽管是浅显的，但却提出了当时人们注意不够和对以后社会发展影响甚大的问题。

3. 地质矿物学

在地质矿物学方面，值得一提的是对结晶学的介绍。本来在洋务运动时期翻译出版的英国地质学家代拿的《金石识别》一书中就包括了"结晶图学"的内容，但由于受到洋务派在翻译指导思想上过分强调实用性的影响，译者只翻译了其中有关地矿学一般知识的部分，而删去了内容较深的"结晶图学"。这一疏忽使结晶学传入中国的时间推迟了数十年。1910年在德留学的马君武翻译了德国矿物学家胡沙克的《矿物学》，介绍了国人所不熟悉的这一学科。该书涉及结晶学的形成发展、基本原理、人造矿物研究、矿物分示法、结晶光学性质研究等问题，列举的西文参考书27种，多数内容为该学科的前沿知识。

（二）关于应用技术的介绍

19世纪末20世纪初，欧美各主要资本主义国家在应用技术方面取得飞快的发展，工业、农业、交通运输、日用工业、医疗等方面新发明不断涌现，无线电通讯、航空等新技术领域取得的成就更是令人目眩。这些技术进步理所当然地受到国人的关注，被大量输入到国内。

1. 农业

罗振玉等人在上海成立的农务会以及创办的《农学报》（亦称《农会报》）介绍了大量国外先进农业技术知识。梁启超在《农会报序》中阐述

---

① 箕作佳吉著、虞和寅译：《动物学教科书》，5页，上海，新学会社，光绪三十三年（1907）版。

了该报的创办宗旨及内容：

> 远法《农桑辑要》之规，近依《格致汇编》之例，区其门目，约
> 有数端：曰农理，曰动植物学，曰树艺（麦、果、桑、茶等品皆归此
> 类），曰畜牧（牛、羊、彘、驼、蚕、蜂等物皆归此类），曰林材，曰
> 渔务，曰制造（如酒、糖、酪之类），曰化料，曰农器，曰博议（海
> 内通人有贻书撰文论农务者，皆附印报中，谓之博议），月沏一篇，
> 布诸四海。①

该报在不到十年的时间里（1897—1906）刊登了大量介绍国外先进的农业
生产技术信息。农务会还组织编译出版《农学丛书》，推广欧美、日本的
农业新技术。主要译著有《植物人工交种法》、《农务化学答问》、《农艺化
学实验法》、《农业霉菌论》、《农作物病理学》、《美国植棉书》、《森林保护
学》、《淡水养鱼》、《泰西农具及兽医治疗器械图说》等，总计百余种。继
《农学报》之后，许多地方也出现了类似报刊，如《北直农话报》、《湖北
农会报》、《江西农报》等，在介绍国外农业技术方面发挥了积极的作用。

2. 医学

20 世纪初，欧美、日本等国的医学事业发展迅速，国人对各国医学的
介绍倍加关注。在本文前面提到的此期国人创办的各种专门性科技报刊
中，医学类报刊多达 17 种，其数量居其他各类报刊数量之首，这反映了人
们对近代医学的重视程度。这些医学类报刊介绍的国外医学新知识是难以
统计的。此期关于国外医学知识的介绍，丁福保所做的工作和贡献不能不
提。他不仅主编《中西医学报》大量刊登介绍国外医学、医药方面的稿
件，而且从 1908 年起主持编辑出版医学丛书的工作，系统出版医学译著。
他在谈到这项工作时说：

> 夫医籍之浩博也，不得不延人翻译，代草创之劳矣。余绳勉朝

---

① 梁启超：《农会报序》，《饮冰室合集》文集之一，130～131 页。

夕，笔之削之，一再以书，往往至模糊不可辨，不自知手腕之几脱也。经营拮据，历有所年，因成医书若干种，名曰丁氏医学丛书。①

这套医学丛书主要译自日文医籍，出版数量多达数十种。主要有：《新撰病理学讲义》、《临床病理学》、《病源细菌学》、《竹氏产婴学》、《新万国药方》、《新纂儿科学》等，涉及医学、医药学各个领域。对于处于落后状态中的中国医学界来说，这套医学丛书的出版无异于一场及时雨。

此外，《东方杂志》、《经世文潮》、《广益丛报》等刊物也经常刊登国外的医学信息。

3. 航空

20世纪初，西方国家的航空事业刚刚起步，中国关于世界航空信息和动态的介绍屡见报端。如《记轻气球与飞船》②、《最新飞行器》③、《气球与飞机沿革略》④、《飞行船之新计划》⑤、《欧美飞行事业》⑥ 等文章，就介绍和报道了国外航空的最新动态。《欧美飞行事业》一文不仅介绍了欧美国家的航空业，而且还提到"日本之秘密飞行船"，揭露了日本秘密扩军备战，加紧发展空军的内情。文章还披露了日本正在建造"船身之长凡百五十米，备二重甲板"、可以停放"飞行船"的大型军舰。《地学杂志》第10号还报道了旅美华侨冯如自制飞机成功试飞的消息，称："冯如所造之飞船，乃嘉省自有飞船以来之最大者。"

4. 无线电通讯技术

无线电通讯是20世纪初西方通讯手段中的最新技术。这一新技术在国内得到及时的介绍。介绍的译著、译文有：《无线电报》⑦、《无线电话》⑧、

---

① 丁福保：《畴隐居士自订年谱》，37～38页。
② 载《万国公报》卷二〇二，光绪十一年（1885）十一月。
③ 载《农工商报》第16期，1907年11月。
④ 载《国风报》第1年第1期，1910年2月。
⑤ 载《地学杂志》第1年第3号，1910年4月。
⑥ 载《地学杂志》第2年第14号，1911年5月。
⑦ ［英］克尔撰，［美］卫理、范熙庸译，江南制造局1900年出版。
⑧ 载《万国公报》第188册，1904年9月。

《无线电话之发明》①、《实验电报学》②、《无线德律风》③、《欧美电信电话事业》④ 等多种。其中卫理、范熙庸合译的《无线电报》一书写得比较系统，涉及无线电报的发明、原理、使用方法等问题，文字表述简明扼要。如其序所言："此书虽仅数十页，而详述考得无线电报之法，甚为明晰，图亦精细，所言试验之法，毫无差误。"

除以上内容外，关于采矿、机械、汽车、火车、造船等方面新技术的介绍，在当时同样不绝于书。因限于篇幅，兹不一一列举。

辛亥革命时期传播近代科学出现新形势的一个重要标志，就是传播主体发生了根本性的变化。大致来讲，从鸦片战争后到洋务运动的几十年间，西学东渐并未突破明末清初的藩篱，西学传播的主动权仍然掌握在外国传教士的手中。据梁启超的《西学书目表》统计，1896 年以前出版的西学译著，中国人翻译者 38 部，中外学者合译者 123 部，外国人翻译者 139 部。中国人独译者仅占 3 项总数的 12.67%，如果把中国人独译和参与翻译的两项译书数量加在一起也只占 53.67%。可见，多数译著都成于外国人之手，而参与译书的中国学者多数不通西文，主要从事译文的润色工作，在翻译过程中只起辅助性作用。这种情况到辛亥时期则发生了重大变化。

中日甲午战争后兴起的戊戌维新运动开始改变这种状况。尤其在辛亥革命时期，随着新一代翻译人才的成长，中国译界发生了重要的变化，一批经过资产阶级政治斗争风雨洗礼的新兴知识分子开始成为输入西学的主体力量。正如梁启超所说：

> 戊戌政变，继以庚子拳祸，清室衰微益暴露。青年学子，相率求学海外，而日本以接境故，赴者尤众。壬寅、癸卯间（案：1902、1903），译述之业特盛，定期出版之杂志不下数十种。日本每一新书

---

① 载《直隶教育杂志》第 2 年第 17 期，1906 年 11 月。
② 中国图书公司编译，1906 年出版。
③ 载《南洋商务报》第 40 期，1908 年 5 月。
④ ［日］中山龙次著，李景铭译，1910 年出版。

出，译者动数家。新思想之输入，如火如荼矣。①

　　而在这时流行的西书多数都是由中国译者翻译的。在反映辛亥革命时期西学传播状况的《译书经眼录》所收录的书目中，中国学者译著者 415 部，占译书总数 86.28%，中外学者合译者 33 部，占译书总数 6.86%，外国人翻译者 33 部。其中，仅中国学者独译者就占了压倒性优势。这种情况与梁启超《西学书目表》所反映的内容相比，形成了巨大的反差。这说明，在辛亥革命时期的西学东渐中，中国人已经掌握了输入西学的主动权，成为传播西学的主导力量。这种情况也同样在近代科技知识的译介中表现出来。从事翻译近代科技知识的中国译者可以列出一长串中国学者的名单，诸如严复、马君武、张相文、丁福保、王季烈、杜亚泉、范迪吉、虞和钦、王学来、徐鸿宝、秦毓鎏、樊炳清、严保成、马叙伦、杨廷栋、杨国璋等，均为其中的活跃人物。他们大都受过系统的近代科学文化教育，具有新的知识结构和较高的外语水平，独立地从事着科学翻译工作。其中不少人还是资产阶级运动的参加者和同情者，在思想水平和文化素质方面都胜过他们的前辈。正是在这样一批富有朝气的有志之士的努力下，才使辛亥革命时期科学知识输入的工作开展得如火如荼。

　　由于辛亥革命时期科学传播途径的进一步扩大，传播主体也由外国传教士转变为中国新型知识群体，中国人开始掌握了输入国外科技知识的主动权，传入中国的科技知识不仅信息量大，而且前沿信息多，输入内容的数量和质量超过了辛亥以前的任何一个历史时期。正因如此，辛亥革命时期科学传播对社会产生了广泛的影响，引起了中国人关于科学认识上的重大变化。

三、辛亥革命时期国人科学思想的进步

　　辛亥革命时期，中国人对科学的认识发生了很大的变化。主要表现在

---

① 梁启超：《清代学术概论》，《饮冰室合集》专集之三十四，71 页。

以下几个方面：

（一）从"格致学"向"科学"过渡

西方科学传入中国以后，在很长一段时间被称为"格致学"。明末清初，来华的欧洲耶稣会传教士熊明遇的《格致草》、高一志的《空际格致》、汤若望的《坤舆格致》等书的名称就使用了"格致"一词。在鸦片战争以后较长的一段时间里，中外学者依旧沿用了这一称谓，称西方科学为"格致学"。中日甲午战争以前出版的许多科学书籍多冠以"格致"或"格物"。就现有的资料来看，国人中最早使用"科学"一词的学者是康有为。他在戊戌维新运动期间出版的《日本书目志》中列举了《科学入门》、《科学之原理》[①] 等书目。1898[②] 年 6 月 17 日康有为在《请废八股试帖楷法试士改用策论折》中两处使用了"科学"一词。流行于近代的"科学"一词，是从日本借用而来。1874 年日本哲学家西周发表《知说》一文，首次采用"科学"这个译名，即指近代自然科学。以后逐渐流行开来，以至影响到中国。辛亥革命时期，国人使用"科学"一词的频率逐渐增多，出现了"科学"与"格致"并存的局面，而且大有"科学"取代"格致"之势。本文前面列举的该时期出版的科学类报刊中，刊名中采用"科学"的有 6 家，沿用"格致"的仅 1 家。《译书经眼录》收录的科技类书目中，有的称"格致"，有的叫"科学"，两者交叉使用，反映出时代的特点。[③] 许多西学译者在自己的著译中大量使用"科学"一词。马君武写于 1903 年的《新学术与群治之关系》，论述了西方科技史，文中"科学"一词俯拾即是。如"中世纪之人，无治自然科学者"；"十七世纪之大成功，即科学之进步是也"。[④] "科学"一词的使用还见诸于官方文字。在

① 康有为：《日本书目志》，《康有为全集》第 3 册，624 页，上海，上海古籍出版社，1992。康氏在该书序中未写明成书时间，梁启超写的《读日本书目志书后》发表于 1897 年 11 月 15 日出版的《时务报》，可推测康氏使用"科学"一词的时间应在 1987 年以前。

② 中国史学会编：《戊戌变法》第 2 册，211 页。

③ 参见顾燮光：《译书经眼录》卷八，10 页。

④ 莫世祥编：《马君武集》，188、193 页，武汉，华中师范大学出版社，1991。

1907 年清政府筹备立宪的奏议中，御史徐定超奏称：进入学堂的学生学习中学，"兼习泰西各种科学，科学即通，始入大学。"候补内阁中书黄运藩递呈的奏折标题就是《请变通学务科举与科学并行中学与西才分造》[①] 可见，在辛亥革命时期，"科学"一词开始流行起来，形成与"格致"竞长争高的局面，为在民国时期"科学"一词的使用最终取代"格致"奠定了基础。

从"格致"到"科学"，虽然只是一词之差，但它们所包含的内容则有重大区别。"格致"一词来源于儒学经典《礼记·大学》中"格物致知"一语，本义指的是养德修身的方法。明清时期讲西学的人尽管给它赋予了新的解释，用它来表述西方科学，但它毕竟是一个与传统经学有着密切渊源的词汇，不能完全涵盖近代科学所包括的内容。它只能是一个过渡性的词汇，它为"科学"所取代完全是历史发展的必然，也反映了国人科学观念的进步。正如胡适后来所言：

> 这三十年来，有一个名词在国内几乎做到了无上尊严的地位；无论懂与不懂的人，无论守旧和维新的人，都不敢公然对他表示轻视或戏侮的态度。那个名词就是"科学"。[②]

(二) 深化国人对科学内涵及其重要性的认识

现代人对于科学的定义是：科学是运用范畴、定理、定律等思维形式反映现实世界各种现象的本质和规律的知识体系，是一种意识形态。它不仅包括自然科学、社会科学、思维科学等具体知识门类，而且还体现为推求这些学科的方法、精神和风范。然而，在中日甲午战争以前，国人对格致学即科学的认识尚停留在器物科学观的水平上，只把科学理解为自然科学，或者是其中的某些分支学科，如物理学等。以后的维新派初步摆脱了洋务时期器物科学观的认识，对科学作了广义的解释，即认为科学不仅包

① 《清末筹备立宪档案史料》下册，979、981 页，北京，中华书局，1979。
② 胡适：《科学与人生观序》，《胡适文存》二集，140 页。

括自然科学，而且包括社会科学和科学方法。梁启超曾说："今日之学，当以政学为主义，以艺学为附庸。"① 他所说的"政学"指的是社会科学，"艺学"则是指自然科学，他是从广义的层面来理解科学的。而到辛亥革命时期，国人对科学的认识在此基础上更进一步深化了。归纳起来，主要有以下几种认识：

第一，作自然科学的理解。有人对"科学"一词的来源作了叙述：

> 科学者何，所谓形下之学也。科学二字，为吾国向所未有，盖译自英文之沙恩斯 Science，英文之沙恩斯，又出于拉丁之沙倭 Scio，沙倭云者，知之谓也。至十六世纪，沙恩斯一字乃与阿尔德 Art 一字相对峙，盖沙恩斯为学，而阿尔德则术也。至十七世纪，沙恩斯一字又与律多来久 Literature 一字向对峙。盖沙恩斯为科学，而律多来久则文学也。兹义实传至今日，传至东方，传至我国，此科学二字所由来也。②

文中所说的科学显然是指自然科学。这种认识在当时很有普遍性。

第二，作广义科学的解释，把科学称为包括自然科学、社会科学在内的多层次的知识体系。马君武在 1903 年发表的《新学术与群治之关系》论述了西方自文艺复兴以来科学兴起的过程。他所说的"科学"，既包括哥白尼、牛顿等人的自然科学，也包括法国启蒙思想家的社会政治学说和"十八世纪所发明之一种新科学，而今日占极重要之地位者，即经济学是也"③。体现了广义科学的概念。孙中山的科学观也是建立在广义的科学概念基础之上的。他说：

> 世界之学有二大类，其一曰自然科学，其一曰人事科学。自然科学者，如天算、地文、地质、物理、生物、化学是也。人事科学者，如社

---

① 梁启超：《变法通义·学校余论》，《饮冰室合集》文集之一，62 页。
② 《论文学与科学不可偏废》，载《大陆》第 3 期，1903 年 2 月。
③ 莫世祥编：《马君武集》，196 页。

会学、心理学、伦理学、政治学、法律学、经济学、历史学是也。①

严复给"科学"的定义是："执果穷因，是惟科学。"② 他所理解的"科学"是一个内容广泛、层次诸多的知识体系。他按照"西学通例"把科学分为三个层次，"一曰统挈科学，二曰间立科学，三曰及事科学。"统挈科学包括"名数两大宗"，即逻辑学和数学。间力科学"分力质两门"，"力如动静二力学水学声学光学电学，质如无机有机二化学"。及事科学是指"治天地人物之学也"，包括天文学、地质学，"人有解剖，有体用，有心灵，有种类，有群学，有历史，物有动物，有植物，有察其生理者，有言其情状者"③。在严复提出的这个科学系统中，以逻辑学和自然科学为基础，包括了应用科学、思维科学和各门社会科学。沟通自然与人事的是群学，即社会学，因为"学问之事，以群学为要归。惟群学明而后知治乱盛衰之故，而能有修齐治平之功。"④ 在他提出的这个体系中，社会学居于较高的层次。

第三，从方法论的角度界定科学。西方近代科学的迅速发展，在很大的程度上受益于一系列科学方法的运用和推广。逻辑法、实验法在其中发挥了重要作用。严复早在戊戌维新时期就强调过这个问题，指出：实验法是西方科学发展遵循的一条根本法则，"一理之明，一法之立，必验之物物事事而皆然，而后定之为不易"⑤。辛亥革命时期，严复翻译出版了《穆勒名学》、《名学浅说》，比较系统地介绍了西方逻辑学，尤其强调归纳逻辑的重要意义。在此风影响下，一批讲逻辑学的译著先后问世，如《辨学》（王国维译）、《论理学达旨》（林祖同译）、《论理学纲要》（田吴炤译）等书，对国人讲求科学方法起了积极的推动作用。马君武就认为，逻辑学

北京师范大学史学探索丛书

---

① 孙中山：《平实开口便错》，《孙中山全集》第 1 卷，386 页，北京，中华书局，1981。
② 严复：《译〈群学肄言〉自序》，《严复集》第 1 册，123 页。
③ 严复：《京师大学堂译书局章程》，《严复集》第 1 册，130 页。
④ 严复：《原强修订稿》，《严复集》第 1 册，18 页。
⑤ 严复：《原强续篇》，《严复集》第 1 册，45 页。

（时称论理学）是"科学之科学"，指出：

> 盖各种科学皆须以论理学分析之，查其元素之微，明其聚集之故，究其连合之因，考其组织之序。故论理学者，实凡百科学之科学也。①

> 泰西学术之所以能有今世之盛者，由十七世纪有倍根之力攻烦琐哲学，而发挥论理学之归纳法，主张以观察试验讲学术也。②

严复不仅提倡"以事验理"的科学方法，而且还倡导"黜伪而崇真"的科学精神。在他看来，"汽机兵械"、"天算格致"不过是科学中之"形下之粗迹"，而科学方法、科学精神才是科学系统中的"命脉"和精华。因为"明者著论，必以历史之所发见者为之本基。其间抽取公例，必用内籀归纳之术，而后可存"③。

辛亥革命时期，国人进一步认识了科技重要性，看到科学技术的发展给世界带来的巨大变化，"航海之术兴，而内治外交之政一变；军械之学兴，而兵政一变；蒸汽、电力之机兴，而工商之政一变；铅字石印之法兴，士风日辟，而学政亦不得不变。"④ 有人联系帝国主义时代的特点，指出走科技强国之路的重要性，说：

> 通世界万国，有急剧的战争，有和平的战争，或战以工，或战以农，要莫不待助于理科（案：科学）。是故，理科者，实无形之军队，安全之爆弹也。凡国于斯土者，能战胜于斯，则其国强、其民富；不能战胜于斯，则其国弱、其民贫。⑤

---

① 马君武：《弥勒约翰之学说》，《马君武集》，146 页。
② 马君武：《论理学之重要及其效用》，《马君武集》，180 页。
③ 严复：《民约平议》，《严复集》第 2 册，337 页。
④ 杜亚泉：《亚泉杂志序》，载《亚泉杂志》第 1 期，1900 年 11 月。
⑤ 王本祥：《论理科与群治之关系》，载《科学世界》第 7 期，1903 年 8 月。

《科学史教篇》的作者欢呼道：

> 故科学者，神圣之光，照世界也，可以遏末流而生感动。时泰，则为人性之光；时危，则由其灵感，生整理者如加尔诺，生强者强于拿坡仑之战将云。①

马君武对比了中国与西方在近世社会发展方面的巨大反差，感慨地说：

> 西方以科学强国强种，吾国以无科学亡国亡种。呜呼！科学之光，其期匪古。及今效西方讲学之法，救祖国陆沉之祸，犹可为也。②

为此，学界的有识之士普遍认为提倡科学、发展科学，实行科学兴国，刻不容缓。《瓦特传》作者王本祥疾呼：

> 吾草瓦特传，吾愿吾国民知实业为生产竞争之铁甲舰、开花弹，而理科（案：科学）又为实业之基本金。急起而实行之，勿贻后日不能自存之悔也。③

他们提出的发展科学的具体办法有：在各级学校开设自然科学课程、宣传科学的重要性、开展科学研究，等等。遗憾的是，当年有识之士的这些宏愿在帝国主义、封建主义统治下的中国根本无法实现。正如江泽民同志所说："20 世纪来临的时候，八国联军侵入了北京，中华民族正陷入空前的民族危机和灾难之中。也就是在这一时期，量子论、相对论等具有划时代意义的科学成果相继出现。这些科学技术的重大突破，对当时和以后世界科技和生产力的发展产生了重大影响。而当时的中国，政治黑暗、社会动荡、民不聊生，根本没有可能跟上世界科技的先进潮流，爱国科学家

---

① 令飞：《科学史教篇》，载《河南》第 5 期，1908 年。
② 马君武：《新学术与群治之关系》，《马君武集》，198 页。
③ 王本祥：《汽机大发明家瓦特传》，载《科学世界》第 9 期，1904 年 7 月。

北京师范大学史学探索丛书

们的报国之志无从实现。"①

（三）并提科学与民主

科学与民主是中国近代资产阶级新文化的核心内容。大致来说，中国人接受近代科学早于接受近代的民主理念。鸦片战争时期的林则徐、魏源以及后来的洋务派已经表示了对科学的赞成。稍后些的早期改良派及戊戌维新派则意识到洋务派片面提倡科学而拒绝民权的弊病，在提倡西学的同时，提出用君主立宪取代君主专制的政治改革主张。他们尽管没有使用"科学"和"民主"的词汇，但是在其主张中已经包含了同时提倡科学与民主的思想。

科学与民主并举的思想在辛亥革命时期有了更为明确的表达。许多革命派志士都经历了从科学到民主、科学与民主并倡的思想历程。孙中山本人就曾系统地钻研过西方自然科学，荣获医学硕士。然而，由于清朝的腐朽统治，使得国家经济凋敝，科技落后，"新器之创造，新学之发明，人民以惕于死刑，罕敢从事。是故中国之人民，无一非被困于黑暗之中"②。他认识到要救中国，光有科学是不够的，还必须有民主来保障。

在他们看来，迷信与专制是阻碍中国前进的两大障碍，二者之间有着必然联系。因此，要反对迷信和专制，必须以科学与民主为利器。革命派认为："人类进化，脑关改良，科学以兴，公理乃著，此新世纪革命之本原。"③ 他们还把科学发展与民主革命兴起视为新时代的特色，指出："科学公理之发明，革命风潮之膨胀，实十九、二十世纪人类之特色也。"④ 这里所说的"革命风潮"指的是民主革命，强调了科学与民主并举的时代意义。与此同时，革命派还论述了科学与民主之间的内在联系，认为："科学真理，一本于自然，不外乎人道。"以父子、夫妻为例，父与子，夫与妻，从生理学角度来看，都属于人类，应该是天然平等的。"若顺于科学

---

① 江泽民：《在全党全社会大力弘扬科学精神和创新精神》，载《论科学技术》，189 页，北京，中央文献出版社，2001
② 孙中山：《伦敦被难记》，《孙中山全集》第 1 卷，51 页。
③ 真：《祖宗革命》，载《新世纪》第 2 期，1907 年 6 月。
④ 《新世纪之革命》，载《新世纪》第 1 期，1907 年 6 月。

公理，人当本于构造与生理各从其欲，各为其所宜。"因此，"父人也，子亦人也，故父子平等"；"夫人也，妇亦人也，故夫妇平等。"① 由此否定了封建主义的纲常名教谬说。用生物学、生理学原理阐述人的自然本质，在此基础上得出人人政治平等的结论。他们还认识到，科学、民主只有同时提倡，相互辅翼，才能推动社会进步，主张："哲学家为其先锋，科学家为其后劲，推阐新理，精益求精"，并强调"理想在前，物质在后，理想有进步，而后物质有进步"②。

总之，在辛亥革命时期，由于科学传播规模的进一步扩大，国人对科学的认识更加深化了。国人的科学观不仅开始从旧式的"格致学"向"科学"过渡，而且对科学的认识形成了多元化、多层次的理解。人们不再把科学只狭隘地理解为自然科学，而是作广义的理解，并深入到科学方法、科学精神的层面，从而把国人的科学观推进到一个新的境界。

人们通常认为，西方科学在近代中国传播的高潮是在洋务运动时期，而到20世纪初的辛亥革命时期，传入的西学主要是西方哲学和各种社会学说，自然科学的输入则微不足道。诚然，由于国人政治意识的觉悟和民主革命的影响，国内知识界把输入新知的视野转向过去注意不够的西方哲学、政治学等社会科学方面，加大了译介这些学说的力度，以致掩盖了人们对自然科学介绍的注意。实际上，从本文所反映的情况来看，辛亥革命时期国人对近代自然科学和社会科学的宣传介绍都很关注，双管齐下地予以介绍。可以说，辛亥革命时期中国的科学传播、科学思想不是迟缓了、低落了，而是有了新的进步：科学传播达到新的规模，传播的途径更广泛、内容更丰富，并出现了传播主体角色的转换；国人对科学的认识更加深刻，对科学的传播和宣传已经成为在国民中进行思想启蒙的重要一环。科学为社会进步势力批判封建主义、迷信思想提供了最好的思想武器。如革命派就曾以科学道理揭穿鬼魂说的虚妄性，指出：所谓"鬼火"其实是

---

① 真：《三纲革命》，载《新世纪》第11期，1907年8月。
② 张继煦：《湖北学生界叙论》，载《湖北学生界》第1期，1903年1月。

"磷质之发光"。"磷质"不过是构成天下万物的一种普通元素，"西人谓之光药，吾国译之为磷，土中、石中、植物中莫不含之，而惟动物之骨中，含之最多"；"由此观之，鬼火者，磷质之误认物也；磷质者，鬼火之真相也。磷质可于兽骨中收取，是人而可造鬼火矣；人而可造者，是谓人火，岂得谓之鬼火乎！"[1] 这些科学道理的阐述对于揭露鬼神迷信之说无异于釜底抽薪，直接撼动了封建专制主义的理论基础。从这个意义上讲，辛亥革命时期的科学启蒙为资产阶级民主革命的开展作了不可缺少的思想舆论准备。

总之，20 世纪初国出现的科学传播新局面是多种社会因素作用的结果。资产阶级革命派、改良派无疑是宣传介绍科学的主要力量，始终在科学传播中起着主导作用。许多在政治圈以外的知识分子也从事了科学知识的译介工作，其作用不容忽视。另外，清政府在清末最后十年所推行的"新政"中的一些政策措施，如举办新式学堂、派遣留学生、奖励发明创造等，也对科学传播起了一定的积极作用。外国在华的文教机构和传教士在这个时期所做的科学译介工作，尽管由于中国学人中翻译群体的崛起而退居其次，但他们的科学著译的数量亦相当可观。辛亥革命对封建主义猛烈冲击的震撼，先进分子对迷信、愚昧、保守意识的批判所造成的开放、求新、求变的社会氛围和舆论氛围，深刻地影响了社会各个阶层，为科学传播创造了良好的大环境。梁启超称当时的中国为"过度时代之中国"，其在学术上的特征是"士子既鄙考据词章庸恶陋劣之学，而未能开辟新学界以代之"[2]。得出的结论就是刻不容缓地输入包括科学在内的域外新知。孙中山谈到辛亥革命时期的国内思想动态时，指出：国人"见各国种种的文明，渐觉得自己的太旧了，故改革的风潮日烈，思想日高，文明的进步日速。"[3] 许多人就是受到这种氛围的感染而介绍宣传科学的。这场革命不仅为科学传播提供了广阔的社会舞台，而且造就和影响了一大批中国自己的科学介绍者、宣传者和研究者，打破了西方传教士垄断译介近代科学的

---

① 导迷：《无鬼说》，载《党民》第 1—第 5 期合本，1904 年。
② 梁启超：《过度时代论》，《饮冰室合集》文集之六，29 页。
③ 孙中山：《在东京中国留学生欢迎大会的演说》，《孙中山全集》第 1 卷，279 页。

局面，揭开了中国近代科学及科学思想发展的新一页。从历史发展的角度看，辛亥革命时期国人的科学思想正处于从传统科学观向现代科学观过渡的转折点。它既把前人对科学的认识提到一个新高度，又为以后五四新文化运动中"科学与民主"口号的提出奠定了坚实的思想基础，有着承上启下的历史地位。

北京师范大学史学探索丛书

第十章　20世纪初西史东渐与中国近代新史学的发轫

19世纪末20世纪初，中国史学经历了新旧交替的历史性剧变。西学，尤其西方及日本近代史学的输入，对于中国史学冲破封建旧藩篱、创立近代新史学体系，产生了决定性的影响。

一、中国近代新史学的酝酿

鸦片战争的爆发打开了中国闭关锁国的大门，也揭开了中西文化冲突、交流的序幕。西学再度东渐，日益为国人所了解，逐渐形成一股新的思想潮流。在中日甲午战争之前，输入中国的西学主要是声光电化等科技知识，但一些先进分子对此并不满足，渴求对西国、西事、西学乃至西史有更多的了解，于是，一批介绍西方国家历史知识的书籍应运而生。梁启超《西学书目表》"史志"目下收录洋务运动时期出版的世界史类书籍25种[1]，多数为译作，少数为著述。译著者多为外国人，中国学者的作品为数稀少。王韬的《法国志略》、《普法战记》二书为其中的佼佼者，而黄遵宪的《日本国志》则未见收入。

中日甲午战争后兴起的戊戌维新运动，是中国近代新文化形成的重要标志，也是中国近代新史学形成的重要时期。康有为、梁启超等维新派为了宣传救亡图存，推进政治改革，积极从欧美、日本富强发达的历史经验中汲取营养，取得借鉴，从而把鸦片战争以来国人对世界史的关注与追求提高到一个新的阶段，成为中国近代资产阶级新史学的发轫。在维新运动期间，维新派不仅编写了一批论述各国兴衰的书籍，而且还从建设新文明的高度论述了认识世界历史的重要性。康有为说：

---

[1]　参见梁启超：《西学书目表》，光绪二十三年（1897）刻本，卷中。

然且地球之国，启自泰西，其政学、律历、风俗皆出于希腊、罗马，而法为罗马之宗邦，美开民主之新义，百余年来，为地球今古万岁转轴之枢。……故近今万国史学关涉重大，尤非旧史可比哉！①

　　维新派在此期间翻译编写的西史著译主要有：康有为的《俄罗斯大彼得变政考》、《日本明治变政考》、《法国革命记》、《波兰分灭记》、《突厥削弱记》，唐才常的《日本宽永以来大事述》等。章太炎主笔的《译书公会报》在1897至1898年连载多种西方史学译著：《英民史略》（英人约翰力查葛林著、慈溪胡浚谟译）、《万国中古史略》（法人高祝著、张国珍口译、胡惟志笔述）、《拿破仑兵败失国记》（英华尔司雷著、陈佩常译）、《增订五洲通志》（法蒲以贤原著、古雷业增订、吴宗濂译）、《交涉记事本末》（美人威廉司著、张书绅译）② 等。这些译著的出版发表，显示了维新派输入西方史学的最初成绩。

　　康有为等人还看到，仅靠清政府当时的几家翻译出版机构，远远不能满足社会对于西学的需要，于是奏请朝廷设立京师译书局广译日本书籍。输入和介绍国外历史学著作，亦是他们争取的目标之一。康有为强调广译日本书籍，指的是吸收那些日本明治维新后取得的学术新成果，实际也属于西学类的内容。甲午战后，中国朝野改变了以往视日本为"蕞尔小夷"的偏见，逐渐形成学习日本的思想潮流。1896年3月，清政府派出唐宝锷、胡宗瀛、戢翼翚等13人赴日留学，开近代国人留学东瀛之先河。一些开明士大夫，包括张之洞等朝廷显宦，也都不断撰文鼓吹，东学日本渐成风气。康有为于1898年春出版的《日本书目志》收录了日文历史著作560种之多，共分11大类，其中"万国历史"31种，"各国历史"35种，"日本史"204种，"传记"127种，"本邦历史考证"21种，"年代记"6种，"年表"14种，"行记"33种，"名所记"33种，"旅行案内及道中记"22

---

　　① 康有为：《日本书目志》卷四，《康有为全集》第3册，702页。
　　② 参见《译书公会报》第1～第20册目录，载上海图书馆编：《中国近代期刊篇目汇录》第1卷，890～900页，上海，上海人民出版社，1980。

种，"类书" 34 种。① 值得注意的是，还有两种关于史学理论方面的著作：一是下山宽一郎著《史学原理》，一是铃置仓次郎纂译《历史哲学》。1898年夏，罗振玉在上海创办东文学社，吸收王国维、樊炳清等加入，开始翻译日本历史、地理、理化、教育等方面的教科书。

总之，戊戌维新时期，中国社会与学界发生的重大变化，以及国人在学习外国方面出现的新要求、新动向，为 20 世纪初中国新史学的发展准备了重要条件。

二、20 世纪初年的西史东渐

20 世纪初，以挽救民族危亡、改变国家社会政治状况为宗旨的资产阶级政治斗争风起云涌，"史界革命"蓬勃兴起，新史学思潮风靡一时。与此同时，近代新文化事业发展方兴未艾。由中国人创办的报纸杂志、出版机构，犹如雨后春笋般涌现出来，为人们发表反映新知识、新思想的作品提供了广阔的园地。一批留学欧美、日本的学子已经脱颖而出，充当了译介域外新知的骨干力量。在此种时代背景下，域外史学的大量成果及信息源源不断地被输入中国，出现了自鸦片战争以来引进国外史学的新高潮。

国人创办的一些报刊是介绍国外史学的重要途径。经常刊登国外史学信息的报刊主要有：《清议报》、《新民丛报》、《译书汇编》、《译林》、《国民报》、《民报》、《教育世界》、《游学译编》、《湖北学生界》、《浙江潮》、《广益丛报》、《江苏》、《国民日日报》、《萃新报》、《杭州白话报》、《新世界学报》、《国粹学报》等。这些报刊一般都辟有"历史"、"史学"、"史传"、"史髓"、"传记"、"论说"、"学术"等栏目，专刊包括国外史学及其信息在内的各种历史类文章，为数之多，难以胜计。

《译书汇编》曾登载大量关于日本学者史著的译作，诸如《近代政治史》、《近时外交史》、《十九世纪欧洲政治史论》、《欧美日本政体通览》、《最近俄罗斯政治史》等。该社还把有的连载译述附以单行本，先后出版《波兰

---

① 参见康有为：《日本书目志》，《康有为全集》第 3 册，697～734 页。

衰亡战史》、《美国独立史》、《比律宾志士独立传》、《爱国独立谭》等书。

《译林》一至十期刊载翻译的外国史著述有：《印度蚕食战史》、《世界商业史》、《明治法制史》、《日本近世名人事略》、《维多利亚大事记》等。

梁启超主编的《新民丛报》更是连篇累牍地刊载介绍国外政治史、经济史、思想文化史等方面的文章，如《论民族竞争之大势》、《天演学初祖达尔文之学说及其略传》、《匈牙利爱国者噶苏士传》、《泰西学术思想变迁之大势》、《生计学学说沿革小史》、《新派生物学家小史》、《意大利建国三杰传》、《格致学沿革考略》、《万国思想家年表》、《英国商工业发达史》、《欧美各国立宪史论》、《欧洲地理大势论》等。

《浙江潮》刊登有《希腊古代哲学史概论》、《最近三世纪大势变迁史》等。

介绍国外史学的另一个重要途径是各种名目不一的出版机构。诚如论者所称："自商务印书馆崛起，申江延聘通人，注意新籍，开吾华书林之新纪元。厥后继之云起以主者，具奋斗精神，译著与日俱进。"① 出版外国史书较著名的出版单位有：

商务印书馆，曾出版《美国独立战史》、《法国革命战史》、《苏格兰独立史》、《义大利独立战史》、《菲律宾独立战史》、《葡萄牙革命史》、《尼罗海战史》等译著。

作新社，出版《英国革命战史》、《哥萨克东方侵略史》、《朝鲜政界活历史》等译著。

广智书局，出版《希腊独立史》、《埃及近世史》、《十九世纪大事变迁通论》、《俄国蚕食亚洲史略》、《意大利建国三杰传》、《世界十二女杰》等译著。

群学社，出版《美国独立史》、《美国独立史别裁》等书。

文明书局，出版《世界女权发达史》、《滑铁卢战血余腥记》、《利俾瑟战血余腥录》、《埃及惨状》等书籍。

开明书局，出版《南阿新建国史》、《印度灭亡战史》等书。

---

① 顾燮光：《译书经眼录·述略》，民国甲戌年（1934）刊本。

北京师范大学史学探索丛书

明权社，出版《希腊兴亡史》、《十九世纪亚美利加之风云》、《林肯》等书。

此外，还有一新书局《意大利建国史》、新民社《越南亡国史》、人演社《佛国革命战史》、青年会《法兰西革命史》、大同译书局《义大利侠士兴国传》、国民丛书社《近世欧洲大事记》、普通书室《法兰西近世史》、闽学会《西力东侵史》① 等。

顾燮光的《译书经眼录》是收录出版于辛亥革命期间各种译书书目的重要目录书，其中"史志"类译书共 125 种，包括通史 11 种，近世史 4 种，政治史 20 种，文明史 2 种，国别史 41 种，传记 24 种，女史 4 种，战史 15 种，历史编年 3 种，教科书 2 种。值得玩味的是，《译书经眼录》所收"史志"类译书在数量上超过其他门类，诸如"法政"、"学校"、"交涉"以及声光电化等自然科学各学科，因此排列在全书之首，占显著地位。而在梁启超的《西学书目表》中，"史志"类译书仅有 25 种②，位置排序第 14 位。排名在前 5 位的学科依次为算学、重学、电学、化学、声学。"史志"类译书在这两种目录书中前后地位的变化反差甚大，生动地反映出 20 世纪初国人对史学新知的迫切追求和新史学在国人心目中地位的加重。

20 世纪初，随着科举制度的废除，近代教育体制的确立，世界历史作为一门"开民智"的重要课程而进入课堂。为了解决教材问题，商务印书馆、江楚编译官书局、京师大学堂译书局、学部图书局等出版机构组织人力，编译包括中外历史课程在内的教科书。其中有相当数量的教科书是翻译外国人编著出版的书籍。1903 年，京师大学堂刊有《暂定各学堂应用书目》，分 16 科分别列举了选用的教科书。"中外史学门"一科开列的书目有：《普通新历史》③、《支那史要》④、《支那通史》⑤、《最近支那史》⑥、

---

① 张于英：《辛亥革命书徵》，载张静庐辑注：《中国近代出版史料初编》，175～181 页。
② 梁启超：《西学书目表》卷中。
③ 普通学书室日译本。
④ 日本市村瓚治郎著、陈毅译，广智书局本。
⑤ 日本那珂通世著，东文学社本。
⑥ 日本河野通之辑，振东室本。

《世界近世史》①、《东洋史要》②、《西洋史要》③、《欧罗巴通史》④ 等。1906 年江楚编译官书局出版陈寿彭译的《万国史略》四册，"称此原书经美国会批准，作为中学教科书，故译之"⑤。其质量可谓上乘。

概而言之，中国在 20 世纪初输入域外史学主要有两个明显的特征：

第一，数量庞大，内容广泛。在此以前，国人对西学的关注主要集中在科技方面，翻译世界历史方面书籍的数量很少，而且内容浅显。自戊戌维新以后，尤其在 20 世纪初，国人对西学的兴趣转移到人文社会科学方面，追求域外历史知识的热情空前高涨，出现大规模翻译国外史学书籍的热潮，导致史学译著数量的激增。从以上谈到的情况可以看出，输入内容包括：通史、断代史、国别史、专门史、人物传记、历史编年、历史教科书以及少量的史学理论与方法类著作，基本涉及当时西方及日本所具有的历史学体系的方方面面。

第二，中国自己的新型知识分子成为输入西史新知的主要力量。在此以前，国外史学知识的主要传播者是外国传教士。如 19 世纪 50 至 90 年代流行的《大英国志》、《欧洲史略》、《希腊志略》、《泰西新史揽要》等书，均出自慕威廉、艾约瑟、林乐知、李提摩太等西方来华传教士之手。20 世纪初，随着近代教育和留学运动的开展，中国已经形成一支数量可观的翻译队伍。他们中的许多人热衷于输入域外史学的工作，勤奋译述，成果丰硕。仅《译书经眼录》收录此期出版的国外史学译著涉及的中国译者就多达 57 人。其中著名者有：赵必振、樊炳清、丁文江、戢翼翚、麦鼎华、李鼎新、顾学成、唐重威、林长民、章宗元、褚家猷、马君武、范熙庸、廖寿慈、陈澹然等。⑥ 这尽管仅是当时实际数量中的一部分，但与以前相比也算得洋洋大观了。

---

① 作新社译本。

② 日本桑原著、樊柄清译，东文学社本。

③ 日本小川银次郎著、樊柄清译，金栗斋本。

④ 日本箕作元八等著、胡景伊等译，东亚译书会本。

⑤ 国民政府教育部：《教育年鉴·教科书之发刊概况》，载张静庐辑注：《中国近代出版史料初编》，235 页。

⑥ 参见顾燮光：《译书经眼录》卷一，"史志第一"，1～25 页。

北京师范大学史学探索丛书

三、近代中国新史学的形成及其基本主张

20世纪初，西方史学思潮的大规模输入对中国社会，尤其在思想文化领域产生了十分重要的影响。具体说来，这种影响主要表现在两个方面：其一为思想启蒙方面，其二为学术研究方面。

许多进步知识分子翻译介绍的国外史书，诸如各种不同名目的独立史、革命史、兴亡史、文明史，在其叙述历史中大都贯彻了反对民族压迫和封建专制、争取民族独立和人民自由的思想内容，渗透着西方近代文化中的"自由、平等、博爱"精神。这些都是当时中国先进分子进行思想启蒙极好的精神营养，是他们从事爱国救亡宣传，开展政治斗争的有力思想武器。许多革命志士，诸如孙中山、章太炎、邹容、陈天华、秋瑾等人，都熟读世界各国的独立史、革命史、兴亡史，从中汲取思想营养，从而坚定了他们进行民主革命的信心。在他们撰写的文章著作中，征引有关世界史方面的事例论证反清革命主张比比皆是。邹容写的脍炙人口、风靡一时的《革命军》就强调国人要阅读世界各国"革命时代之历史"，以明时代潮流，"鼓舞民气"，推动革命，声称：

> 吾闻印度之亡也，其无教育与中国等，犹太之灭也，其无教育与中国等。此亡国之往迹，为中国所未梦见也，我中国擅其有也。不宁唯是，十三洲之独立，德意志之联邦，意大利之统一，试读其革命时代之历史，所以鼓舞民气，宣战君主，推倒母国，诛杀贵族，倡言自由，力尊自治，内修战事，外抗强邻。①

陈天华的《猛回头》盛赞南非布尔人"人人都是顶天立地的大国民，不甘做他人的奴隶，遂与英国开战。"并强调"要学那，法兰西，改革弊政""要学那，德意志，报复凶狂""要学那，美利坚，离英独立""要

---

① 邹容：《革命军》，载中国史学会编：《辛亥革命》第 1 册，350 页。

学那，意大利，独立称王".① 这些鼓吹民族民主革命，开展思想启蒙的宣传素材，均取自当时流行的各种不同版本的世界史译著。

风行一时的世界各国独立史、革命史、兴亡史译著在广大读者中同样引起强烈反响，震撼着人们的心灵。《萃新报》的一位撰稿人阅读了有关印度、埃及的兴亡史，对当时中国的民族危亡更加痛心疾首，写道：

> 我中国，我中国，而遂为各国集矢的，而遂为各国集矢的。俄北瞰，英西眈，法南瞵，日东睒，强敌亭四周，伸指各思染。此何时？此何时？帝国主义，咄咄逼人。稍一迟延，白晰民族即拈粉笔一支，以红绿之颜色，注定各区域。我读印度史，伤心佛树之花；我读埃及史，断肠金字之塔。返观我祖国，时为何时？势为何势？虽未为印度，虽未为埃及，而江由山碧，已是斜阳，美雨欧风，遍遮大陆。其时则甚危也，其势则甚险也。②

《译书汇编》的一些作者特别推崇法国大革命，撰文称：

> 尝观三千年来人类文明之历史，足以启发国民之思想，刷新社会之制度，俾凡百物类之进步，影响之远，感化之溥者，孰有如法兰西革新之功者乎？

又说：

> 余尝翻万国史，每至法兰西之革新时代，不禁于旅馆沉寂之时，残灯明灭之际，徘徊往复，感激而不能置也。夫扑灭三千年混沌之迷想，开发十九世纪未有之文明，孰不沐法兰西一举之余泽者乎？③

---

① 陈天华：《猛回头》，载中国史学会编：《辛亥革命》第2册，163～165页。
② 《论处金衢严四府之关系及其处置之方法》，载《萃新报》第2期，1904年7月11日。
③ 赤门生：《法兰西革新机关》，载《译书汇编》第2年（1901）第10期。

北京师范大学史学探索丛书

这里不难看出外国史学译著对国人革命启蒙思想的深刻影响。

输入的外国史书中所包含的进步理想、爱国情怀、忧患意识、变革精神，大都在中国读者的思想上产生震动，引起思想共鸣，唤起他们对祖国热爱的赤诚之心。历史译著以其特有的内容和魅力，在启蒙宣传方面所起的作用是其他任何文化形式所无法替代的。

20世纪初西方史学的输入有力地推动了"史界革命"，为中国近代新史学的确立奠定了重要的基础。

在此期间输入国内的域外史学内容中，除有大量专业性、知识性的成分外，还有一些关于西方史学理论和方法方面的内容，极大地开阔了中国学人的眼界。1903年，西方实证主义史学著名学者博克尔（**Buckle**，1821—1862）的《英国文明史》译成中文出版。作者主张，把民族、社会以及文化作为历史的主体看待，"历史家的责任就是显示一切民族的活动都是有规律的。"① 而支配人类社会的客观规律有三种：其一是自然规律，其二是道德规律，其三是知识规律。这些看法对于那些长期受到儒学束缚的中国士人来说，是十分新颖的。1902年留日学生汪荣宝在《译书汇编》发表《史学概论》（根据日本历史学家坪井九马三《史学研究法》讲义和久米邦武等人有关论著编译），1903年李浩生译出日本史学家浮田和民的《史学原论》，都具体地介绍了西方史学的一些理论和方法。此外，严复等人介绍的西方进化论在海内风行，促使人们接受进化论历史观，并以此观解释历史。文明史观、民史观、进化史观的引进与传播，为中国"史界革命"提供了新的思想理论武器。

1901至1902年，梁启超发表《中国史叙论》、《新史学》两文，正式揭出"史界革命"的旗帜。新史学提倡者首先对封建旧史学展开批判，这种批判，既是在思想领域内对封建思想的斗争，又是为创建新史学而进行的学术清理。梁启超揭露旧史学有"四弊"、"二病"，"四弊"是："知有朝廷而不知有国家"，"知有个人而不知有群体"，"知有陈迹而不知有今

---

① 转引自谭英华：《试论博克尔的史学》，《英国史论文集》，279页，北京，生活·读书·新知三联书店，1982。

务"，"知有事实而不知有理想"。"二病"由"四弊"而生，即"能铺叙而不能别裁"，"能因袭而不能创作"。① 由于"四弊"、"二病"作怪，一部丰富多彩的历史被写成"帝王将相家谱"、"相斫书"、"墓志铭"、"蜡人院"。章太炎则抨击清朝统治者"欲褒扬其祖考"，焚史隐恶，迫使史家作"浮虚之颂"，卒使一家之史，捄焉以斩，遗美往恶，黯默而同尽。"②

在批判旧史学的同时，新史学提倡者主要从以下几个方面阐述了新史学的基本主张：

第一，以进化的历史观取代传统的历史循环论，着眼于探求社会历史发展的因果关系，"求得其公理公例"。

新史学提倡者认为，自从达尔文进化论告世后，人们知道了一切事物的发展变化皆循"进化之公理"，由野蛮而日趋文明；包括政治法制、宗教道德、风俗习尚在内的整个人类文明史，都是"进化之历史"。在梁启超看来，新史学的使命就是阐述人类社会进化发展的进程，揭示其进化发展的内在因果关系，即规律性。他说："历史者，叙述人群进化之现象也。……人也者，进化之极则也，其变化千形万状而不穷者也。……故欲求进化之迹，必于人群。使人人析而独立，则进化终不可期，而历史终不可起。盖人类进化云者，一群之进也，非一人之进也。"因此，求得人群进化之"公理公例"③，正是历史学的根本宗旨。他们认为以进化论为基础的西方社会学理论，不仅指明"人类举止悉在因果律之范围"，一遵进化的规律，而且借助逻辑上的归纳法、演绎法，形成了一套可据以正确认识人类社会历史内在规律的理论和方法。"斯学既昌，而载籍所诠列，均克推见其隐，一制一物，并穷其源……可谓精微之学矣。"④ 他们坚信，人类社会历史是不断进化发展的，而非"一治一乱"的往复循环，应该以进化史观取代传统的循环史论。梁启超批评传统的循环史论说："孟子曰：'天下之生久

① 梁启超：《新史学》，《饮冰室合集》文集之九，3～4页。

② 章太炎：《哀清史》，《章太炎全集》第 3 册，328 页。

③ 梁启超：《新史学·史学之界说》，李华兴等编：《梁启超选集》，285 页，上海，上海人民出版社，1984。

④ 刘师培：《论中土文字有益于世界》，载《国粹学报》第 4 年第 9 期。

矣，一治一乱。'此误会历史真相之言也。苟治乱相嬗无已时，则历史之象当为循环，与天然等，而历史学将不能成立。孟子此言盖为螺旋线之状所迷，而误以为圆状，未尝综观自有人类以来万数千年之大势，而察其真方向之所在。"① 直到晚年他还说："孟子说：'天下之生久矣，一治一乱。'这句话可以说是代表旧史家之共同观念。我向来最不喜欢听这句话。（记得二十年前在《新民丛报》里头有几篇文章很驳他）因为和我所信的进化主义不相容。"② 梁启超强调进化史观的重要性，实际上提出了中国传统史学理论更新的问题。他在《新史学》使用了"历史哲学"一词，阐述道："是故善为史者，必研究人群进化之现象，而求其公理公例之所在，于是有所谓历史哲学出焉。历史与历史哲学虽殊科，要之，苟无哲学之理想者，必不能为良史，有断然也。"③ 这是相当有见地的论断。

第二，主张打破旧史学以表现帝王将相为中心内容的格局，以修"民史"为职志。

新史学提倡者认为，社会的进化即是群体的进化，而非少数帝王将相的行为，因此，历史的本质应是"群体的现象和影响"。历史学理所当然地要以全体国民及由国民组成社会为表现对象，阐明社会群体及社会兴亡盛衰之理，增进文明进步，造福国家民族。章太炎拟著《中国通史》便是"发明社会政治进化衰微之原理"，"以鼓舞民气，启导方来"。④ 国粹派邓实称："是故，所贵乎民史者何？贵其能叙述一群人所以相触接、相交通、相竞争、相团结之道，一面以发明既往社会政治进化之原理，一面以启导未来人类光华美满之文明，使后之人食群之幸福，享群之公利。"⑤ 他们的结论是，史家写民史，既是为了反映历史的本来面目，又是为了充分发挥史学作为"天下公器"的社会功能。

第三，扩大历史研究领域，丰富史学内容。

---

① 梁启超：《新史学·史学之界说》，李华兴等编：《梁启超选集》，286页。
② 梁启超：《研究文化史的几个重要问题》，《饮冰室合集》文集之四十，5页。
③ 梁启超：《新史学·史学之界说》，李华兴等编：《梁启超选集》，286页。
④ 章太炎：《致梁启超书》，汤志钧编：《章太炎政论选集》上册，167页。
⑤ 邓实：《史学通论》（四），载《政艺通报》，1902（1）。

新史学提倡者认为，旧史学对于"史"的理解和实际研究领域过于狭隘，导致了它的偏枯衰微。为了克服此弊，他们主张扩大历史研究领域，以丰富其内容。陈庆年强调历史学应该具有鲜明的知识性，指出："知识全而后国家全，历史全而后知识全，完全之历史造就完全知识之器械也。"① 才能满足人们多方面的习史需要，发挥历史学教育国民、提升国民精神品格的作用。马叙伦提出"析史"之名，主张实现"史学大同"。他认为，"史"乃群籍之总称，可"析史"之名于"万殊"，以求史界的开拓，不必拘守于政治、教育、宗教、学术四部分的传统划分。凡历史上的事物能引起今人的研究兴趣，且能成一家之言的，皆可谓之"史"。他说：

> 若是析史，则何必二十四史而为史？何必三通、六通、九通而为史？更何必六经为史宗？凡四库之所有，四库之未藏，通人著述，野叟感言，上如老、庄、墨翟之书，迄于《水浒》诸传奇，而皆得名之为史。于其间而万其名，则饮者饮史，食者食史，学者学史，立一说成一理者，莫非史。若是观史，中国之史亦黟矣，而史界始大同。②

马叙伦"史学大同"说的实质是主张打破传统史学观念和旧史体系的束缚，把更多的领域包括到史学研究范围中来，从而丰富史学的内容。梁启超拟撰《中国通史》，从已确定的内容目录来看，确是规模宏大，包罗万象。其书计划分为三大部：一为政治之部，包括朝代、民族、地理、军政、藩属、国际、清议、政党等12编；二为文化之部，包括语言文字、宗教、学术思想、文学、美术、音乐剧曲、图籍、教育8编；三为社会及生计之部，包括家族、阶级、乡村都会、礼俗、商业、货币、通运等13编。由此可以看出，梁启超的治史视野已经突破旧史学的狭隘界限，包括了相当丰富的内容。

第四，变通史书编写体例。

编年、纪传、记事本末三种编史体例，对于中国史学的发展曾经起过

---

① 陈庆年：《中国历史教科书序》，光绪二十九年（1903）普通学书室编印。
② 马叙伦：《史学大同说》，载《政艺通报》，1903（16）。

积极的作用，但同时也存在着局限性。随着近代社会和文化的发展，新史学提倡者对中国传统史学在体例上不足的认识日益深入，主张新史书应当另辟蹊径，创立新的体例，即在继承我国传统史学编写体例的基础上，吸收西方史学编写体例的优点，"折中贵当，创成史例"。① 即以"上古"、"中古"、"近世"三段来划分时代，将分时与分类结合起来，采用以篇、章、节分层次的新体例。梁启超在他的一些史著中便使用了新的写作体例，如把中国历史划分为"上世"（从黄帝到秦统一）、"中世"（从秦汉到清乾隆）、"近世"（清乾隆以后）三个阶段；把中国学术思想史划分为"胚胎时代"（春秋以前）、"全盛时代"（春秋战国）、"儒学统一时代"（两汉）、"玄学时代"（魏晋南北朝）、"佛学时代"（隋唐）、"理学时代"（宋元明）、"近世学术时代"（明末至清末）七个时期。他在撰写《论中国学术思想变迁之大势》等著述时，就破除旧的写史模式，采取当时在欧美、日本流行的章节体，在创立新的史书体例方面作了有益的尝试。

用新史学观点和写法编写中国历史的第一部著作，是夏曾佑于1904至1906年陆续出版的新著《最新中学中国历史教科书》（后名《中国古代史》）。该书贯彻了历史进化论观点，把中国古代史分为三个时期：自草昧至周为"上古之世"，自秦至唐为"中古之世"，自宋至清为"近古之世"。上古之世又分为二期，自草昧至周初为传疑期，周中叶至战国为化成期。中古之世又分为三期，由秦至三国为极盛期，晋至隋为中衰期，唐为复盛期。近古之世又分为二期，五代宋元为退化期，清为更化期。这种历史时期的划分尽管不够准确，但却从整体发展过程的角度来考察中国历史，强调古今演变的进化趋势，体现了进化史观。在编写体例上，夏曾佑一改旧的写史方法，采用西方史学通行的章节体，以时间发展先后为序来陈述历史的演变递嬗，展示新体例的风貌。是书出版后产生影响颇大，被誉为新史学的创构。此外，当时出版的同类著作还有：刘师培编著的《中国历史教科书》和《周末学术史序》、柳诒徵的《中国商业史》等，大都体现了新史学善因善革、求变创新的精神。

---

① 陈黻宸：《独史》，载《新世界学报》，1902（2）。

在鸦片战争后兴起的西学东渐浪潮中，西方史学著作源源不断地被输入中国，诸如进化论、民权说、逻辑学，以及进化史观、文明史观、民史观等西方学术思想、史学思想及方法都得到迅速的传播，大大开阔了国人的眼界和思路，并为新史学倡导者批判封建旧史学、创立近代新史学提供了新的思想理论武器和效法的模式。从而推动了中国近代新史学的形成和发展，对后来的马克思主义史学在中国的确立也产生了积极的影响，堪称中外史学交流史上的精彩一页。

郭沫若在谈到中日文化交流的意义时说："中国就是这样地倾力向日本学习，更通过日本学西洋的文化。由于当时受到某种客观的条件的限制，中国的资本主义阶段的革命并未成功。但向日本学习的结果，却有巨大的收获。这个收获，既有助于打破中国古代的封建的因袭，同时又有促进中国近代化过程的作用。换言之，近代中国的文化，是在很多方面受了日本的影响的。"① 其实，这也是对近代中外史学交流积极意义的肯定。任何一门学术都不可能在封闭的条件下得到正常的发展，而需要在开放的环境中广泛地吸收其他学术，乃至域外学术的营养来充实自己，焕发活力。无论何种学术，要想得到顺利的发展，决然离不开学术交流的推动。也可以说，学术交流乃是学术健康成长、不断创新的一个强大动力。历史学的发展也不例外。如上所述，在晚清，本来中国传统史学在原来的环境中已经步入衰落期，出现了重重弊端，受到学人的批评。然而，社会变革与西学东渐给它的发展带来新的契机，输入的域外新史学思想与方法给中国传统史学注入了新的活力与血液，启动了中国近代"史界革命"的闸门，使它枯木逢春，再展新颜。诚如论者所说："19 世纪末到 20 世纪初，西方各种学术思想和研究历史方法论传入中国，这些和中国传统中的历史进化思想和传统的治史、考史方法结合，从而使中国史学领域内出现了一股新史学思潮；传统的考据学发展为近代的新考据学。"②

北京师范大学史学探索丛书

---

① 郭沫若：《中日文化的交流》，载朱有瓛主编：《中国近代学制史料》第 2 辑上册，19 页，上海，华东师范大学出版社，1987。

② 吴怀祺：《中国史学思想史》，327 页，合肥，安徽人民出版社，1996。

第十一章　西学对晚清学术的影响

　　一定的学术是一定社会发展的产物，总是要随着社会的变化而变化。鸦片战争以后，中国社会开始发生根本性的变化，中国传统学术也相应地发生了历史性的变革。导致这一变革发生的原因很多，其中西学传播构成的冲击和影响则是一个非常重要的因素。

一、援西学入儒学的初尝试

　　中国传统学术肇兴于周秦时代。春秋战国时期，思想文化领域内诸子百家争鸣，形成了古代学术的空前繁荣时期。但是，自西汉以后，封建统治阶级"罢黜百家，独尊儒术"，诸子百家遭到压抑，形成儒学独霸学坛的统一局面。这种沉闷局面一直保持到清代。

　　有清一代，统治阶级推尊宋学为官方哲学，占据学术界的正统地位。自康熙朝始，考据学兴起，为儒生所重视，出现了"家家许郑，人人贾马"的局面。考据学的政治地位虽然略逊于宋学，但其发展规模和声势却远在宋学之上，成为清代显学。然而嘉道以后，考据学逐渐走上末途，学风日趋颓靡琐碎，引起人们的不满。为了在学术上寻找新的出路。有人另辟蹊径，转治今文经学和诸子学。

　　首倡今文经学的是乾嘉时期的庄存与、刘逢禄，龚自珍、魏源继其后，又经王闿运、廖平，至康有为，将其发扬光大，把学术和政治结合在一起，为后来的戊戌维新运动准备了思想理论。明末清初的傅山是提倡诸子学的先导人物，不过他的呼声很快为考据学的声势所淹没。到18世纪后期，江苏人汪中再倡诸子学。此后，倡导诸子学的还有毕沅，孙星衍、王先谦、俞樾、孙诒让等人。经过以上各家的努力，长期遭到冷落的诸子学在学术界开始复苏。

在近代以前，甚至在鸦片战争以后的一段时期内（19世纪80年代以前），中国传统学术没有发生实质性的变化。无论是宋学、汉学，还是今文经学、诸子学，在治学目的、宗旨、学风和方法等方面，都没有超出传统学术的范围，从形式到内容都保持着中国古学的独立体系和风格。中国传统学术的变革，从根本上说是由于中国社会发生的重大变化所决定的，但西学的冲击和影响也是不可忽视的重要因素。

较早在经学研究中标新立异，援西学入儒学的是康有为。从1879年起，他购买大量西书，刻苦研读，把西学内容与传统学术糅合在一起，在许多方面突破了传统的治经方法，给学术界以巨大影响。其主要影响有三点：

首先，不囿旧说，标新立异。中国传统经学的一个基本特点就是严守家法、师法，以恪守古训为准，以标新立异为忌。这一弊端造成学术界陈腐保守，崇古复古的恶劣风气，极大地妨碍了学术事业的发展。康有为治今文经学不为旧说所囿，敢于标新立异。

其次，联系社会现实，为政治斗争服务。清代经学的另一个弊端就是与现实严重脱离，诚如侯外庐所说，"蔽于古而不知世（古指古籍，世指社会）"①。知识分子唯恐触犯时忌，不敢研究现实社会，只好把自己封闭在古代经籍的小天地里。康有为治经则反其道而行之，不拘泥于经文字义的注解，而是把治经与论世结合起来，把儒家经典改造成维新变法的理论，从而改变了治经不问现实的传统。

再次，开拓了近代学术研究的新风气。康有为治经并不墨守传统的师法，而是贯注了近代科学的怀疑和创新精神，开创了用新方法研究学术的新风。对此，梁启超作过这样的评论：

> 诸所主张（案：指康有为著《新学伪经考》、《孔子改制考》两部著作）是否妥当，且勿论，要之此说一出，而所生影响有二：第一、清学正统派之立脚点，根本动摇；第二、一切古书，皆须从新检查估

① 侯外庐：《中国思想通史》第5卷，418页，北京，人民出版社，1980。

价。此实思想界之一大飓风也。①

但是应该指出，从治学的角度来看，康有为的著作并不严谨，主观臆断，穿凿附会之处所在甚多，其学术价值远逊于其政治思想价值。

二、借鉴西学，破旧立新

清末的学术界最活跃的力量是在戊戌维新以后成长起来的一批青年知识分子。严重的民族危机迫使他们痛定思痛，从更深层次反省中国的出路问题，重新估价学术的重要作用。梁启超在 1902 年著文称："天地间独一无二之大势力，何在乎？曰智慧而已矣，学术而已矣。"并号召中国青年学习培根、笛卡儿、达尔文、福泽谕吉、托尔斯泰，起到"左右一国"的作用，"苟能左右我国者，是所以使我国左右世界也"②。表明了他振兴中国学术的迫切愿望。还有人以意大利"文艺复兴"、日本明治维新的"文明开化"为例，说明学术对于国家盛衰兴败的重要作用，并指出在封建文化专制主义遏制下的中国学术实质上是"奴隶之学"，进而强调了学术的自主性和独立性。有人把秦汉以后封建统治者尊崇的正统学术称为"君学"，视为糟粕，列入扬弃之类，主张恢复代表民族学术精华的"国学"。这种观点包含了明显的反封建的资产阶级民主精神、爱国主义和民族意识。鲜明的资产阶级民主精神，构成了这个时期进步知识分子研究传统学术的指导思想。新的学术思想带来了新的学术成就。这一时期的传统学术发生的变化可以概括为两个方面，一是"独尊儒术"旧格局的突破，一是诸子学研究新局面的开展。

20 世纪初，在资产阶级民主潮流的影响下，一些知识分子开始从思想上摆脱孔孟之道的束缚。1902 年梁启超撰文《保教非所以尊孔论》，对康有为创设孔教的主张提出非议，认为两千多年来中国学术停滞不前，"皆

---

① 梁启超：《清代学术概论》，《饮冰室合集》专集之三十四，56 页。
② 梁启超：《论学术之势力左右世界》，李华兴等编：《梁启超选集》，268、275 页。

由思想束缚于一点，不能自开生面"。又说："孔子者哲学家、经世家、教育家，而非宗教家也。"① 他在给康有为的信中说：

> 弟子以为欲救今日之中国，莫急于以新学说变其思想（欧洲之兴全在此），然初时不可不有所破坏。孔学之不适于新世界者多矣，而更提倡保之，是北行南辕也。②

他用西方资产阶级学术观点对孔孟之道提出了大胆的怀疑和批评，恢复了孔子学者的本来身份。

有些报刊对孔子进行了尖锐的批判，《新世纪》发表的《排孔征言》公然提出革孔学之命的主张，声称："欲世界人进于幸福，必先破迷信；欲支那人之进于幸福，必先以孔丘之革命。"③ 喊出了五四运动时期激进人士主张的"打倒孔家店"的先声。章太炎撰《訄书·订孔》篇，借用日本学者远藤隆吉的话批评孔子：

> 孔子之出于支那，实支那之祸本也。夫差第《韶》、《武》，制为邦者四代，非守旧也。处于人表，至嵩高，后生自以瞻望弗及，神葆其言，革一义，若有刑戮，则守旧自此始。故更八十世而无进取者，咎亡于孔氏。

章太炎本人对孔子及其学说亦多有批评，称：

> 《论语》者暗昧，《三朝记》与诸告饬、通论，多自触击也。下比孟轲，博习故事则贤，而智德少歉矣。④

---

① 梁启超：《保教非所以尊孔论》，李华兴等编：《梁启超选集》，309、306 页。
② 梁启超：《与夫子大人书》，丁文江、赵丰田编：《梁启超年谱长编》，277～278 页，上海，上海人民出版社，1983。
③ 绝圣：《排孔征言》，载《新世纪》第 52 期，1908 年 6 月。
④ 章太炎：《訄书·订孔》，《章太炎全集》第 3 册，134 页。

北京师范大学史学探索丛书

刘师培在《国粹学报》发表《论孔子无改制之事》一文,指出康有为提出的孔子"托古改制"说是无稽之谈,用大量历史材料论证儒学并非深不可测,无非是和诸子百家一样的学术派别。他说:

> 刘《略》班《志》,均称为儒家,列于九流之一,则儒家者流,固无异于法家者流、名家者流、纵横家者流也。故孔子之学仅列周季学派之一耳。宋儒尊为道统已为不词。①

他称宋儒奉孔孟儒学为道统真传是"不词",包含了对儒学正统地位的大胆质疑。

20世纪初,随着儒学正统地位的动摇,学术空气开始活跃。儒学外面的光环逐渐褪去,自然使它也像其他各家学派一样被人们视为平凡,成为学者们研究的对象,出现了许多新的说法。刘师培把六经形成的时间上溯到唐虞时代。他在《国学发微》一文中说:"近世巨儒,推六艺之起原,以为皆周公旧典。吾谓六艺之学,实始于唐虞。"他提出并论证了"《易》学行于唐虞"、"《尚书》作于唐尧"、"风诗赓于唐虞"、"古礼造于唐虞"、"乐舞备于唐虞"、"《春秋》亦昉于唐虞"等问题。他断言:"孔子者,集六艺之大成哲也;而六艺者,又皆古圣王之旧典也,岂仅创始于周公哉!"② 他不仅否定了今文经学关于"六经创于孔子"之说,还对古文经学的"六经成于周公"说提出了质疑,体现出可贵的学术怀疑精神。

余炳文提出儒家六经来源于道家的观点,其依据是孔子向老子问道一事,称:"后世因震于六经之名,辄即奉为孔子自定之书,殊不知此六经并非儒经,乃道经也。"③ 这些说法正确与否自可讨论,重要的是敢于叛离经道,突破千载陈说,把历来视为"圣经"的儒学当做一般学术来看待,

---

① 刘师培:《论孔子无改制之事》,《左庵外集》卷五,《刘师培全集》第3册,204页。

② 刘师培:《国学发微》,《刘师培全集》第1册,474页。

③ 余炳文:《儒史略》,光绪三十二年(1906)京师学务处官书局印本,2页。

却有思想解放的意义。刘师培进一步发挥了历史上进步思想家提出的"六经皆史"的观点，把孔门六经称为教育课本：

> 六艺者，孔子以之垂教者也。然例之泰西教法，虚实迥别，学者疑焉。予谓六艺之学，即孔门所编订教科书也。孔子之前，已有六经，然皆未修之本也。自孔子删诗书，定礼乐，赞周易，修春秋，而未修之六经易为孔门编订之六经，且六经之中，一为讲义，一为课本。易经者，哲理之讲义也；诗经者，唱歌之课本也；书经者，国文之课本也；春秋者，本国近事史之课本也；礼经者，伦理心理之讲义及课本也；乐经者，唱歌之课本及体操之模范也。①

北京师范大学史学探索丛书

他在把儒学与西方学术进行了比较后，批评儒学存有四弊：

弊端之一，"信人事而并信天事也"，孔子创天变之说的本意是"以警人君"，但夹杂着迷信成分，"于西汉则为变异学，如易学之有京房易，书经之有洪范五行传，春秋之有董子繁露是也。……西汉末年，如眭孟之流，皆由变异说谶纬。光武即位，其说大兴。何休《公羊解诂》，乃谶纬学之最著者，浸淫至今，遂为民智进步之一大阻力。"

弊端之二，"重文科而不重实科也"，"中国科学之兴，较西人尤早，然至周公时，其用已衰；至孔子时，其学并失。何则？孔子之学，固以实科为末业者也。观其言曰：志于道，据于德，依于仁，游于艺，以艺为末，以道为本。其言溢于言表矣。"

弊端之三，"有持论而无驳诘也"。主要是指研究问题缺乏讨论，不讲逻辑方法。"弟子之问难，为孔子所不乐闻明矣，有听受而无问难，是为教育之专制。此吾不能为孔子讳者也。"

弊端之四，"执己见而排异说也"，"孔子曰：攻乎异端，斯害也已。是说也，为儒教排外之鼻祖。盖禁言论思想之自由，仍沿官学时代之遗法。故凡遇学术稍与己异者，即排斥不遗余力。观孔子之诛少正卯，可以

---

① 刘师培：《国学发微》，《刘师培全集》第 1 册，474～475 页。

知其故矣。学术定于一尊，于学术稍与孔孟异者，悉以非圣无法罪之。"①

他对孔学自身的迷信、务虚、排斥异端等弊病的揭露，符合历史实际，切中要害，是清末国人反思儒学弊端，追求学术破旧立新的典型认识。

20世纪初，新型知识分子在西学传播的影响下开拓了诸子学研究的新局面。他们的研究不是乾嘉汉学前辈搜辑耙梳的重复，而是用资产阶级学术观点和近代学术方法，对传统学术进行的新开掘。他们打破了"独尊儒术"的思想束缚，把诸子学看做与儒学同样重要的历史遗产和文化宝库，都在学术研究的视野之内。邓实指出：

> 考吾国当周秦之际，实为学术极盛之时代，百家诸子，争以其术自鸣。如墨、荀之名学，管、商之法学，老、庄之神学，计然、白圭之计学，扁鹊之医学，孙、吴之兵学，皆卓然自成一家言，可与西土哲儒并驾齐驱者也。夫周、秦诸子之出世，适当希腊学派兴盛之时。绳绳星球，一东一西，先后相映，如铜山崩而洛钟应，斯亦奇矣。②

他把先秦诸子之学与古希腊学术相提并论，高度评价了诸子学的历史地位，体现出对于盛行"百家争鸣"的自由、宽松学术氛围的向往之情。他还指出，诸子学不兴，完全是由于"以儒教定一尊"造成的结果。光大诸子学是对封建文化专制主义的打击，使人们"恍然于儒教之外复有他教，六经之外复有诸子，而一尊之说破矣。此孔、老、墨优劣之比较，孟、荀优劣之比较，及其他九流优劣之比较，纷然并起，而近人且有《订孔》之篇、《排孔》之论也"③。在这种思想指导下，一批青年学子不囿儒学一格，对诸子百家诸如道家、法家、墨家、名家、杂家、农家、兵家，以及王艮、李贽、徐光启、黄宗羲、顾炎武、王夫之、颜元、李塨等思想家开展了初步研究。其中成就较大者要算章太炎、梁启超、刘师培等人。

---

① 刘师培：《孔学真论》，《刘师培全集》第 3 册，314～315 页。
② 邓实：《古学复兴论》，《国粹学报》第 9 期，1905 年 10 月。
③ 同上。

梁启超于近代学术的各个领域，诸如政治学、哲学、伦理学、逻辑学、经济学、文化学、历史学、文学等方面，都有所涉猎，作过初步性的研究工作。阐述学术思想史是其所长，著有《清代学术概论》、《中国近三百年学术史》、《先秦政治思想史》等书。不过这些著作皆成于 1920 年之后。1902 年 2 月，他在《新民丛报》发表的《论中国学术以想变迁之大势》是其早期的一部中国学术史，也是近代中国第一部用新观点研究诸子百家的著作。这部七万余言的著述，上溯先秦，下迄清末，从中国学术的分期、源流、衍变、特点等方面作了鸟瞰式的论述，并比较了中国学术与古希腊、古印度学术的优劣长短，在总体上勾画出两千年来中国学术发展的来龙去脉。

梁启超撰写学术史具有明确的目的，他说：

> 合世界史通观之，上世史时代之学术思想，我中华第一也。中世史时代之学术思想，我中华第一也。惟近世史时代，则相形之下，吾汗颜也。虽然，近世史之前途，未有艾也，又安见此伟大国民不能恢复乃祖乃宗所处最高尚最荣誉之位置，而更执牛耳于全世界之学术思想界者。吾欲草此论，吾之热血，如火如焰；吾之希望，如海如潮。吾不自知吾气焰之何以溢涌，吾手足之何以舞蹈也。于戏！吾爱我祖国，吾爱我同胞之国民。[①]

以祖国辉煌灿烂的历史，增强国人的民族自尊心、自信心，激发爱国主义精神，正是梁启超研究学术、著书立说的宗旨。他把先秦诸子百家活跃的时代称为中国学术的"全盛时代"，并以广阔的视野、深邃的思想分析了"全盛时代"形成的七条原因：一"由于蕴蓄之宏富也"；二"由于社会之变迁也"；三"由于思想言论之自由也"；四"由于交通之频繁也"；五"由于人材之见重也"；六"由于文字之趋简也"；七"由于讲学之风盛

---

① 梁启超：《论中国学术思想变迁之大势》，《饮冰室合集》文集之七，2 页。

也"。① 他按各学派发源地区的不同，把诸子百家分为南北两派。儒家、法家、阴阳家、墨家、名家归于北派，而老子、庄子、杨朱、许行、屈原等归于南派。北派的特点是"崇实际"、"主力行"、"贵人事"、"明政法"、"重阶级"、"重经验"、"重保守"、"主勉强"、"畏天"、"言排外"、"贵自强"；南派的特点是"崇虚想"、"主无为"、"贵出世"、"明哲理"、"重平等"、"重创造"、"喜破坏"、"明自然"、"任天"、"言无我"、"贵谦弱"。② 他还从宏观上论述了"先秦学派之所长"和"先秦学派之所短"。

梁启超的论述着重把握中国学术的总体特点，探讨其变迁的因果规律，在一定程度上摆脱了旧式学者只看重儒学的狭隘眼界，是以近代学术眼光观照中国学术历史一次大胆尝试，具有开拓意义。

章太炎是 20 世纪初与梁启超齐名的著名学者和思想家。他一生著述宏富，对先秦诸子、两汉经学、隋唐佛学、宋明理学、清代汉学都有深入的研究和精辟的论述。侯外庐对他的学术成就评价很高，指出：

> （章太炎）堪称近代科学整理的导师。其文如《原儒》、《原道》、《原名》、《原墨》、《明见》、《订孔》、《原法》，都是参伍以法相宗，而义微严密地分析诸子思想的。他的解析思维力，独立而无援附，故能把一个中国的古代的学库，第一步打开了被中古传袭所封闭着的神秘壁垒，第二步拆散了被中古偶像所崇拜着的奥堂，第三步根据他的自己判断能力，重建了一个近代人眼光之下所看见的古代思维世界。③

三、对西学研究方法的借鉴

晚清的新型知识分子广泛地吸收了西学的许多观点和方法，在自己的学术研究中加以运用，推动了中国学术文化的近代转型。

---

① 梁启超：《论中国学术思想变迁之大势》，《饮冰室合集》文集之七，11~15 页。
② 同上书，18~19 页。
③ 侯外庐：《近代中国思想学说史》下册，831 页。

在学术著作撰写体例上，他们打破传统学术史以人物学派为中心的旧体例，用历史进化论观点对中国学术史作出新的阶段划分。在此以前，学术思想史著作一般以朱熹《伊洛渊源录》及黄宗羲《明儒学案》等书的写法为范例。其特点是以王朝兴替为断限，以人物为中心，以学派源流为线索来撰写。这种写法虽然长于表现学者和学派的情况，但却难于从整体上反映思想学术的变化规律和特点。近代学者看到这种写法的弊病，力图从实际上加以纠正。梁启超的《论中国学术思想变迁之大势》以西方历史进化论为理论，从整体上考察了中国学术的历史衍变，他把中国学术史分为八个时代：

北
京
师
范
大
学
史
学
探
索
丛
书

> 吾欲画分我数千年学术思想界为七时代（案：应为八时代）。一胚胎时代，春秋以前是也；二全盛时代，春秋末及战国是也；三儒学统一时代。两汉是也；四老学时代，魏晋是也；五佛学时代，南北朝唐是也；六儒佛混合时代，宋元明是也；七衰落时代，近二百五十年是也；八复兴时代，今日是也。其间时代与时代之相嬗，界限常不能分明，非特学术思想有然，即政治史亦莫不然也。一时代中或含有过去时代之余波，与未来时代之萌蘖，则举其重者也。①

这种划分有两点值得强调：第一，在总体上概括了中国学术变化的全过程，反映出它的形成、发展、衰落及复兴的变化，从动态的角度揭示了中国学术发展变化的内在规律。第二，明确指出各个时期具有代表性的时代思潮，肯定了老庄思想、佛学思想的历史地位，从而打破了以儒学为中心来阐述学术史的旧观念。

刘师培的《周末学术史序》也同样打破了旧的学术史观念，把先秦诸子百家纳入近代学科分类的框架之中，变过去论学"以人为主"为新近的"以学为主"。他开列的学科有心理学、伦理学、论理学、社会学、宗教学、政法学、计学、兵学、教育学、理科学、哲理学、术数学、文字学、

---

① 梁启超：《论中国学术思想变迁之大势》，《饮冰室合集》文集之七，3页。

工艺学、法律学、文章学 16 科。他认为，近代的这些学科在中国的先秦早已齐备，先秦诸子对它们早有初步研究，有些学科的研究已经达到一定的深度。如心理学，"惟孔子性近习远之旨立说最精"①，墨家、老庄、杨朱、商韩、管子也都有创见。但"汉魏以降，学者侈言伦理，奉孔孟为依归，视诸家为曲说，致诸子学术湮没不彰，亦可慨矣"②。刘师培极其推崇荀子的"名学"思想，认为他已经掌握了逻辑法与演绎逻辑法："归纳者即荀子所谓大共也，故立名以为界；演绎者即荀子所谓大别也，故立名以为标。立名为界，则易于询事考言；立名为标，则便于辨族类物。"③ 在政治学方面，他认为儒家"以德为本，以政刑为末，视法为至轻"，把权力集中于君主一人之手，而又不以法律加以限制，是"不圆满之政法学也"。墨家主张平等，"较之儒家，其说进矣"。法家"虽以主权归君，然亦不偏于专制"④。在经济学方面，他最赞同管子"贷国债"、"税矿山"的主张，认为这与西方国家"所行之政大约相符"，是先秦诸子各派中唯一"以富民与富国并重者"⑤。总之，刘师培的分析论述贯彻了反封建的民主精神，对儒家学说中的敬天法祖、尊君崇上、重本抑末、禁私禁欲等观念进行了有力的鞭笞。而对诸子百家中带有进步性、民主性的思想因素予以充分的肯定，尤其对墨家"兼爱"说、道家藐视权贵说以及管子富国富民等主张，评价甚高，体现了一种近代的学术观念。

比较研究法是西方自然科学与社会科学广泛运用的一种科学方法。梁启超等人把它摄取来，运用于学术研究之中。他在《论中国学术思想变迁之大势》一文中把中国学术与古希腊、古印度的学术作了比较，指出：

> 以地理论，则中国、印度同为东洋学派，而希腊为西洋学派；以人种论，则印度、希腊同为阿利扬族学派，而中国为黄族学派；以性

---

① 刘师培：《周末学术史序》，《刘师培全集》第 1 册，501 页。
② 同上书，502～503 页。
③ 同上书，503 页。
④ 同上书，506～507 页。
⑤ 同上书，508 页。

质论，则中国、希腊同为世间学派，而印度为出世学派。故三者互有其相同之点、相异之点。①

这些比较研究虽然流于肤浅，但却是用这一新方法考察中国学术史的最初尝试，无疑具有开拓意义。他把先秦学术归纳为五点长处和六项弱点。五点长处是："国家思想之发达"、"生计问题之倡明"、"世界主义之光大"、"家数之繁多"、"影响之广远"；其六项弱点："论理思想之缺乏"、"物理实学之缺乏"、"无抗论别择之风"、"门户主奴之见太深"、"崇古保守之念太重"、"师法家教之界太严"等。② 20 世纪初的中国学术界思想混乱，"保存国粹"论者偏袒传统学术，排斥外来文化；"欧化"论者盲目否定祖国的文化学术，又走向另一个极端。梁启超用科学的方法对中国传统学术进行具体的分析，分清它的精华与糟粕，长处与短处，这对于近代新文化的建设来说是具有积极意义的。

晚清时期，中国学术发生的变化是异常剧烈的。在治学宗旨上，进步知识分子改变了乾嘉汉学漠视社会现实生活、崇古信古的治学老路，把治学与救国救民的历史责任联系起来，注意发挥学术在现实社会生活的作用。在治学内容上，他们引进丰富的西方学术知识，运用活泼的学术风格，深刻地影响了中国知识界，使中国学者进一步认识到封建文化专制主义的束缚与弊端，开始批判儒学思想，破除儒学本体观念，扩大学术研究的范围，开始对中国传统学术作初步性的研究和清理。在治学方法上，进步知识分子把当时传入中国的一些科学方法，如历史进化论、比较研究法、逻辑学方法等，广泛地引进学术研究领域，提出了一系列有价值的观点，取得初步的研究成果，为民国年间近代学术事业的开展奠定了基础。这种变化表明中国传统学术经历着从封建主义古学向资产阶级新学的转变。

---

① 梁启超：《论中国学术思想变迁之大势》，《饮冰室合集》文集之七，31 页。
② 同上书，31～38 页。

1840 年鸦片战争以后，西学卷土重来，与传统中学发生一系列的冲突、交融，改变着中国的传统学术文化。中日甲午战争以前，输入中国的主要是经济技术及自然科学，基本上属于文化的物质层面。这些外来物尽管没有从根本上改变中国传统文化学术的体系，但却在中国文化的链条上打开了一个缺口。由于近代中国的社会条件不同于明末清初，这种缺口一旦出现，便没有任何力量能把它重新弥合，而只会愈开愈大，使外来文化的渗透逐渐从表层发展到里层，从物质层面扩大到精神层面。在这种情况下，传统学术回答不了时代提出的新问题，无法适应社会发展的需要，出现了变革的契机，这就为西学渗入和变更中国传统学术提供了必要性和可能性。从这个意义上说，中国近代学术的形成是中西文化交融的必然结果。

第十二章　陈寿祺与嘉道年间
闽省学风的演变

与浙粤毗邻的福建，地处神州东南，向以物产丰腴、地杰人灵著称。有清一代，闽省人才辈出。清朝嘉道年间的陈寿祺就是福建学坛涌现出的一位佼佼者。

陈寿祺（1771—1834），字恭甫，号左海，又号珊士，晚号隐屏山人。福建闽县（今福州）人。嘉庆进士，授翰林院编修。曾充广东、河南乡试考官，授记名御史。弃官归籍后，主讲清源书院、鳌峰书院达二十余年，造士无算。陈氏博学多才，学术造诣深厚，于经学、小学、文辞学等靡不深究，著述颇丰，又与乾嘉名士钱大昕、段玉裁、王引之、阮元等交游切磋，俨然闽省一经学"巨擘"。① 陈寿祺的学术文教活动与清代福建地区学术风气变化的关系颇为密切，值得研究者予以关注。

一、兼汉宋、博古今的通儒

陈寿祺于 1799 年（嘉庆四年）中进士，直至 1834 年（道光十四年）逝世，这段从政、治学的经历主要在嘉道年间。嘉道年间，正是清代历史发展的一个重要的转折时期。此期间，所谓康乾盛世已成过眼烟云，清朝统治的各种社会矛盾、政治危机不断暴露出来。昔日盛极一时的汉学尽管依然气势逼人，但其弊端已经频频显露，开始受到学界士人的质疑。而先前受到汉学压抑的程朱理学、经世致用之学以及形成未久的今文经学等开始活跃起来，稍稍冲淡了乾嘉汉学一统天下的沉闷空气，使学界出现些许活跃的景象。这种时代背景给陈寿祺的学术思想及学术活动以深刻的影

---

① 参见陈康祺：《郎潜纪闻初笔二笔三笔》下册，722 页，北京，中华书局，1984。

响，是他最终成为"通儒"的重要外部条件。

一些论者往往把陈寿祺及其子陈乔枞视为今文经学家，划入公羊学一派，称："陈寿祺、陈乔枞父子治西汉今文辑疑之学，以著名的福州鳌峰书院和浙江诂经精舍为据点，登台授徒，著书立说"，说他们与严复、曾克瑞等人"治公羊学、西学，反对程朱理学"①。这种说法有失偏颇。讲陈寿祺"反对程朱理学"，是与历史实际不符的。实际上，陈氏不仅写过《义利辨》、《知耻说》等文章阐述程朱理学的观点，而且还在许多文章中称赞清初理学家李光地、张伯行等人，显示出倾向于理学的思想。陈寿祺固然写过一些涉及今文经学的著作，如《左海经辨》、《五经异义疏证》、《尚书大传定本》、《三家诗遗说考》等书，但如果仔细考察它们的内容，可以看出，作者是用一位考据家的眼光来看待和阐述经学问题的，并未以今文经学家的学术立场自诩而生门户之见，厚此薄彼。称其"治公羊学"颇为牵强。

以陈寿祺《五经异义疏证》为例。东汉时，今古文经发生论争，古文经学家许慎"以《五经》传说臧否不同"为由，全面批驳今文经学。"于是撰为《五经异义》"②，内容及于昏冠、聘问、锡命、丧祭、明堂、社稷、征役、田税、器物、乐舞等方面，每论证一事，必具家法，以明其统绪源流，受到学界赞誉，"时人为之语曰：'五经无双许叔重'"③。后来郑玄遍注群经，综合古今，对许慎之书提出辩难，撰《驳许慎五经异义》，为士人所关注。但是，许慎的《五经异义》在唐宋后已失传，其中部分经典疏文在一些著述中间有援引，曾引起一些学者的注意。如陈寿祺所说：

> 近人编辑仅存百有余篇，聚珍版外，有秀水王复本、阳湖庄葆琛本、嘉定钱大昭本、曲阜孔广林（森）本，大抵掇拾丛残，以意分合。④

---

① 高令印、陈其芳：《福建朱子学》，543 页，福州，福建人民出版社，1986。

② 范晔：《后汉书·儒林列传》卷七十九。

③ 同上。

④ 陈寿祺：《五经异义疏证自序》，嘉庆十八年（1813）三山陈氏刻本。

"聚珍版"即指乾隆年间编修《四库全书》时，搜检诸书缀辑佚文而成的武英殿聚珍本。陈寿祺在前人工作的基础上，稽核各家注本，"复刺取诸经义疏、诸史志传、说文通典，及近儒著述与许郑相发者，以资稽核，间附蒙案，疏通证明"①，本着取详存异的原则，写成《五经异义疏证》。他并不因为许慎、郑玄观点不同而有所偏倚，认为许慎鉴于今文经学末流"不修家法，妄生穿凿，轻侮道术"之弊，因而作《五经异义》，以"忧大业之陵迟，救末师之踦陋"②，书中观点多从古文家说。而郑玄追求的是学术上的"宏通"，要融会今古文经，因此"囊括网罗，意在宏通，故兼从今文家说"。两人的歧异各有缘由，不能是此非彼，应把郑玄视为许慎的"诤友"。陈寿祺说："郑视许为后进，而绳纠是非，为汝南之诤友。"他把学术纷争看得很淡薄，说："圣道至大，百世莫殚，仁者见仁，智者见智，蕲于事得其实，道得其真而已。"③ 在这里，我们看不出陈寿祺有多少今文经学的倾向。

此外，陈寿祺还写了《三家诗遗说考》。所谓"三家诗"是指西汉时期盛行的齐诗、鲁诗、韩诗，属于今文经学范围，但到后来均佚失。南宋末年，王应麟著《诗考》辑录三家诗佚文，但脱漏颇多。陈寿祺评价《诗考》说："所辑三家遗说，止取文字别异，缺漏甚多。"④ 为了弥补这一经学史上的缺憾，他在前人工作的基础上撰成《三家诗遗说考》，以便世人全面了解儒家诗学的历史演变。他说：

> 两汉《毛诗》未列于学，凡马、班、范《三史》所载，及汉百家著述所引，皆鲁、齐、韩诗。异者见异，同者见同，绪论所存，悉宜补缀，不宜取此而弃彼也。⑤

① 陈寿祺：《五经异义疏证自序》。
② 同上。
③ 同上。
④ 陈寿祺：《三家诗遗说考自序》，三山陈氏刻本。
⑤ 同上。

今古文《诗》尽管差异颇大，但是，陈寿祺并不偏袒一方，而是平列看待，反映出他"宏通"各经的学术风格。

由上可见，陈寿祺治经涉及一些今文经学的问题，有的著述在客观上起到为今文经学复兴推波助澜的作用，但他在主观上并没有偏袒今文经学，依然保持着推崇许、郑之学的学术立场，难以视之为今文经学家，充其量只能算今古文经学的调和论者。对此，周予同先生有过准确的评价：

> 当时对于今文学的复兴，还有一支有力的援军，那便是辑佚之风很盛，关于西汉今文博士的遗说，考辑颇备；如冯登府的《三家诗异文疏证》，迮鹤寿的《齐诗翼氏学》，陈寿祺的《三家诗遗说考》和其子乔枞的《今文尚书经说考》、《尚书欧阳遗说考》、《诗经四家异文考》、《齐诗翼氏学疏证》等书，都给予今文学者以有力的援助。不过这些学者仅仅考证今古文学的不同，并非力主今文而排古文，所以我们不能称他们是今文学者。①

其实，古文经学家关注今文经，甚至研究和阐发之，在乾嘉汉学士人中是屡见不鲜的。汉学皖派领袖戴震曾提出整理研究早已遗失的今文学各经的问题，并撰《尚书今文古文考》阐述《今文尚书》。戴震弟子段玉裁撰《古文尚书撰异》，钩稽异文异说，分辨今文、古文的区别。他们的治学初衷应该说与陈寿祺没有多大分别。更何况从学术渊源上讲，陈寿祺与乾嘉汉学诸大师交谊深厚，往来密切，同属于考据家一流。陈寿祺会试出于汉学宗师阮元之门，对阮元之学倾心向往。阮元抚浙时，曾延陈寿祺主杭州敷文书院、诂经精舍，课经授徒。

> 时阮公方纂群经古义为《经郭》，先生定例言数十条，明所以原

---

① 周予同：《周予同经学史论著选集》（增订本），20～21页，上海，上海人民出版社，1996。

本训辞，会通典礼，存家法而析异同之意，一时传诵遍两浙云。①

陈寿祺所写的《经郛》尽管秉阮元之意而作，但也集中反映了陈氏的经学倾向。他提出的编辑经籍的原则有十条，其云：

> 《经郛》荟萃经说，本末兼赅，源流具备，阐许、郑之闳眇，补孔贾之阙遗，上自周秦，下迄隋唐，网罗众家，理大物博。汉魏以前之籍，搜采尤勤，凡涉经义，不遗一字。其大端有十：一曰探原本。以经解经，厥义最古，如《三传》、《礼记》所引《易》、《书》、《诗》、《尔雅》，所释诂言训是也。二曰钩微言。奥训眇辞，诸家阙略，如《说文》所解，《广雅》所释是也。三曰综大义。发明指归，会通典礼，如荀子之论礼乐，董子之论《春秋》，史志通典之祃议、礼议、服议是也。四曰存古礼。三代遗制，周人能言，如《左氏传》之称《礼经》，《小戴记》之载杂说是也。五曰存汉学。两京家法，殊途同归，载籍既湮，旧闻屡见，如《史记》记载《尚书》多古文说，《白虎通》引经多今文说，《汉书·五行志》多《三传》先师之说，《五经异义》多《石渠奏议》之说是也。六曰证传注。古人解经，必无虚造，间出异同，皆有依据，如《毛传》之合于雅诂，《郑笺》之涉于鲁韩是也。七曰通互诠。一家之说，或前后参错，而互相发明，如《郑志》之通诸注差互，箴膏肓，发墨守，起废疾之别《三传》短长是也。八曰辨剿说。晋代注家，每摭拾前人而不言所自，如伪孔《尚书传》之本于王肃，杜预《左传注》之本于服虔，郭璞《尔雅注》之本于樊孙是也。九曰正谬解。大道多歧，习非胜是，实事求是，择焉必精，如《易》之象数明，则辅嗣之玄宗可退，《书》之训诂覈，则仲真之伪传可排是也。十曰广异文。古籀篆隶，易时递变，众家授受，传本不同，如《说文》之古文，《玉篇》之异字，汉碑之异体，

① 林昌彝：《陈恭甫先生传》，《林昌彝诗文集》，317 页，上海，上海古籍出版社，1989。

经典释文之异本是也。统绪十端，囊括古今，诚六艺之潭奥，众论之范围。①

以上"十条"，全面地阐述了编辑《经郛》的宗旨、原则、内容和方法，完全是一派乾嘉考据学的规模和气象。除受阮元指点外，陈寿祺还与钱大昕、段玉裁、王念孙、程瑶田等汉学名家过从甚密，并与张惠言、王引之是科举同年。鉴于这样的社会及学术背景，不少学者都把陈寿祺与汉学紧密地联系在一起，视其学术为乾嘉汉学一脉。林昌彝说：

> 今之治经者，或专小学，而近烦碎；或举大义，而略雅驯；又或界域汉、宋，以文字义理为二途，而训诂文笔，亦鲜有兼长者。先生（案：指陈寿祺）阅览精识，赅贯本末，无是同非异之见，故游先生之门，有专肆，无偏訾也。②

《清史列传》的作者评价说：

> 寿祺会试，出朱珪、阮元门，乃专为汉儒之学，与同年张惠言、王引之齐名。又及见钱大昕、段玉裁、王念孙、程瑶田诸人。故学益精博，解经得两汉大义，每举一义，辄有折中，两汉经师，莫先于伏生，莫备于许氏、郑氏。寿祺阐明遗书……绳纠是非。③

张舜徽先生则认为：

> 寿祺之所以自立者，又不徒湛深经学，致详于名物故训已也。即以治经言之，亦能畅通大例，而不狃于细物，宗主汉学，笃信

---

① 陈寿祺：《经郛》，《左海全集》，道光年间陈氏刻本。
② 林昌彝：《陈恭甫先生传》，《林昌彝诗文集》，317 页。
③ 王钟翰点校：《清史列传·儒林传下》第 18 册，5577 页。

许、郑。①

　　当然，完全把陈寿祺说成是古文经学家也不确切，称他的学术以古文经为主，兼综今文经则是不为过的。

　　清代学坛汉宋学盛行，互为水火，演化成为旷日持久的学术论争。在汉宋学问题上，学宗汉学的陈寿祺并无门户之见，在提倡汉学的同时，也对宋学予以肯定，持论比较宽容、平和。在他看来，阐释义理、辨明训诂，是治经学的两个不可缺少的基本方面。他说：

　　　　夫说经以义理为主固也，然未有形声训故不明，名物象数不究，而谓能尽通义理者也。②

　　这是说汉宋学关系密切，不可分割。陈寿祺从儒学道统论的角度看待宋学，认为孔、孟、许、郑与宋五子一脉相承，说："孔孟崛兴，立言以惠教万事"，"许慎、郑康成诸儒，讨论经典"，阐发圣学精义，"泊宋五子寻坠绪而究微言，抉经心而参圣译，后世莫不奉为埻臬。"③ 他认为，做人首先要"立本"，"本"若不立，便谈不上"学"与"行"。而宋学就是关系到做人"立本"的"正学"。他在《孟氏八录跋》一文中讨论了这个问题，说：

　　　　窃慨乡国百年以来，学者始溺于科举之业，而难于道古，近则俊颖之才知好古矣。然本之不立，学与行乃离而二。其究也学其所学，弊与不学均。甚则以廉孝为奸谋，以朋徒为利饵，以诗礼为发家，以文笔为毒矢，口谈义利，心营悖鄙，形人行鬼，不知羞耻。项仪徵阮抚部夫子、金坛段明府若膺寓书来，亦兢兢患风俗之弊。段君曰：

　　①　张舜徽：《清人文集别录》下册，351 页。
　　②　陈寿祺：《答翁覃谿学士书》，《左海全集》卷四，27 页。
　　③　陈寿祺：《安溪李文贞公全书总序》，《左海文集》，道光年间陈氏刻本，卷六，58 页。

"今日大病在弃洛闽关中之学，谓之庸腐，而立身苟简，气节败，政
事芜，天下皆君子而无真君子。故专言汉学，不治宋学，乃真人心世
道之忧，而况所谓汉学者，如同画饼乎。"抚部曰："近之言汉学者知
宋人虚妄之病，而于圣贤修身立行之大节略而不谈，以遂其不矜细
行，乃害于其心其事。"二公皆当世通儒，上绍许、郑，而其言若是。
然则先生是书恶可不流布海内，以为学者针砭也。①

在以上引文中，陈寿祺对阮元、段玉裁批评学界沉溺于利禄俗学，而鄙弃
道德修身，排斥宋学的不满是赞同的，反映出他对宋学在维护社会道德风
俗方面所起重要作用的肯定态度。他提倡治汉学而不摒弃宋学，对理学中
人不无溢美。他曾为清初著名理学家李光地的全集作序，高度评价康熙年
间程朱理学的"复兴"，声称："盖熙朝经术修明，自圣祖成制，自公发
之，而后雍正、乾隆间，继述众经，圣教由是大显"。对于李光地，他更
是倍加称赞："安溪李文贞公以名世之资，应运翊辅，广渊笃诚，好贤若
渴，幼而敏异，博综群书，与顾亭林、梅定九二先生游，通律算音韵之
学，通性命天人之旨。"② 他对宋学的这种宽容态度，与激烈排斥宋学的汉
学家形成鲜明对照。

二、"通经致用"的治学宗旨

嘉道年间，清王朝统治的弊端日益暴露，社会危机重重。一些有识之
士开始倡导经世致用之学，以解救社会危机，遂使经世思潮流行于世。经
世思潮也对陈寿祺的学术思想产生了深刻影响，成为他治学的一个重要
特征。

作为一名学者，陈寿祺不仅治学勤奋，造诣深厚，而且本着经世致用
的精神关心国事、民事、天下事，指陈社会利弊得失，体现出一种可贵的

① 陈寿祺：《孟氏八录跋》，《左海文集》卷七，32 页。
② 陈寿祺：《安溪李文贞公全书总序》，《左海文集》卷六，58 页。

忧国忧民的精神。他在致闽浙总督汪志伊的一封信中对当时的社会问题予以大胆揭露，指出：

> 夫闽顽梗之习，莫甚于泉、漳，以泉、漳言之，其土瘠，其人满，其俗强，好凌弱众，好暴贫寡，好噬富顽恶，好虐善良。其野人善争斗，其士子善舞文，其吏胥善挟制官长。晋江、石狮等乡，白昼当路钞掠杀人。五堡、厝上等乡，窝匿奸宄，通济海盗。巨商大贾，自厦门私贩鸦片，获利无算，因致素封，俗之败恶，未有甚于此者。

他在信中还批评福州风气：

> 兢尚奢侈，一女之嫁，辄数千缗；一日之殇，或百缗。闺阁之珠玑溢于簪舄，婴稚之锦绣以藉涕洟。才安得不匮？生安得不穷？纨绔之子，乳臭已狎狭邪；庠序之生，嗜好乃甘鸩毒；庶人丧亲百日之内，乘凶纳妇；官家亲丧再期之内，徇俗嫁娶。败礼悖教，与于不孝之甚。士安得兴学？俗安得长厚？①

在他看来，种种社会问题的发生都与官吏不能尽心办事、吏治腐败有关。他把吏治方面的问题概括为"五病"，指出："盖天下之病有数端：一曰粉饰，二曰牵制，三曰顾忌，四曰因循，五曰积玩。蹈此五者，虽有仁政无由而施。"② 因此，他对官吏虐民、吏治败坏的情形尤其深恶痛绝，激烈地予以抨击："比年入夏，苦旱岁不屡丰者何也？咎在诸州遇有司奉行不善，荼急失宜，盗贼不能纠察，威怒滥及无辜，苛猛之政不避盛夏，捕捉风影，考掠株连，上伤天和，下妨农事。"他对福建泉漳地区官吏虐民作了愤怒的揭露：

①　陈寿祺：《与总督桐城汪尚书书》，《左海文集》卷五，16 页。
②　陈寿祺：《答梁芷林兵备书》，《左海文集》卷五，55 页。

奸吏以陷井为利窦，蠹役以捕帖为神符，狱讼繁多，豺狼四布，舍正凶而虐善良，纵奸恶而噬肥富。小民一入公门，丧魂失魄，皮骨酸腐，犹以肉喂饿虎。其拘押之所，有捕厅，有差馆，有土地堂。捕厅寝馈所需稍为平帖，差馆私以贿求，犹可自便。最下土地堂，则秽污潦湿，迫迮无所，容不见天日，听人刀俎摧挫于狱皂之毒，断绝于饥渴之危。①

他对贪官污吏鱼肉百姓的揭露入木三分，真实地反映了当时社会现实。身在学林的陈寿祺对日趋颓堕的士习忧心忡忡，批评说：

近岁三山人心日鄙，士习日偷，火炽波颓，未有止届。毁弃忠信，蔑侮老成，嗜利蒙垢，党邪附枉。其源由于义利不明，廉耻道丧，礼法荡失，是非颠倒。盖十有数年以来，狃于纵弛，而莫之警，以迄于今，积重难返。②。

值得注意的是，他对愈演愈烈的鸦片走私以及西方殖民主义者的侵略威胁深有感触，向国人发出警告：

如鸦片一物，夷人贩运，既以戕中国之人，又以耗中国之财，用心叵测，流毒无穷。计二十年间，天下之甘其鸩而倾其资者，奚啻累千亿万。编氓陷之十二三焉，庠序陷之十四五焉，纨绔陷之十八九焉，官弁陷之十一二焉。其势方日炽而未有止，不识再复二三十年，其为戕耗又将何若？

他看到来华西人的觊觎中土之野心，中国绝不能等闲视之，说：

———————

① 陈寿祺：《与孙公保书》，《左海文集》卷四，49 页。
② 陈寿祺：《与叶健庵巡抚书》，《左海文集》卷五，39 页。

闻夷人互市，驾御颇难。西洋此辈桀骜狡黠，常有轻易中国之心。内地商贾又往往谄义于彼，故益长其骄。抚之不可失怀柔，然亦不可失威重也。①

在鸦片战争以前，鸦片流毒、西方列强入侵之患尚未如后来那么尖锐突出，但陈氏能够见微知著、未雨绸缪，预见其危害性并向国人发出警告，不能不说是一种政治远见。

陈寿祺不仅敢于大胆揭露时弊，而且还孜孜寻求救弊之法，提出一系列有价值的救弊措施，反映出他经世之志的笃实。他曾就解决闽省的社会问题多次与总督汪志伊书信往来，探讨切磋，提出八项治理措施：

窃惟今日事势之大且急而切于治闽者数端：曰责吏职，曰严吏课，曰养民财，曰正浇俗，曰除莠匿，曰汰游食，曰除蠹胥，曰行劝罚。②

在他对兴利除弊的思考中，整饬吏治和正学造士是两个重要方面。在他看来：

民事皆自令长始，令长廉明以勤而民服，昏墨以惰而民不服，娄酷以急而民愈不服固也。乃其中拙者索府库以应橱传，巧者浚脂膏以奉乌袜。如此安得不上蚀而下渔，上蚀而下渔，则吏安得善？国安得治？

可见，澄清吏治，选拔贤明的"令长"，是治世安民的关键所在。他认为，选拔贤明的"令长"不仅要靠朝廷用人坚持"举贤任能"的标准，而且还要咨访下级，听取下层人的意见，用他的话来说：

---

① 陈寿祺：《上公保尚书仪真公书》，《左海文集》卷五，12、11 页。
② 陈寿祺：《与总督桐城汪尚书书》，《左海文集》卷五，15 页。

> 令长之贤否，咨之道府；而道府或以爱憎为毁誉，访之卒掾；而卒掾或以厚薄为抑扬，询之营弁；而营弁或恶直而喜袤，谀之绅缙。①

通过上下两个方面的明察监督，可以确保选拔"令长"的"贤明"。

此外，陈寿祺还十分强调端正士习的重要性，把加强文教作为求治的根本措施。他深明"国家治乱靠人才，人才贤否靠教育"的道理，引用诸葛亮《诫子书》的话勉励士人："非学无以广才，非静无以成学"。希望士人在读书阶段"沈潜于圣贤修身立命之旨，豪杰经国济时之业。他日出为天下用，虽不敢高谈周、召，然由所学度其所至，必能为谢文靖，不为殷深源；能为李邺侯，不为房次律。"② 基于这种认识，他在弃官归籍后，把主要的精力用于办学方面，制定出一系列建设或改革书院教育的制度、措施，如《鳌峰崇正讲堂规约八则》、《拟定鳌峰书院事宜》等，体现出他殷殷育才的望治之情。在《鳌峰崇正讲堂规约八则》中强调了八个方面的问题，即"正心术"、"慎交游"、"广学问"、"稽习业"、"择经籍"、"严课规"、"肃威仪"、"严出入"，对学生在做人、修身、治学、治事诸方面都提出了严格的要求。在育才问题上，他突出强调的有三点，即"重廉耻"知道如何做人、"广学问"成为有才干的"通儒"、施以严格的管理教育。他说：

> 学者修身善道，首在明义利之分，审是非之界，立志不欺，行己有耻，一切秽浊之途，钻营之术，利己害人之谋，枉道徇人之行，皆足败名辱身，毫发不可生于心。③

这些是他提出的做人要义。关于治学，他尽管强调以读经学为主，但又要求学生"切切喜谋当世之务，多济时泽物之要略"④，经学、理学、经世之

---

① 陈寿祺：《上公保尚书仪真公书》，《左海文集》卷五，12～13 页。
② 陈寿祺：《答张亨甫书》，《左海文集》卷四，36 页。
③ 陈寿祺：《鳌峰崇正讲堂规约八则》，《左海文集》卷十，57 页。
④ 陈寿祺：《与友人书》，《左海全集》卷四，51 页。

学的书籍，都在学生阅读的范围之内。陈寿祺看到，书院规章即使再完善，如果不严格贯彻，也不能达到育才的目的，因此强调教育上的严格管理。他说：

> 今请严设规条，豫张告诫，约束坚明，使士皆范围于榘矱之中，优游于逊悌之路，习之既久，足以变化气质，养成器局。①

总之，陈寿祺治学尽管以读书明经为宗，但始终强调发扬儒学"通经致用"的传统，并在学术研究和教育活动得到贯彻，体现出强烈的经世致用精神，从而构成他治学的一个重要特征。

三、开学术新风的一代名师

宋明以来，程朱理学（或朱子学）一直左右着福建地区的学坛。因理学集大成者朱熹长期在福建生活、讲学，朱熹之学便被称为"闽学"。这一学术传统一直延续到清代中前期。无怪有人说：

> 盖朱子生于闽之尤溪，受学于李延平及崇安胡籍溪、刘屏山、刘白水数先生。学以成功，故特称闽，盖不忘道统所自。②

清初，康熙推崇理学，重用李光地等理学大臣，渐已萧条的理学一度出现"复兴"的局面。由于闽省自身学术传统的影响，再加上李光地、张伯行、蔡世远、雷鋐等理学名家的推波助澜，使福建理学（或朱学）显得格外活跃。梁启超曾说：

> 福建，朱晦翁乔寓地也，宋以来称闽学焉。……康熙间则安溪李

---

① 陈寿祺：《与叶健庵巡抚书》，《左海全集》卷五，42页。
② 蒋垣：《八闽理学源流》卷一，转引自高令印、陈其芳：《福建朱子学》，1页。

晋卿光地善伺人主意，以程朱道统自任，亦治礼学历算等，以此跻高位，而世亦以大儒称之。同时有同安陈资斋伦炯善言海防，终于武职，世莫知为学者也。晋卿弟耜卿光坡则亦学晋卿之学而自得自较多。其子姓中亦多传礼学云。雍正间则漳浦蔡闻之世远亦以程朱学闻于时。①

这种情况到了嘉道年间开始发生变化，讲求经学、经世致用之学的风气逐渐在闽省地区流行起来，而首倡这一新学风的学者正是陈寿祺。诚如《清儒学案》作者所言：

> 闽中诸儒承李文贞、蔡文勤之后，多宗宋儒，服膺程朱。自左海始，兼精研汉学，治经重家法，辨古今文。②

陈寿祺在晚年曾经主持泉州清源书院、福州鳌峰书院各11年，造士无算。尤其鳌峰书院，系福州四大书院之一，在福建学坛有着举足轻重的影响。该书院是由清初康熙朝理学名臣张伯行所建，以讲授程朱理学为根本宗旨。林昌彝曾说："福州鳌峰书院，康熙间张清恪所创置也。时则蔡文勤为之师。其后主讲者，多宿儒大师，百余年间，闽人之出鳌峰，砥行立名者甚众，而近稍衰息矣。"③ 然而，鳌峰书院自陈寿祺主持以后，学风为之一变，从过去课士以理学为主，转而提倡汉宋学兼采，经解、古文、实学并举的治学原则。他在1822年（道光二年）为书院制定的学规明确规定："课时艺排律外兼课经解、史论及古文辞，以期兴倡实学，搜获异才。"④ 体现出与鳌峰书院昔日主持者张伯行、蔡世远尊崇理学的不同教育宗旨。他认为，做人立德固然离不开理学，但是，"义理寓于形声训诂，

---

① 梁启超：《近代学风之地理的分布》，《饮冰室合集》文集之四十一，77～78页。
② 徐世昌：《清儒学案·左海学案》第3册，404页。
③ 林昌彝：《陈恭甫先生传》，《林昌彝诗文集》，316页。
④ 陈寿祺：《拟定鳌峰书院事宜》，《左海文集》卷十，55页。

而名物象数而不遗者也，言形声训诂与名物象数，舍汉学何由?"① 在他看来，治宋学、崇义理，只能解决道德的问题，至于治学、理事、治天下，必须兼治其他学问；一味追求宋学，醉心于义理而不能自拔，"所谓治心养性者，或蹈于空虚，而流为心学、禅机之弊"的结论是："究其所以为学，不出博文约礼二者而已"。他对"博文约礼"的解释是："必博稽古今，求为有用之学。"② 在陈寿祺的倡导下，讲求汉学、经世致用之学的风气在鳌峰书院、清泉书院等教育机构蔓延开来，并影响了福建地区的学术风气。

于汉学，陈寿祺本来持兼习古今的立场，即尊古文经学而不排斥今文经学，但他播撒下的是兼尊古今文经学的种子，收获的却是今文经学偏长的硕果。其子乔枞秉承家学，把乃父关于今文经学方面的研究心得发扬光大，成为咸同时期的今文经学名家。

陈乔枞（1808—1868），字朴园，1825 年（道光五年）举人，历官知县、知府，"撰述多准寿祺遗训"③。齐、鲁、韩三家诗为今文经学，久已失传，陈寿祺曾对它们做过一些搜集整理的工作，但辑而未就。临终时，他嘱咐乔枞说："尔好汉学，治经知师法。他日能成吾志，九原无憾矣!"④ 陈乔枞果然不负父望，搜讨群籍，旁征博引，终于写成《三家诗遗说考》15 卷、《齐诗翼氏学疏证》2 卷、《诗纬集证》4 卷、《诗经四家异文考》5 卷等著作，对今文经诗学作了比较全面的阐述。陈乔枞的研究成果得到后来学者的普遍首肯。曾国藩称"见其书，以为可传"⑤。皮锡瑞说："乾嘉崇尚今文，齐诗久亡，孤学复振，采辑三家诗者甚夥。陈乔枞鲁齐韩诗遗说考尤备。"⑥ 马宗霍的《中国经学史》把陈寿祺父子列为今文经学家之列，对陈乔枞评价甚高，称：收于《皇清经解续编》中的阐述今文经学的

① 陈寿祺：《答丁朴夫书》，《左海文集》卷四，41 页。
② 同上。
③ 王钟翰点校：《清史列传》第 18 册，5579 页。
④ 同上。
⑤ 同上。
⑥ 皮锡瑞：《经学通论》卷二，2 页。

著述中，"分量最多的算陈乔枞的《今文尚书经说》及《三家诗遗说》了。他对于《今文尚书》和《三家诗》材料的搜集，可谓竭其精神，旁搜博引，已无余剩。他是替后人做下很大的工作，后人更应由此去比较及分析综合地研究"①。

陈寿祺的弟子林昌彝、孙经世、王捷南等，也都曾经随其师治经学，尊古文经，并多有著述。林昌彝长于《礼经》研究，曾著《三礼通释》，洋洋280卷。但林氏又擅长于做诗，并取得较高成就，享誉晚清诗坛，致使他的诗作影响掩盖了他的经学成就。孙经世初攻宋学，后随陈寿祺治汉学，著有《说文会通》16卷、《释文辨证》14卷、《十三经正读定本》80卷等，一派考据家气象。王捷南亦受业于陈氏，治《诗》、《礼》、《春秋》诸经，将其师代表作《五经异义疏证》校刊出版。

陈寿祺还注重对学生传授"有用之学"，即经世致用之学。近代著名爱国主义者、晚清政治家林则徐就受到陈寿祺关于"学贵躬行"、"践履笃实"学术精神的深刻感染。

林则徐早年曾在鳌峰书院读书，恰值陈寿祺主持讲堂，耳濡目染，获益良多。林则徐走上仕途后，二人还不断书信往还，研讨学术，交流政治见解。在林则徐日记中，还保存着陈寿祺的赠诗。诗中云：

> 由来社稷臣，一诚通万汇，民俗凋敝余，若旱需灌溉。奸宄阴蘖芽，若农荄薉薉，吏道患因循，人情多忌畏。苍生系安危，所在尚宏毅，吾乡两襄惠，文武有经纬。②

诗中忧国忧民的经世精神跃然纸上。陈寿祺还把林则徐称为闽省百年来涌现出的两位杰出人才之一（另一位是梁章钜）。他在致梁章钜的信中说：

> 吾乡百年以来，先达具经世济时之略者盖鲜……今独阁下与少穆

---

① 马宗霍：《中国经学史》，150页，北京，商务印书馆，1998。
② 林则徐：《林则徐集》（日记），85~86页，北京，中华书局，1962。

（案：林则徐字）观察为时而出，冠伦魁，能宏此远谟，是鄙人之所区区厚望耳。①

梁章钜曾任军机章京、江苏巡抚，与林则徐同为嘉道年间出于福建籍的干臣名宦。陈寿祺称道他们的原因是其具备"经世济时之略"，体现了他注重并提倡经世致用精神的思想倾向。林则徐不仅是一位杰出的政治家，而且还是具有强烈经世致用精神的思想家。而陈寿祺则是他讲求"经世之学"的早期启蒙者。

此外，陈寿祺还是一位古文高手，长于诗赋、散文。正如林昌彝所说：

> 先生论文，必规正体。精于文章流别，每与诸生讲业，历举汉、唐以来各家诗文集，明辨体裁，详溯源委，以示学者。使择取精醇，用力研究，以收纯熟之功，而归雅正之体。②

他在诗文方面的成就对其弟子产生了重要的影响。陈寿祺的弟子中，能为诗赋者大有人在，尤以张际亮、林昌彝最为出类拔萃。

张际亮（1799—1843），字亨甫，号华胥大夫，福建建宁人，举人出身。他少时肄业于鳌峰书院，"时陈寿祺为山长，甚器重之"③。为诗模仿唐风，改革轻佻之习，写诗上万首，盛名一时，时人比之李白，著有《松寥山人诗集》、《娄光堂稿》。

林昌彝（1803—1876），字惠常，又字芗谿，福建侯官人，道光举人。早年入鳌峰书院，就学于陈寿祺，受到深刻的影响。林昌彝尝云：教自己读书进学的启蒙老师有两位，一位是母亲吴太夫人，一位是业师陈寿祺。他深情地回忆乃师当年赠诗勉励的情形："余自少及壮，尝彻夜读书。先母吴太夫人在日每戒之。及先母弃养，读又彻夜，恭甫师手书箧子惠余

---

① 陈寿祺：《答梁芷林兵备》，《左海文集》卷五，55页。
② 林昌彝：《陈恭甫师请崇祀鳌峰名师祠事实》，《林昌彝诗文集》，340页。
③ 张舜徽：《清人文集别录》，454页。

北京师范大学史学探索丛书

云：'精心究墳典，方夜研诗书。若遭比丘子，定赠知更鱼。'"① 陈寿祺讲授的诗文章法给林氏留下的印象极为深刻。林昌彝在一首诗中写道："金鳌开讲席，玉馆立山茨。飞骑人余几，驰声更有谁？""万丈摩空笔，天风卷海词。文章操鬼斧，坛毡树神旗。"② 在这里，作者既形象地描绘出陈寿祺妙手著文的风采，又真切地流露出对乃师诗文造诣的钦佩之情。林昌彝尽管写了许多经学著作，但他创作的诗歌更为出名，蜚声文坛。留下的诗文集有：《射鹰楼诗话》、《海天琴思录》及续录、《敦旧集》、《诗人存知诗录》、《衣讔山房诗集》等。尤其《射鹰楼诗话》内有记鸦片战争史实，表彰军民英勇抗敌，抨击清政府腐败无能的不朽诗章，成为中国近代诗坛的典范之作。

陈寿祺的学风具有开放性的品格。他在早年曾受学于闽省理学名师孟超然，步入仕途后又浪迹京师、广东、河南、浙东等地，结识阮元、段玉裁、王念孙等汉学名家，广泛地接受了当时中国流行的各种学术，逐渐形成以"兼通"和"致用"为特征的学术风格。他不仅兼采汉宋学、会通今古文经学，而且还长于古文词学，纯然一副"通儒"气象。另外，由于时代使然，他的治学宗旨已与乾嘉诸儒有所不同，稍稍摆脱"为学术而学术"的窠臼，带有较为明显的"经世致用"色彩。他关心国事民事，大胆抨击时弊，呼唤具有"经世济民"之志的人才，并付诸人才培养的教育实践。所有这一切，都在福建学坛培植了与该地区理学传统截然不同的学术风气，即兼采汉宋、会通古今、切于致用的新学风。他一手栽培的林则徐、张际亮、林昌彝、孙经世、王捷南等高才弟子，或以"经世致用"之学见长，或以诗赋名世，或以经师闻名，而鲜有一味醉心理学者。可见，陈寿祺治学思想的实际影响与闽省学风在嘉道年间出现转变之间的关系是密不可分的。

从历史发展来看，陈寿祺学术思想的影响是积极的。它促成的一个重

① 林昌彝：《海天琴思续录》，同治八年（1869）广州刻本，卷七，39 页。
② 林昌彝：《陈恭甫师命笺绛跗草堂诗钞谨呈一百韵》，《林昌彝诗文集》，45、44 页。

要结果就是使福建地区的学术从过去的程朱理学一枝独秀，转变为嘉道时期的诸学并举，使汉学、经世致用之学、今文经学在闽省发展起来，冲淡了长期弥漫于学界的道学习气。而汉学讲求的"实事求是"治学原则，经世致用之学的务实精神和今文经学"疑经"、主变的活泼风格，又是与近代人文精神相通的传统文化因素。对于处于社会变革前夜的福建学坛来说，陈寿祺等人作出的这些努力无疑为后来闽省学术向近代方向转变作了必要的精神准备。鸦片战争以后，地处中外文化交会前沿的福建省涌现出一批忧国忧民、向国人介绍域外新知的先进人物，诸如林则徐、严复、林纾、陈季同等。诚然，他们对时代的感悟、对西学的探求，并非直接受到陈寿祺的启迪，但陈氏提倡的以诸学并存取代理学独尊的宽容学风，毕竟拉近了古代和近代的思想距离，为孕育先进思想人物培育了沃壤。

北京师范大学史学探索丛书

第十三章　曾国藩的理学思想

曾国藩是中国近代史上的一位重要人物，在政治、经济、军事、思想文化等方面均起过重大作用，产生了深远影响。从思想学术上看，曾国藩对于理学颇为讲求，且有一套对理学独具特色的认识与发挥。理学思想正是构成曾氏思想的重要组成部分。可见，考察曾国藩的理学思想，无疑是全面把握其思想整体的重要方面。

一、探求理学的思想历程

在谈到曾国藩治学问题的时候，有一种说法值得商榷，即认为曾国藩问学，一生三变：

> 其学问初为翰林词赋，既与唐镜海太常游，究心儒先语录，后又为六书之学，博览乾嘉训诂诸书，而不以宋人注经为然。在京官时，以程、朱为依归，至出面办理团练军务，又变而为申、韩。①

诚然，曾国藩治学不拘一格，涉猎多门。凡词赋文章、考据训诂、申韩子学及程朱理学等，均在他的学术视野之内。从这个角度说，上述说法不无合理之处。然而，曾国藩并没有孤立地看待治学问题，彼此割裂地考求上述诸学，而是自有贯彻始终的宗旨和主线。由此看来，"一生三变"说仅反映了曾氏治学的某种现象，而未切中核心。那么，曾国藩学术主旨到底为何？应该说是程朱理学。只是他对于程朱理学有着自己的认识与理解。这从他的治学经历中可以充分反映出来。

通常认为，曾国藩治程朱理学是从1841年师从唐鉴讲学算起。其实不

---

① 欧阳兆熊：《水窗春呓》卷上，17页，北京，中华书局，1984。

然，在此以前，他已经出入程朱了。这种尊崇理学的学术渊源可以追溯到1834年他入岳麓书院求学之时。

岳麓书院创办于宋代，张栻、朱熹等理学家都曾在此讲学，具有悠久的理学学术传统。至清代乾嘉年间，汉学尽管风靡一时，直驾理学而上，但它却对湖南学界并未造成多大影响。岳麓书院山长罗典、欧阳厚均、丁善庆等，都是程朱理学的信徒。他们"倡明道术，衍朱张之传，湖湘间翕然宗之"①。曾国藩入学时，适值学宗程朱的欧阳厚均掌教。为推崇理学，欧阳厚均曾建崇圣祠，供祀朱熹、张栻，重建朱熹故迹"极高明"亭，立朱熹手书"忠孝廉节"四大字匾额于讲堂。在教学上，他承袭已故山长王文清的办学宗旨，教育学生"立圣贤志，读圣贤书"、"勿为习染，勿为气拘"②，时时以"诚"为本。这些都是最纯正的理学训规，给初入学林的曾国藩留下了极深刻的印象。曾氏在岳麓书院时间虽然不长，但他谨遵师教，刻苦攻读，学业大进。他的诗文深受老师的赞赏，考试成绩常常名列前茅，成为书院的优等生。在此期间，曾国藩还结识了同乡书生刘蓉。刘蓉为学亦宗程朱，与曾国藩可谓志同道合。尔后，他们均以程朱之徒自居，为理学在咸同年间的"中兴"作出了努力。入岳麓书院求学，应视为曾国藩治理学的开端。

1840年，湘籍理学大师唐鉴入京，官太常寺卿，在士大夫中提倡程朱理学，一时从者如云。倭仁、吴廷栋、何桂珍、窦垿、邵懿辰等仕宦名流皆从其讲学，曾国藩亦侧身其中。从这时起到1845年唐鉴告别南归止，曾国藩一直从其研习理学，使他于此道终能登堂入室，索微探幽，奠定了学术思想的基础。

在从唐鉴就读期间，曾国藩不仅博览理学群书，而且认真践履理学家的一套道德修养方法，遵循了体用并进、道业双修的治学宗旨。在读书方面，他先后精读了《朱子全书》（朱熹）、《大学衍义》（真德秀）、《周易折中》（李光地）、《杨园先生集》（张履祥）、《近古录》（张履祥）等历代理

---

① 严如熤：《文会记》、《乐园文抄》，道光年间刊本，卷三，11页。
② 转引自杨布生：《岳麓书院山长考》，197页，上海，华东师大出版社，1986。

学家的名著。根据唐鉴的指教，曾国藩对《朱子全书》用力最勤。他在日记中写道：

> 先生（案：指唐鉴）立当以《朱子全集》为宗。时余新买此书，问及，因道此书最易熟读，即以为课程，身体力行，不宜视为浏览之书。①

唐鉴是晚清理学正统派的代表人物，尊崇程朱。在他写的《国朝学案小识》中，推陆陇其、张履祥为清代理学"传道"之首。这种观点对曾国藩深有影响。曾国藩在日记中对此亦有记载，写道：

> 唐先生言，国朝诸大儒，推张杨园、陆稼书两先生最为正大笃实，虽汤文正犹或少逊，李厚庵、方望溪文章究优于德行。②

又写道："读杨园《近古录》，真能使鄙夫宽，薄夫敦。"③ 这是他服膺正宗理学的心迹流露。

除了读书外，曾国藩还在进德方面下了一番苦功。他按照唐鉴提出的"进德八言"一丝不苟地修身养性。这"八言"是：

> 检摄于外，只有"整齐严肃"四字；持守于内，只有"主一无适"四字。

"外"指言行，"内"指思想。为了做到内外兼修，他制定了课程表，每日必修不辍。其内容为："主敬"、"静坐"、"早起"、"读书"、"读史"、"谨

---

① 曾国藩：《曾国藩全集·日记一》，道光二十一年七月十四日记，92页，长沙，岳麓书社，1987。

② 曾国藩：《曾国藩全集·日记一》，道光二十三年正月初四日记，156页。

③ 曾国藩：《曾国藩全集·日记一》，道光二十三年正月初九日记，157页。

言"、"养气"、"保身"、"日知所亡"、"月无忘所能"、"作字"、"夜不出门"。①

他不仅严格约束自己的言行，而且注重内在精神境界的涵养，尤其在"静"字上下了很大功夫。他说：

> "静"字功夫最要紧，大程夫子是三代后圣人，亦是"静"字功夫足。王文成亦是"静"字有功夫，所以他能不动心。若不静，省身也不密，见理也不明，都是浮的。总是要静。②

为了收敛身心，达于"静"的境界，他常常焚香静坐，反省自己的名利之心。这方面内容在他早期的日记中俯拾即是，如：

> 今早，名心大动，忽思构一巨篇以震炫举世之耳目，盗贼心术，可丑！③

> 昨夜梦人得利，甚觉艳羡，醒后痛自惩责，谓好利之心至形诸梦寐，何以卑鄙若此！方欲痛自湔洗，而本日闻言尚怦然欲动，真可谓下流矣！④

在诸师友中，他除了称唐鉴为"道真儒贵有心得"，表示折服之至外，还对倭仁在进德修业方面的造诣和功夫深表钦佩。倭仁的日记、日课对曾国藩起到不小的示范作用。

曾国藩虽然出于唐鉴门下，然而他并未走理学主敬派闭门思过、不问现实的老路，而是把"格致诚正"与"修齐治平"结合起来，坚持体用并进、本末兼修。"体"和"本"指的是政治思想和道德品质；"用"和"末"指的是服务于封建政治的学识和才干。在他看来，这两个方面相辅

① 《曾国藩全集·日记一》，道光二十三年十二月初七日记，138 页。
② 《曾国藩全集·日记一》，道光二十二年十月二十七日记，123 页。
③ 《曾国藩全集·日记一》，道光二十二年十一月初十日记，127 页。
④ 《曾国藩全集·日记一》，道光二十二年十月初十日记，116 页。

相成，缺一不可。他说：

> 读经、读史、读专集、讲义理之学，此有志者万不可易者出。

又说：

> 经以穷理，史以考事。舍此二者，更别无学矣。①

这些话都强调了治学要"博"，要增广见识的重要性。他对方兴未艾的经世致用之学予以高度重视，积极从中汲取营养。基于这种认识，他在治理学的同时，对经世之学悉心考究。"其在工部，尤究心方舆之学，左图右书，钩校不倦，于山川险要、河槽水利诸大政详求折中"；"退食之暇，手不释卷，于经世之务及在朝掌故，分汇记录，凡十有八门"。② 在做京官期间，曾国藩兼治理学与经世之学，体现了与唐鉴、倭仁不同的治学路数与风格。

19世纪50年代以后，曾国藩创办湘军，参与镇压太平天国，在政治上取得了显赫地位，成为咸同年间清政府官僚集团中举足轻重的人物。在此期间，他的主要精力用于军事、政务活动方面，诸如统兵作战、处理政事、兴办洋务，等等，然而他的学术活动并未中辍，对于程朱理学的讲求仍一如既往。在戎马倥偬之际，他以提倡理学为己任，企图以此振兴儒学。不过，他所标榜的理学往往与提倡经世之学结合在一起，带有较强的实用性。《朱子全集》、《工程全书》、《理学宗传》、《宋元学案》等理学名著仍然是他阅读最用心、最感兴趣的书籍。值得注意的是，此期间的曾国藩对理学中的元气派张载、王夫之的论著产生了兴趣。

同治初年，曾国藩及其弟曾国荃鉴于王夫之遗著在战火中版毁无存，出资赞助重刊全书。1865年底，他们掌握的金陵官书局将王夫之遗著样本

---

① 曾国藩：《致澄弟、温弟、三兄弟、季弟》，《曾国藩全集·家书一》，55页。
② 黎庶昌等著：《曾国藩年谱》，16、18页。

印出。书凡三百余卷，除有王氏裔孙王半帆曾刊刻的二百余卷外，还包括从未公诸于世的一百余卷。曾国藩精读此书，考校样本，并为之作序。他在日记中记载了此事，写道：

> 先生著书三百余卷，道光庚子、辛丑间，其裔孙王半帆刻二百余卷，邓湘皋、邹叔绩经记其事。咸丰四年贼破湘潭，板毁无存。同治二年，沅甫弟捐资，全数刊刻，开局于安庆。三年移于金陵，欧阳小岑经纪其事。四年冬毕工刷样本，来请予作序。余以《礼记章句》为先生说经之最精者，拟细看一遍，以便作序，因以考校对者之有无错误。①

整理出版王夫之遗著，使这位中国历史上的思想大家的著述流传于世，这无疑是一件功德无量的事。在序中，曾国藩对王氏的学术思想作了高度评价，表明了对王氏思想的某种认同。从此，《船山全书》、《王船山年谱》等书便列入他的阅读书单。直到他去世前夕，还在阅读《王船山年谱》。②

综观曾国藩的学术生涯，研习、讲求理学，始终占着重要地位。早期肄业于岳麓书院，是他研习理学的开端；中岁随唐鉴就读，使他的学业得到进一步深造，形成了自己的特点；自 19 世纪 50 年代后，他把主要精力放在军政活动上，但这些活动都受到"义理经济"观念的支配，可视为是对理学信条的践履。

二、基本理学观念

曾国藩治理学既不同于清初的陆陇其、张履祥，也有别于同时代的唐鉴、罗泽南，其理学思想并未表现在对基本概念的阐发和道德修养方面，而是散见于文化、施政、治军等具体问题的议论上。初读其文，顿觉粗

---

① 曾国藩：《曾国藩全集·日记二》，同治五年五月初三日记，1260 页。
② 参见曾国藩：《曾国藩全集·日记三》，1937 页。

疏、零散，仔细品后，便会感觉出其思想内涵的深邃与浑厚。概而言之，曾国藩理学思想具有实用性和兼容性的特征。这个特征不仅使他在理学思想上独树一帜，而且在相当程度上影响了晚清学界的风气。

所谓实用性是指曾国藩为维护传统的道统学统，而对理学本身所包含的经世因素、实用性因素的发掘、发挥和运用。其标志就是把"经济"从"义理"中独立出来，建立起"义理经济合一"的理学思想新构架。曾国藩以前的多数士大夫并不把经济看成一门独立的学问，只承认义理、考据、词章三科是儒学的基本内容。乾嘉时期的著名学者姚鼐曾经对此作过专门说明。直到唐鉴还是持这种观点。唐鉴曾对曾国藩说：

> 为学只有三门：曰义理，曰考核，曰文章。……经济之学，即在义理内。……经济不外看史，古人已然之迹，法戒昭然；历代典章，不外乎此。①

在唐鉴看来，经济不过是一种历史知识，而且没有赋予其独立地位。曾国藩出于唐门，却又不拘于唐门，对治学问题和经济之学的认识与理解比唐鉴等人要深刻。他认为，治理学应该做到正己与正人、淑身与治世、修身与经国、道德与才智的有机统一。他说：

> 君子之立志也，有胞物与之量，有内圣外王之业，而后不忝于父母之生，不愧为天地之完人。②

又说：

> 盖士人读书，第一要有志，第二要有识，第三要有恒。有志则断不甘为下流；有识则知学问无穷，不敢以一得自足，如河伯之观海，

---

① 转引自曾国藩：《曾国藩全集·日记一》，92 页。
② 曾国藩：《致澄弟、温弟、沅弟、季弟》，《曾国藩全集·家书一》，39 页。

如井蛙之窥天，皆无识也；有恒则断无不成之事。此三者缺一不可。①

从曾氏早期的这些论述可以看出，他不仅注重德，而且注重才智与识见。基于这种认识，他认为传统儒学的流弊在于"偏于静"、"病于琐"、"迫于隘"②，即僵化褊狭，脱离实际。由于受到鸦片战争前后风靡于学界的经世思潮的启发，他把开掘理学中的经世精神视为拯救儒学的重要途径，试图以"经济"之"实"，来济"义理"之"穷"。为此，他提出"孔门四科"的观点，说：

> 为学之术有四：曰义理，曰考据，曰辞章，曰经济。义理者，在孔门为德行之科，今世目为宋学者也。考据者，在孔门为文学之科，今世目为汉学者也。辞章者，在孔门为舍语之科，从古艺及今世制义诗赋皆是也。经济者，在孔门为政事之科，前代典礼、政书，及当世掌故皆是也。③

在这里，他把"经济"从"义理"中分离出来，别立一科，与其他三科相提并论，从而把"孔门三科"扩展为"孔门四科"。在此四科中，曾国藩首重义理，次为经济，再次为考据和辞章。经济作为专门考求各种关系到国计民生的学问，虽次于义理，但在其他两科之上，其地位显然得到提高。

曾国藩提倡的"经济"一科包括哪些内容呢？总体来说是"为政事之科"，分而言之则为14项要政。他指出：

> 天下之大事宜考究者凡十四宗：曰官制，曰财用，曰盐政，曰漕务，曰钱法，曰冠礼，曰昏礼，曰丧礼，曰祭礼，曰兵制，曰兵法，

---

① 曾国藩：《致澄弟、温弟、沅弟、季弟》，《曾国藩全集·家书一》，48 页。
② 曾国藩：《书子思小识后》，《曾国藩全集·诗文》，166 页。
③ 曾国藩：《劝学篇系直隶学子》，《曾国藩全集·诗文》，442 页。

北京师范大学史学探索丛书

曰刑律，曰地舆，曰河渠。①

几乎囊括了当时国家的全部军国大政。对此，曾国藩不仅自己率先讲求，而且还在属员中加以提倡，以至在咸同年间形成讲求经济的风气。不少理学中人在曾国藩的影响下转攻"经济"，矢志于"外王之业"。他们从军、从政，直接参与解决清王朝在政治、经济、军事、文教、外交等方面出现的问题，大显在"事功"方面的身手，在不少方面都取得了成效。

所谓兼容性指的是一种不拘门户、兼采百家的治学态度。标立门户、尊己骄人是理学末流的一大弊端，也是导致理学僵化的痼疾顽症。鸦片战争前后，理学营垒中的一批人以传道正宗自居，独尊程朱、排斥各家，造成消极影响。于理学，他们尊程朱、斥陆王，罗泽南写的《姚江学辨》、唐鉴写的《国朝学案小识》为其代表之作；于儒学，他们尊宋抑汉，方东树的《汉学商兑》发其奥旨；于中学，他们扬中排西，倭仁在同文馆论争中的守旧言论表达出这批人的心声。曾国藩则不同。他从务实和"变易"的观点出发，不仅看到程朱与陆王、宋学与汉学、中学与西学之间的异，而且还看到他们之间的"相通"之处，在坚持"义理"原则的前提下，主张对各家都兼收并蓄，反对标立门户，相互水火，反映出清末儒学及学术各派合流发展的趋势。

曾国藩虽然标榜尊崇朱熹，但对程朱的反对派陆王一派并不排斥，而是持二者相互调和的观点。他不赞成一些理学士人把陆王之学视为"异端"，一棍子打死的做法，认为陆王之学亦为圣学的一个组成部分，说：

> 孔孟之学，至宋大明，然诸儒互有异同，不能屏门户之见。……朱子主"道问学"，何尝不调达本原？陆子主"尊德性"，何尝不实征践履。……当湖学派极正，而象山、姚江亦江河不废之流。②

---

① 曾国藩：《求阙斋日记类钞》卷上，50页。
② 曾国藩：《复颍州府夏教授书》，《曾文正公书札》卷二十，39页。

他对王阳明的道德功业表示钦佩。在涵养"静"字功夫的时候，他曾借鉴过王阳明的"静功"，指出：

> "静"字功夫要紧，大程夫子是三代后人圣，亦是"静"字功夫足。王文成亦是"静"字有功夫，所以他能不动心。①

除此以外，曾国藩对王阳明的事功亦很称道，在政治、军事活动中，把王阳明当成效法的榜样。他之所以功成名就，成为清朝的"中兴名臣"，在许多方面是受益于王学的。无怪乎在他逝世后，有人致挽联把他比作王阳明。联云："尽瘁武乡侯，千秋臣节；望隆新建伯，一代儒宗。"② 作为正统的古文学家，曾国藩并不完全赞成王阳明的文论，但却肯定王氏文章的风格。在他选编的《鸣原堂论文》中，收录了自汉代以降的17位名臣文士的代表性作品，其中就有王阳明的《申明赏罚以后人心疏》一文。他称赞说："阳明之文亦有光明俊伟之象，虽辞旨不甚渊雅，而其轩爽洞达，如与晓事人语，表里粲然，中边俱彻，固自不可几及也。"③ 他把王氏此文当成范文，要其弟及后学效仿。

在对待汉学的问题上，清代宋学派中始终存在着两种不同的观点：一种主张排汉，一种主张融汉。曾国藩是后一种观点的代表人物。乾嘉以来，汉学流弊日甚，受到学界普遍批评。曾国藩也不例外，对汉学流弊多有抨击，曾说：

> 自考据家之道既昌，说经者专宗汉儒，厌薄宋世义理、心性等语，甚者诋毁洛阁，披索疵瑕。枝之搜而忘其本，流之逐而遗其源。临文则繁征博引，考一字，辩一物，累数千万言不能休，名曰汉学。④

---

① 《曾国藩全集·日记一》，123 页。
② 黎庶昌等编：《曾国藩年谱·附事略荣哀录》，62 页。
③ 曾国藩：《鸣原堂论文》，《曾国藩全集·诗文》，554 页。
④ 曾国藩：《重刻茗柯文编序》，《曾国藩全集·诗文》，323 页。

北京师范大学史学探索丛书

然而，曾国藩并未像方东树视汉学为"异端"。他抨击的是汉学的流弊，但并不反对汉学本身，也反对蔓延于学界的汉宋之争，从而提出调和汉宋的主张。汉宋学差异甚大、对立深固，调和的根据何在呢？曾国藩提出以下几点理由：

首先，他把宋学、汉学都看做孔孟圣学不可缺少的组成部分。宋学，"在孔门为德行之科"；汉学，"在孔门为文学之科"。前者可以涵养道德，完善人性，属于圣学中的高层次功夫，后者的作用在于为学道者开智发蒙，提供治学方法，属于圣学中的初级功夫。不经过初级阶段，便不能达到圣学的高级层次；反之，若只停留在训诂考据的层次，则永远掌握不了圣学的精髓。用他的话来说，两者的关系应是："以研寻义理为本，考据名物为末"。①"本"、"末"虽有主次之别，但同处一体，不可偏废。宋学固然是至圣至道，汉学亦是入圣门经。他说：

> 其或在多士之中，质性所近，师友所渐，有偏于考据之学，有偏于辞章之学，亦不必遽易前辙，即二途皆可入圣人之道。其文经史百家，其业学问思辨，其事始于修身，终于济世，百川异派，何必同载？同达于海而已矣。②

在他看来，只有把宋学、汉学结合起来，才能真正做到由博返约，达到圣学最高境界。他说：

> 乾嘉以来，士大夫为训诂之学者薄宋儒为空疏，为性理之学者又薄汉儒为支离。鄙意由博乃能返约，格拘乃能正心，必从事于《礼经》，考核于三千三百之详，博稽乎一名一物之细，然后本末兼该，源流毕贯。虽极军旅战争食货凌杂，皆礼家所应讨论之事。故尝谓江氏《礼书纲目》，秦氏《五礼通考》可以通汉宋二家之结，而息顿渐

---

① 曾国藩：《致澄弟、温弟、沅弟、季弟》，《曾国藩全集·家书一》，55页。
② 曾国藩：《劝学篇系直隶学子》，《曾国藩全集·诗文》，443页。

诸说之争。①

在他看来，研究《礼经》，既需要有考究名物制度的汉学功夫，又必须以宋学为宗旨去探讨历代诸礼中所包含的"义理"，体现了汉宋学的融合。这是他之所以高度评价江永和秦蕙田《礼经》著作的重要原因。

其次，曾国藩比较了汉宋学的内在特征，指出了他们可以相互融合、相互依存的共同点。这个点就是"实事求是"。他说过一段很精辟的话：

> 近世乾嘉之间，诸儒务为浩博。惠定宇、戴东原之流钩研诂训，本河间献王实事求是之旨，薄宋贤为空疏。夫所谓事者，非物乎？是者，非理乎？实事求是，非即朱子所称即物穷理者乎？名目自高，诋毁日月，亦变而蔽者也。②

曾氏对汉宋学基本精神的概括很准确，且有独到见解。他认为，"即物穷理"并不是朱熹的发明创造，而是古代圣贤共同遵循的原则，指出："即物穷理云者，古昔贤圣共由之轨，非朱子一家之创解也。"③ 也就是说，"实事求是"和"即物穷理"都是儒学传统的具体体现，具有实质上的相通之处。

为了在士大夫中形成调和汉宋的风气，曾国藩对体现兼采汉宋特点的学术著作大力扶植。夏炘的《檀弓辨诬》，邵懿辰的《礼经通论》便是当时为数不多的此类著作，都得到曾氏的好评。他高度评价《檀弓辨诬》："发千古之覆，成一家之言，是与阎氏《古文尚书疏证》同为不刊之典"。④ 其调和汉宋的良苦用心不言而喻。

值得称道的是，曾国藩在中西学关系的问题上同样持以兼容的态度。在以倭仁为首的守旧士大夫鼓吹的"夷夏之辨"排列论调充斥朝野的情况

---

① 曾国藩：《复夏弢甫》，转引自《清儒学案》卷一七七，31 页。
② 曾国藩：《书子案小识后》，《曾国藩全集·诗文》，166 页。
③ 同上书，165 页。
④ 曾国藩：《复夏弢甫》，转引自《清儒学案》卷一七七，31 页。

北京师范大学史学探索丛书

下，他的这种兼容态度显得尤其难能可贵。当然他所推崇的西学主要指西方自然科学，并不包括西方的哲学及其他社会科学。

曾国藩兼容西学的思想来源于第二次鸦片战争以后对洋务和外事的考察。他从镇压太平天国和与外国打交道的过程中，初步认识到西方近代物质文明的先进性，确立了"借师助剿"、"师夷长技"的观点，从传统的"理学经济"思想阶段发展为带有近代色彩的洋务思想。在对待西方文化的问题上，他不仅主张接纳西方的"船坚炮利"，而且赞同吸收包含在"船坚炮利"背后的科学技术知识，认为中国的落后，只是军事、科技不如人，只要学习西方的先进科技，就可使中国转弱为强。他说：

> 外国技术之精，为中国所未逮。如舆图、算法、步天测海、制造机器等事，无一不与造船练兵相表里。……精通其法，仿效其意，使西人擅长之事，中国皆能究知，然后可以徐图自强。[1]

曾国藩曾经把中国的《九章算术》和欧洲古希腊科学家欧几里得写的《几何原本》作过比较，看到中国传统数学存在的不足之处，指出：

> 盖我中国算书以《九章》分目，皆因事立名，各为一法。学者泥其迹而求之，往往毕生习算，知其然而不知其所以然，遂有苦其繁而视为绝学者。无他，徒眩其法而不知求其理也。[2]

这一批评切中了中国传统算学缺乏抽象性的要害。他对西方数学的优点作了充分肯定，指出：

> 《几何原本》不言法而言理，括一切有形而概之曰：点、线、面、体。点、线、面、体者，象也。……洞悉乎点、线、面、体而御之

---

① 曾国藩：《调陈兰彬江南差遣片》，《曾文正公奏稿》卷二十九，11 页。
② 《曾纪泽遗集》，134 页，长沙，岳麓书社，1983。

加、减、乘、除，譬诸闭门造车，出门而合辙也。奚散散然逐物而求之哉。

这些论述正确地反映出西方几何学的特点。在比较二者优劣的基础上，他的结论是：

> 《九章》之法，各适其用，《几何原本》则彻乎《九章》立法之源，而凡《九章》所未及者，无不骇也。致其知于此，而验其用于彼，其如肆力小学而收效于群籍者钦？①

他认为，《几何原本》不仅与《九章算术》同样重要，而且涉及的内容更丰富，都应大力讲求。"肆力小学而收效于群籍"的比喻，恰当地反映出算学与其他科学的关系，表明了他对包括西方算学在内的自然科学的重视。在《新造轮船折》中，曾国藩进一步表示了对西学的理解和追求说："翻译一事，系制造之根本。洋人制器，也于算学，其中奥妙皆有图说可寻。"②并积极主张翻译引进。在他的支持下，清政府设立了江南制造局翻译馆，向美国派遣留学生，开始主动引进和学习西学。

需要指出的是，曾国藩兼容西学的观点带有明显的时代烙印和局限性，贯彻了"以义理为体，经世为用"的宗旨。接纳西学是为了维护以三纲五常为核心内容的中学和服务于封建政治。他在《奏派陈兰彬等选拔幼童出洋习艺折》中强调：出洋幼童"肆习西学，仍兼讲中学，课以《孝经》、《五经》及《国朝律例》等书，并定期传集儿童，宣讲圣谕广训"，"示以尊君亲上之义，庶不至囿于异学"。这一思想为洋务派"中体西用"论的形成定下了基调。

曾国藩处于理学衰败之局，对"性"、"理"、"气"、"心"等理学基本概念和基本理论并无重大的发挥和建树，但在"事功"和"外王"方面提

---

① 《曾纪泽遗集》，134 页。
② 曾国藩：《新造轮船折》，《曾文正公奏稿》卷二十七，2 页。

出了不少独到的见解。他把"义理"与"经济"结合起来，以"实学"、"实政"充实了理学的内容，同时又摆脱了正统理学家标榜门户，排斥众说的狭隘性，主张调和程朱陆王之争、汉宋之争、中西之争，试图以孔孟程朱为主体融合中外各学，协调理学内部、儒学内部及中外学术之间的关系，以增强传统儒学的应变性，挽救封建传统文化在近代出现的危机。

三、"理学经世"论的代表者

任何一位历史人物都有多方面的思想与活动，对他的评价也应该从不同的角度和方面进行考量，而不能单方面的一锤定音。对于像曾国藩这样一位影响深远而有争议的人物来说更应如此。曾国藩作为一位长期受到儒家文化传统熏陶的人物，因袭了传统文化中的各种因素。他的思想既有精华，也有糟粕，是矛盾的混合体。但是，如果从传统儒学发展的角度来看，曾国藩理学思想的积极意义则是主要的。

晚清以前的理学各派，包括程朱派和陆王派，多重"内圣"之功，轻"外王"之业，偏重于道德涵养和"性、理、气、道"等基本概念的论辩，滋长了脱离实际，僵化呆滞的流弊，导致这一学派在明清时期的衰落。针对理学后期存在的弊端，曾国藩高扬"义理经济"的旗帜，企图通过发挥理学中蕴藏的"经世致用"精神来矫正重"内"不重"外"，务"虚"不务"实"的学术流弊，达到振兴孔孟程朱之学的目的。"经世致用"是传统儒学中的一种基本精神和传统，包含了较多的积极因素。由于坚持"义理经济"合一的观点，曾国藩的思想体现出地主阶级改革派的思想特征，其表现如下：

其一，他不像一些正统理学家那样迂腐僵化，能够用"变易"的观点来看待历史和现实，具有知故达变的求变精神。他曾就研究治国之术发表过意见，认为应该遵循的原则是：

皆以本朝为主，而历溯前代之沿革本末，衷之以仁义，归之以易简。前世所袭误者，可以自我更之；前世所未及者，可以自我创之。

其苟且者，知将来之必败；其至当者，知将来之必固。所谓虽百世可知也。①

由此可见，曾国藩并不迷信古人，而是以"自我更之"、"自我创之"的求变观点看待前代遗产，敢于变革其中的"袭误者"、"未及者"。这些观点与鸦片战争前后地主阶级经世派鼓吹的"变法"主张如出一辙。

其二，他不像有些人只沉溺于道德修养，把理学玄学化，而是体现出务实精神。他所体现的"实"包括两个方面：

一是提倡"实学"、"实政"。他不仅指出"实学"、"实政"的具体内容，而且还提出讲求的方法。他说："讲究二法，不外学问二字。学于古，则多看书籍；学于今，则多觅榜样；问于当局，则知其甘苦；问于旁观，则知其效验。勤习不已，才自广而不觉矣。"②

二是提倡笃实践履的精神。这包括注重实际，求实务实，讲求治事与功效的统一，"克勤小物"，勤勉刻苦等内容。他对"勤"的阐述最为精彩。他认为，"勤"是一种勤奋务劳，自勉不息的思想作风和处世态度。养成"勤"的精神，事关重大。田夫农妇由于终岁勤劳而少疾病，士大夫如能致"勤"，则可避免沾染浮惰恶习，保持廉洁。所以"勤则难朽，逸则易坏，凡物皆然"。③ 他以"勤"字自励，也以"勤"字相劝，并总结出"勤"之"五要"，即："身勤"、"眼勤"、"手勤"、"口勤"、"心勤"。其云："精诚所至，金石亦开；若思若积，鬼神亦通。五者皆至，无不尽之职矣"。④ 毋庸讳言，他所具备的"求变"和"务实"精神包含着一定的唯物论和辩证法的积极因素。

以"义理经济"相倡并不始于曾国藩。早在嘉道年间湖南的一些理学中人就提出了这种观点。贺长龄、罗泽南等人曾对此作过阐发。曾国藩不仅从思想理论上对这一观点作了充分的发挥，而且利用他在政界、学界的

---

① 曾国藩：《求阙斋日记类钞》卷上，50 页。
② 曾国藩：《劝诫浅语十六条》，《曾国藩全集·诗文》，439 页。
③ 严如熤：《文会记》，《乐园文抄》，道光年间刊本，卷三，11 页。
④ 曾国藩：《劝诫委员四条》，《曾国藩全集·诗文》，439 页。

北京师范大学史学探索丛书

崇高地位加以倡导，一度在咸同年间形成讲求"义理经济"的风气，出现了程朱理学"中兴"的局面。当时，讲学名家不乏于世，但对士人最具吸引力、网罗人才最多的就是曾国藩。容闳在回忆当年参曾幕的情形时说：

> 当时各处军官，聚于曾文正之大营中者，不下二百人，不丰皆怀期而来。总督幕府中亦有百人左右，幕府外更有候补之官员。怀才之士子，凡法律、算学、天文、机器等专家，无不毕集。几乎举全国人才之精华汇集于此。文正对于博学多才之士，尤加敬礼，乐与交游。①

在他的影响下，使不少士大夫从沉湎八股、空谈性理的萎靡风气下挣脱出来，转治实政实学，把较多的精力用于"开外王"方面，多少纠正了后期理学的一些流弊。

曾国藩力倡"义理经济"，强调"开外王"、"重事功"，在一定程度上纠正了以往理学偏重于"内"的倾向，给日趋没落的理学注入了一丝活力。它显示出的效果尽管只有短短的一瞬，但是启迪了后来的新儒家从"开外王"的角度总结儒家思想的历史经验。贺麟曾在《五十年来的中国哲学》一书中说："在清代咸同年间，清朝中兴名臣，如曾涤生、胡润芝、罗罗山三人，均能本程朱之学，发为事功"。熊十力曾经把曾国藩与王阳明作过比较，认为王在个人的才干、智慧方面高于曾，但在事功方面则不及。原因在于重内轻外，逐本弃末，而曾则作到了"本末兼备"，较好地处理了内外、本末关系。他说：

> 若及涤生，三十二圣哲画像记，以义理、考据、经济、词章四科并重。其为学规模，具见于此，其精神所注，亦见于此。但虽主四科并重，而自己力之所及，终贵乎专。涤生于经济，盖用功尤勤。……其全副精神都在致实用，求实学。故其成就者众，足以康济一时，而

---

① 容闳：《西学东渐记》，74 页。

收效与阳明迥异者，唯其精神所专注不同故也。①

　　熊氏的评价是符合历史实际的，对于人们正确认识曾国藩在近代儒学演变过程中所起的历史作用，不乏启迪作用。

————————————

① 　熊十力：《与贺昌群书》，载《天然》第 1 卷第 7 期。

第十四章　倭仁与晚清理学

倭仁（1804—1871），字艮峰，又字艮斋，乌齐格里氏，蒙古正红旗人。道光进士。曾任大理寺卿、叶尔羌帮办大臣、蒙古都统等职。1861 年北京政变后，他以讲程朱理学而受到清廷重用，擢为工部尚书、文渊阁大学士，兼同治皇帝师傅职，作为"理学名臣"、"三朝元老"参与朝政，在晚清政界和学界都充当了重要角色，产生过一定的影响，是一位不容忽视的历史人物。倭仁靠程朱理学荣登显要，程朱理学在清末"中兴"亦有倭仁所起的重要作用。倭仁的一生与理学结下了不解之缘。

一、恪守程朱理学道德论的一代儒宗

程朱理学是中国封建社会后期官方尊奉的统治思想。清朝入关之初，就把"崇儒重道"确定为立国的根本方针。康熙帝不仅推崇儒学，而且表彰朱熹不遗余力，钦定程朱理学为国家官方哲学。然而，考据学兴起之后，清代学风发生转变。理学受到多数士子的厌弃，被长期冷落。学界一度出现"从事于词章十之七，从事于训诂十之二，从事于性理或十不得一"① 的局面。直至嘉道年间，清王朝鉴于政治上和学术上出现的危机形势，把挽回危机的希望寄托于理学的重振。于是，大江南北的一些名学宿儒提出以"义理之学，济考据之穷"的主张，揭出振兴理学的旗帜。倭仁就是在这样的时代背景下步入了仕途。

倭仁入翰林院之后，结识了李棠阶。李棠阶系河南名宦，素好理学，学宗程朱而不排陆王。他曾说："学程朱只须用力于程朱，以求其真，不必攻阳明。有真从事于阳明者听之而已。专务力行，不立门户，尤为今日急务。"② 倭仁

---

① 郑照：《生斋自知录原序》，道光十六年（1890）刻本，1 页。
② 李棠阶：《李文清公日记》，道光十五年三月二十七日记，民国四年（1915）天津刻本。

与李过从甚密，颇受其影响，在治学方面一度接受兼采程朱陆王之说，"专务力行"。所以吴廷栋后来称倭仁治理学"由王学入手"①。

1841年，湖南理学名儒唐鉴进京，出任大理寺卿。一些向好"正学"的士大夫慕名而来，从其就学。其中著名者有倭仁、曾国藩、何桂珍、吕贤基、窦土序、吴廷栋等。

唐鉴（1768—1851），字粟生，号镜海，湖南善化人。嘉庆进士。曾任知府、按察使、布政使等职。唐鉴讲理学强调"居敬穷理"的道德论，读圣贤书，通经致用，都是为这个目的服务。他的追随者们尽管都笃尊义理的宗旨，但治学的侧重点有所不同。曾国藩在尊程朱的同时，并不排斥其他学问，潜心考究经世之学，成为熔"义理经济"为一炉的理学经世派。倭仁则恪守"居敬穷理"、读书涵养的正宗理学训条，笃敬内敛，深受唐鉴的赏识。唐鉴称赞倭仁治程朱之学"用功最笃实，每日自朝至寝，一言一动，坐作饮食，皆有札记，或心有私欲不克，外有不及检者，皆记出"②。在唐鉴思想的影响下，倭仁侧重发挥程朱的道德论，成为晚清继唐鉴之后理学主敬派中的又一位代表人物。倭仁的理学思想主要反映在《为学大指》、《启心金鉴》、《讲义》、《吏治辑要》、《嘉善录》等著述中。

程朱理学是一个包括宇宙观、方法论、道德观及政治观在内的丰富而庞大的思想体系。然而，倭仁对这些方面并不是平铺直叙，均衡对待，而是作了新的整合，建立起以程朱道德论为中心，包括政治观、方法论在内的理学主敬派思想结构。有人评论说："（倭仁治学）笃守程朱，以省察克治为要，不为新奇可喜之论。"③ 归纳以上著述的主要内容，倭仁的理学思想大致可以包括这样几个观点：

（一）尊崇程朱学说，墨守义理成规

倭仁认为，程朱理学是十全十美、万古无弊的圣经贤传，是"至精且备"、博大精深的"正学"。程朱以外的各种学问，不是异说末学，便是左道旁门，都不能借以达到超凡入圣的目的。他说："学术当恪守程朱，以

---

① 吴廷栋：《与方存之学博书》，《拙修集》卷九，14页。
② 萧守英等整理：《曾国藩全集·日记一》，92页
③ 徐世昌编：《清儒学案·艮峰学案》第4册，卷一六五，79页。

外皆旁蹊小径，不可学也。"① 基于这种认识，他对陆王心学、今文经学、诸子百家都持批判态度，把西学更视为异端邪说。在他看来，程朱理学不仅把"圣人之道"阐发殆尽，而且穷尽了古往今来的一切事道物理，后人只需一丝不苟地遵循之、奉行之，不必进行任何发挥和创造。他最反对创新，告诫学人："何必另立新说，滋后人之惑耶。讲学最忌一'我'字，自辟一解，以为独得之奇，而旁征博引，以证其是，此是己见为害。"② 这些话充分反映出他在治学上的保守态度。

（二）以"诚"、"敬"为核心的理学道德论

程朱理学阐述的道德论备受倭仁推崇。在他看来，古往今来的一切事物变化，无不由人的"心身"所引发出的道德关系所包括、支配。程朱把万物归源于"性理"，而倭仁则归结于道德。"诚"、"敬"本来是理学道德论方面的两个范畴，倭仁不仅称之为道德论中的最高原则，而且把它们上升到宇宙观的高度，与"阴"、"阳"相提并论。他说："《易》首乾坤，诚字发于乾之九三，敬字发于坤之六三。诚敬之道，即夫妇之道。"③ 他认为，欲求"圣人之道"，必须要"主敬存诚"，舍此没有它途可循。然而"诚"、"敬"是为学修德的最高境界，并非人人都能达到，所以他说："窃意诚固人之心体，至诚无息，惟圣人能之，不得谓人人如是也。"④

（三）完备而系统的道德修养功夫

在倭仁看来，所谓治学就是进行道德修养，治学的过程就是道德实践的过程。道德学习不仅是超凡入圣的唯一途径，也是君子慕正向善的根本标志。从这个意义上说，道德修养既是目的，又是手段，具有双重意义。倭仁关于道德修养的观点集中地反映在《为学大指》中，其要点有六：即"立志为学"、"居敬存心"、"穷理致知"、"察几慎动"、"克己力行"、"推己及人"，包括了阐述治学的宗旨、目的、内容、方法及效用等重要问题。所谓"立志为学"是指在治"正学"之前首先要树立学尧舜、慕圣贤的志

① 转引自吴廷栋：《与方存之学博书》，《拙修集》卷九，14 页。
② 倭仁：《答窦兰泉》，《倭文端公遗书》卷八，18 页。
③ 倭仁：《日记》，《倭文端公遗书》卷六，68 页。
④ 倭仁：《日记之余》，《倭文端公遗书》卷七，5 页。

向和决心，相信通过"为学"可以达到圣贤的境界，对圣贤、圣人之学要持以"诚"、"敬"的虔诚态度。"居敬存心"、"穷理致知"、"察几慎动"是"为学"的主要内容和要求，主要讲学习的内容与方法等问题，可以具体分为内外功夫这两个方面。所谓内功是指净化人的主观思想，克制和消除私欲，通过"持敬"的方法达到"诚"、"敬"的道德境界。所谓外功就是用儒家"非礼勿视，非礼勿听，非礼勿动"的要求，规范人的言行，巩固内功涵养的成果。他很强调外功的重要性，认为"持敬之说不必多言"，只要能时时做到"容貌整，思虑正，衣冠尊，瞻视此等数语，而实加功焉，则所谓内直，所谓主一，自然不待安排而身心肃然，表里如一矣。"①

（四）强调"力行"的道德实践论

倭仁认为，讲理学、讲涵养德性，不仅是为达到圣贤的境界，而且还要"推己及人"，达到涵养功夫与致君泽民、修身养性与治国平天下的统一。因此，他十分强调道德论中的"力行"观点，尝云：

> 讲学以为行也，明体必须达用，明善尤贵诚身。我辈今日宜就当下地位讲求践履，步步踏实，尽一方职分，即尽一方性分，方见讲学实功不是空谈心性。②

针对当时一些理学士人热衷于论辩程朱与陆王、释老之间的是非问题，倭仁认为，这些论辩不过是意气之争，做文字上的功夫罢了。只要能够认真实践圣人之道，各种异说自然会不攻自破。他极力主张把"力行"思想从个人道德修养的范围推广到国家政治生活之中，实现儒家"德治"的政治理想。他说：

> 成己必须成物，明德继以新民，穷则独善，达则兼善。盖必尽己性，尽人性，尽物性，以是赞化育，参天地，而性量始全。所谓"为

---

① 倭仁：《为学大指》，《倭文端公遗书》卷三，6 页。
② 倭仁：《答吴竹如》，《倭文端公遗书》卷八，10 页。

天地立心，为万物立命，为往圣继绝学，为万世开太平"，皆吾分内事也。①

总之，倭仁治理学，既没有像唐鉴、吴廷栋那样热衷于程朱陆王之辨的争论，也不像曾国藩等理学经世派那样切实考求经世致用之学，而是潜心于程朱道德论的探究与实践，着重阐发理学道德论的"诚"、"敬"、"慎独"、"居敬穷理"等思辨性的理论概念，从而在晚清咸同年间的程朱理学"中兴"过程中擎起了儒学正宗的旗帜，成为继唐鉴之后恪守程朱理学的"一代儒宗"。

二、在新旧文化冲突的潮流中

鉴于鸦片战争以后中国社会所发生的"大变局"，清朝统治者中的一些有识之士提出了"师夷制夷"、"采西学"、"制洋器"等进步主张，大胆地承认中国传统文化的一些方面已经落后于外国的客观事实，并要求在一定的限度内改变传统的对内对外看法，采取一些适应时代潮流的措施和办法。这一切对封建正统思想构成了一股冲击力量。第二次鸦片战争以后，新旧思想观念的矛盾与冲突日趋尖锐，演化成一系列的新旧思想论争。守旧势力一方的主要政治后台和精神领袖便是倭仁。

首先，倭仁讲求程朱理学，尤其对程朱的道德论潜心研究，阐幽发微，察几慎行，颇有心得，取得了"一代儒宗"和理学大师的声望，成为提倡封建"正学"的代表人物和理论权威。他对程朱理学的阐发，连曾国藩都钦佩不已，以至曾国藩在日记中都表示自愧不如。曾国藩写道：

> 阅艮峰先生日课，见其孝弟之情，恳至流溢，钦仰之至。……细阅先生日课，无时不有戒惧意思，迥不似我疏散，漫不敬畏也。②

---

① 倭仁：《为学大指》，《倭文端公遗书》卷三，15 页。
② 《曾国藩全集·日记一》，134 页。

其次，北京政变后，以倭仁为首的"理学名臣"受到清廷重用，使他在很短的时间里取得了宰相兼帝师的崇高政治地位，掌握了左右国家意识形态的大权。这种政治地位对士大夫官僚和广大知识分子来说颇具吸引力。朝中的翰林、御史、谏官中的许多人，或者气味相投，或者奔竞攀援，或者慕名向道，纷纷投至倭仁门下，众星拱月般地推尊他为儒学宗师。《清儒学案》称他"晚遭隆遇，明士归依，维持风气者数十年，道光以来一儒宗也"①。

晚清一段时期里，程朱理学仍然受到清王朝的推崇，起着官方哲学的作用，被封建统治者用来作为维护旧制度，反对社会进步的思想武器。作为正统的理学家，倭仁自然站在守旧的立场上，充当了保守思想的代言人。这突出地表现在发生于 19 世纪 60 年代的京师同文馆之争的问题上。

京师同文馆是在 1862 年由力主办洋务的恭亲王奕䜣奏设开办的官办新式学堂，最初只限于培养翻译人员。1866 年 12 月，奕䜣向朝廷建议在同文馆内增设天文算学馆，开设天文、数学、物理、化学、测地等专业课程，培养亟待任用的科技人才。招生范围从过去只限招收十三四岁以下的八旗子弟，扩大为招收具有举人、贡生等科第资格，或正途出身、五品以下的京外各官。这些变动尽管不会削弱清王朝的统治，但在守旧士人看来，让科举正途出身的人"师夷人"，习西学，无疑是对孔孟圣学的亵渎。于是他们再也难捺蕴藏已久的恐惧与仇恨，发动了一场对京师同文馆及其支持者的思想围攻。

1867 年 3 月，山东道监察御史张盛藻首先上奏发难，公开提出反对科举士人学习西学的主张。他的反对言论立即得到朝廷内外守旧官员的响应。同文馆顿成众矢之的。倭仁在是年 3 月 20 日和 4 月 12 日连上两道奏折，对西学及同文馆主持者兴师问罪，把守旧派对同文馆的围攻推向了高潮。

倭仁的这两封奏折虽然篇幅不长，但分量却很重，实际起到了守旧派围攻同文馆的精神指挥棒的作用。在第一封奏折中，他开宗明义地说：

---

① 徐世昌编：《清儒学案·艮峰学案》卷一六五，1 页。

"立国之道，尚礼义不尚权谋；根本之图，在人心不在技艺。"① 这就把论争提到是否坚持孔孟圣道这样一个吓人的高度，并表明自己坚持了"正学"，掌握了真理，把捍卫圣道的大旗握在手里。倭仁反对学西学的两个主要思想观点是"夷夏之辨"和"义利之辨"。

诚然，不忘"夷祸"，不忘外国侵略势力给中国造成的"仇耻"，是倭仁反对"师夷"的一个重要理由。他说："且夷人吾仇也，咸丰十年，称兵犯顺，凭陵我畿甸，震惊我宗社，焚毁我园囿，戕害我臣民，此我朝二百年未有之辱，学士大夫无不痛心疾首，饮恨至今，朝廷亦不得已而与之和耳，能一日忘此仇耻哉？"② 包含了一定的爱国思想因素。然而，他的"爱国思想"深深受到"夷夏之辨"传统观念的束缚，带有很大的狭隘性和片面性。他固守这种陈腐的传统观念，盲目地认为中国封建传统文化是世界上最优秀、最先进的文化，孔孟儒学的纲常名教是中国文化的精华所在，代表了人类文明的最高水平，接不接受孔孟儒学乃是区分文明与野蛮的最后分野。他不承认鸦片战争以后中国出现的"大变局"，仍然把入侵的西方资本主义列强视为历史上落后的"蛮族夷邦"，不承认它们拥有比中国更先进的文明，更不承认中国有向西方学习的必要性。他认为，即使在科技方面中国也不亚于西方，洋务派提倡学习"夷人"之天文算学完全是多此一举。在他看来，向西方学习必然会导致"以夷变夏"的严重后果，攻击同文馆之设会使天下的聪明隽秀"变而从夷，正气为之不伸，邪氛因而弥炽，数年以后，不尽驱中国之众咸归于夷不止"③。

"义利之辨"是传统儒学的价值观，程朱理学强调尤甚。这种观点把人的道德追求与物质利益机械地对立起来，用前者压抑、否定后者。在理学家看来，不仅追求人的物质利益是卑下的行为，而且推动物质文明发展的自然科学也是不入流品的末学小艺，具有败坏圣教、诱人弃义牟利的危害性。基于这种观点，倭仁把西学归于"奇技淫巧"之列，称之为"一艺之末"。他认为，这些东西即使学到手，"所成就者不过术数之士，古往今

① 中国史学会编：《洋务运动》第 2 册，30 页。
② 同上书，30～31 页。
③ 同上书，31 页。

来未闻有恃术数而能起衰振弱者也"①。同文馆教习西学，导人追求"奇技淫巧"，会使人忘记义理圣道，"上亏国体，下失人心"，违背了"义利之辨"的思想原则。

倭仁的以上言论，不仅给守旧派士大夫提供了论辩的思想武器，而且在政治上助长了他们的反对声势。一时间，反对同文馆的舆论甚嚣尘上。

在这场新旧思想的论辩中，倭仁不仅是守旧派的精神领袖，还是调动守旧舆论的实际组织者。在论辩期间，他与朝中的守旧大臣，如李鸿藻、徐桐、翁同龢等往来密切，经常聚会一堂，商量对策。翁同龢在日记中多少披露出一些蛛丝马迹。如同治六年（1867）三月二十一日记：

> 甫出东华门，倭相邀余同至荫轩（案：徐桐字荫轩）处，知今日递折，有旨一道，令随时采访精于算法之人。又有旨，倭仁著在总理各国事务衙门行走，与商辞折。

二十二日记：

> 还坐兵部朝房，与倭相议论，辞折未允也。

二十三日记：

> 出偕倭、徐坐报房商前事，酉初还家。

二十四日记：

> 遇艮翁于途，因邀至家，谈许久，知今日仍不准，与邸（案：指恭亲王奕䜣）语几至拂衣而起。有顷兰荪（案：李鸿藻字）来邀，艮

---

① 中国史学会编：《洋务运动》第2册，30页。

翁在座，商酌无善策。①

一些参与对同文馆兴师问罪的官员直接受到倭仁的鼓励。曾任同文馆总教习的丁韪良在文章中披露说：

> 当同文馆初立的时候……大家觉得要翰林院的人员来入学，简直是对于中国学问的一种侮辱。翰林院的院长倭仁反对最烈，不让他们来学。倭仁的反对尚不止此，我回中国不久，适逢大旱，他便怂恿一位御史，说旱灾起于学院，学院不停，则甘霖必不能降。②

朝廷对此事也有风闻，在上谕中特别提到：

> 杨廷熙此折，如系倭仁授意，殊失大臣之体，其心固不可问；即未与闻，而党援门户之风，从此而开，于世道人心大有关系。③

　　这场论争是在清政府决计奉行洋务政策的背景下展开的。因此，清朝最高统治者并没有接受倭仁等守旧官员的意见，而是采取了支持同文馆的态度。1867 年 4 月 13 日，清廷下达上谕，基本上肯定了奕䜣一派的意见，同意在同文馆内增设天文算学馆，并督促总理衙门尽快录取学生，入馆就学。对于倭仁一派的主张，上谕没有正面批驳，而是令其保荐能人，另辟一馆，"由倭仁督饬讲求，与同文馆报考各员互相砥砺，共收实效"④。其实倭仁哪有什么育才良策，当他闻此上谕后，连忙上奏，承认自己并无成算，不敢妄保，尴尬地收回了自己的意见。
　　这场论争从表面来看，似乎是以洋务派的胜利而告终，但是，倭仁等人提出的思想观点在朝野士大夫中引起普遍的共鸣。在京城，攻击同文馆

---

① 陈义杰点校：《翁同龢日记》第 1 册，528～529 页，北京，中华书局，1989。
② 丁韪良：《同文馆记》，载朱有瓛主编：《中国近代学制史料》第 1 辑上册，179 页。
③ 中国史学会编：《洋务运动》第 2 册，51 页。
④ 同上书，37 页。

的谣言、联语沸扬四起，充斥市井。许多人怵于"以夷变夏"的可怕罪名，对报考同文馆望而生畏，以至奕䜣抱怨说："自倭仁倡议以来，京师各省士大夫聚党私议，约法阻拦，甚且以无稽谣言煽惑人心，臣衙门遂无复有投考者。"① 倭仁的意见虽未被朝廷采纳，并受到奕䜣等人的批评，但这不仅没有影响他的威信，反而受到朝野舆论的推重，正如有人所评论的："倭仁以大学士为帝师，负重望，反对尤力。虽忤旨，而一时清议极推服之。"②

三、理学主敬派的重要代表人物

倭仁是集学者与重臣于一身的历史人物，在清末的学界与政界均产生了一定的影响。他对程朱理学在晚清的"中兴"起到特别重要的作用。嘉道年间是清代学术潮流发生转变的时期。由于汉学考据的衰落，理学再度受到重视，呈现出"中兴"的征兆。方东树的《汉学商兑》、唐鉴的《国朝学案小识》抨击汉学流弊、辨明理学道统，为程朱之学的"中兴"奠定了基础。唐鉴之后，理学出现了相当活跃的局面，形成了两种趋向：一是以曾国藩为代表的结合理学与经世之学为一体的理学经世派；二是着重发挥程朱道德论的理学主敬派。倭仁则是后者的主要代表人物。这两派的出现促成了程朱理学在近代的"中兴"局面。倭仁的作用就在于他数十年如一日致力于程朱道德论的研究，对程朱道德论的基础理论和观念重新作了阐释，维护了程朱理学在晚清学界的正宗地位。

作为中国封建王朝的官方哲学，程朱理学的命运与作用始终与封建政治紧密相连。倭仁讲理学的一个重要特点就是强调"力行"，把个人道德涵养功夫与致君泽民、治国平天下结合起来。在学术上他主张以"诚""敬"治心、养德；在政治上他十分强调"治本"，即用程朱理学的道德观念影响帝王的"君德"，实现传统儒家道统、学统与治统的统一。

---

① 中国史学会编：《洋务运动》第2册，36页。
② 徐一士：《倭仁与总署同文馆》，载朱有瓛主编：《中国近代学制史料》第1辑上册，571页。

从咸丰登基伊始，他就专治此道，尽管屡受挫折，依然执著专一，不改初衷。北京政变后，他被朝廷起用，更是不遗余力地鼓吹"治本"之道，并以此为标准，衡量评论清王朝的内外政策，对清末政局产生了一定影响。尤其对同治帝的辅导更体现了他培养"君德"以"治本"的一贯宗旨。他编写讲义，传授正学，精心启沃，的确下了一番工夫。他认为，只要清朝最高统治者能够一丝不苟地奉行程朱理学所阐明的"治道"、"圣道"，中国就会摆脱鸦片战争以来的困境，实现传统儒家理想化政治的那种人心敦厚，风俗淳朴，仁义道德行天下的理想境界。更重要的是，倭仁的这些思想主张在较长的一段时期内影响了一批正统派官僚士大夫，在他们中间形成了讲义理、砥名节、议朝政的风气，对于矫正自嘉道以来在官场上盛行的萎靡不振、颓堕腐败之风不无积极作用。程朱理学的大力提倡自然使统治阶级内部的思想得到统一，加强了对全国人民的思想控制，这些为清政府镇压太平天国运动打下了思想基础。

以往论者在谈到这个问题的时候往往只强调曾国藩一派人的作用，而对倭仁等理学主敬派的作用缺乏应有的注意。其实，倭仁在加强清王朝思想和政治统治力量方面的作用同样是不容忽视的。戊戌维新时期的守旧派曾廉对这一点看得很清楚，他说：

> 我国家之有学，五帝三王之所贻，列圣之所植也。伏读开设学堂上谕，谓当以中国圣贤之学为根本，大哉皇上之心，一列圣之心也。其在道光时，唐鉴倡学京师，而倭仁、曾国藩、何桂珍之徒相从讲学，历有年数。……其后内之赞机务，外之握兵柄，遂以转移天下，至今称之。则不可谓非正学之效也。①

他把近代程朱理学"中兴"与清王朝所谓"同光中兴"的关系说得再清楚不过了。

从总体上来说，程朱理学发展到近代已经进入它的衰落时期，明显地

---

①　曾廉：《应诏上封事》，载中国史学会编：《戊戌变法》第 2 册，493 页。

暴露出它在思维上的陈旧、僵化和停滞的弊端，其消极面超过了积极面。程朱理学的消极面在倭仁的思想上体现得十分突出。本来一定的社会道德伦理是人类一定社会发展的产物，随着人类社会的不断演进而变化。然而倭仁却坚持传统儒学中的"天不变道亦不变"的形而上学世界观，把程朱理学的道德论绝对化、固定化，视为立身治国的不变大法。他不是根据客观现实的变化去调整固有的道德观念，而是用过时的道德教条来制约变化着的客观现实，巩固和强化传统观念对人们的控力。其结果导致了"一切已死的先辈们的传统，像梦魇一样纠缠着活人的头脑"①。死人拖住了活人，古人拖住了今人，陈腐的观念阻碍了社会的向前发展。正因如此，他在鸦片战争以后无视中国已经处于"数千年未有之大变局"的历史时代，仍然用传统的手段维护传统的秩序，成为清末守旧思想的代表人物。

北京师范大学史学探索丛书

---

① 马克思：《路易·波拿巴的雾月十八日》，《马克思恩格斯选集》第1卷，603页。

第十五章　黎庶昌的"亚经"说及改革科举议

黎庶昌（1837—1898），字莼斋，贵州遵义人。廪贡生。光绪二年（1876）以参赞身份随郭嵩焘出使英国，后兼任驻法、西等国参赞。光绪七年（1881），以道员任出使日本大臣。黎庶昌曾为曾国藩幕僚，擅长古文，勤于笔耕，著有《拙尊园丛稿》等。与张裕钊、薛福成、吴汝纶同为"曾门四弟子"。他的文章，思想敏锐，关切时务，风格淳朴，颇受世人称道。

学界关于贵州名儒黎庶昌的研究，或侧重其对桐城古文的阐发，或瞩目其对外交、洋务的业绩，而对其学术思想关注不够。黎庶昌留下的学术著作尽管有限，但其中却包含着新颖而丰富的学术思想。他提出的"亚经"说及改革科举议即如此。

一、以"亚经"辅经说

自西汉初武帝实行"罢黜百家，独尊儒术"以来，儒家经典被奉为至高无上的学术正宗，世人只能信奉，不能怀疑，地位崇严，牢不可破。多数儒生终身兢兢于儒经注疏，循守陈义，乐此不疲。然而，在晚清竟有这样一位读书人，不愿循守咀嚼儒家《十三经》的陈义，大胆提出"亚经"的概念，把《庄子》、《楚辞》、《史记》、《汉书》等本来属于子、史、集一类的古籍提升为"亚经"，以弥补儒学正经的不足。此人就是晚清贵州名儒黎庶昌。

黎庶昌此论见于其《周以来十一书应立学官议》一文。何谓"亚经"？即黎庶昌认为的《庄子》、《楚辞》、《文选》、《史记》、《汉书》、《资治通鉴》、《通典》、《文献通考》、《说文解字》以及杜诗、韩（愈）文十一种古代典籍。对此，他在文中有专门的解释，称：

以《庄子》次《孟子》，《楚辞》、《文选》、杜诗、韩文次《毛诗》，《史记》、《汉书》次《尚书》，《通鉴》次《左氏》，《通典》、《文献通考》次《三礼》，《说文》次《尔雅》，各降一等，命曰"亚经"。①

这十一种典籍均在《四书》《五经》范围之外，也不属于《十三经》之范畴，为何要列为"亚经"呢？黎庶昌提出两点理由：其一，《庄子》等十一书长期在民间流传，为"私家诵读"，深入人心，"颇有视为不刊之典者"；其二，其作者皆为"旷代命世大才"，其书内容精粹，具有"以配经典"的资格。黎庶昌具体陈述了设立"亚经"的理由，指出：

> 当周末时，庄子著述多寓言，然其指事类情，于诸子中最为瑰放特出。陆德明《释文》已列为经，而作之音义。太史公称，《国风》好色而不淫，《小雅》怨诽而不乱，《离骚》兼之。王逸注《楚辞》，尊《离骚》曰经。朱子存而不废，后世骚学、选学，相因为用。欲祛文章流别之伪，《文选》其最要矣。司马迁《史记》，究天人之际，通古今之变。其闳识孤怀，盖未易几也。班孟坚纪述汉事，断代为书，文字之渊源，经世之大法，粲然毕备。许重叔《说文解字》，博奥精严，六艺遗文，赖以不坠，实轶《尔雅》一经之上，本朝蔚成绝学。《仪礼》十七篇，《士礼》虽存，颇阙王朝邦国旧典，欲观后世帝王因袭之迹，惟杜氏《通典》、马氏《通考》博要能通。《通鉴》上续左氏，事始三家分晋，体大而思精，言训而不杂，则亦优视圣作矣。杜子美冠绝古今诗人。韩愈文章粹然，一出于正，其道自比孟子，使孔门用诗文。二子者入室矣。校此数家之言，兼包大小，岂非文武道不坠地，在人卓然，俟圣不惑者哉！②

从文中可以看出，黎庶昌对《庄子》等十一种典籍评价甚高，认为其意义

北京师范大学史学探索丛书

---

① 黎庶昌：《周以来十一书应立学官议》，《拙尊园丛稿》，光绪十九年（1893）上海醉六堂石印本，卷二，2～3页。

② 黎庶昌：《周以来十一书应立学官议》，《拙尊园丛稿》卷二，2～3页。

非凡。他称《庄子》"于诸子中最为瑰放特出";引用司马迁的话盛赞《离骚》兼有《国风》和《小雅》的优长;盛赞《史记》的"闳识孤怀"深邃高远,《汉书》的博大精深;对《文选》、《通鉴》、《通典》、《文献通考》以及杜诗、韩（愈）文等作品皆表彰有加。说到《说文解字》,不仅用"博奥精严"的字眼加以肯定,而且认为其作用超过儒家十三经之一的《尔雅》。他对每种典籍的评论,准确精辟,言简意赅,既为人们的正确认识提供了重要的参考意见,又体现出作者深厚的传统文化学术素养。在他看来,上述古籍不仅内容精当、深入人心,而且在世上流传历史悠久,起到辅助教化的重要作用,其地位与正统经典在实际上已经无甚差别,把其纳入"经"的范围加以提倡、推广,完全是顺理成章的事。正如黎庶昌所说:

> 故其书之传,远者一二千岁,少亦七八百年,非有名爵利禄之资,然而历世相承,诵习不绝,莫不饫其精深博笃,取用宏多,有以协人心,众好之同,如饥渴饮食,不可一日离也。其视为经,故已久矣。①

继而,他大胆提出把此十一书列入学官,排列于《十三经》之后。他说:

> 窃谓庄子以下十一书,宜因私家肄习,特为崇异,立入学官,使列《十三经》后。②

从思想来源上讲,黎庶昌此论受到曾国藩的影响。曾氏曾撰《圣哲画像记》,表彰历史上的圣哲三十二人,黎庶昌所列的十一书作者大都包括在内。黎氏自谓:

---

① 黎庶昌:《周以来十一书应立学官议》,《拙尊园丛稿》卷二,2页。
② 同上书,2页。

往者，尝与曾文正公讨论群籍，公独以谓：子若《庄子》，辞若《离骚》，集若《文选》，史若两司马氏、班氏，小学若许氏，典章若杜氏、马氏，诗文若子美杜氏、昌黎韩氏，所谓旷代命世大才也。①

由此可见，黎庶昌的说法渊源有自，显然是在受曾国藩思想启发的基础上提出来的。所不同的是，曾氏把三十二圣哲视为青年学子为文进学的典范，而黎庶昌则把此十一书上升到"亚经"的地位，与作为官方哲学的儒家《十三经》或《四书》《五经》相提并论；前者是从文学着眼，后者除有文学方面的意义外，还涉及学术问题和政治问题。

因为自宋代以来，历代统治者都把《十三经》或《四书》《五经》尊为"正经"，在由"经史子集"构成的传统文化系统中居于最高层次，具有神圣不可动摇的权威性，这已经成为不易之论。然而，黎氏则把《庄子》等十一书称为"亚经"，也归于"经"的范畴，扩大了"经"的范围，等于宣布原来的"正经"已经不能满足现实的需要，需要以"亚经"进行充实。这是对统治者奉行多年的"独尊儒术"文化政策的重要触动，黎氏的此种提法在封建时代是甚为罕见的。

从黎庶昌推崇的"亚经"十一书来看，包括了他认可的子、史、集中的优秀作品，其中既有为历代正统儒家视为异端的《庄子》，又有包含着丰富经世致用思想内容的《史记》、《汉书》、《资治通鉴》、《通典》、《文献通考》等典籍，还有《楚辞》、《文选》、《说文解字》、杜诗、韩文等脍炙人口的文学、学术精品。作者试图把它们都纳入"经"的范围，进一步丰富"经"的内容，增强其实用性、应变性，解救儒学发展中出现的弊端和遇到的问题，使中国传统文化获得更大的发展空间。黎庶昌的这种愿望尽管无法实现，但是他为此而作出的积极思考则是富有历史意义的。

---

① 黎庶昌：《周以来十一书应立学官议》，《拙尊园丛稿》卷二，2页。

二、改革科举议

1862 年，清王朝正处于内外交困的危机之际，刚登基的同治帝为摆脱困境而下诏求言。身历战乱的黎庶昌蒿目时艰，满怀为国分忧的激情毅然给朝廷呈递了两封《上皇帝书》，陈述自己"为君抒难"的主张。在书中，他不仅批评时弊，而且对解决国家在政治、经济、军事、文教等方面的问题提出了不少切实可行的办法，不啻为一套兴利除弊、振兴国家的改革方案。其中，关于改革科举取士制度的建议占有十分重要的地位。

黎庶昌认为，国家尽管积弊丛生，但是问题的关键则在于当政者能否培养人才、使用人才，因为保住人才，就等于保住国家的元气。如他所说："贤才者，国之元气也。人无元气则亡，国无元气则灭。"① 基于这种思想，黎庶昌对清朝实行的育才取士之道高度关注，沉痛反省，痛斥其中的累累积弊。他尤其对科举制的弊端深恶痛绝，予以激烈抨击：

> 古者乡举里选，犹以考行为难。后世变科目以取人，一切已非先王之旧，然犹咨以时务，兼举行宜，而又广为科目以待之，尚可得才于十二三。今尽困天下之聪明才力于场屋中，而场屋之士又尽一生之精力，不为效命宣劳之用，徒用之于八比、小楷、试帖无阻用之物。天下贸贸，莫闻大道。而其试之也，又第取之于字句点画间，其亦可谓靡靡无谓之术矣！使天地刚毅正大之气，消磨沮丧而无一复存。术不遵孔孟程朱，而墨守王安石之经义；士不讲修齐治平、诗书礼乐，而专讲小楷、时文；世不尚礼义廉耻，而尚钻营奔竞。朝廷以此望士，士以此报效朝廷，以故人心日坏，人才日下，风俗日堕，皇路荆棘，圣道熄灭；悠悠长夜，良可痛也！②

---

① 黎庶昌：《上穆宗毅皇帝书》，《拙尊园丛稿》卷一，2 页。
② 同上书，6 页。

他认为，科举取士的弊端突出地表现为考试内容的空泛、无用，"徒用之于八比、小楷、试帖无阻用之物"，为此，他强烈呼吁对其实行改革：

> 罢去一切八比、小楷、试帖之弊，兼举德行、才能、文学与夫孝弟、力田、茂才、异等之属，以复前代取士之良法也。①

在当时的历史条件下，黎庶昌不可能提出废除科举制度的主张，而是主张对其内容实行大幅度的改革，废除八股文、小楷、试帖诗之类无谓的内容，增加子、史等有意义的成分，并加考自然科学以选拔实用性人才。这些变动虽然没有超出传统文化的范围，但与清朝官方所规定的科举考试法定内容比起来，却有着绝大的不同。

1645 年（顺治二年），清统治者颁发《科场条例》，推行科举取士制度。给事中龚鼎孳建议："故明旧制，首场试时文七篇，二场论、表各一篇，判五条，三场策五道。应如各科臣请，减时文二篇，于论、表、判外增诗，去策改奏疏。"② 结果，这项毫无实际变革意义的建议依然遭到清廷的否决，得到"命仍旧制"的结果。从清初至晚清科举改废以前，科举考试沿袭明代旧制，试以八股，尊《四书》《五经》为主要内容。三场考试的具体规定为：

> 首场《四书》三题，《五经》各四题，士子各占一经。《四书》主朱子《集注》，《易》主程《传》、朱子《本义》，《书》主蔡《传》，《诗》主朱子《集传》，《春秋》主胡安国《传》，《礼记》主陈澔《集说》。其后《春秋》不用胡《传》，以《左传》本事为文，参用《公羊》、《穀梁》。二场论一道，判五道，诏、诰、表内科一道，三场经史时务策五道。乡会试同。③

---

① 黎庶昌：《上穆宗毅皇帝书》，《拙尊园丛稿》卷一，7 页。
② 赵尔巽等撰：《清史稿》第 12 册，卷一○八，3148 页。
③ 同上。

北京师范大学史学探索丛书

由此可见，旧的考试规定突出了程朱理学的内容，后来出现狭隘、僵化的弊端，不足为奇。针对这些弊端，黎庶昌提出了新人耳目的改革主张，对科考三场都作了重要变动，具体是：

> 科举取士，诚不可废，惟今八比、小楷，最空疏无谓，应请罢去。仿朱子议：
>
> 第一场：《易》、《诗》、《书》为一科，《三礼》、《大戴》为一科，《三传》、《尔雅》、《孝经》为一科，《四子书》为一科，凡四科。科出经义一道，答义者先条举注疏及后儒之说既备，然后以"愚按"结之。其不条众说，竟入己意者，虽通不中格；有司不依章句截搭配题者，降级。
>
> 第二场：周、程、张、朱、陆为一科，孙吴《武经》为一科，管、荀、老、庄、董、贾、扬、文中为一科，《国语》、《国策》、《史记》、《汉书》、《三国志》为一科，《晋书》、南、北、隋、唐、五代、宋、辽、金、元、明诸史为一科，凡五科。子史论五道。
>
> 第三场：时务策三道为一科，诗一首为一科，凡二科。三场并用无轩轾，会试宜然。
>
> ……
>
> 绝学如历算、乐律、测望、占候、火器、水利之属，各设为科，以附于乡会试后，不定额，有应试者试之。果有发明，与举人、进士一例进取；不能则罢，无则阙。①

归纳起来，黎庶昌的改革建议主要有以下几个要点：

第一，废除考试中关于八股文、小楷的要求。

第二，首场考试不再突出《四书》，而把《易》、《诗》、《书》等儒经放在《四书》之前；考试者回答可以"条举注疏及后儒之说"，无须悉遵程朱等宋儒关于经说的一家之言。

---

① 黎庶昌：《上穆宗毅皇帝第二书》，《拙尊园丛稿》卷一，12～13页。

第三，第二场的内容得到充实，不仅把被正统儒家视为"异端"的陆九渊纳入其中，而且把《武经》、诸子学、史学都作为考试的内容加以突出，极大地改变了旧规定。

第四，增加关于"绝学"及实用性科目的考试，其内容以自然科学为主。其中，对"果有发明"者"与举人、进士一例进取"的规定，有助于纠正中国传统教育重伦理而轻科技的偏颇。

与清朝官方颁发的《科场条例》相比，黎庶昌的上述主张有许多新的内容。它不仅否定了明清以来科举考试关于八股文的空疏无谓要求，淡化了程朱理学在科考中的影响，而且大幅度地变动了考试的内容，把许多有用之学充实到考试的内容当中，在一定程度上克服了科举考试固有的弊端，有利于国家对人才的选拔。

黎庶昌的这些改革主张尽管未能超出传统文化的范围，只是在原有体制内的变革，但其内在本质却体现了强烈的经世致用精神，反映了中国近代教育发展变化的趋向。鸦片战争的一段时期，国人的改革意识只是微波初澜，变革科举、废除八股的呼声尚很微弱。除黎氏外，仅有祁（土贡）、魏源、冯桂芬等少数人议及改革科举事宜，但均不如黎庶昌谈的系统、深入。就其规模而言，黎氏此议与日后郑观应等早期改良派关于改革科举的主张极为相似。黎氏关于改革科举的议论在中国近代教育改革史上具有承上启下的作用。

由上可见，黎庶昌不仅是近代中国著名的散文家、外交家，而且在思想学术方面亦有不凡建树。作为晚清桐城派的著名作家，他不仅对儒学、西学均有精辟论述，而且在海外搜集古逸书，另辟传统文化研究的蹊径，其积极作用不容抹杀。本文所及反为黎氏思想有价值者中的极少部分，但于其全豹，亦可略见。

第十六章　梁启超研究宋明清理学的学术历程

梁启超对中国传统学术有过多方面的论述，宋明时期盛行的理学自然在他的学术视野之内。不可否认，梁启超并非专门研究宋明清理学的专家，也未写过有分量的专题性论述理学的著作，但他对理学的学术关怀始终抱有一种"斩不断，理还乱"的复杂情感，在他写的许多论著中屡屡提到程朱陆王这些理学大家，其中不乏真知灼见，为后人开展理学乃至中国思想学术史的研究起了宝贵的启迪和借鉴作用。

一、早岁对理学的研习

梁启超对理学书籍的接触可以追溯到他的童年时代。他在《三十自述》中说："四五岁就王父及母膝下授《四子书》、《诗经》。"①《四子书》即包括《大学》、《中庸》、《论语》、《孟子》在内的《四书》，为宋代理学家二程、朱熹所推崇，与《五经》并列。科举时代的人家为博取功名计，多把《四书》作为子弟发蒙的读物。对早年的梁启超来说，这种接触尽管是粗浅的，但仍然在他的记忆中留下了深刻的印象。

梁启超比较系统地学习理学，并对其有较为深入的了解，是在他追随康有为以后，受乃师学术思想的影响。

作为一名学识渊博的学者，康有为涉猎诸多知识领域，如汉学、宋学、今文经学、经世之学、古文辞学、佛学，乃至西学。在他早年求学时代，肄习理学是他很重要的一门功课。康有为的理学渊源主要有两途：一是受家学影响，二是受广东著名理学家朱次琦的熏陶。康有为的高祖康辉曾与友人冯承修一同讲求理学。冯承修（1702—1755），字潜斋，掌广州

---

①　梁启超：《三十自述》，《饮冰室合集》文集之十一，15 页。

粤秀书院，官贵州提学使，治学宗程朱理学。康有为的祖父康赞修即为冯承修的"三传弟子"，深通理学要义。康有为"自八岁依于大父，饮食教诲，耳提面命，皆大父为之。"① 浓厚的理学家传背景，无疑给早年的康有为打下深刻的思想烙印。康有为19岁起师从朱次琦进学。朱次琦（1807—1881），字雅圭，广东南海人，进士出身，官知县，以精通理学著称。朱氏治学无门户之见，既主程朱而又不排斥陆王，"专尚践履，兼讲世用"②。康有为对此心领神会，尝自谓："既从先生学，未明而起，夜分乃寝，日读宋儒书，及经说、小说、史学、掌故词章，兼综而并骛，日读书以寸记。"③ 他一度醉心理学，曾仿照理学家的修学方法去"静坐养心"，试图求得圣人之道。1878年的一天，他"忽绝学捐书，闭户谢友朋，静坐养心……静坐时忽见天地万物皆我一体，大放光明，自以为圣人，则欣喜而笑。忽思苍生困苦，则闷然而哭"④。不过，对于理学中的程朱陆王两派，康有为更多地倾向于陆王心学。梁启超说："九江之理学，以程朱为主，兼采陆王。先生则独好陆王，以为直接明诚，活泼有用。故其所以自修及教育后进者，皆以此为鹄焉。"⑤ 康有为在接受今文经学、树起"孔子改制"的旗帜以后，尽管对汉宋学都有批判，但批判和否定的程度各有不同。他把汉学（古文经学）称为"新学"、"伪经"，予以全盘否定，而对宋学则有批评、有保留。他一方面抨击程朱因受"伪经"的蒙蔽，并不真正明白孔子之学的"微言大义"，解经多有谬误之处；另一方面，又把宋明理学称为孔门后学流派，指出："孔门后学有二大支：其一孟子也，人莫不读《孟子》，而不知《公羊》正传也；其一为荀子也，《穀梁》太祖也。……盖孟子重于心，荀子重于学，孟子近陆，荀子近朱，圣学原有此

①　康有为：《康南海自编年谱》，载中国史学会编：《戊戌变法》第4册，108、113页。

②　康有为：《与沈刑部子培书》，《康有为全集》第1集，383页，上海，上海古籍出版社，1987。

③　康有为：《康南海自编年谱》，载中国史学会编：《戊戌变法》第4册，112页。

④　同上书，114页。

⑤　梁启超：《康有为传》，载中国史学会编：《戊戌变法》第4册，8页。

二派，不可偏废。"① 在后来的启蒙运动中，康有为虽然抨击过程朱的政治观、道德观、宇宙观，但始终对其手下留情，未予以彻底否定，直到他的晚年依然如此。康有为在1923年底的一次演说中称："朱子集其（案：指宋代理学）大成，范围七百岁，朱子博极群书，又能居敬穷理，注韩文、《楚辞》、《参同契》，能诗能词，能写字，并能作画，盖无所不通，千古异才，无有其比。"②

在康有为的影响下，梁启超在早年的求学时代就博览群书，广泛涉猎各种学问，其中包括宋明理学。据梁氏在《三十自述》中回忆，他最初曾在学海堂读书，因慕康有为名而向他请教学问，"先生乃教以陆王心学，而并及史学西学之梗概"。于是梁启超便退出学海堂，"而间日请业南海之门，生平知有学自兹始"③。就读于康有为主持的广州万木草堂后，梁启超除了帮助康有为编书外，"日课则宋元明儒学案、二十四史、文献通考等，而草堂颇有藏书，得恣涉猎，学稍进矣"④。大致而言，梁启超早年对宋明理学各书略有泛览，而偏于留意陆王心学。当然，梁启超并未成为一名虔诚的理学信徒，而是不断追随时代潮流前进，最后以近代中国思想启蒙健将的身份活跃于历史舞台。但是，他早年对宋明理学的肄习，却在其思想上留下深刻的印记，成为影响他一生思想学术活动的重要因素。如果从梁启超跟随乃师康有为发动"公车上书"开始投身于社会政治活动算起，到他晚年执教学府，忘情于学术研究，梁氏在早期是用启蒙者的眼光看待理学，思想与之日渐离异，启蒙批判多于学术研究；而在晚期，他更多地是以学者的理性态度审视理学，学术研究中体现着启蒙精神。

---

① 康有为：《桂学答问》，《康有为全集》第2册，54～55页，上海，上海古籍出版社，1990。

② 康有为：《陕西孔教会讲演》，汤志钧编：《康有为政论集》下册，1111页。

③ 梁启超：《三十自述》，《饮冰室合集》文集之十一，16～17页。

④ 同上书，17页。

二、破除蔽障，启蒙为先

1895年中日甲午战后，中华民族危机空前加深，资产阶级发动的爱国救亡运动蓬勃兴起。戊戌变法、义和团运动、辛亥革命等正义斗争接连爆发，中国社会处于变革的前夜。在思想领域里，中国的先进分子高举救亡图存的旗帜，掀起了一场前所未有的思想启蒙运动。此时的梁启超已然接受新思想，为先进知识分子营垒中的一员健将，理所当然地参加了这些斗争（包括政治斗争和思想斗争），并且始终站在斗争的前列。这种背景对梁启超关于宋代以来理学的认识产生了很大影响。综合他在此期所发表的各种言论，他对宋以来理学的论述要旨可以概括为以下三点：

第一，作为一位思想启蒙者，梁启超在抨击封建专制主义时往往联系宋明理学（主要是程朱理学）的一些观点进行批判，表现出对于正统理学思想的明显离异倾向。他在1896年写的《西学书目表后序》中谈到经学时说："当知宋学末流，束身自好，有乖孔子兼善天下之义。"① 直截了当地批评宋学即理学违背了孔子之学的真正意义。戊戌变法失败后，梁启超逃到海外，接受了更多的域外新知，思想大进，同时对封建专制主义的抨击更为深入。他痛感数千年的封建专制扼杀学术思想自由，导致中国学界渗透了"奴性"，他说：

> 我中国数千年来，学术莫盛于战国，无他，学界之奴性未成也。及至汉武罢黜百家，思想自由之大义，渐以窒蔽。宋元以来，正学异端之辨益严，而学风之衰益甚。

他认为："吾之所谓汉学、宋学者"缺乏"一种自由独立，不傍门户，不拾唾余之气概"，渗透着依附于专制王权的"奴性"精神。他大声疾呼：

---

① 梁启超：《西学书目表后序》，《饮冰室合集》文集之一，128页。

中国学人"第一勿为中国旧学之奴隶，第二勿为西人新学之奴隶。"① 显然把宋明理学视为禁锢国人"自由独立"精神的思想枷锁，并力图摆脱之。他在《新民说·论私德》一文痛陈中国"私德堕落之原因"有五条，其中第五条就是"由于学术匡救之无力也"，对宋以降的理学进行了更为激烈的抨击。他说：

> 唐之与宋，其专制之能力相若，其君主之贤否亦不甚相远，而士俗判若天渊者，唐儒以词章浮薄相尚，宋儒以道学廉洁为坊也。魏晋六朝之腐败原因，虽甚复杂，而老庄清谈宗派，半尸其咎也。明祖刻薄寡恩，挫抑廉隅，达于极点，而晚明士气，冠前古者，王学之功，不在禹下也。然则近今二百年来民德污下之大原，从可睹矣。康熙博学鸿词诸贤，率以耆宿为海内宗仰，而皆自污贬。兹役以后，百年来支配人心之王学，扫荡靡存，船山、梨洲、夏峰、二曲之徒，抱绝学，老岩穴，统遂斩矣。而李光地、汤斌，乃以朱学闻。以李之忘亲背交，职为奸谀，汤之柔媚取容，欺罔流俗，而以为一代开国之大儒，配食素王，末流所鼓铸，岂待问矣。后此则陆陇其、陆世仪、张履祥、方苞、徐乾学辈，以婥婀夸毗之学术，文致其奸，其人格殆犹在元许衡、吴澄之下，所谓《国朝宋学渊源记》者，殆尽于是矣。②

在这里，梁启超尖锐批评了宋明清理学，尤其鄙薄作为官方哲学的程朱理学，形象地描绘出江河日下的衰败景象。梁启超还在《论正统》中对理学家所维护的旧史学"正统"说进行批判：

> 中国史家之谬，未有过于言正统者也。言正统者，以为天下不可一日无君也，于是乎有统；又以为天无二日、民无二王也，于是乎有正统。

---

① 梁启超：《近世文明初祖二大家之学说》，《饮冰室合集》文集之十三，12页。

② 梁启超：《新民说·论私德》，《饮冰室合集》专集之四，125～126页。

他的批评一针见血地指明了所谓"正统"说，无非是为君主专制辩护的理论。朱熹《资治通鉴纲目》中的史学正统观也是他批评的对象：

> 统之义已谬，而正与不正，更何足云。虽然，亦既有是说矣，其说且深中于人心矣，则辞而辟之，固非得已。正统之辨，昉于晋而盛于宋。朱子《通鉴纲目》所推定者，则秦也，汉也，东汉也，蜀汉也，晋也，东晋也，宋、齐、梁、陈也，隋也，唐也，后梁、后唐、后汉、后晋、后周也。本朝乾隆间，《御批通鉴》从而续之，则宋也，南宋也，元也，清也。所谓正统者，如是如是。

在列举朱熹《资治通鉴纲目》提出的"衡量夫正不正者"的六项标准后，梁氏批评说：

> 此六者互相矛盾，通于此则窒于彼，通于彼则窒于此。而据朱子《纲目》及《通鉴辑览》等所定，则前后互歧，进退失据，无一而可焉。①

《资治通鉴纲目》是朱熹在理学思想指导下编撰的一部史学书籍，强调的就是封建"正统"观念，评判历史以何为"正统"。这一观点对后来的史书编撰产生了深远影响，以至在史家中屡屡发生"正统"之辨的争论。这些原则恰恰与梁启超此期的民权观念尖锐冲突，受到他的激烈反对。

第二，对于理学营垒中的程朱派，梁启超在总体上批评的同时，又对某些方面予以保留。这类言论在他早期的著述中经常见到。如他在1897年写的《湖南时务学堂学约》中讲"立志"时，就有两处引用了朱熹的话，一处为：

> 朱子曰："书不熟，熟读可记；义不精，细思可精；惟志不立，

① 梁启超：《新史学·论正统》，《饮冰室合集》文集之九，21页。

天下无可为之事。"又曰:"学者志不立,则一齐放倒了。"

另一处为:

> 朱子又曰:"立志如下种子,未有播稂稗之种,而能获来年之实者。"①

他在论述教育宗旨时说:

> 朱子曰:教学者如扶醉人,扶得东来西又倒。教一人如是,教一国殆更甚焉。宗旨一偏,其流弊中于人心,往往有数十年数百年而不能拯其失者。②

在讲到"穷理"时,他认为西方自然科学的方法与朱熹所说的"格物致知"有共同点,朱熹的见解高明于汉学家的看法,指出:

> 朱子言:"大学始教,必使学者即凡天下之物,莫不因其已知之理而益穷之,以求至乎其极。"近世汉学家笑之,谓初学之人,岂能穷凡物之理?不知智慧日浚则日出,脑筋日运则日灵,此正始教所当有事也。特惜宋儒之所谓理者,去实用尚隔一层耳。③

以上引文是在同孔子、孟子、范仲淹、顾炎武等人的有关言论一起列出的,表现了作者对朱熹的肯定和尊重。梁启超不否认朱熹在哲学上的成就,将其与西方哲学家相比附。他在《近世第一大哲康德之学说》一文说:

---

① 梁启超:《湖南时务学堂学约》,《饮冰室合集》文集之二,23~24 页。
② 梁启超:《论教育当定宗旨》,《饮冰室合集》文集之十,59 页。
③ 梁启超:《湖南时务学堂学约》,《饮冰室合集》文集之二,26~27 页。

朱子补格致传谓即凡天下之物，莫不因其已知之理而益穷之，以求至乎其极。至于用力之久，而一旦豁然贯通焉，则众物之表里精粗无不到，而吾心之全体大用无不明，与康德此论颇相类。惟朱子教人穷理，而未示以穷理之界说，与穷理之法门，不如康氏之博深切用耳。①

对朱熹"格物穷理"的方法论基本认同。

总之，尽管梁启超对朱熹有许多批评，但并未对其全部否定，对朱熹的教育思想、哲学方法论等方面的主张，采取了有限度的保留态度。

第三，明确肯定陆王心学。梁启超对陆王心学一向具有好感，尤其服膺王阳明的良知说。早在戊戌维新时期，梁启超就把王学作为一种进步学说加以提倡。他在一篇论述教育改革的文章中说：

今夫此学（案：指近代政治学）非西人所自刱也，吾中国三代以前不必论，后此若汉之长沙、子政、武侯，秦之景略，后周之王朴，宋之荆公、夹漈、永嘉，元之贵与、明之姚江，国朝之梨洲、亭林，皆由此道。②

意思是，对中国大有裨益的近代政治学并不是西方人的专利品，中国的先贤早已提出，"明之姚江"（案：指王阳明）即在其中，显然把王学置于进步学术思想的行列。他认为：王学在历史上具有解放思想、振奋士气的积极作用，清初对王学的"扫荡"扼杀了学术的活力，指出：

明祖刻薄寡恩，挫抑廉隅，达于极点，而晚明士气，冠绝前古者，王学之功，不在禹下也。……百年来支配人心之王学，扫荡靡存，船山、梨洲、夏峰、二曲之徒，抱绝学、老岩穴，统遂斩矣。③

① 梁启超：《近世第一大哲康德之学说》，《饮冰室合集》文集之十三，56 页。
② 梁启超：《上南皮张尚书书》，《饮冰室合集》文集之一，105 页。
③ 梁启超：《新民说·论私德》，《饮冰室合集》专集之四，126 页。

梁氏甚至把王阳明与孔子、释迦牟尼、康德等东西方大哲相提并论，称："以康德比诸东方古哲，则其言空理也似释迦，言实行也似孔子，以空理贯诸实行也似王阳明。"① 从中可以看出，王阳明在他心目中具有相当崇高的地位。

梁启超不仅肯定王阳明及其学说，而且直接运用王学观点阐发自己的主张，并把王学思想与佛学思想参合在一起加以发挥。他在《自由书·惟心》一文中提出"三界惟心"的命题，说："境者心造也，一切物境皆虚幻，惟心所造之境为真实。"② "三界惟心"是佛教的说法。《华岩经·十地品》有"三界虚妄，但是一心作"的话语。意思是欲界、色界、无色界的一切从根本上来说是不存在的，都是由"心"创造出来的。这是一种主观唯心主义的说法。王阳明创造自己的心学理论就吸收了佛家的这种说法。梁启超《自由书·惟心》的要旨是论述破除人们"心中之奴隶"，提倡思想自由。其中许多观点都取自于王学思想。如梁启超讲"一切物境皆虚幻，惟心所造之境为真实"，王阳明亦有"人心与物同体"、心之"灵明"主宰万物的观点。王阳明在《传习录》中说："岂但禽兽草木，虽天地也与我同体的，鬼神也与我同体的。"他所说的"我"是指"人心"。他把"人心"解释为"只是一个灵明"，而这一"灵明"恰是宇宙万物的主宰。他说：

> 可知充天塞地中间，只有这个灵明，人只为形体自间隔了。我的灵明，便是天地鬼神的主宰。天没有我的灵明，谁去仰他高？地没有我的灵明，谁去俯他深？鬼神没有我的灵明，谁去辨他吉凶灾祥？天地鬼神离去我的灵明，便没有天地鬼神万物了。③

---

① 梁启超：《近世第一大哲康德之学说》，《饮冰室合集》文集之十三，49页。
② 梁启超：《自由书·惟心》，《饮冰室合集》专集之二，45页。
③ 王守仁：《传习录下》，《王阳明全集》第1册，128页，北京，红旗出版社，1996。

再如梁启超认为，要成为真正的"豪杰之士"，必须以"养心之法"除去"心中之奴隶"，指出：

> 是以豪杰之士，无大惊，无大喜，无大苦，无大乐，无大忧，无大惧。其所以能如此者，岂有他术哉？亦明三界惟心之真理而已，除心中之奴隶而已。苟知此义，则人人皆可以为豪杰。①

而王阳明则认为启发人的"良知"，必须去掉蒙障在"心"之上的"私欲障碍"，说：

> 这良知人人皆有，圣人只是保全，无些障蔽，兢兢业业，门门翼翼，自然不息。……众人自孩提之童，莫不完具此知，只是障蔽多，然本体之知自难泯息，虽问学克治也只凭他，只是学的分数多，所以谓之学知利行。……只为私欲窒塞，则天之本体失了。心之理无穷尽，原是一个渊。只为私欲窒塞，则渊之本体失了。如今念念致良知，将此障碍窒塞一齐去尽，则本体已复，便是天渊了。②

王阳明认为既然人人胸中有"良知"、有圣人，那么，人人就可以"为尧舜"，做圣贤，他说："故曰：'人皆可以为尧舜者以此。'学者学圣人，不过是去人欲而存天理耳，尤炼金而求其足色。"③ 显然，梁启超"人人皆可以为豪杰"的说法与王阳明的以上观点基本意思是一致的。

梁启超在 1905 年写成的《德育鉴》更是表现出明显的尊崇王学的立场。在这部著作中，梁启超对自己在此前提出的"新民"思想作了修正，不再强调"采补其所本无而新之"，而是强调道德建设中继承传统的一面。他说：社会改革"有可得与民变革者也，有不可得与民变革者。窃以为道

---

① 梁启超：《自由书·惟心》，《饮冰室合集》专集之二，46 页。
② 王守仁：《传习录下》，《王阳明全集》第 1 册，100 页。
③ 王守仁：《传习录上》，《王阳明全集》第 1 册，29 页。

德者，不可得变革者也。"① 宋明理学家，尤其陆王派学人，关于伦理道德的论述依然有积极意义。他在书中按理学家论述道德问题的观点，分为"辨术"、"立志"、"知本"、"存养"、"省克"、"应用"六个纲目，相应选录历代学者的有关语录纳入其中，并加编者按语。他选录的学者绝大多数都是宋明时期的理学家，而陆王派学者的言论选用的最多。据统计，选用10条语录以上的学者共有10人，其中程颢20条，程颐13条，朱熹19条，罗钦顺25条，陆九渊16条，王阳明55条，王畿20条，刘宗周35条。后四人均为陆王派学者，选录他们语录的条数远远超过前面四位学者。选用王阳明的语录超过所选朱熹之数目几达三倍，表明他持有鲜明的倾向于王学的态度和立场。

总的来说，早期的梁启超对理学的论述是片段而不系统的，论述的出发点首先是服务于思想启蒙，带有较浓厚的政治色彩。与理学离异、抨击程朱、高扬陆王，便是他在当时对理学认识的几个基本特点。中日甲午战后，资产阶级维新启蒙思潮在神州大地蓬勃兴起，启蒙志士们普遍把受官方扶植的程朱理学视为束缚人心的精神枷锁，同时又把陆王心学看做"冲决"封建专制主义"网罗"的思想武器。作为维新运动积极参加者的梁启超在理学问题上采取扬王抑朱的态度，完全是顺理成章的。他的这种表现，与其说是深厚的王学渊源影响的结果，不如说是近代启蒙思潮推动的必然结局。

三、出入于学术研究和启蒙精神之间

1920 年梁启超访问欧洲回国，由于种种原因淡出政坛，把主要精力放到学术研究和文化教育方面，涉猎学术、宗教、教育、文学等诸多领域，撰写出一系列学术论著。在此期间，他对理学的兴趣依然不减。他撰写的论述理学以及涉及理学的论著主要有：《清代学术概论》〔民国九年(1920)，以下简称《概论》〕、《中国历史研究法》〔民国十一至民国十六年

---

① 梁启超：《德育鉴》，《饮冰室合集》专集之二十六，1 页。

(1922—1927)]、《国学入门书要目及其读法》[民国十二年（1923）]、《近代学风之地理的分布》[民国十二年（1923）]、《中国近三百年学术史》[民国十三年（1924），以下简称《学术史》]、《王阳明知行合一之教》[民国十五年（1926）]、《儒家哲学》[民国十六年（1927）]、《明清之交中国思想界及其代表人物》、《颜李学派与现代教育思潮》等。由于梁启超在后期所处的环境与心境和以前不同，他考察理学的心态与视角也相应发生了新变化，更多的是从学术研究和学术总结的方面去考虑，学术性有所加强，启蒙色彩逐步减退但又并未完全消失，大体出入于学术研究和思想启蒙之间。尽管梁启超对理学并未进行专题性的深入研究，但作为像他那样学识渊博、思想敏锐的一代学术大师的论述自然有其独到之处。简言之，可概括为以下三个方面：

（一）从历史发展和学派联系的角度论述理学的渊源、特征和历史地位

梁启超是一位擅长宏观思考、作长时段历史综论的思想家，他对理学的考察就充分体现了这一点。他写的《儒家哲学》从中国思想学术史的角度论述了宋元明清四朝理学的源流发展及演变，提出诸多精辟见解。他把儒学两千五百年的历史分为两个大的阶段，即第一阶段"从孔子起，到唐代"，第二阶段"从北宋起，到现在"。① 这种划分强调了宋代崛起后形成的理学与先秦及汉唐儒学的不同，自成一发展新阶段，突显了宋学在儒学史上的重要地位，有着充分的历史依据。他客观地分析了宋学崛起的历史条件，注意从社会变迁的角度考察理学形成的原因，指出：

> 晚唐及五代，经过长时间的内乱，军阀专横，人民不得休息。宋初，承这种丧乱凋敝之后，极力设法补救，右文轻武，引用贤才，所以各种学术，均极发达，儒家道术，尤能独放异彩。后世言学问者，总以汉学宋学并称，不入于彼，则入于此，可以见得宋学的发达，及其重要。……宋代道术，很有光彩，可谓之三教融通时代，亦可谓儒

---

① 梁启超：《儒家哲学》第四章，《饮冰室合集》专集之一〇三，18页。

学成熟时代。"①

　　梁启超还分析了宋学形成的学术原因，认为有近因和远因之分。关于形成的学术近因，他不同意黄宗羲《宋元学案》"把孙复及胡瑗作为宋学祖师"的观点，因为"他们二人在宋朝初叶，不过开始讲学，与宋代学风相去甚远。"② 真正对宋学产生直接影响的"乃是几个道士或文人，如陈抟、种放、穆修、李之才、刘牧，后来的儒家都受他们的影响。"他归纳说：

　　　　由此看来，宋初思想界，可以说有两条路，孙复、胡瑗是一派，陈抟、种放又是一派。北宋五子，周濂溪、邵康节、张横渠、程明道、程伊川，就是混合这两派的主张。③

至于远因，梁启超上溯到唐代学者韩愈、李翱和僧人宗密，说：

　　　　欲知宋学渊源，可以看这两篇文章，一篇是《原人论》，佛徒宗密所作；一篇是《复性书》，儒家李翱所作。……在唐时，为宋学之先驱者，这两篇最重要，宋学思想大半由此出。④

　　谈到北宋学派，梁启超反对流行已久的传统说法——讲宋学只提"北宋五子"而忽视其他学派的观点，反映出开阔的学术眼界。他说：

　　　　"五子"这个名词，不过程朱派所标榜而已（案：后来亦除出邵子加上朱子，谓之五子）。北宋学术，不能以五子尽之。当时为学问复兴时代，儒佛融通以后，社会思想起很大的变迁，有新创作的要

① 梁启超：《儒家哲学》第四章，《饮冰室合集》专集之一〇三，40 页。
② 同上书，40 页。
③ 同上书，41 页。
④ 同上书，39～40 页。

求，各自努力，不谋而合，遂发生周邵张程这些派别。此外，欧阳修、王安石、司马光、苏轼那般人，虽然是政治文章之士，但是他们都在儒学思想界占有相当位置，不可忽视。①

在他看来，讲宋学只论宋代"五子"是一种门户之见，带有很大片面性，完整意义上的宋学，除宋"五子"之学外，还应该包括欧阳修的文学、王安石的"新学"、司马光的"洛学"和苏轼的"蜀学"在内。他在文中首先提到欧阳修、王安石、司马光、苏轼四大家，其次才是"北宋五子"（周敦颐、邵雍、张载、程颢、程颐）和"南宋四子"（朱熹、张栻、陆九渊、吕祖谦），把他们同等看待，认为他们在讲经论文、阐发儒家思想方面都作出了很多贡献，具有不少共同性。在欧阳修、王安石、司马光、苏轼四家中，梁启超对王安石评价甚高，称他的学术思想"最深刻"，称赞"他是一个大政治家，同时又是一个大学者，所著各经新义，颇能破除从前汉唐人的讲经方法，自出新裁。他的文章精神酣畅，元气蓬勃，文集中关于心性的文章很多。其见地，直影响到二程。"②

　　梁启超钟情于王安石不只于此时，早在1908年他就曾撰《王荆公》一书，以传记的形式肯定王安石的业绩和学术成就。他说："自余初知学，即服膺王荆公，欲为作传也有年"，流露出仰慕之情；称赞"荆公不仅为中国大政治家，亦为中国大文学家"。他尤其赞成王安石讲经不拘于旧义，敢于发"古人未发之奥"，称王足以与董仲舒相媲美："以此道治经者，创于先汉之董江都、刘中垒，而光大之者荆公也。"③ 王安石是最受宋以后理学家批评的学者之一，被正统理学家排斥于儒学道统之外。梁启超对王的高度评价突破了前人狭隘眼界的束缚，无异于为王翻案，具有积极意义。这尽管是他在早年对王安石的看法，但一直贯彻到后来。梁启超的思想向以"善变"著称，但对王安石肯定的观点则是前后一以贯之，也是他在后期学术研究中贯彻启蒙精神的一个体现。

　　① 梁启超：《儒家哲学》第五章，《饮冰室合集》专集之一○三，41页。
　　② 同上书，42页。
　　③ 梁启超：《王荆公》，《饮冰室合集》专集之二十七，1、188页。

北京师范大学史学探索丛书

（二）对程朱派、陆王派作了学术考察，进一步肯定王学的积极意义

关于程朱派的学术来源，梁启超并不认为二程之学出于周敦颐，指出："朱派以为二程出于濂溪，其实不然，二程但称周子，不称先生，先后同时，差十余岁，关系异常浅薄。"① 这是在二程学术渊源问题上提出的与传统观点不同的见解。他对周敦颐的评说未用多少笔墨，但对张载的学术却极为看重。他认为张载学术成就高、影响大，与二程"互相师友"，否定了朱学门人以二程为张载之师、扬程抑张的说法。他说：

> 横渠为宋代大师，在学术界开辟力极强大。哲学方面，他与二程同时，互相师友，互相发明，不能说谁出于谁。朱派把他认为二程门下，是不对的。横渠不靠二程，二程不靠横渠，关洛各自发达，可以算得一时豪杰之士。他对于自然界，用力观察，想从此等处建设他的哲学基础，但立论比二程高。二程为主观的冥想，很带玄学色彩。他是客观的观察，很富科学精神。他主张气一元论，由虚空即气的作用，解释宇宙的本体及现象，与周子的《太极图说》、邵子的先天论，皆不相同。……宋代学者，于开发后来学派最有力的人，当推横渠及二程……朱自命继承二程，其实兼承横渠，朱子的居敬格物，皆从横渠的方法模仿得来。②

称张载高明于二程、张载为"开发后来学派最有力的人"、朱熹"兼承横渠"等论述，都是正统理学家所不敢言的话，显示出梁启超非凡的学术胆识。

讲到程朱学派，梁启超注意区别二程之间的学术差异，指出朱熹学术主要来自小程（程颐），而大程（程颢）则是陆九渊的学术源头。他说：

> 程朱自来认为一派，其实朱子学说，得之小程者深，得之大程者浅。

---

① 梁启超：《儒家哲学》第五章，《饮冰室合集》专集之一〇三，43页。
② 同上书，43～44页。

> 明道言仁……言致良知……开后来象山一派。伊川言涵养须用敬……
> 言进学在致知……开后来晦翁一派。①

梁启超并非是二程之间的学术差异问题的最早提出者，黄宗羲在《宋元学案》中就谈过这个观点②，但经梁启超强调后，学界对这一问题的认识更为明确了。

相比程朱学派而言，梁启超对陆王学派的评价较程朱为高。梁启超称赞王阳明说：

> 在近代学术界中极其伟大，军事上政治上亦有很大的勋业。以他的事功而论，若换给别个人，只这一点，已经可以在历史占很重要地位了。阳明那么大的事功，完全为他的学术所掩，变成附属品，其伟大可想而知。③

梁启超着重论述了王阳明的"致良知"和"知行合一"主张，并与朱熹的主张进行比较：

> 朱子以为先要致知，然后实行，把做学问的功夫分成两橛。阳明主张，方说一个知，已自有行在，方说一个行，已自有知在。只是一件，决不可分。阳明教人下手方法，与朱子教人下手方法不同。④

他认为，阳明之学积极意义甚大，具有拯救朱学末流弊端的作用：

> 其时，《性理大全》一派变为迂腐涸敝，把人心弄得暮气沉沉的。大多数士大夫尽管读宋代五子的著作，然不过以为猎取声名利禄的工

---

① 梁启超：《儒家哲学》第五章，《饮冰室合集》专集之一〇三，44 页。
② 黄宗羲、全祖望等：《宋元学案》第一册，542 页，北京，中华书局，1989。
③ 梁启超：《儒家哲学》第五章，《饮冰室合集》专集之一〇三，51 页。
④ 同上书，53 页。

具，其实心口是不一致的。阳明起来，大刀阔斧的矫正他们，所以能起衰救弊，风靡全国。①

此外，梁启超还专门写了《王阳明知行合一之教》一文推崇王学。他认为，由于现代学校教育方法上的弊病，迫使学生"天天以'吃书'为职业，吃上几年，肚子里的书装的像蛊胀一般，便算得毕业。毕业以后，对于社会上实际情形不知相去几万里"；"在学校里养成空腹高心的习惯，与社会实情格格不入，到底为一个书呆子，一个高等无业游民完事。"如何克服这种弊病呢？他的答案是要按王阳明"知行合一"论行事。他说："青年们啊，你感觉这种苦痛吗？你发见这种危险吗？我告诉你唯一的救济法门，就是依着王阳明知行合一之教去做。"②他在分析了王阳明"知行合一"论后，总结说："阳明致良知之教，总算平易极了，切实极了……是体认本体亲切之谓，向这里下手，原是一了百了的绝妙法门。"梁启超虽然对王阳明评价甚高，但对王门后学如王艮、何心隐、李卓吾等人却多有批评。他分析王学末流出现流弊的原因是"后之学者，或贪超近，惮操持，当然会发生出近于禅宗之一派。此亦学术嬗变上不可逃避之公例也。"③

（三）阐述清代理学的发展变化

清代理学是宋明理学发展的最后阶段，在中国学术史上无疑占有重要地位。但在梁启超以前未能引起学者研究的关注，已经行世的《宋学渊源记》、《国朝学案小识》等书，尽管都以清代理学为研究对象，但因作者持有较深的门户之见而使内容带有很大缺陷，不能客观反映历史实际。相比而言，梁启超关于清代理学的论述带有一定的系统性，且不乏精辟见解，超越了前人。这些论述主要集中在《清代学术概论》、《中国近三百年学术史》以及《儒家哲学》等著作中。

---

① 梁启超：《儒家哲学》第五章，《饮冰室合集》专集之一〇三，52 页。
② 梁启超：《王阳明知行合一之教》，《饮冰室合集》文集之四十三，23 页。
③ 同上书，67 页。

首先，梁启超把清代理学与清代学术紧密结合在一起进行考察，从清代学术发展的历史全局来审视理学的变迁。他把清代学术的历史发展分为四个时期，即"启蒙期"、"全盛期"、"蜕分期"、"衰落期"，① 认为学术主流并不是理学，而是汉学。因此，他把汉学称为清学中的"正统派"，说："其全盛运动之代表人物，则惠栋、戴震、段玉裁、王念孙、王引之也，吾名之曰正统派。"② 尽管如此，他认为清代理学作为受到官方支持的重要学派绝不能忽略不计，至少在清初和清中后期一段时期起着重要作用。他把宋明理学视为清学"正统派"的学术源头，他所说的"启蒙期"各派学者大都没有摆脱程朱陆王的窠臼。这可以从他对清代学术特征的概括——"以复古为解放"——中看出：

> 综观二百余年之学史，其影响及于全思想界者，一言蔽之，曰："以复古为解放"。第一步，复宋之古，对于王学而得解放。第二步，复汉唐之古，对于程朱而得解放。第三步，复西汉之古，对于许、郑而得解放。第四步，复先秦之古，对于一切传注而得解放。③

他在上述引文中说的"第一步，复宋之古，对于王学而得解放"，指的就是清初学界一度盛行的扬朱抑王的情况，由此揭示出清学与宋明学术的关系。

其次，梁启超对清初理学及其变化趋势作了较为系统的梳理。在《清代学术概论》中，作者突出介绍的是顾炎武、黄宗羲、王夫之、颜元四位著名学者。他们或出于程朱，或出于陆王，但都对宋明理学进行反思，形成不同的发展趋向。梁启超说：

> 顾、黄、王、颜，同一王学之反动也，而其反动所趋之方向各不

---

① 梁启超：《清代学术概论》，《饮冰室合集》专集之三十四，2页；《中国近三百年学术史》，《饮冰室合集》专集之七十五，12页。

② 梁启超：《清代学术概论》，《饮冰室合集》专集之三十四，2页。

③ 同上书，6页。

同。黄氏始终不非王学，但是正其末流之空疏而已。顾、王两氏黜明存宋，而顾尊考证，王好名理。若颜氏者，则明目张胆以排程、朱、陆、王，而亦菲薄传注考证之学，故所谓"宋学"、"汉学"者，两皆吐弃。①

《中国近三百年学术史》专讲理学的有三章：第五章"阳明学派之余波及其修正"、第七章"两畸儒"（王夫之、朱舜水）、第九章"程朱学派及其依附者"。与《清代学术概论》相比，《中国近三百年学术史》的论述更为详细，涉及内容更为广泛。如第五章讲阳明学派，不仅重点讲了黄宗羲的学术思想，而且谈到中州孙奇逢、关中李颙等人的思想，以及浙东诸儒邵廷采、全祖望、李绂等。第九章讲程朱学派则重点介绍了张履祥、陆世仪、陆陇其、王懋竑等学者，还提到"以名臣兼名儒"的汤斌、魏裔介、熊赐履、李光地、孙承泽、张伯行、张玉书等高居庙堂的理学家。《儒家哲学》中则把清初学术分为六个方面："一、继承王学，加以修正，当推孙奇逢"；"二、发明王学，使之愈益广大，当推黄宗羲"；"三、尊敬程朱，而能建设新学说，当推顾炎武"；"四、非朱非王，独立自成一派，当推王夫之"；"五、尊崇程朱，传其学于海外，当推朱之瑜"；"六、反朱反王，而能独立自成一派，要算颜元"。②

综合以上三部著作，梁启超对清初理学派的主要流派及学者大都涉及了，反映出一定的全面性和系统性。他不仅竭力推崇黄宗羲、顾炎武、王夫之、颜元等进步的思想家，而且还肯定了一些程朱派学者，如张履祥的"品格方严，践履笃实"，陆世仪论学的"公平"与"中肯"，陆陇其的"鲠直而恬淡"，③ 都受到他的称赞。但他对那些高居庙堂的理学官僚则不乏微词，说：

① 梁启超：《清代学术概论》，《饮冰室合集》专集之三十四，16页。
② 梁启超：《儒家哲学》第五章，《饮冰室合集》专集之一〇三，59～64页。
③ 梁启超：《中国近三百年学术史》第九章，《饮冰室合集》专集之七十五，97、98、99页。

至于那些"以名臣兼名儒"的大人先生们，内中如汤斌，如魏裔介，如魏象枢等，风骨尚可软，但他们都是孙夏峰门生，半带王学色彩，汤斌并且很受排挤不得志。其余如熊赐履、张玉书、张伯行……等辈，不过一群"非之无举，刺之无刺"的"乡愿"……我是最尊崇先辈，万分不愿意说人坏话的人。但对于这群假道学先生实在痛恨不过，破口说那么几句，望读者恕我。①

梁启超评判、褒贬学术的态度由此可见。

再次，梁启超在论述清朝后期理学时提出了"宋学复兴"的概念。所谓"宋学复兴"是指在咸同年间清政府为镇压太平天国而积极提倡理学，起用理学士人，一度造成宋学得势的局面。梁启超认为"宋学复兴"的原因主要有三条：

其一是得到桐城派的支持，特别是嘉道年间的桐城派学者方东树著《汉学商兑》，高揭宋学大旗，公开抨击汉学，为理学复兴大壮声势。梁启超说：

嘉庆末年，出了一个伟大人物，即方植之（案：方东树字植之）。他生当惠戴学派最盛行的时候，而能自出主张，不随流俗所尚，可谓特出之士了。汉学全盛之后，渐渐支离破碎，轻薄地攻击程朱，自己毫无卓见。方承这种流弊，起一极大反动，作《汉学商兑》、《书林扬觯》，对汉学为猛烈的攻击，主张恢复程朱。他对于程朱究竟有多少心得，我不敢说，但在汉学全盛时代，作反抗运动，流弊深了，与他们一付清凉散吃，在思想界应有重要的地位。②

他在《清代学术概论》中对方东树的评价更高，称：

① 梁启超：《中国近三百年学术史》第九章，《饮冰室合集》专集之七十五，103～104 页。

② 梁启超：《儒家哲学》第五章，《饮冰室合集》专集之一〇三，69 页。

方东树之《汉学商兑》，却为清代一极有价值之书。其书成于嘉庆间，正值正统派炙手可热之时，奋然与抗，亦一种革命事业也。"①

其二是一些学者主张汉宋兼采，为"宋学复兴"留下一定的活动空间。梁启超认为，一些汉学家不赞成汉宋学互相攻击，而力主调和之，成为有利于"宋学复兴"的重要因素。如阮元在广州创办的学海堂于学术"采调和态度，不攻宋学"②的办学方针，"阮元著《性命古训》"也是意"欲调和汉宋"，"陈澧著《汉儒通义》，谓汉儒亦言理学，其《东塾读书记》中有《朱子》一卷，谓朱子亦言考据"③等，都对"宋学复兴"起了推波助澜的作用。

其三是咸同年间爆发的太平天国运动冲击了清王朝的主流学派——乾嘉汉学，在客观上为"宋学复兴"创造了条件。梁启超说：

> 洪杨之乱……政治上生计上所生的变动不用说了，学术上也受非常坏的影响。因为文化中心在江、皖、浙，而江、皖、浙糜烂最甚。公私藏书，荡然无存。未刻的著述稿本，散亡的更不少。许多耆宿学者，遭难凋落。后辈在教育年龄，也多半失学，所谓"乾嘉诸老的风流文采"，到这会只成为"望古遥集"的资料。考证学本已在落潮的时代，到这会更不绝如缕了。④

他认为，"洪杨之乱"在思想界引出三条新路，其中第一条新路就是"宋学复兴"，指出：

> 其一，宋学复兴。乾嘉以来，汉学家门户之见极深，"宋学"二

---

① 梁启超：《清代学术概论》，《饮冰室合集》专集之三十四，50页。
② 梁启超：《儒家哲学》第五章，《饮冰室合集》专集之一〇三，69页。
③ 梁启超：《清代学术概论》，《饮冰室合集》专集之三十四，50页。
④ 梁启超：《中国近三百年学术史》第九章，《饮冰室合集》专集之七十五，25～26页。

字，几为大雅所不道，而汉学家支离破碎，实渐已惹起人心厌倦。罗罗山泽南、曾涤生国藩在道咸之交，独以宋学相砥砺，其后独以书生犯大难成功名。他们共事的人，多属平时讲学的门生或朋友。自此以后，学人轻蔑宋学的观念一变。换个方面说，对于汉学的评价逐渐低落，"反汉学"的思想，常在酝酿中。①

他所说的其他两条"新路"是"西学之讲求"和"排满思想之引动"，因远离本目主题，恕不赘述。梁启超提到的"宋学复兴"的确是清代学术史上的重要情况，也是一个值得深入探讨的问题。可惜梁氏只点出题目，略析原因，对"宋学复兴"的问题本身未作深究。清后期理学中人，提及的人物有曾国藩、罗泽南、唐鉴以及方东树等，除曾、方二人稍有述及外，其余均一带而过。这与大篇幅地论述清初理学中人的做法形成鲜明对照。

与早期相比，后期的梁启超关于理学的论述发生了很大变化。就本目所述内容来看，梁启超在后期关于理学的论述已经不再停留于政治批判的层面，不再限于单纯的思想启蒙，而是以学术研究的眼光审视整个理学的历史，用近代学术思想反省之、梳理之、评判之。在早期的思想启蒙中，梁启超写下大量震撼人心的文字，在后期的学术研究方面，他同样提出许多富有学术价值的思想观点，如宋学的范围不仅包括程朱陆王之学，还应包括范仲淹、王安石、司马光、苏轼等人的学术在内；充分认识王安石、张载学术的意义和价值；对陆王之学，尤其王阳明"致良知"学说积极意义的肯定；对清代理学的初步性梳理，对清初顾、黄、王、颜等进步思想家高度评价，都是不可多得的真知灼见，对后人开展学术研究产生了积极的影响。他写的《清代学术概论》、《中国近三百年学术史》，尽管已历七八十年的漫长岁月，但其学术参考价值依然不减，至今仍是研究清代学术不可或缺的重要参考书。

需要指出的是，梁启超后期关于理学的论述尽管突显了学术性，但他并未将学术研究与思想启蒙截然对立起来，以前者排斥后者，而是力图结

北京师范大学史学探索丛书

---

① 梁启超：《中国近三百年学术史》第九章，《饮冰室合集》专集之七十五，26 页。

合二者，将启蒙精神贯穿于研究之中。他坚持的启蒙精神基本内涵是反对封建专制主义，提倡近代民主主义。他对理学各派、理学中人的褒贬抑扬，无不以此为标准。

梁启超推崇黄宗羲的一个理由，就在于黄氏著作中体现出的反封建专制的进步政治观。梁启超说：

> 梨洲有一部怪书，名曰《明夷待访录》。这部书是他的政治理想。从今日青年眼光看去，虽像平平无奇，但三百年前——卢骚《民约论》出世前之数十年，有这等议论，不能不算人类文化之一高贵产品。

在大段摘引《明夷待访录》激烈抨击封建君主专制的言论后，他说：

> 像这类话，的确含有民主主义的精神，——虽然很幼稚——对于三千年专制政治思想为极大胆的反抗。在三十年前，我们当学生时代，实为刺激青年最有力之兴奋剂。我自己的政治运动，可以说是受这部书的影响最早而最深。①

从以上评论可以看出，梁启超对黄宗羲批判封建君主专制的思想极为看重，体现出他以近代民主观点指导学术研究的一贯立场。

梁启超对颜元的论述也很有代表性。颜元是清初思想颇为独特的思想家，早年曾研习程朱理学，后对理学的弊病进行反思，激烈抨击程朱陆王，倡导躬行践履，标榜实学，与其弟子李塨创立"颜李学派"。侯外庐评价说：

> 他是中国十七世纪思想界中的一支异军。他在当时启蒙的人物中，对于理学的批判，比王、顾、黄三人更加彻底，毫无保留。②

---

① 梁启超：《中国近三百年学术史》第五章，《饮冰室合集》专集之七十五，46～47 页。

② 侯外庐：《中国思想通史》第 5 卷，324 页。

严格说来，颜元并不属于理学家的范围，而是与理学思潮对立的人物，但讲清代理学则不能绕开颜元及颜李学派。梁启超之所以高度评价颜元思想，就是因为颜元强烈要求突破理学的框框，其思想中包含了鲜明的启蒙精神。他认为颜元的启蒙主张，尽管打着"复古"的旗帜，但却具有"现代的"精神，与其他人截然不同。他说：

> 有清一代学术，初期为程朱陆王之争，次期为汉宋之争，末期为新旧之争。其间有人焉举朱陆汉宋诸派所凭借者一切摧陷廓清之，对于二千年来思想界，为极猛烈极诚挚的大革命运动。其所树的旗号曰"复古"，而其精神纯为"现代的"。其人为谁？曰颜习斋及其门人李恕谷。①

深受梁启超所称赞的，是颜元的大胆怀疑精神、批判精神和笃行实践的务实精神，这些都与近代人文精神十分相近。梁氏称："他的唯习主义，和近世经验学派本同一出发点，本来与科学精神极相接近"，又说：

> 凡属于虚玄的学问，他无一件不反对；凡属于实验的学问，他无一件不赞成。使习斋、恕谷生于今日，一定是两位大科学家，而且是主张科学万能论者，我敢断言。②

由上可见，后期的梁启超尽管研究的侧重点有了转移，但贯穿于学术研究中的启蒙精神并未消失，依然是他进行学术思考的重要切入点。如果对梁启超后期关于理学的论述进行概括，讲他出入于学术研究和启蒙之间是颇为贴切的。

---

① 梁启超：《中国近三百年学术史》第十章，《饮冰室合集》专集之七十五，105 页。
② 同上书，123 页。

综观梁启超的学术生涯，无论早期，还是后期，始终都没有放弃对理学的关注。在早期，他作为中国社会大变革时期的风云人物、思想启蒙的健将，主要从政治的角度评判理学，贬抑程朱、尊崇陆王，适应了当时国内出现的批判封建专制主义，要求思想解放的时代潮流。在后期，他淡出政坛，更多地用学术研究的眼光审视理学，较为广泛地论述了理学的一系列问题，提出自己独到的见解，在学术界产生了深远的影响。总体来看，他在后期对于宋明清理学的论述与研究要比早期更为深入和全面，不失为其学术探索中的精彩一页。

梁启超关于宋明清理学的论述自然也存在着不足之处，突出的问题就在于他论述包括理学在内的学术问题时，并没有完全摆脱长期蕴藏于头脑中今文经学情结，对今文经学的作用估价往往偏高。如《清代学术概论》在讲到晚清学术时，用了七章的篇幅谈今文经学，而只给晚清汉学留下一章的篇幅，晚清宋学则几乎没有提到。不免给人造成晚清学术似乎只有今文经学一枝独秀的印象。其实，今文经学在晚清学术界形成气候是在1895年中日甲午战争以后，到清朝垮台不过经历了十余年的风光时间。而在从鸦片战争到中日甲午战争的半个多世纪的时间里，传统的汉学、宋学依然统治着学术界、思想界，各自保持着强大的阵营和学术队伍，甚至还出现过"宋学复兴"的现象。忽视这些重要方面，则难以说明晚清学术发展变化的真实情况。另外，梁启超对理学史上的一些阶段注意的不够，如元代理学、晚清理学，都是一带而过，几近忽略。其实这两个时期的理学都有很大变化，地位很重要。前者是宋明理学的过渡环节，后者是理学全部历史的最后结局，地位之重要不言而喻。将之忽略，或作简单化处理，不能不说是撰写学史的一桩憾事。最后，梁启超是长于思想概括的学问高手，在他的研究中，对理学问题的宏观概括不乏精彩之处，但略于深入的学术辨析，读后不免给人以肤浅之感。

第十七章　严复与中国近代文化学术

严复是中国近代著名的思想家、翻译家，对中国近代新文化的形成发展作出了多方面的贡献。严复不仅用新的思想武器猛烈抨击封建主义，而且积极引进西学，深入阐发科学、民主思想，对近代新文化的建设贡献良多，成为中国近代新文化形成与发展的重要奠基人。本文试就严复在中国近代文化学术史上的作用问题进行一些探讨。

一、沐浴中西文化风雨激荡的洗礼

严复（1854—1921），字又陵，又字宗光、几道，福建侯官（福州）人。严复自幼丧父，家境贫寒，14 岁时进入洋务派创办的新式学堂——福州船政学堂学习海军。在船政学堂的五年里，他学习了英文、数学、理化、天文及有关航海专业的课程，打下了坚实的近代科学知识基础。1876年，严复以优异成绩被选派出国留学，进入英国格林尼次海军大学深造。在这里，他"肄习高等算学、格致、海军战术、海战、公法及建筑海军炮台诸学术"[1]。由于他学习勤奋刻苦，思想敏锐，见识卓越，深受清政府驻英公使郭嵩焘的赏识。这在郭嵩焘的出使日记中多有反映。郭氏在光绪四年（1878）正月初一日记道：

> 格林里治肄业生六人来见，严又陵（宗光）谈最畅，余则方益堂（伯谦）、何镜秋（心川）、叶桐侯（祖珪）、林钟卿（永叔）、萨鼎茗［铭］（镇冰）。[2]

---

[1]　严璩：《侯官严先生年谱》，《严复集》第 5 册，1547 页。

[2]　郭嵩焘：《伦敦与巴黎日记》，449 页，长沙，岳麓书社，1984。

严复对西方科学的透彻认识也受到郭嵩焘的称赞。郭氏在光绪四年四月二十九日记道：

> 严又陵语西洋学术之精深，而苦穷年莫能殚其业。……格物致知之学，寻常日用皆寓至理。深求其故，而知其用之无穷，其微妙处不可端倪，而其理实共喻也。予极赏其言，属其以所见闻日记之。①

此段日记的字里行间洋溢着一位长者对后辈人才的赞赏与期望。郭氏日记中，不乏反映严复出众学识的记载，如"严又陵议论纵横"、"又陵出示测量机器数种"演示摩擦生电等，由此可以窥见严复对自然科学掌握的程度。值得注意的是，严复不仅努力掌握科学知识，而且还关心祖国的前途和命运，经常思考国内的一些政治问题，关心国人的思想动态。郭氏的一则日记记道：

> 严又陵言："中国切要之义有三：一曰除忌讳，二曰便人情，三曰专趋向。"可谓深切著明。鄙人生平所守，亦不去此三义，而以是犯一时大忌，朝廷亦加贱简，谁与知之而谁与言之！②

曾任中国驻英使馆随员的张自牧（字力臣）是当时比较注意研究时务、洋务的有心人，尝著《瀛海论》、《蠡测卮言》等书，被国内学界认为是开风气之书，颇具影响。严复曾读过他的《瀛海论》，但对其所论不以为然，批评其中的"四谬"。郭氏日记记道：

> 严又陵指驳张力臣《瀛海论》凡四谬：谓铁路数年为之不足，一夫毁之有余，非中国所宜造，是一谬；谓机器代人力，日趋淫侈，二谬；谓舟车机器之利，后来必转薄而更废，三谬；谓中国有各国互相

---

① 郭嵩焘：《伦敦与巴黎日记》，588～589 页。
② 同上书，535 页。

牵制之势，海防非所急，四谬。此皆《瀛海论》中篇语，谓之谬，良然。①

严复回国后，先在福州船政学堂任教，未久，被李鸿章调到天津的北洋水师学堂，历任总教习、会办、总办等职。然而，严复始终未被重用，其原因在于他的气质、抱负、见识与朋僚志趣、官场积习格格不入，以致被李鸿章所猜忌，不予提拔重用。据有关资料记载：

> 君慨夫朝野玩愒，而日本同学归者皆用事图强，径翦琉球，则大戚。常语人，不三十年藩属且尽，缧我如老牸牛耳！闻者弗省。文忠亦患其激烈，不之近也。法越事裂，文忠为德璀琳辈所绐，惶遽定约。恶言者摘发，疑忌及君，君亦愤而自踈。及文忠大治海军，以君总办学堂，不预机要，奉职而已。②

另外，在中日甲午战前，封建保守势力依然十分强大，朝廷用人首重出身于科举功名者，对无科举身份的人或留学外洋者则另眼看待。这无疑给严复造成很大的精神压力，使他不得不在已过而立之年后还要三番五次地经受科场煎熬之苦。据年谱记载：

> 自由欧东归后，见吾国人事事竺旧，鄙夷新知，于学则徒尚词章，不求真理。每向知交痛陈其害。自思职微言轻，且不由科举出身（当日仕进，最重科举）。故所言每不见听。欲博一第入都，以与当轴周旋。既已入彀中，或者其言较易动听，风气渐可转移，因于是秋赴闽乡试，榜发报罢。③

环境的压抑、空气的沉闷，使严复的孤独感陡然倍增。无怪乎在他得

① 郭嵩焘：《伦敦与巴黎日记》，496～497 页。
② 陈宝琛：《清故资政大夫海军协都统严君墓志铭》，《严复集》第 5 册，1541 页。
③ 严璩：《侯官严先生年谱》，《严复集》第 5 册，1547 页。

知望年好友郭嵩焘逝世的噩耗后，"感怆殊甚"，悲凄地写下这样的挽辞："平生蒙国士之知，而今鹤翅氄氄激赏深惭羊叔子；惟公负独醒之累，在昔蛾眉谣诼离忧岂仅屈灵均。"①

然而，严复毕竟是一位爱国有识之士，并未因仕途上的屡屡失意而完全消沉，而是把大量精力放在对西学、对救国之道的孜孜追求上。如他读斯宾塞的《群学肄言》就"在光绪七八之交"。② 中日甲午战败，严复大受刺激，积极投入到爱国救亡运动和思想启蒙宣传之中。在 1895 至 1911 年的十余年间，严复撰写了《论世变之亟》、《原强》、《辟韩》、《救亡决论》等一批文章，翻译出版了《天演论》、《群学肄言》、《原富》、《群己权界论》、《法意》等诸多西方名著，向国人介绍了大量域外新知，对中国近代新文化建设作出了多方面的重要贡献，成为倡导近代新文化的奠基人之一。笔者认为，严复对中国近代新文化的贡献可以概括为这样三个方面：一是以新的思想武器批判封建旧文化，开展思想启蒙；二是正确阐明科学与民主的时代意义，构建近代新文化的核心内容；三是译介西学，推进中西文化交流。

二、批判封建旧文化的健将

鸦片战争以后，中国社会开始发生根本性的变化。与此相适应，文化领域也出现了新旧更替的历史性变革，即延续了千百年之久的封建传统文化日趋保守衰落，受到新兴的近代新文化的猛烈冲击，并逐渐为后者所取代。这种变革是一种进步的社会现象，非如此，阻碍社会前进的旧文化不能破除，顺应历史发展的新文化就不能建立。因此，对封建旧文化的批判成为近代新文化形成的重要前提。近代中国的许多仁人志士，如龚自珍、魏源、王韬、郑观应、康有为、谭嗣同等，都做过许多批判旧文化的工作，但严复与他们比起来，自有独到之处，集中体现为两点：一是直接以

---

① 严璩：《侯官严先生年谱》，《严复集》第 5 册，1548 页。
② 严复：《〈群学肄言〉译余赘语》，《严复集》第 1 册，126 页。

西学为武器进行评判分析，具有思想上的深刻性；二是站在时代的高度进行中西文化比较，具有理论上的深刻性。

首先，以西学为武器批判封建专制主义。如果说龚自珍、康有为等人进行的文化批判尽以中国传统思想或中西思想结合形成的观念为武器的话，那么，严复使用的思想批判武器则主要来源于西学，诸如"天赋人权"论、民权论、自由论、进化论等西方资产阶级理论，更具新的时代色彩。正由于此，严复所进行的文化批判往往能够抓住要害，剖析深邃、入木三分。这在他所写的《辟韩》一文中得到充分的体现。所谓"辟韩"是指批评唐代思想家、文学家韩愈的《原道》。出于维护儒家思想正统地位的需要，韩愈在《原道》中竭力宣扬封建的纲常名教，鼓吹"君权神授"、"君权至上"谬说，谓：

> 君者，出令者也；臣者，行君之令而致之民者也；民者，出粟米麻丝、作器皿、通货财以事其上者也。君不出令，则失其所以为君；臣不行君令，则失其所以为臣；民不出粟米麻丝、作器皿、通财货以事其上，则诛。①

讲的尽是"君主民仆"、"民为君使"、封建压迫有理的道理。韩愈认为这就是"圣人之道"的基本精神，为尧、舜、禹、汤、文、武、周公、孔子、孟子所传承阐扬，形成所谓儒家"道统"。韩愈提出的这一套为封建君权辩护的理论深受以后正统士大夫和封建统治者的推崇，成为封建统治者推行君主专制、维护封建制度的理论依据。韩愈本人亦被视为宋明理学的思想先驱。而严复《辟韩》批判的矛头所向正是这位在封建传统社会中神圣不可侵犯的思想权威。

针对韩愈宣扬的"君权神授"谬说，严复以近代民主学说予以反驳。他说：君主并不神秘，君权并非神授，君主及国家本是由人民确立的，"是故君也臣也，刑也兵也，皆缘卫民之事而后有也；而民之所以有待于

---

① 韩愈：《原道》。

卫者，以其有强梗欺夺患害也"①。设立君主与国家的本意是为"卫民"、"利民"，而不是"害民"、"虐民"。君主、国家与人民的正确关系应当是：人民的平等、自由权利完全是天赋的，不是封建统治者恩赐的，"吾又乌得而靳之"。他斥责那些以强力剥夺人民自由之权的君主是窃国大盗：

> 秦以来之为君，正所谓大盗窃国者耳。国谁窃？转相窃之于民而已。既已窃之矣，又惴惴然恐其主之或觉而复之也，于是其法与令蝟毛而起，质而论之，其十八九皆所以坏民之才，散民之力，漓民之德者也。②

这些批判全都体现着强烈的近代民主精神。严复用新的民主理论驳斥了束缚国人思想达千年之久的"君权神授"论，而且直斥封建君主为"大盗"、"民贼"，撼动了君主论的思想基础。其尖锐、深刻的程度不仅远迈王韬、郑观应等早期改良思想家，就是同时期的康有为、梁启超等人亦所不及。守旧官员屠仁守在张之洞的支持下，撰写《辨〈辟韩〉书》一文，指责"今《辟韩》者，溺于异学，纯任胸臆，义理则以是为非，文字则以辞害意，乖戾矛盾之端，不胜枚举。"一位名叫朱治文的士人也为屠文帮腔，攻击《辟韩》等维新派的文章"蔽我圣学，乱我朝常，谬托尊圣之名，阴以叛人道之极，不知用夏以变夷，直欲尽我变于夷，能勿伤哉，能勿惧哉！"③ 这说明，严复的批判戳到了封建专制主义思想的痛处。

其次，严复还从中西文化比较的角度批判、反思中国的传统文化。

在中日甲午战前，"中学为体，西学为用"思想在一部分士人中颇为流行。这种观点认为，中国的文物制度、道德伦常是世界上最完美的，远胜于西方，所不如西方的仅在科学技术方面。王韬曾说："形而上者中国也，以道胜；形而下者西人也，以器胜。如徒颂西人，而贬己所守，未窥

---

① 严复：《辟韩》，《严复集》第1册，34页。

② 同上书，35~36页。

③ 朱治文：《屠梅君侍御致时务报馆辨〈辟韩〉书》，《翼教丛编》卷三，62、65页，上海，上海书店出版社，2002。

为治之本原者也。"①　因此强调："我中国之所恃者，道而已也。天不变，道不变"，而"西学西法，非不可用，但当与我相辅而行而已。"②　有人在比较中西格致学时这样说：中国的格致学"乃义理之格致，而非物理之格致也。中国重道轻艺，凡纲常法度、礼乐教化，无不阐发精微，不留余蕴，虽圣人复起，亦不能有加。惟物理之精粗，诚有相形见绌者。"③　严复对这种观点不以为然，在中日甲午战争后深刻反思了"中体西用"论，对其提出了异议。他认为中国开办学堂有年，但收效甚微，究其原因，在于受到"中政为本，西艺为末"、"立于中学以西学辅其不足"等错误观念的制约。"若夫言主中学而以西学辅所不足者，骤而聆之，亦若大中至正之说矣。措之于事，又不然也。"④　那么，这种观点究竟错在何处呢？严复说：

> 体用者，即一物而言之也。有牛之体，则有负重之用；有马之体，则有致远之用。未闻以牛为体，以马为用者也。中西学之为异也，如其种人之面目然，不可强谓私也。故中学有中学之体用，西学有西学之体用，分之则并立，合之则两亡。议者必欲合之而以为一物。且一体而一用之，斯其文义违舛，固已名之不可言矣，乌望言之而可行乎？⑤

这段话从历史和逻辑的角度反思了"中体西用"论，明确指出它的错误在于人为地把中西文化自身的"体"与"用"割裂开，并把它们机械地拼凑在一起，不仅于国事无补，反而造成"合之则两亡"的后果。基于此，他提出"会通中西"的主张，即"统新故而观其通，苞中外而计其全"。对于中西学术文化的取舍，皆以是否能解决中国的现实问题为标准，用严复

①　王韬：《弢园尺牍》，30 页，北京，中华书局，1959。
②　王韬：《弢园文录外编》，131、297 页。
③　《王佐才答卷》，《格致书院课艺》第 4 册。
④　严复：《与〈外交报〉主人书》，《严复集》第 3 册，559 页。
⑤　同上书，558～559 页。

北京师范大学史学探索丛书

的话来说:"继自今,凡可以瘳愚者,将竭力尽气鞭手茧足以求之。惟求之能得,不暇问其中若西也,不必计其新若故也。"① 可以说,在清末关于"中体西用"的批评反思中,严复对中西文化问题的认识是高人一筹的。从以上批判言论看,严复的文化观已经初步摆脱了"中体西用"论的狭隘眼界,进入了一个新的境界。

严复的文化观超越"中体西用"论,他所作的中西文化比较也是别开生面的。他不再使用陈旧的"体用"、"道器"观念评判中西文化的优劣,而是用历史发展的眼光通观它们的异同,寓评判于比较之中。严复对中西社会文化作了多方面的比较,指出:

> 则如中国最重三纲,而西人首明平等;中国亲亲,而西人尚贤;中国以孝治天下,而西人以公治天下;中国尊主,而西人隆民;中国贵一道而同风,而西人喜党居而州处;中国多忌讳,而西人众讥评。其于财用也,中国重节流,而西人重开源;中国追淳朴,而西人求欢虞。其接物也,中国美谦屈,而西人务发抒;中国尚节文,而西人乐简易。其于为学也,中国夸多识,而西人尊新知;其于祸灾也,中国委天数,而西人恃人力。②

比较的方面包括政治、道德、经济、礼俗、习尚、信仰等,具有一定的全面性。他还从社会历史发展的角度比较二者的不同:

> 尝谓中西事理,其最不同而断乎不可合者,莫大于中之人好古而忽今,西之人力今以胜古;中之人以一治一乱、一盛一衰为天行人事之自然,西之人以日进无疆,既盛不可复衰,既治不可复乱,为学术政化之极则。③

---

① 严复:《与〈外交报〉主人书》,《严复集》第 3 册,560 页。
② 严复:《论世变之亟》,《严复集》第 1 册,3 页。
③ 同上书,1 页。

他所说的中西社会"最不同而断乎不可合者"是否准确，姑且不论，但他这样讲的用意显然是通过强调中国人"好古"、西方人重"日进无疆"的差别，作为向国人宣传进化论的铺垫。

在比较中西文化异同的基础上，严复对中国封建文化、传统旧学进行了尖锐的批判。科举八股、汉学宋学，全在他的批判视野之内。他对腐朽的科举八股尤其深恶痛绝，抨击道：

> 天下理之最明而势所必至者，如今日中国不变法则必亡是已。然则变将何先？曰：莫亟于废八股。夫八股非自能害国也，害在使天下无人才。

他把八股之害归纳为三点："锢智慧"、"坏心术"、"滋游手"。三害之中，"有一于此，则其国鲜不弱而亡，况夫兼之者耶！"① 汉学、宋学都是受到清朝统治者扶持的正统学术，前者是自乾嘉以降的学坛显学，后者是中国封建社会后期为统治者长期奉行的官方哲学。严复抨击汉学崇古信古，学风繁琐，概括其弊端为："然吾得一言以蔽之曰：无用。"他批评宋学"牢笼天地"、"师心自用"，把它的弊端概括为："吾又得一言以蔽之曰：无实。"在他看来，汉宋学只有为统治者装点门面的价值，"以为怡情遣日之用，而非今日救弱救贫之切用也。"他大胆宣布：

> 固知处今而谈，不独破坏人才之八股亦除，与［举］凡宋学汉学，词章小道，皆宜且束高阁也。②

严复在全面比较中西文化的同时，以新的思想理论为武器，对以维护纲常名教为宗旨的汉学、宋学、八股文以及"中体西用"论展开全面而猛烈抨击，不仅否定了封建顽固派的文化观，而且批判了洋务派的"中体西

---

① 严复：《救亡决论》，《严复集》第 1 册，40～42 页。
② 同上书，44 页。

用"论,显示出近代新文化与封建旧文化的对立与冲突。严复对旧文化、旧学术的批判不仅在深度、广度上超越了他的前人及同时代人,而且在时间上早于其他维新志士。《论世变之亟》、《原强》、《辟韩》、《救亡决论》四篇批判文章均写于 1895 年 2 月至 5 月间,是维新志士中发表最早的一批战斗檄文。其强烈的批判精神、鲜明的变革要求以及所传达的大量西学信息,深刻地震动了当时的思想界,影响了很多知识分子,在近代中国的思想启蒙运动中充当了开路先锋。

三、阐明科学与民主的内涵,构建近代新文化的核心内容

如果说严复对封建旧文化的批判是在为近代新文化的形成发展扫清障碍、主要起到"破"的作用的话,那么他对科学和民主所作的阐述则是在进行构建近代新文化神圣殿堂的工作,起到"立"的作用。严复以杰出的学术见解和积极的文化实践丰富和发展了科学民主思想的内涵,把国人的科学民主观从感性认识阶段上升到理性认识的高度,并进一步阐明了"科学与民主并举"的思想,为近代新文化的确立做了奠基的工作。

(一) 对"科学"的新阐释

中国传统文化中固然不乏科学因素,但由于受到种种历史及社会因素的影响,传统文化中的科学因素始终未能得到良性的发展,受到纲常名教的长期压抑。明末清初,西方科学开始传入中国。鸦片战争以后,随着西学东渐进程的加快,近代科学更多地涌入中国。但是直到中日甲午战争以前,中国人对科学的认识还比较肤浅,称之为"格致学",把科学等同于声光电化之学,国人的科学观仅仅停留在狭义科学概念的水平上。上海格致书院学生王佐才对格致学即科学作过这样的表述:

> 泰西各国学问,亦不一其途,举凡天文、地理、机器、历算、医、化、矿、重、光、热、声、电诸学,实试实验,确有把握,已不如空虚之谈。而自格致之学一出,包罗一切,举古人学问之芜杂一扫

而空，直足合中外而一贯。①

这段话典型地反映出 19 世纪八、九十年代中国士人对科学的理解。严复的科学观与此不同。严复学贯中西，尤其对西学有着深刻的认识。他不仅自幼受过系统的自然科学训练，具有深厚的近代科学基础，而且广泛研究了西方人文社会科学，对科学的认识自然与众不同。严复对科学作过多方面的论述，概括起来，包括四个层次：狭义科学、广义科学、科学方法论和科学精神。

1. 关于狭义科学的认识

严复治学最先接受的是近代自然科学。他早年在福州船政学堂学习时，"所习者为英文、算术、几何、代数、解析几何、割锥、平三角、弧三角、代积微、动静重学、水重学、电磁学、光学、音学、热学、化学、地质学、天文学、航海学。"② 这种经历使他对自然科学的本质、作用和重要性有着十分清晰的认识。他说："名、数、质、力，四者皆科学也"；"是故以科学为艺，则西艺实西政之本。"③ 这里说的科学即指自然科学。他看到，西方国家强盛的一个重要原因就在于科技发达，指出：

> 是以制器之备，可求其本于奈端；舟车之神，可推其源于瓦德；用电之利，则法拉第之功也；民生之寿，则哈尔斐之业也。而二百年学运昌明，则又不得不以柏庚氏之摧陷廓清之功为首。学问之士，倡其新理，事功之士，窃之为术，而大有功德焉。故曰：民智者，富强之原。④

在严氏心目中，科学始终占据重要位置，发展科学是富国强兵之要途。他反驳责难科学的论调，指出：

---

① 王佐才答卷，载《格致书院课艺》第 1 册。
② 严璩：《侯官严先生年谱》，《严复集》第 5 册，1544 页。
③ 严复：《与外交报主人书》，《严复集》第 3 册，559 页。
④ 严复：《原强》（修订稿），《严复集》第 1 册，29 页。

且客谓西学为迂涂，则所谓速化之术者，又安在耶？得毋非练军实之谓耶？裕财赋之谓耶？制船炮开矿产之谓耶？讲通商务树畜之谓耶？开民智正人心之谓耶？而之 数事者，一涉其流，则又非西学格致皆不可。①

2. 关于广义科学的论述

严复关于科学认识的第二个层次是视之为一个包括自然科学和社会科学在内的知识体系，即持广义科学的概念。在严复看来，声光电化等自然科学是科学，哲学、政治学、社会学、历史学等社会科学同样是科学。他说："是故所谓国史，亦终成一专门科学之历史。是专门科学何？即政治之学也。"又说："有科学即有历史，亦有历史即有科学，此西国政治所以成专科。"② 这样，他把科学看成是关于认识事物客观规律的知识体系，指出："科学所明者公例，公例必无时而不诚。"③ 实际上，这是严复为广义科学概念所下的定义。他在《京师大学堂译书局章程》中按照"西学通例"把科学分为三个层次，"一曰统挈科学，二曰间立科学，三曰及事科学。"绝大部分自然科学、人文社会科学都包罗其中，可以从中窥见严复广义科学概念之大要。他所说的"统挈科学"包括"名数两大宗"，即逻辑学和数学。"间立科学"分"力质两门"，"力如动静二力学水学声学光学电学，质如无机有机二化学"。"及事科学"是指"治天地人物之学也"，包括天文学、地质学，"人有解剖，有体用，有心灵，有种类，有群学，有历史，物有动物，有植物，有察其生理者，有言其情状者。"④ 在严复提出的这个科学系统中，以逻辑学和自然科学为基础，包括了应用科学、思维科学和各种社会科学。沟通自然与人事的是群学，即社会学。在严复看来，"学问之事，以群学为要归。惟群学明而后知治乱盛衰之故，而能有

---

① 严复：《救亡决论》，《严复集》第 1 册，46～47 页。
② 严复：《政治讲义》，《严复集》第 5 册，1244 页。
③ 严复：《译斯氏〈计学〉例言》，《严复集》第 1 册，100 页。
④ 《严复集》第 1 册，130 页。

修齐治平之功。"① 联系严复对西方社会学的研究与翻译斯宾塞《群学肄言》的事实，可以看出，社会学在严复提出的科学体系中占有相当重要的位置。

3. 关于科学方法论的强调

西方近代科学及社会之所以能够得到迅速发展，在很大的程度上受益于一系列科学方法的运用推广。逻辑法、实验法发挥的作用尤其显著。而逻辑学在中国则被长期冷落。鸦片战争以后，关于西方逻辑学、培根实验法的信息星星点点地传入中国，多少引起了国人对西方科学方法的注意。1886 年，由英国传教士艾约瑟翻译的《辨学启蒙》出版。该书译自英国思想家耶芳思的《逻辑学初级读本》，但译文粗陋，内容晦涩，无甚影响。严复批评说：

> 逻辑最初译本为固陋所及见者，有明季之《名理探》，乃李之藻所译，近日税务司译有《辨学启蒙》。曰探，曰辨，皆不足与本学之深广相副。②

而在近代中国的杰士中，真正懂得科学方法的重大意义，并予以认真介绍和阐述者，当首推严复。

严复认为，科学不仅可以为人们提供知识，而且还能开发智慧，提供思考和研究问题的可靠方法。从某种意义上讲，科学方法的层次要高于科学知识。严复对于实验法和逻辑法都很看重。他说："大抵学以穷理，常分三际。一曰考订，聚列同类事物而各著其实。二曰贯通，类异观同，道通为一。"但仅有这两层还不够，因为"中西古学，其中穷理之家，其事或善或否，大致仅此两层。故所得之大法公例，往往多误，于是近世格致家乃救之第三层，谓之实验。实验愈周，理愈靠实矣，此其大要也。"③ 他认为在科学方法的三个层次中，实验法最为重要。他因此把西方近代学术

---

① 严复：《原强》（修订稿），《严复集》第 1 册，18 页。
② 严复译：《穆勒名学》，2 页，北京，商务印书馆，1981。
③ 严复：《西学门径功用》，《严复集》第 1 册，93 页。

北京师范大学史学探索丛书

进步终归于新工具论的提倡者、英国学者培根，称赞说："而二百年学运昌明，则又不得不以柏庚氏之摧陷廓清之功为称首。"①

严复对于西方逻辑学的介绍尤为重视，翻译过两部逻辑学方面的著作，即《穆勒名学》和《名学浅说》。《穆勒名学》的原著是英国著名思想家穆勒（J. S. Mill）写的《逻辑体系：演绎与归纳》（*A System of Logic，Ratiocinative and Inductive*），是介绍形式逻辑的一部名著。严复在 1900 至 1902 年间译成《穆勒名学》的前半部，于 1905 年由金陵金粟斋刊刻出版，后半部则始终未译出。《名学浅说》原著为英国逻辑学家耶芳思（W. S. Jevons）的《逻辑初级读本》（*Primer of Logic*），内容是讲形式逻辑的入门知识。1908 年严复在天津译成，次年由商务印书馆出版。这两部译著对于近代逻辑学在中国的确立起了十分重要的作用。严复还在上海开设名学会，作为介绍逻辑学知识的讲坛。他在 1905 年应上海青年会之邀，作了关于政治学的讲演，把讲稿整理成《政治讲义》出版。逻辑学的问题则是其中的重要内容。

严复在关于逻辑学的译著和著述中，既讲到归纳法，也论及演绎法，都视之为进行科学研究的重要方法。他说：

> 及观西人名学，则见其于格物致知之事，有内籀之术焉，有外籀之术焉。内籀云者，察其曲而知其全者也，执其微以会其通者也。外籀云者，据公理以断众事者也，设定数以逆未然者也。……二者即物穷理之最要涂术也。②

他所说的"内籀"是指归纳法，"外籀"是指演绎法。因受穆勒逻辑学思想的影响，严复更强调归纳法的重要性，认为它是获取对事物规律性认识的可靠途径。严复指出："公例无往不由内籀，不必形数公例而独不然也。"③ 又说："故明者著论，必以历史之所发见者为之本基。其间抽取公

---

① 严复：《原强》（修订稿），《严复集》第 1 册，29 页。
② 严复：《〈天演论〉自序》，《严复集》第 5 册，1319~1320 页。
③ 严复：《〈穆勒名学〉按语》，《严复集》第 4 册，1050 页。

例，必用内籀归纳之术，而后可存。"① 严复强调归纳法的一个深刻用意是出于开民智、破旧学，改变传统思维方式的需要。在他看来，中国传统思维的主要特征是以演绎推理为主，但所依据的理论前提并非来源于科学的归纳，"第其所本者大抵心成之说，持之似有故，言之似成理，媛姝者以古训而严之，初何尝取其公例而一考其所推概者之诚妄乎？此学术之所以多诬，而国计民生之所以病也。……其例之立根于臆造，而非实测之所会通故也"②。他看重归纳思维的原因在于"内籀必资事实，而事实必由阅历"③。反映出尊重事实，强调实践的科学态度。可见，在认识论问题上，严复坚持了唯物主义认识论的思想路线。

4. 关于科学精神的提倡

科学精神是在自然科学发展的基础上形成的优良传统、认知方式、行为规范和价值取向，是科学文化的基本内容之一，在科学体系中居于最高层次。严复对科学精神有着相当深刻的理解，并为之作出精辟的阐述。他所强调的科学精神主要有以下两个方面：

一是提倡在进化论指导下的自强不息精神。严复是达尔文进化论的信奉者，翻译了赫胥黎的《天演论》，首次系统地把进化论输入中国。他盛赞达尔文《物种起源》一书，认为："自其书出，欧美二洲几于家有其书，而泰西之学术政教，一时斐变。论者谓达氏之学，其一新耳目，更革心思，甚于奈顿氏之格致天算，殆非虚言。"进化论所阐述的"物竞天择，适者生存"是天下万物发展带普遍性的法则，"动植如此，民人亦然"④。这种进化不仅体现为新生的战胜衰老的，而且还表现为强健者克服柔弱者。他高度评价西人"日进无疆"的精神，称："西之人以日进无疆，既盛不可复衰，既治不可复乱，为学术政化之极则。"他慨叹中国因受封建守旧思想的束缚，沉溺于"好古而忽今"，⑤ 固守古训，不知进取，以致落

① 严复：《〈民约〉平议》，《严复集》第 2 册，337 页。
② 严复：《〈穆勒名学〉按语》，《严复集》第 4 册，1047 页。
③ 严复：《政治讲义》，《严复集》第 5 册，1244 页。
④ 严复：《原强》（修订稿），《严复集》第 1 册，16 页。
⑤ 严复：《论世变之亟》，《严复集》第 1 册，1 页。

后于他人。中国的出路唯有振作自励，自强不息，如他所说："人欲图存，必用其才力心思，以与是妨生者斗。负者日退，而胜者日昌。"①

二是提倡建筑在"实测"基础上的求真求实精神。严复认为，科学的认识来源于实验，"一理之明，一法之立"，必须要先实验于事物，才能得出可靠的结论，"实验愈周，理愈靠实矣"。② 这与人们今天所说的"实践是检验真理的唯一标准"在基本精神上是一致的。严复主张科学的自由探索，不为古人和权威所迷信，追求真理是最高境界的价值取向，在真理面前人人平等。他说：

> 须知言论自繇，只是平实地说实话求真理，一不为古人所欺，二不为权势所屈而已，使理真事实，虽出之仇敌，不可废也；使理谬事诬，虽以君父，不可从也，此之谓自繇。亚理斯多德尝言："吾爱吾师柏拉图，胜于余物，然吾爱真理，胜于吾师。"即此义耳。③

他提倡为真理而献身的精神，说：

> 当此之时，所谓自明而诚，虽有君父之严，贲、育之勇，仪、秦之辨，岂能夺其是非！故欧洲科学发明之日，如布卢奴（案：布鲁诺）、莴理辽（案：伽利略）等，皆宁受牢狱焚杀之酷，虽与宗教龃龉，不肯取其公例而易之也。

他主张以科学教育在国民中培养"尚实"精神，认为这是关系到国家强盛的大问题，指出：

> 一切物理科学，使教之学之得其术，则人人尚实心习成矣。呜呼！使神州黄人而但知尚实，则其种之荣华，其国之盛大，虽聚五洲

---

① 严复：《〈天演论〉按语》，《严复集》第 5 册，1351 页。
② 严复：《西学门径功用》，《严复集》第 1 册，93 页。
③ 严复：《〈群己权界论〉译凡例》，《严复集》第 1 册，134 页。

之压力以沮吾之进步，亦不能矣。①

总之，严复以近代学术的眼光，对科学作了全面而深刻的阐释，从自然科学、知识体系、科学方法论、科学精神四个方面论述了科学的含义，提出了全新的科学文化观。这种科学文化观的提出突破了长期以来国人所固守的关于科学的狭隘理解，把国人对科学的认识提高到一个新的境界，有力地推动了近代中国的科学启蒙。正如胡汉民所说："严氏既以所学重于世，世亦受严氏学说之影响，而自吾人观之，皆足征其鼓吹民族之精神。"②

（二）阐发近代民主思想

在政治上，严复反对封建君主专制，赞成政治改革，实行君主立宪政体，向往近代民主制度。尽管他的政治改革主张比较稳健，不赞成以暴力革命的方式推进中国的民主化进程，但他对中国近代民主思想的发展及民主建设仍然作出多方面的贡献。概而言之，主要表现为：系统翻译西方近代民主政治思想理论，深入阐述近代民主理念，并针对中国社会实际提出民主建设中的一系列问题。

在中日甲午战前，王韬、郑观应等早期改良思想家尽管提出了实行君主立宪政治体制改革的主张，但由于历史条件的限制，他们对西方政治只有某些感性上的认识，缺乏理性上的了解。他们既不懂西方民主政治的本质，也不了解西方近代民主的思想学说，观察问题的视角依然是落后的"中体西用"论。严复则摆脱了这种认识局限，把认识的触角深入到西方民主政治的理论层面，形成了新的近代民主观。他在一系列论著与译著中，对近代民主思想理论作了诸多的介绍和阐发，涉及的内容有：天赋人权论、民权说、平等自由说、法制建设学说、社会进化论等，可谓内容周全而丰富。

---

① 严复：《论今日教育应以物理科学为当务之急》，《严复集》第2册，282页。

② 胡汉民：《述侯官严氏最近政见》，载《辛亥革命前十年时论选集》第2卷，146页，北京，生活·读书·新知三联书店，1977。

1. 阐释天赋人权论

天赋人权论是西方资产阶级思想家在启蒙时期提出的关于人天生享有生存、自由、平等、追求幸福和财产的学说，成为欧洲资本主义革命的重要思想武器，为严复深深赞同。严复从卢梭契约论观点出发，论述了政治权利的产生，认为人类之初并无高居于人民之上的君臣，后来出现了相欺相夺的情况，"于是通功易事，择其公且贤者，立而为之君……是故君也臣也，刑也兵也，皆缘卫民之事而后有也"。他理直气壮地宣布："民之自由，天之所畀也"①，响亮地呼出"天赋人权"的口号。他的这些主张为肯定民权学说、否定君主专制提供了重要的理论基础。

2. 鼓吹民权说

严复的民权说仅指人民的政治权利而言，至于人民的平等自由之权，则归于社会权利的范围。严复认为：既然"天赋人权"是天经地义的，那么，人民理所当然是国家的主人，拥有国家政治权利，他说："国者，斯民之公产也，王侯将相者，通国之公仆隶也。"② 但是，严复并没有得出实行民主共和的结论，而是在思想上倒向君主立宪一边。他这样分析世界各国的政体，指出：

> 五洲治制，不出二端：君主、民主是已。君主之国权，由一而散于万；民主之国权，由万而汇于一。民主有二别：用其平等，则为庶建，真民主也；用其贵贵贤贤，则曰贤政。③

所谓"贤政"指的就是君主立宪。在这种体制内，君权已被限制，民权可以得到充分的保障。严复说："今日所谓立宪，不止有恒久之法度已也，将必有其民权与君权，分立并用焉。有民权之用，故法之既立，虽天子不可以不循也。"④ 君主立宪虽然不是"至治"，但要比君主专制进步得多，

---

① 严复：《辟韩》，《严复集》第 1 册，34～35 页。
② 同上书，36 页。
③ 严复：《〈法意〉按语》，《严复集》第 4 册，937 页。
④ 同上书，940 页。

适合于中国国情。他说："然则及今而弃吾君臣，可乎？曰：是大不可。何则？其时未至，其俗未成，其民不足以自治也。"[1] 他所说的民权与君主立宪政治紧密相连。严复赞同西方国家实行的三权分立的政治原则，并以此种观点反思中国传统政治：

> 中国自秦以来，无所谓天下也，无所谓国也，皆家而已。一姓之兴，则亿兆为之臣妾。其兴也，此一家之兴也；其亡也，此一家之亡也。天子之一身，兼宪法、国家、王者三大物，其家亡，则一切与之俱亡，而民人特奴婢之易主者耳，乌有所谓长存者乎！[2]

北京师范大学史学探索丛书

他所说的"三大物"指的就是国家的立法权、行政权、司法权三者分而设立，相互制约。

3. 提倡平等自由说

与政治权利相比，严复似乎对争取人民的社会权利更为看重。因为社会权利要比政治权利更具有广泛性和普遍性，是构成政治权利的基础成分。严复关于平等自由方面的论述主要谈的就是社会权利问题。他除了在一系列论著中阐述自由平等学说，还翻译了英国学者约翰·穆勒的《群己权界论》，系统介绍了穆勒的自由论。严复认为，平等自由是西方民主政治的核心内容，任何人的自由都是天赋的，应该得到国家法律的保护。他说：

> 彼西人之言曰：唯天生民，各具赋畀，得自由者乃为全受。故人人各得自由，国国各得自由，第务令毋相侵损而已。侵人自由者，斯为逆天理，贼人道。其杀人伤人及盗蚀人财物，皆侵人自由之极致也。故侵人自由，虽国君不能，而其刑禁章条，要皆为此设耳。[3]

---

① 严复：《辟韩》，《严复集》第 1 册，34～35 页。
② 严复：《〈法意〉按语》，《严复集》第 4 册，948～949 页。
③ 严复：《论世变之亟》，《严复集》第 1 册，3 页。

在他看来，西方社会"自其自由平等观之，则捐忌讳，去烦苛，决壅蔽，人人得以行其意，申其言，上下之势不相悬，君不甚尊，民不甚贱而联若一体者，是无法之胜也。"[①] 妨害自由平等者，在西方是中世纪的宗教锢蔽，在中国则是纲常名教的压抑。他指出："西国言论，最难自繇者，莫若宗教，故穆勒持论，多取宗教为喻。中国事与相仿者，乃在纲常名教。事关纲常名教，其言论不容自繇，殆过西国之宗教。"[②] 然而，严复是把自由和"治理"、"管理"联系在一起考虑的，他说：

> 是故自由诚最高之幸福，但人既入群，而欲享幸福之实，所谓使最多数人民得最大幸福者，其物须与治理并施。纯乎治理而无自由，其社会无从发达；即纯自由而无治理，其社会且不得安居。而斟酌二者之间，使相剂而不相妨者，此政治家之事业，而即我辈今日之问题也。[③]

治理而不妨碍人民自由，自由而不导致社会混乱。严复试图在"自由"与"治理"之间找一个平衡点，实现他的社会改革理想。

4. 首倡社会进化论

严复吸取了西方进化论、社会学、政治学等思想学说的观点，提出了新的社会历史观。这些思想体现在他所写的一系列文章及其译著《天演论》、《社会通诠》、《法意》等书的按语中。他认为人类社会发展存在着一定的规律性，即"运会"，而这种"运会"是不以人的主观意志为转移的，说：

> 夫世之变也，莫知其所由然，强而名之曰运会。运会即成，虽圣人无所为力，盖生人亦运会中之一物。既为其中之一物，谓能取运会

---

① 严复：《原强》，《严复集》第 1 册，11 页。
② 严复：《〈群己权界论〉译凡例》，《群己权界论》，9 页，北京，商务印书馆，1981。
③ 严复：《政治讲义》，《严复集》第 5 册，1279 页。

而转移之，无是理也。①

在他看来，弱肉强食、竞争进化是人类社会的"运会"所遵循的根本原则。他说：

> 物竞者，物争自存也；天择者，存其宜种也。意为民物于世，樊然并生，同食天地自然之利矣。然与接为构，民民物物，各争有以自存。其始也，种与种争，群与群争，弱者常为强肉，愚者常为智役。及其有以自存而遗种也，则必强忍魁桀，趫捷巧慧，而与其一时之天时地利人事最其相宜者也。②

严复赞同英国思想家甄克思《社会通诠》的观点，深入介绍了甄氏在书中提出的把社会历史发展分为"图腾社会"、"宗法社会"、"军国社会"三个不同社会阶段的学说，指出：

> 群之所治，《社会通诠》所言，已成不易之说。最始是图腾社会，如台湾生番之"社"，西南夷之"峒"。其次乃入宗法社会，此是教化一大进步。此种社会，五洲之中，尚多有之。而文化之进，如俄国、如中国，皆未悉去宗法形式者也。最后乃有军国社会。③

他所说的"图腾社会"相当于今人所说的原始社会，"宗法社会"相当于封建社会，"军国社会"则是指近代资本主义社会。这种观点不仅承认社会处于不断的发展变化之中，而且指出这种变化的趋势和特点是不断从低级向高级、野蛮到文明的进步过程，而不再是一治一乱的历史循环，是一种全新的社会历史观。

需要强调的是，严复还结合中国的国情阐述了自己的政治见解。他依

---

① 严复：《论世变之亟》，《严复集》第 1 册，1 页。
② 严复：《原强》（修订稿），《严复集》第 1 册，16 页。
③ 严复：《政治讲义》，《严复集》第 5 册，1245 页。

据新的社会进化学说明确指出中国社会兼有封建社会和资本主义社会的特点，处于从传统向近代的转变阶段，但封建社会的性质更明显，说：

> 中国社会，宗法而兼军国者也。故其言法也，亦以种不以国，观满人得国几三百年，而满汉种界，厘然犹在。……故周孔者，宗法社会之圣人也。①

他在《〈社会通诠〉译者序》中更强调中国社会的封建性质，他说：

> 乃还观吾中国之历史，本诸可信之载籍，由唐虞以讫于周，中间二千余年，皆封建之时代，而所谓宗法，亦于此时最备。其圣人，宗法社会之圣人也；其制度典籍，宗法社会之制度典籍也；……乃由秦以至于今，又二千余岁矣，君此土者不一家，其中之一治一乱常自若，独至于今，籀其政法，审其风俗，与其秀桀之民所言议思惟者，则犹然一宗法之民而已矣。②

　　基于这种看法，他认为中国社会与西方国家的差距太大，缺乏立即实行民主制度的社会条件，而当务之急是给国民更多的自由权利，提高国民素质，为实行民主制准备条件，于是他提出"以自由为体，以民主为用"③的主张，以"鼓民力"、"开民智"、"新民德"。他的这些主张尽管不如康有为等人的主张激进，稍嫌稳健有余而进取不足，但的确道出了中国在近代化进程中所面临的重要问题，即文化教育落后、国民素质不足。严复的主张恰恰为康、梁等人的见解作了重要的补充。

（三）阐述"科学与民主并举"思想，为五四新文化运动奠定思想基础

　　科学与民主是中国近代资产阶级新文化的核心内容。大致说来，中国

---

① 严复：《〈社会通诠〉按语》，《严复集》第 4 册，925～926 页。
② 严复：《译〈社会通诠〉自序》，《严复集》第 1 册，136 页。
③ 严复：《原强》，《严复集》第 1 册，5 页。

人接受近代科学早于接受近代民主的理念。鸦片战争以后的林则徐、魏源、李善兰等人，以及后来的洋务派已经表示了对近代科学的认同。到19世纪80年代前后，早期改良思想家王韬、郑观应、汤震、薛福成等人鉴于洋务运动片面注重物质层面的改革而拒绝民权的弊病，在提倡西方科学的同时，提出建立君主立宪政体的政治改革主张，形成了早期的民主思想。他们当中一些人或多或少地意识到科学与民主对于中国改革发展的重要性，并将二者联系起来加以提倡。其中讲得比较明确的是郑观应。郑观应在《盛世危言自序》中说：

> （西方国家）富强之本，不尽在船坚炮利，而在议院上下同心，教养得法，兴学校，广书院，重技艺，别考课，使人尽其才。讲农学，利水道，化瘠土为良田，使地尽其利。造铁路，设电线，薄税敛，保商务，使物畅其流。①

郑观应的这段由三句话、74个字组成的文字，包含了两层意思：第一句"而在议院上下同心，教养得法，兴学校，广书院，重技艺，别考课，使人尽其才"，盛赞西方国家的政治教化，基本表述的是民主方面的内容，是为第一层意思。后两句都是主张通过发展近代经济技术，实现"地尽其利"、"物尽其流"，谈的是发展科学问题，是为第二层意思。郑观应的这段话清楚地表明他对科学、民主的重要性已经有一定的认识，并将二者联系起来同时提倡，已经有"科学与民主并举"的意思在内，但在文字表述上尚不明确、简洁。然而，严复进一步发挥了郑观应的这一思想，把"科学与民主"的口号讲得更为明确。

就在郑观应的《盛世危言》出版②后将近一年之时，严复于1895年2月4至5日在天津《直报》发表《论世变之亟》一文。在文中，他对西方国家的富强之术作了这样的概括：

---

① 郑观应：《盛世危言序》，载中国史学会编：《戊戌变法》第1册，40页。
② 郑观应的《盛世危言》五卷本于1894年3月付印，同年秋冬间出版。作者自序写于1892年4月。

北京师范大学史学探索丛书

于学术则黜伪而崇真，于刑政则屈私以为公。①

　　分而道之，这句话的前半句是讲科学的本质精神是反对浮伪风气，崇尚求真求实；后半句是讲民主的基本精神是反对"私家利己"的封建专制主义，提倡"公平"、"公理"平等原则。合而言之，是对"科学与民主并举"思想所作的理论抽象概括。尽管郑观应、严复在以上引文中都谈到科学与民主的问题，但是，如果作深入考察，二人所论具有不小的差异。这些差异直接反映了近代国人关于科学民主思想形成发展的不凡历程。

　　从论述层次上看，郑观应所述，无论是科学还是民主，都讲的是它们的具体形态和具体表现，诸如议院、学校、技艺、农学、铁路、电线、商务等，反映出作者的认识尚停留在直观性、表面性的水平上。如果联系郑观应在同一篇文章中所说"中体也，所谓不易者，圣之经也"、"西人立国，具有本末，虽礼乐教化，远逊中华"等话语，可以看出，郑观应的"科学与民主并举"思想还受到"中体西用"论的消极影响。相比而言，严复的论述则要深刻得多。严复的论述基本上摆脱了对"科学与民主"具体形态的认识局限，能够从理论上进行提炼与概括。他以"崇真"和"为公"分别表述科学与民主的本质内涵，反映出国人的科学民主观正在发生从感性认识阶段向理性认识阶段的历史性转变。

　　从认识的逻辑顺序看，郑观应的表述体现了"从民主到科学"的逻辑思考，严复的表述恰恰相反，体现的是"从科学到民主"的逻辑思考。反映出他们思考问题不同的出发点。郑观应是洋务改革的积极参加者，深悉洋务运动的弊病累累，认识到："要发展科学技术与近代工商业以致富强，必须改变封建专制制度，实行新的适合于资本主义发展的政治制度。"② 因而比较看重政治问题，强调首先从政治改革入手。不唯郑观应如此，近代中国一大批具有本土学术文化背景的有识之士，如王韬、薛福成及稍后一

----

① 严复：《论世变之亟》，《严复集》第 1 册，2 页。
② 夏东元：《郑观应传》，85 页，上海，华东师范大学出版社，1981。

些的康有为、梁启超、谭嗣同等人，都大致如此。严复与以上诸人有所不同。他具有丰富的西学背景，深明中西社会文化的差异与差距，知道要缩短这种差距并非能够一蹴而就，必须先从最基本的社会改革做起，为将来的政治变革打好基础，因此他对社会文化方面的因素比较看重。再者，严复在官场一直受到排斥，基本属于社会政治边缘人物，这样的境遇也会使他多从文化的角度看问题，采取"从科学到民主"的逻辑思考从而产生一定的影响。

从语言文字的表述来看，郑观应的论述用了三句话，文字繁多，内容具体繁碎，缺乏理论上的提炼。严复的表述则一言以蔽之，文字简洁，内容集中，理论概括性强，显然胜前者一筹。

总之，严复不仅对中国近代科学、民主作了充分的阐述，以新的理念充实之、发挥之，而且把"科学与民主并举"思想作了理论上的提升，大大推进了国人近代文化意识的发展，为中国近代新文化的形成写下浓重的一笔。经过严复及其他维新志士的鼓吹阐扬，"科学与民主并举"思想在国人心目中日益明晰，最后导致陈独秀等进步人士在五四新文化运动中发出高举"科学"、"民主"两面大旗的呐喊。中国近代新文化形成之路在斯，严复对近代文化建设之功亦在斯。

四、"介绍近世思想的第一人"

严复对中国近代新文化的重要贡献，还体现在对西方思想学术的翻译介绍方面。从 1895 至 1909 年，严复先后翻译了八部西学名著，主要有：赫胥黎的《天演论》（1898 年出版）、亚当·斯密的《原富》（1901—1902年出版）、斯宾塞的《群学肄言》（1903 年出版）、约翰·穆勒的《群己权界论》（1903 年出版）、甄克思的《社会通诠》（1904 年出版）、孟德斯鸠的《法意》（1904—1909 年出版）、约翰·穆勒的《穆勒名学》（1905 年出版）、耶芳斯的《名学浅说》（1909 年出版）等。这八部译著都是西方学术文化中具有很高科学价值的书籍。它们的翻译出版不仅给中国学界输入了新知识、新理论，开阔了国人的学术视野，而且大大提升了中国人学习西方文化学术的档次和水平，从而奠定了严复在近代中西文化交流史上的崇高地位。正如胡适所说："严复是介绍近世思想的第一人。"① 严复在中西文化交流方面的贡献可以概括为两点。

（一）开辟了中国人译介西学的新局面

鸦片战争以后，揭开了西学东渐的历史进程。然而，直到中日甲午战争以前，传入中国的西学主要是自然科学、应用技术及少量的外交、史志、教育、法律类知识。如清政府在洋务运动时期创办的翻译出版机构江南机器制造局翻译馆，到1880年共翻译出版图书15类、98种，其中自然科学、应用技术类图书有14类、92种，占了绝大多数。数量最多的是"算学测量"类，有22种之多；以下依次为"水陆兵法"类15种、"工艺"类13种、"天文行船"类9种、"地理"类8种等。非科技类出版物只有"年代表新闻纸"类6种②，占总量的6%。梁启超于1897年刊刻的《西学书目表》主要收录从鸦片战争至中日甲午战前出版的西书共28类、352种。其中科技及经济、军事应用性译书所占数量最多，占有压倒性优势。非科技类有"史志"、"官制"、"学制"、"法律"、"游记"、"报章"、"西人议论之书"、"无可归类之书"共8类、89种，占总种类的25%。总之，在中日甲午战前，传入中国的西学内容主要侧重在自然科学、应用知识方面，传入的西方社会政治、历史、文化等方面的内容极少，至于西人的思想学术理论类的译著则附诸阙如。这种情况在中日甲午战后发生了重要的变化。

中日甲午战后，在资产阶级维新运动的推动下，西学输入的形势急转直上，出现蓬勃发展的局面。国人不仅继续引进西方自然科学及应用知识，而且把目光移向西方哲学、社会科学方面，对西方流行的各种思想学术理论发生兴趣，如饥似渴地进行学习和介绍。而对改变这种西学传播态势作出巨大贡献者，应首推严复。他翻译的《天演论》、《原富》、《法意》

---

① 申报馆：《最近之五十年》，转引自《论严复与严译名著》，41页，北京，商务印书馆，1982。

② 参见傅兰雅：《江南制造总局翻译西书事略》，载张静庐辑注：《中国近代出版史料初编》，24～25页。

等八部译著，都经过作者的精心选择，为当时西方学术界的上乘之作。

《天演论》原著者是英国生物学家赫胥黎，该书系统介绍了达尔文的生物进化论，尤其阐述了"物竞天择、适者生存"的理论，极大地震动了中国思想界。

《原富》，原名 *An Inguiry into Nature and Causes of the Wealthy of Nation*，译自英国著名经济学家亚当·斯密的代表作《国富论》。该书以经济自由为中心思想，以国民财富为研究对象，总结了西方国家资本主义经济发展的经验，完整地阐述了西方古典经济学的一系列重要问题，成为欧洲经济学的经典之作。

《法意》，原名 *L'esprit des Lois*，今译名《论法的精神》。作者是法国大革命前的启蒙思想家孟德斯鸠。该书系统论述了世界各国政治及立法源流得失，阐述了"三权分立"、"民主治制"的政治原则，是西方资产阶级政治思想方面的经典著作之一。

《群己权界论》，原名 *On Liberty*，今译名《论自由》，英国 19 世纪著名思想家约翰·穆勒所著。该书集中反映了西方自由主义思想理论，强调个性的自由发展是人类幸福的首要因素，主张思想言论自由，但又认为必须给自由主义以正确的界定，即把个人自由保持在不损害群体利益的范围之内。

《群学肄言》，原名 *The Study of Sociology*，译自英国著名社会学家斯宾塞的《社会学研究法》。斯宾塞是西方理论社会学的创始人之一，倡导综合哲学、普遍进化论和社会有机体论。《群学肄言》是其生平重要著作《会通哲学》的入门读物，对于社会学在中国的传播起了重要的作用。

《社会通诠》，原名 *A History of Politics*，即英国学者甄克思写的《社会进化简史》。甄克思用进化论的观点论述人类社会发展的历史进程，把人类社会分为三个不同的发展阶段，即从"蛮夷社会"到"宗法社会"，再到"国家社会"。这是一个由低级向高级的历史进化进程，相当于后来通常说的原始社会、封建社会、资本主义社会三种社会形态。

《穆勒名学》和《名学浅说》，都是介绍西方近代逻辑学的著作。其大要在上文已做说明，兹不赘述。

北京师范大学史学探索丛书

严复翻译西学，立意深远，目光远大，如他所说：

> 风气渐通，士知夰陋为耻。西学之事，问涂日多。然亦有一二巨子，訑然谓彼之所精，不外象数形下之末；彼之所务，不越功利之间。逞臆为谈，不咨其实。讨论国闻，审敌自镜之道，又断断乎不如是也。①

因此，在译书时，严复对译本的选择皆着眼于西学中的上乘之作，而且能够紧密联系中国社会的实际需要。以上提到的严氏八部译著基本都是西方资本主义上升时期具有较高学术价值的著作，代表了各相关领域较高的研究水平。它们的内容论及很广，涉及哲学、政治学、法律学、经济学、社会学、逻辑学、伦理学等诸多方面，尽为中国人闻所未闻的域外新知。这些译著的出版发表深刻地影响了中国的思想界、学术界，为正在黑暗中寻找出路的进步知识分子打开了新的思想出路。以严复翻译的《天演论》为例，该书所阐述的进化论被许多新派知识分子所认同。吴汝纶为之作序称赞说："自吾国之译西书，未有能及严子者也。"② 康有为、梁启超等维新志士看到《天演论》后，深为其中的宏论奥义所折服，并把它吸收到自己的理论中。孙中山等革命派也深受进化论影响，在此基础上提出革命进化论的思想。进化论在中国已经不再仅仅属于生物学这一具体领域的学说，而成为被社会各界普遍认同的思想学说，上升到哲学的高度。其他译著也是如此。《原富》、《群学肄言》、《穆勒名学》等译著对于中国近代新学科的建立，诸如经济学、社会学、政治学、逻辑学等，都有着十分重要的奠基意义。梁启超对于清末西学输入颇有微词，但对严复译介西学却很看重，予以积极评价：

> 时独有侯官严复，先后译赫胥黎《天演论》，斯密亚丹《原富》，

---

① 严复：《天演论自序》，《严复集》第 5 册，1321 页。
② 吴汝纶：《天演论序》，《严复集》第 5 册，1317 页。

穆勒约翰《名学》、《群己权界论》,孟德斯鸠《法意》,斯宾塞《群学肆言》等数种,皆名著也。虽半属旧籍,去时势颇远,然西洋留学生与本国思想发生关系者,复其首也。①

梁启超所言并非虚语。严复的翻译打开了中国人的眼界,使国人对西学的关注从自然科学转移到哲学、社会科学方面,把西学输入水平提到了一个新的高度。自严复以后,在资产阶级政治运动的推动下,中国出现了一个译介西方社会政治学说的热潮。一时间,上自古希腊时代、欧洲文艺复兴时期的各种学术流派,下至19世纪欧美流行的各色思潮理论,纷纷涌入国内,改变了中国思想学术界的面貌。正如有的学者所说:"严复一个人所译的《天演论》、《原富》、《法意》、《名学》几部书,实在要比一大批帝国主义分子与洋务官僚们三十年间所出的全部作品和书籍,更能响应这时代的要求,更能满足这个时代的热望。"②"严复是将西方资产阶级古典政治经济学说和自然科学、哲学的理论知识介绍过来的第一人。从而严复在中国近代思想史上开创了一个新纪元,使广大的中国知识分子第一次真正打开了眼界,看到了知识的广阔图景:除了中国的封建经典的道理以外,世界上还有着多么丰富深刻新颖可喜的思想宝藏。"③

(二) 对中国近代翻译业的发展厥功甚伟

如果把西学东渐的历史从明末算起,到清末的三百多年中,在中国流行的西学译著绝大多数是采取外国译者(以传教士为主)与中国译者合作的方式。其做法大体为:外国译者先把译本文字口译成汉语,然后再由中国译者记录、润色,笔述成文。这种翻译方法沿袭了古代时期翻译印度佛学著作的做法。明末清初出版的西学书籍如此,鸦片战争以后流行的西书亦大体如此。傅兰雅曾经对江南制造局翻译馆的译书方式作过具体的

---

① 梁启超:《清代学术概论》,《饮冰室合集》文集之三十四,29页。

② 何兆武:《广学会的西学与维新派》,转引自马祖毅:《中国翻译简史》,374页,北京,中国对外翻译出版公司,1998。

③ 李泽厚:《论严复》,《中国近代思想史论》,285页,北京,人民出版社,1979。

说明：

> 至于馆内译书之法，必将所欲译者，西人先熟览胸中而书理已明，则与华士同译，乃以西书之义，逐句读成华语，华士以笔述之；若有难言之处，则与华士斟酌何法可明；若华士有不明处，则讲明之。译后，华士将初稿改正润色，令合于中国文法。①

由此可见，在这种翻译方式中，外国译者决定着译本的选择和内容的把握，掌握着翻译的主动权，而中国译者只起辅助性的作用，处于被动地位。因此，在从鸦片战争到中日甲午战争的半个多世纪里，外国译者是西书翻译的主要力量。据梁启超《西学书目表》统计，1896 年以前出版的西学译著，外国人独译 139 部，中外译者合译 123 部，中国译者独译 38 部。由外国译者独译或合译的西书共 262 部，占总量的 87%，占了绝对优势。参与译书的中国人多数不懂外文，主要从事译文的润色工作，在译书过程中起辅助作用。其中，尽管有少数中国译者独译的书籍，如徐建寅译的《德国议院章程》，徐家宝译的《炼钢要言》，舒高第等译的《爆药记要》、《水雷秘要》，沈敦和译的《德国军制述要》，李凤苞译的《城堡新义》、《列国海战记》等，但它们不仅数量稀少，而且是在外国译者起主导作用的情况下出品的，他们的翻译活动还不能摆脱洋务运动的影响。这种情况发展到严复译书时，则发生了根本的变化。

严复的翻译西书活动是在完全独立的情况下进行的。他翻译西方名著完全出于一位爱国的知识分子的志趣、爱好与良知，既不受外国传教士的影响，也不为洋务派"中体西用"论所左右，具有思想上、学术上的独立性。同时，他采取独译的方式从事翻译，以极其严肃、慎重的态度译介西学。从译本的选择到文字的翻译、润色，全都成于他一人之手，而且深思熟虑、精雕细刻，往往"一名之立，旬月踟蹰"②。可以说，中国人完全摆

---

① 傅兰雅：《江南制造总局翻译西书事略》，载张静庐辑注：《中国近代出版史料初编》，24～25 页。

② 严复：《天演论译例言》，《严复集》第 5 册，1322 页。

脱外国传教士的影响、真正独立自主地译介西学是从严复开始的。

由于中日甲午战后兴起的维新运动的推动以及严复翻译《天演论》等西学要论的影响，由中国译者翻译的西书大量问世，国人倍加关注的西方哲学、社会政治学说类的译书迅猛增多，改变了自洋务运动以来西学引进偏重于科技知识的倾向。据反映辛亥革命时期西学传播的《译书经眼录》记载，在著录的 483 部译著中，中国译者独译 415 部，中外译者合译 33 部，外国译者翻译 35 部。中国译者独译者占总量的 85%。这种情况与上文提到的梁启超《西学书目表》所反映的内容相比，来了个 180 度的大转变。更为重要的是，这种转变直接反映了中国翻译队伍发生的质变。在维新运动以前，中国译者不仅数量少，而且思想水平、翻译能力都不甚高。此后则不然，中国译者队伍在数量和质量上都有很大提高。《译书经眼录》提到的中国译者多达近 300 人，其身份有学生（含留学生）、教师、编辑、记者、医生、科技工作者、职业政治家、政府官员等，遍及社会中上层的各个群体。他们大都受过较系统的近代科学文化教育，具有新的知识结构与外文水平，能够独立地从事翻译工作。其经历类似严复者大有人在。除严复以外，人们可以开出一串长长的名单：林纾、马君武、梁启超、章太炎、王国维、丁福保、范迪吉、杜亚泉、张相文、樊炳清、赵必振等，即为他们当中的杰出者。

此外，严复还提出"信、达、雅"的翻译原则，为国人翻译外来学术文化确立了学术标准。他说：

> 译事三难：信、达、雅。求其信已大难矣，顾信矣不达，虽译犹不译也，则达尚焉。……《易》曰："修辞立诚。"子曰："辞达而已。"又曰："言之无文，行之不远。"三曰乃文章正轨，亦即为译事楷模。故信达而外，求其尔雅，此不仅期以行远已而。[①]

所谓"信"是指忠实于译本原意，"达"是指译文通顺，"雅"是指译文力

① 严复：《天演论译例言》，《严复集》第 5 册，1321～1322 页。

求典雅。这三条标准为严复首倡，逐渐为我国翻译界所认同，"对后世的翻译实践起了很大的指导作用"①。

严复不仅独立翻译了大量有学术价值的西学名著，开阔了国人的思想视野，而且提出了从事翻译的学术原则和标准，克服了从前西学翻译中的片面性和被动性，为近代中外文化交流，尤其是对外来学术文化的积极引进，作出了杰出的贡献。从严复开始，中国人对西学的引进和吸收已经摆脱了受外国传教士控制的状况，从被动的接受转变为主动的输入，从而使中外文化交流进入一个新的阶段。对此，清末时即有人明确指出：

> 即知支那译书，当后胜于前矣。何也？前译书之人，教会也，朝廷也；前译书之目的，传教也，敷衍也。后译书之人，士夫也，学生也；后译书之目的，谋公利也，谋私利也。宜乎后译之力，当万倍于前译之力。前译者为东方之启明，而后译者为经天之烈日；前译者为昆仑虚丛林灌莽中之涓流，而后译者为江河入海处吞天之巨浸，殆时势之一定，而不可改者矣。②

严复所生活的年代正是中国社会发生重大变化的时期。在外来西方文化与中国传统文化的激烈碰撞中，严复因其具有与众不同的特殊经历而使其思想受到更多的西学思潮洗礼，形成了较为成熟的近代资产阶级文化观。戊戌维新运动兴起后，他首先以进化论、民权说为理论武器，对封建主义展开深刻的批判，极大地震动了中国思想界，揭开了近代思想启蒙的新一页。继之，他以精彩的译笔翻译了《天演论》、《法意》等一批西学名著，不仅向国人介绍了以往不曾注意的新学说、新理论、新思想，给正在成长的新兴资产阶级提供了新的理论武器，对于近代科学、民主都作出高于前人一筹的论述，而且以出色的翻译成就完成了中国人民在引进西学上的由被动接受向主动汲取的历史性转变，对近代中外文化交流作出杰出的

---

① 马祖毅：《中国翻译简史》，377 页。

② 《论译书四时期》，原载《中外日报》，录自《选报》第 31 期，转引自张静庐辑注：《中国近代出版史料补编》，60 页。

贡献。严复所进行的一系列文化活动，无论是对封建旧文化的破除，还是对近代新文化的确立，都发挥了特殊的作用，立下了不朽的历史功勋。称严复为"中国近代新文化的重要奠基者"是当之无愧的。

任何历史人物都有他的局限性，严复也不例外。他在思想认识上的主要局限性表现为，政治主张的保守性制约了文化启蒙思想的先进性。严复的文化思想是相当先进的，对西学的理解和认识水平、对封建旧思想旧文化的抨击，在同时代进步思想家中罕有能企及者，然而，他并未重视封建旧文化与封建专制政治的密切关系，因而也未从自己的进步文化观中得出"革命"的结论，而是强调"鼓民力、开民智、新民德"的问题，把教育国民放在政治变革的首位。他说：

> 是以今日要政，统于三端：一曰鼓民力，二曰开民智，三曰新民德。夫为一弱于群强之间，政之所施，固常有标本缓急之可论。唯是使三者诚进，则其治标而标立；三者不进，则其标虽治，终亦无功；此舍本言标者之所以为无当也。①

国民教育固然重要，但在变革时代开展国民教育与进行政治斗争有着轻重缓急之分，不能把二者对立起来，甚至把教育置于政治斗争之上。因此，严复在清末采取的反对康、梁维新派和以孙中山为首的革命派的保守政治立场是不可取的，这也是他在民国以后思想落伍的重要原因。当然，严复的这些不足远远不能与他对近代思想文化发展所作出的贡献相比，丝毫不能动摇他在中国近代文化史上的重要地位。正由于此，毛泽东在《论人民民主专政》一文中，把严复列入"在中国共产党出世以前向西方寻找真理的一派人物"的行列之中。

---

① 严复：《原强》（修订稿），《严复集》第 1 册，27 页。

北京师范大学史学探索丛书

第十八章　严复关于近代国家理念的阐释

19世纪七、八十年代，以王韬、郑观应为代表的早期维新思想家提出了仿效西方君主立宪制的主张，深化了国人的政治改革思想，也是中国传统国家观念发生根本变化的重要标志。然而，早期维新思想家对于近代的国家观念、政治理论缺乏了解，并未完成国人国家观从传统向近代的转变。这一重要转变的实现与后来严复等经历了维新变法运动洗礼的一代仁人志士的努力息息相关。严复为此作出的贡献不可忽视。

严复早年留学英国时，博览西方自然科学、社会科学诸籍，究心于西方社会政治学说，并注重考察英、法等国的政情民俗，深受西方社会政治学说的浸染，为他以后新型国家观念的形成奠定了坚实的思想基础。1895年初，严复愤于甲午战败，遂在天津《直报》发表《论世变之亟》、《原强》、《辟韩》、《救亡决论》四文，鼓吹变法维新。同时翻译《天演论》、《原富》、《群己权界论》、《社会通诠》、《法意》等西方名著，系统输入西方社会政治学说。此外，他还通过《政治讲义》等讲演文章详细阐明自己的此类观点。这些都是探讨严复关于近代国家理念阐释的重要依据。

一、用民权说抨击旧的国家理念

鸦片战争以后，中国尽管发生了一些新的变化，然而至少在中日甲午战争之前，多数国人的思想观念大体停留在"道惟其旧，器惟其新"的水平。其时，仁人志士愤于列强侵华，奋起救国，诸如林则徐提出的"杀敌要诀"——"心齐、胆壮、器精"；魏源倡导"师夷长技以制夷"；太平天国主张"与番国并雄"；冯桂芬提出"采西学"、"制洋器"；郑观应呐喊"商战"以及洋务派"富国强兵"政策等，大抵反映了甲午战前中国社会各阶级、各阶层代表人物对于爱国、救国之路艰辛探索的思想轨迹。这些探索既有新的收获，也存在一定的时代局限性。其共同的局限性就是他们的爱国思想都是建立在传统的国家观念基础之上，受到"忠君报国"观念的制约。即使像郑观应那样思想成就比较突出的进步士人，在他撰写的《盛世危言》中依然浸透着传统"忠君报国"观念的濡染。其云：

> 恭维我皇上，天亶聪明，宅中御外，守尧舜文武之法，绍危微精一之传，宪章王道，抚辑列邦，总揽政教之权衡，博采泰西之技艺；诚使设大小学馆以育英才，开上下议院以集众议；精理商务，藉植富国之本；简练水陆，用伐强敌之谋；建皇极于黄农虞夏，责臣工以稷契皋夔，由强歧霸，由霸图王，四海归仁，万物得所，于以拓车书大一统之宏规而无难矣。①

既然如此，那么，中国传统国家理念的内容究竟如何呢？

秦汉以降的两千多年，中国基本上是一个统一的、由多民族构成的、以君主专制为基本政治体制的中央集权国家。在政治理念方面奉行的是与这种社会政治状况相适应的"天下国家"观。自古以来，中国人都认为"天"是至高无上的，"天下"万物都来源于"天"、服从于"天"。直到清朝后期，颇具改革精神的魏源在谈到天下万物"以何为本，以何为归"的问题时还认为是"以天为本，以天为归"；古代圣贤"其生也自上天，其死也反上天。其生也教民，语必称天，归其所本，反其所自生，取舍于此。大本本天，大归归天，天故为群言极"②。代表"天"的意志支配天下众人的则是"天子"。"天子"居中国，中国在天下中央，四方诸侯、夷狄拱卫宾服。这样就把"天"、"天下"、"国家"、"君主"联系在一起，形成了以服从君主权威为核心内容的国家观念，即视国家与君主为一体的观念。在帝制时代，皇帝以此自谓，臣民也予认同，"朕即国家"、"国家即君主"几乎是所有社会成员的共识。东汉初，宋弘推荐桓谭于汉光武帝刘

---

① 郑观应：《盛世危言·道器》，载中国史学会编：《戊戌变法》第1册，44页。
② 魏源：《默觚上·学篇一》，《魏源集》上册，5页。

秀，桓谭却诱导刘秀鼓琴取乐。宋弘责备桓谭说："吾所以荐子者，欲令辅国家以道德也，而今数进郑声以乱《雅》、《颂》，非忠正者也。"① "辅国家"是指辅佐汉光武帝刘秀。《晋书·陶侃传》记载："侃厉色曰：'国家年小，不出胸怀'。"② 国家即晋成帝。传统"天下国家"观念是中华民族历史文化发展的产物。它一方面反映了古人对于国家和民族热爱的情感，起到凝聚人心的作用；另一方面又存在着"君国不分"、助长君主专断独裁的流弊。随着中国封建社会的发展，这种弊端的危害性愈演愈烈，使君权恶性膨胀，强化了君主专制，扭曲了国民对于祖国关爱的道德情操。当中国社会步入近代，在新兴社会力量掀起具有新时代意义的爱国运动的情况下，传统国家观念的局限性、狭隘性便暴露无遗，势必要随着社会的进步而发生一番新陈代谢。

在近代，随着爱国救亡斗争的深化与西方思想观念的输入，以"君权至上"、"朕即国家"为核心内容的传统国家观念受到新思潮的挑战、冲击，以"民本君末"、"民为国本"、自由民主为基本内容的近代国家观、政治观就是最具挑战力的新思潮。近代仁人志士对"朕即国家"的封建君权思想展开抨击，并用新的观念取而代之，促进了中国旧的国家观念从传统向近代的历史性转变。

早在中日甲午战争以前，国人就谴责西方列强对中国的肆意欺凌，表现出强烈的捍卫国家主权的意识，已经具有若干近代国家观念的因素。早期维新思想家对于"君民共主"的称赞就包含了对于近代新型国家政治的向往。而近代国家观念的真正形成则是在中日甲午战争以后兴起的戊戌维新时期。在戊戌维新运动中，维新派用进化论、民权说对"君权至上"、纲常名教等专制主义思想展开猛烈批判，重新审视了传统的国家观念，不再把"国"与"君"相联系，而是把"国"与"民"联系起来；"国家"不再被视为君主的"私产"，而被看做全体国民的"公产"；"爱国"不等于"忠君"，而是体现为对于祖国、人民的热爱与忠诚。而严复在鼓吹近

---

① 《伏侯宋蔡冯赵牟韦列传》，《后汉书》卷二十六。
② 《陶侃传》，《晋书》卷六十六。

代国家理念、抨击传统国家观念方面所起的作用尤为突出。

严复对已经落后于时代的"朕即国家"、"君国不分"的观念提出批评：

> 中国自秦以来，无所谓天下也，无所谓国也，皆家而已。一姓之兴，则亿兆为之臣妾。其兴也，此一家之兴也，其亡也，此一家之亡也。天子之一身，兼宪法国家王者三大物，其家亡，则一切与之俱亡，而民人特奴婢之易主者耳，乌有所谓长存者乎！①

他怒斥专制君主为"窃国大盗"，称："秦以来之为君，正所谓大盗窃国者耳。国谁窃？转相窃之于民而已。"② 他看到，"君权至上"、等级尊卑观念在国人思想上早已根深蒂固，非用大力气破除不能肃清，说：

> 夫中国亲亲贵贵之治，用之者数千年矣，此中之文物典章与一切之谣俗，皆缘此义而后立。故其入于吾民之心脑者最深而坚，非有大力之震撼与甚久之渐摩，无由变也。③

严复用民权说剥去了加在君主头上的神圣光环，认为君主并非天然神圣，君权亦非神授，君主不过是从人民中选出来为民谋利益的办事人而已。他说："是故君也臣也，刑也兵也，皆缘卫民之事而后有也"；国、民、王侯将相之间正确的关系应该是：

> 国者，斯民之公产也；王侯将相者，通国之公仆隶也。④

严复大胆宣称"国"为人民的"公产"，至尊至贵的"王侯将相"不过是

---

① 严复：《法意按语》，《严复集》第4册，948～949页。
② 严复：《辟韩》，《严复集》第1册，35页。
③ 严复：《主客平议》，《严复集》第1册，119～120页。
④ 严复：《辟韩》，《严复集》第1册，36页。

国民的"公仆隶"而已，明白无误地用近代思想阐明了国家的本质。

严复用民权说对于陈旧国家观念的抨击树立了批评封建君主专制的榜样，产生了积极的社会影响。继严复之后，谭嗣同用民权思想激烈抨击"君为臣纲"，批评封建统治者提倡的"忠君"是助纣为虐的"愚忠"。他的许多批判都受到严复思想的启发，如称："君为独夫民贼，而犹以忠视之，是辅桀也，是助纣也……三代以下之忠臣，其不为辅桀助纣者几希。"① 严复、谭嗣同等维新派思想家在中国近代史上较早地用近代民权思想大胆地抨击君权，否定封建君主专制，初步阐明了新的国家理念，为近代国家观念的形成奠定了思想基础。

二、用进化论阐明国家的起源

严复的近代国家观念是与进化的社会发展观紧密联系的。他认为要正确认识国家的起源和本质，必须用进化论的观点对其进行历史考察，曾说：

> 案前会所言，其紧要处，不外数条：一是政治与历史关系密切，所有公例，比从阅历而来，方无流弊；二是国家是天演之物，程度高低，皆有自然原理；三是国家既为天演之物，则讲求政治，其术科与动植诸学，所用者同。②

严复基于近代社会科学理论，认为国家并非从来就有，亦非圣人所赐，而是人类社会历史发展到一定阶段的产物，是人类社会自然进化的结果。他以君主的产生为例，说明人类社会最初结构简单，后来出现复杂情况，"有其相欺，有其相夺，有其强梗，有其患害，而民既为是粟米麻丝、作器皿、通财货与凡相生相养之事矣，今又使之操其刑焉以锄，主其斗斛、

---

① 谭嗣同：《仁学》，《谭嗣同全集》下册，340 页。
② 严复：《政治讲议》，《严复集》第 5 册，1250 页。

权衡焉以信，造为城郭、甲兵焉以守，则其势不能。于是通功易事，择其公且贤者，立而为之君……是故君也臣也，刑也兵也，皆缘卫民之事而后有也；而民之所以有待于卫者，以其有强梗欺夺患害也"①。他用社会进化和民主学说的观点阐述了君主产生的历史原因，大体符合历史实际和科学原理。

严复通过翻译英国学者甄克思（Edward Jens，1861—1939）所著《社会通诠》（*A History of Politics*），阐述了人类社会发展经历了三大阶段即"图腾"、"宗法"、"国家"的观点。此三阶段实际也是国家历史发展的三种形态。严复说：

北京师范大学史学探索丛书

> 夫天下之群众矣，夷考进化之阶级，莫不始于图腾，继以宗法，而成于国家。方其为图腾也，其民渔猎，至于宗法，其民耕稼，而二者之间，其相嬗而转变者以游牧。最后由宗法以进于国家，而二者之间，其相受而蜕化者以封建。方其封建，民业大抵犹耕稼也。独至国家，而后兵、农、工、商四者之民备具，而其群相生相养之事乃极盛大而大和，强立蕃衍而不可以剋灭。

他认定这三种国家形态的递相嬗变，乃是不可改变的社会发展趋势，具有规律性。他说："此其为序之信，若天之四时，若人身之童少壮老，期有迟速，而不可或少紊者也。"② 后来，他在《政治讲义》中再次阐述了这种观点，只是把第三阶段的"国家"一词换成"军国社会"一词。他说：

> 群之所始，《社会通诠》所言，已成不易之说。最始是图腾社会，如台湾生番之"社"，西南夷之"峒"。其次乃入宗法社会，此是教化一大进步。此种社会，五洲之中，尚多有之。而文化之进，如俄国、如中国，皆未悉去宗法形式者也。最后乃有军国社会。不佞今所讲

---

① 严复：《辟韩》，《严复集》第 1 册，34 页。
② 严复：《译〈社会通诠〉自序》，《严复集》第 1 册，135 页。

者，大抵皆此等社会之政制矣。①

严复所描述的三种社会发展阶段，即"图腾"、"宗法"、"国家"（或"军国社会"），大致相当于今天社会发展史中所说的原始社会、封建社会、资本主义社会。这些论述贯穿着社会进化的理论，体现了一种全新的国家理念，对于当时的中国人来说完全是闻所未闻的新知识。尤其值得称道的是，严复不仅一般性地阐述了新的国家理念，而且还用这种理念论述了欧洲国家和中国的社会历史发展过程，比较准确地道出了中国社会所处的历史发展阶段，为人们正确认识国情奠定了思想基础。他认为欧洲各国都曾经历过很长的"宗法"社会阶段，其迅速发展仅是近一二百年的事，赞叹它们"何进之锐耶"。反观中国，依然停留于"宗法"社会阶段。他说：

> 乃还观吾中国之历史，本诸可信之载籍，由唐虞以讫于周，中间二千余年，皆封建之时代，而所谓宗法亦于此时最备。其圣人，宗法社会之圣人也。其制度典籍，宗法社会之制度典籍也。……乃由秦以至于今，又二千余岁矣，君此土者不一家，其中之一治一乱常自若，独至于今，籀其政法，审其风俗，与其秀桀之民所言议四惟者，则犹然一宗法之民而已矣。②

严复的以上论断是近代中国先进分子最早对于中国社会现状所做的科学判断，具有重要意义。

至于国家的发展变化，严复在理论上比较强调渐进式的"自然"演进，而否认参以"人功"努力的突变。他认为，国家形成于"自然"，人类社会进化程度愈低，国家对"天事"依赖愈重，"人功"影响的因素愈小。他说：

---

① 严复：《政治讲议》，《严复集》第 5 册，1245 页。
② 严复：《译〈社会通诠〉自序》，《严复集》第 1 册，135～136 页。

前会讲义所发明者，有最要之公例，曰国家生于自然，非制造之物。此例入理愈深，将见之愈切。虽然，一国之立，其中不能无天事、人功二者相杂。方其浅演，天事为多，故其民种不杂；及其深演，人功为重，故种类虽杂而义务愈明。第重人功法典矣，而天事又未尝不行于其中。①

又说：

凡国家法制之变也，必以渐进而无顿，此其理至易明也。②

严复肯定地认为国家制度是在"渐进"的变化中发展的，体现了西方社会进化论对他的深刻影响。如他所言：

盖政治家上观历史，下察五洲，知人类相合为群，由质而文，由简入繁，其所以经天演阶级程度，与有官生物，有密切之比例。故萨维宜谓国家乃生成滋长，而非制造之物。而斯宾塞亦云，人群者，有机之大物，有生老病死之可言，皆此义也。③

三、关于国家内涵的阐述

严复根据西方政治学原理，把国家分为三种类型，即分别实行"独治"、"贤政"、"民主"等不同政体的国家。他说：

希腊诸子言治之书，其最为后来人所崇拜者，莫如雅里斯多德之《治术论》。其分治制，统为三科：曰独治，蒙那阿基；曰贤政，亚里

---

① 严复：《政治讲义》，《严复集》第 5 册，1252 页。
② 严复：《续论英国宪政两权未尝分立》，《严复集》第 1 册，235 页。
③ 严复：《政治讲义》，《严复集》第 5 册，1267 页。

斯托括拉寺；曰民主，波里地。独治，治以一君者也。贤政，治以少数者也。民主，治以众民者也。三者皆当时治制正体，然亦有其弊焉者。独治之弊曰专制，曰霸政，曰泰拉尼 Tyranny，亦曰狄思朴的 Despotlc。贤政之弊曰贵族，鄂里加基 Oligarchy。民主之弊曰庶政，德谟括拉寺……又近世之人，几谓德谟括拉寺为最美后成之制。①

"德谟括拉寺"即"民主"的音译。在他看来，实行民主制的国家是真正文明的国家，也是国家发展的成熟形态，用他的话来说是"真正国家"，或称"军国"。

严复大体是用西方自由主义政治观点来阐述近代国家的内涵。在严复的思想观念中，"自由"是与"民主"同样重要的政治概念，从某种意义上说，"自由"甚至重于"民主"。这可以从他尝云之"以自由为体，以民主为用"一语中看出。在严译西学诸论中，西方自由主义占了相当大的比重。严复是中国近代首次系统地向国人介绍西方自由论的学者。他翻译的英国约翰·穆勒写的《群己权界论》，系统阐述了西方政治自由主义思想。他翻译的亚当·斯密的《原富》则阐述了西方经济自由主义。严复以近代学术的眼光对"自由"的内涵作了阐述：

> 盖自繇之义，本以论丁壮已及年格之人，有分别是非之常识者，其人无论对于国律、对于舆论，皆宜享完全自繇，自为造因，自受报果，绝非局外之人，所得拘束牵紾之也。②

又说：

> 自由者，各尽其天赋之能事，而自承之功过者也。③

---

① 严复：《政治讲义》，《严复集》第 5 册，1257 页。
② 严复译：《群己权界论》，82 页。
③ 严复：《主客评议》，《严复集》第 1 册，118 页。

从国家政治的角度看，他所说的"自由"包括国家拥有独立主权、实行民主自由的政治制度、政府保护人民的自由、人民拥有各种自由权利等。他说：

> 见世俗称用自由，大抵不出三义：一、以国之独立自主不受强大者牵制干涉为自由。此义传之最古，于史传诗歌中最多见。二、以政府之对国民有责任者为自由。在古有是，方今亦然。欧洲君民之争，无非为此。故曰自由如树，必流血灌溉而后长成。三、以限制政府之治权为自由。此则散见于一切事之中，如云宗教自由、贸易自由、报章自由、婚姻自由、结会自由，皆此类矣。①

在严复看来，自由不仅是一个伦理道德范畴的概念，而且也是社会政治方面的概念；不仅体现在观念形态方面，还体现为一种新的社会政治制度。

严复在阐述国家观念时，注意到自由论与进化论、民主学说的结合。严复认为，弱肉强食、物竞天择、适者生存，是自然界和人类社会的普遍规律。竞争是自由的，只有在竞争中获得自由，才能取得生存和进化的条件。他说：

> 夫所谓富强云者，质而言之，不外利民云尔。然政欲利民，必自民各能自利始；民各能自利，又必自皆得自由始；欲听其皆得自由，尤必自其各能自治始，反是则乱。是以今日要政，统一三端：一曰鼓民力，二曰开民智，三曰新民德。②

严复把民主视为政治权利，而把自由视为人们一般的社会权利。一定的政治权利是以相应的社会权利为其基础。如果无广泛的社会权利作基础，近代民主制度便无法建立。为此，他提出"自由为体，民主为用"的

---

① 严复：《政治讲义》，《严复集》第 5 册，1289～1290 页。
② 严复：《原强》（修订稿），《严复集》第 1 册，27 页。

主张，与康、梁等维新派呕呕于政治改革的努力有着明显的不同。

他把自由、民主学说作为思想启蒙的精神武器，是最早用这些观念抨击封建君主专制的启蒙思想家。此类事例不胜枚举，如他说：

> 夫中国亲亲贵贵之治，用之者数千年矣，此中之文物典章与一切之谣俗，皆缘此义而后立。故其入于吾民之心脑者最深而坚，非有大力之震撼与甚久之渐摩，无由变也。①

> 夫自由一言，真中国历古圣贤之所深畏，而从未尝立以为教者也。彼西人之言曰：唯天生民，各具赋畀，得自由者乃为全受，故人人各得自由，国国各得自由，第务令毋相侵损而已。侵人自由者，斯为逆天理，贼人道，其杀人伤人及盗蚀人财物，皆侵人自由之极致也。故侵人自由，虽国君不能，而其刑禁章条，要皆为此设耳。②

至于国家政治的运作方式，严复赞成实行现代政党制度。他认为，中国政界自古以来就存在"党人"、"朋党"，视"结党"为大忌，"尤忌朋党"，但其含义与现代意义上的政党完全不同。政党的出现则是现代国家政治发展的产物，用严复的话来说"自国之政柄归民，而其势必归于有党"③。他从现代政治学的角度为政党作了定义，实际是为其正名，称：

> 政党者，民人自为无期限之会合，而于国家一切之问题，有主张之宗旨与求达之目的者也。④

组织政党是现代文明国家实现人民政治自由权利的一种体现，但是这种活动是有限的，而非漫无限制，必须受国家法纪的约束。他说：

---

① 严复：《主客平议》，《严复集》第 1 册，119～120 页。
② 严复：《论世变之亟》，《严复集》第 1 册，2～3 页。
③ 严复：《说党》，《严复集》第 2 册，300 页。
④ 同上。

夫文明之众，虽号结习自由，顾所谓自由者，亦必在法典范围之内，有或干纪违法，政府固得干涉而禁沮之。①

在他看来，在实行现代政党政治的国家中，以英、美两国的两党制最为成熟，他说：

夫代表议政之规，自以英、美二邦为先进……是故英、美治体虽相悬殊，而其政府机关几为对待之朝野二大党而设，胜者在朝，负者在野。在朝者为之敷施，在野者为之程督，伺隙抵巇，各有报章，各有结集，大抵务为相胜而已。……夫代议之治制，论者已病其有不安易动之弱点矣，乃今益之以党派之棼，是之弱点不愈见乎？故惟两大相持，而后政策出于一门，所谓稳固者，即是谓耳。②

当然，严复对于现代政党政治的弊端也有深刻的认识，批评说：现实中热衷于政党政治的人，"知政党之为何物，能结合团体以催促政治之进步，不过居最少之数，而攀援依附取利己私，盖十八九也"③。反映出他对现代政党制度的清醒认识。

至于在中国是否实行这种制度的问题，严复采取了审慎的态度。他一方面看到中国走向民主宪政已成大势所趋，实行政党政治在所难免；另一方面又看到中国的具体国情与欧美国家相差甚远，在国家政治制度的选择上不能不采取慎重的态度。他说：

今吾国既以立宪为民主矣，则或远或近，政党必从发生。发生矣，或散而为歧出之多党，或散而为对峙之两党，则由于之迁流，其于国运人心，皆有重要之利害，此爱国之士，政治家，不可不豫为研

① 严复：《说党》，《严复集》第 2 册，300 页。
② 同上书，303 页。
③ 同上书，299～300 页。

究，期于有以善其后者也。①

值得强调的是，严复非常看重国民的政治素质的培养与提高。在他看来，现代国家是由文明、健康的国民所组成，国民的政治素质是直接关系到国家能否强盛的重要问题。而中国由于长期受到封建专制统治的影响，多数人民只知有"君父"，做"臣民"，不知有"民主"，做"公民"，缺乏现代政治素质，阻碍着现代国家的建立。他说：

> 盖自秦以降，为治虽有宽苛之异，而大抵皆以奴虏待吾民。虽有原省，原省此奴虏而已矣；虽有燠咻，燠咻此奴虏而已矣。夫上既以奴虏待民，则民亦以奴虏自待。夫奴虏之于主人，特形劫势禁，无可如何已耳。②

人民的政治素质不提高，现代国家就建立不起来，中国也就难以摆脱贫弱处境，从而难以走上富强之路。他认为中国改革所面临的当务之急就是提高和改善国民的政治素质，即"鼓民力"、"开民智"、"新民德"。他说：

> 然政欲利民，必自民各能自利始；民各能自利，又必自皆得自由始；欲听其皆得自由，尤必自其各能自治始；反是且乱。顾彼民之能自治而自由者，皆其力、其智、其德诚优者也。是以今日要政，统于三端：一曰鼓民力，二曰开民智，三曰新民德。夫为一弱于群强之间，政之所施，固常有标本缓急之可论。惟是使三者诚进，则其治标而标立；三者不进，则其标虽治，终亦无功；此舍本言标者之所以为无当也。③

在国民的政治素质中，严复最看重爱国心、公德心的培养。他说：

---

① 严复：《说党》，《严复集》第 2 册，306 页。
② 严复：《原强》（修订稿），《严复集》第 1 册，31 页。
③ 同上书，27 页。

最病者，则通国之民不知公德为底物，爱国为何语，遂使泰西诸邦，群呼支那为苦力之国。何则？终身勤动，其所恤者，舍一私而外无余物也。夫率苦力以与爱国者战，断断无胜理也。①

严复以西方进化论、自由论、民主学说为宗旨，对国家问题作了系统的阐释，在国内学界首先提出了新的国家观念。他的论述包括国家起源、发展、组成类型与结构、现代国家的形态与制度、政党政治运作以及培养国民政治素质等方面，构成一个完整的思想理论体系。其中的许多主张都发前人所未发，不仅对于当时国人来说具有积极的启蒙意义，而且在今天也不失其理论上的现实意义。

严复所生活的年代正是中国社会发生重大变化的时期。在外来西方文化与中国传统文化的激烈碰撞中，严复因其具有与众不同的特殊经历而使其思想受到更多的西学洗礼，形成了较为成熟的近代国家理念。戊戌维新运动兴起后，他以这一理念为理论武器，对封建专制主义展开深刻批判，极大地震动了中国思想界，揭开了近代思想启蒙的新一页。同时，他以精彩的译笔翻译了《天演论》、《法意》、《群己权界论》、《社会通诠》等一批西学名著，不仅向国人介绍了以往不曾注意的新学说、新思想，给正在成长的新兴资产阶级提供了新的理论武器，而且以出色的译笔翻译出版了一批高质量的西学名著，完成了中国人民在引进西学上由被动接受向主动汲取的历史性转变，对近代中外文化交流作出了杰出的贡献。严复所开展的这些工作，对破除封建旧文化、确立近代新文化，无疑立下了不朽的历史功勋。

---

① 严复：《〈法意〉按语》，《严复集》第 1 册，985 页。

第十九章　章太炎的社会思想

19 世纪末 20 世纪初，西方社会学及社会思想开始传入中国，为国人近代社会观的形成提供了新的思想来源。章太炎就是近代中国最早接受这种学说，并提出新的社会观的学者之一。章太炎的社会观固然深受西方社会学思想的影响，但又不为其所囿，而是在自己理解的基础上，融入了进化论、历史学、政治学以及传统儒学、诸子学、佛学等思想学术内容，形成他对人类社会起源、组合、发展、变迁以及对于现实社会和未来社会的批判、探索等问题的一整套独特看法，在中国近代思想史上占有重要地位。本文所涉及时间范围主要指从戊戌维新至辛亥革命的一段时期。

一、章太炎社会观的形成

在西方，社会学是兴起于 19 世纪中叶的一门新兴学科。法国实证主义哲学家孔德是社会学的创始人。他在《实证主义哲学大纲》一书中首先使用了"sociology"（社会学）一词。英国学者赫伯特·斯宾塞在吸收达尔文进化论和边沁功利主义思想的基础上发挥了孔德的学说，建立起了自己的社会学体系，成为 19 世纪下半叶西方社会学的代表人物。19 世纪八、九十年代，西方社会学的片段信息已经通过《申报》、《万国公报》等传播媒介传入中国，而对社会学的系统介绍则是在戊戌维新运动兴起之后。1895年初，严复在《原强》一文中扼要地介绍了达尔文进化论和斯宾塞的社会学，并把社会学称为"群学"。1898 年，他着手翻译斯宾塞的《社会学研究法》，取名《群学肄言》，于 1903 年出版。至于"社会学"一词的使用则始见于谭嗣同的《仁学》，但仅于这一名词一带而过，并未予以说明。无论如何，维新派是西方社会学输入中国的最早传播者。

19 世纪 90 年代初，章太炎在杭州诂经精舍求学时就已经对西学产生浓厚兴趣，接触到不少西方自然科学知识。中日甲午战后，作为戊戌维新运动的积极参与者，章太炎把对西学的追求从自然科学领域扩大到社会科学方面，刚刚输入中国的西方社会学自然对他产生了巨大的吸引力。于是，他便积极加入到当时先进知识分子宣传介绍西方社会学的行列。

1898 年 8 月，章太炎担任《昌言报》主笔，与曾广铨合译了《斯宾塞尔全集》（曾广铨口译，章太炎笔述），连载于《昌言报》。这是中国学者最早翻译西方社会学专著的译作之一。所据译本是伦敦 1893 年出版的《Mr. Herbert Spencer's Works》（《斯宾塞尔文集》）。章太炎等译述的《论进境之理》、《论礼仪》等篇是其中的部分章节。《论进境之理》阐述了斯宾塞关于宇宙和人类社会进化运动的基本看法，认为无论是日月星辰、动物植物，还是人类社会，都处于不停的进化之中，发生着由少到多、由简单到复杂的演变。正是由于这种变化才使事物不断得到更新，新事物得以产生。《论礼仪》则叙述了人类各种礼仪及习俗，诸如跣足、跪拜、鞠躬、举掌附额、免冠、匍匐抱足、重嫡长等礼俗的历史由来和发展演变。这两篇译文比较集中地体现了斯宾塞的社会进化论、社会有机论的主要观点，给章太炎构筑自己的社会观提供了新的思想营养。然而，《昌言报》刊登的译文仅是斯宾塞著作的片段内容，还不能算是对社会学的系统介绍。章太炎在四年以后翻译出版的《社会学》一书，则是对这一学说的系统介绍。

章太炎翻译的《社会学》于 1902 年由上海广智书局出版。原书作者为日本学者岸本能武太，出版于 1900 年，距章太炎的译本出版时仅早两年。先时，章太炎曾经阅读过日人有贺长雄的社会学著作，研究过美国社会学家吉丁斯的学说。经过一番比较，他认为岸本能武太写的《社会学》兼有斯宾塞、吉丁斯两家学说之长，持论平和。他说：岸本之书"卓而能约，实兼取斯、葛二家。其说以社会拟有机，而曰非一切如有机，知人类乐群，亦言有非社会性，相与偕动，卒其祈向，以庶事进化，人得分职为侯度，可谓发挥通情知微知章者矣。"①

章太炎完成的这部译著由绪论和本论两部分组成。绪论分九节，对社

---

① 章太炎译：《社会学自序》，光绪二十八年（1903）八月刻本。

会学的定义、研究对象、研究方法、社会学与其他学科的关系、研究社会学的意义等问题作了扼要说明。本论有六章，构成全书的主体，其分别以"原人状态"、"社会与境遇"、"社会之起原"、"社会之发达"、"社会性质"、"社会之目的"为标题，比较系统地介绍了近代社会学主要内容。然而，原书作者尽管标榜自己对各家学说采取不偏不倚的态度，评述力求客观公正，但在字里行间还是流露出偏爱社会有机论的倾向。作者把社会发展的"原动力"简单地归结于人的"欲望"，把社会发展的目的说成是完善"个人幸福"和"社会文化"，没有摆脱用生理现象机械地解释人类社会活动的局限性。岸本能武太的《社会学》优劣互见，这两个截然不同的方面都对章太炎产生了影响。尽管如此，章太炎翻译的这部《社会学》毕竟是近代中国出版的第一部叙述完整的社会学译著，先于严复译就的《群学肄言》（1903 年出版）、《社会通诠》（1904 年出版）等书，在中国学界开拓系统介绍社会学的首创之功是不可忽视的。

章太炎对西方社会学的吸收是积极主动的。这一点可以从他对《訄书》重新修订的过程中反映出来。《訄书》初刻本是在 1900 年出版的。此后，章太炎的思想发生了很大变化，感到初刻本的一些内容已经落后于当时的社会发展形势。他大量阅读西书，尤其关注和研读西方、日本的社会学著作，思想发生了新的变化。在此基础上，他着手对《訄书》初刻本进行修订，并在 1904 年出版了《訄书》重订本。如果把《訄书》的重订本和初刻本作一番比较，就会发现章太炎的学术思想已非昔比，特别在社会思想方面发生的变化尤其明显。从目录上看，修订后的《訄书》重订本删去了《东方盛衰》、《蒙古盛衰》、《明群》、《天论》等 11 篇。其余变动者，有的归并，有的换题，在形式和内容方面都有变更。新增加的有 20 余篇，如《原学》、《订孔》、《学变》、《序种姓》、《方言》、《订礼俗》、《定版籍》、《原教》等，其中不少文章都是专论社会问题的。

《訄书》的出版与修订，是章太炎进步社会观形成过程中的重要标志。此后，章太炎又在《国家论》、《革命之道德》、《代议然否论》、《五无论》等文章中进一步阐扬发挥，最终形成了"熔中西学为一炉"的社会思想。

二、"熔中西学为一炉"的社会思想

章太炎尽管没有写过专门性的社会学著作，但是，在他发表的大量文章著述中对社会学的一系列问题以及中国社会问题，都作过深刻的论述，提出了自己的独到见解，形成了丰富的社会思想。概而言之，章太炎的社会思想大致涉及这样一些问题：社会与环境之关系、社会的形成发展及其动力、社会的构成、社会批判、对理想社会探索等诸多方面。

(一) 社会与环境的关系

章太炎从近代社会学基本原理出发，承认自然环境在人类形成发展中的重要作用。他认为人类是自然界运动变化的产物，自然环境是人类存在的最重要的客观条件。尤其在远古时代，人类的生产技术不发达，自立能力差，对自然环境的依赖性也特别强。他说："赭石赤铜箸乎山，菁藻浮乎江湖，鱼浮乎薮泽，果然玃狙攀援乎大陵之麓，求明昭苏而渐为生人。"① 原始状态的人类和动物本来没有多大差别，"皆一尺之鳞介"，但在以后的发展中出现了进化有早晚、文明有高下的区别，很重要的一个因素就是受到不同自然环境的影响。他指出："古者民知渔猎，其次畜牧，逐水草而无封畛……燥湿沧热之异而理色变，牝牡接构之异而颅骨变，社会阶级之异而风教变，号令契约之异而语言变。"② 文明发展起来以后，人类改造自然环境的能力得到提高，人类社会与自然环境的关系发生了新的变化。章太炎说："夫地齐限于不通之世，一术足以挖量其国民。九隅既达，民得以游观会同，斯地齐微矣。"③ 所谓"地齐"指的就是地理环境，是人类生存所据自然环境中的核心内容。然而，人类社会是否就可以不受自然环境的制约而随心所欲地变化呢？章太炎清醒地认识到自然环境对于人类社会发展还有制约的一面，他以语言为例说："夫声乐者，因于水地，而

---

① 章太炎：《訄书·原人第十六》(重订本)，《章太炎全集》第 3 册，166 页。
② 章太炎：《訄书·序种姓上第十七》(重订本)，《章太炎全集》第 3 册，170 页。
③ 章太炎：《訄书·原学第一》(重订本)，《章太炎全集》第 3 册，133 页。

苍生当从其文者以更始。"① 他还把地理环境视为影响学术发展的首要因素，指出："视天之郁苍苍，立学术者无所因。各因地齐、政俗、材性发舒，而名一家。"② 这就肯定了自然环境对人类社会发展的重要作用。在他看来，人类社会不是消极地适应自然环境，而是积极地适应环境。文明程度不同的社会，适应和改造环境的能力不一样，社会发展所达到的水平也就不同，在人类与自然环境之间存在一个平衡的关系。

（二）社会的形成发展及其动力

章太炎从达尔文进化论学说出发，认为人类社会与自然界一样，也是经过长期进化发展而形成的。进化发展是人类社会乃至天下万物形成的最重要的原因和动力，进化所遵循的法则就是"物竞天择，适者生存"。如他所说："物苟有志，强力以与天地竞，此古今万物之所以变。变至于人，遂止不变乎？"③ 人类社会的进化，首先体现在物质文明方面，"人之相竞也，以器"。轩辕、神农时"以石为兵"，黄帝时"以玉为兵"，禹时"以铜为兵"，这些都是人类物质文明发展的几个不同阶段。其次是制度文明、精神文明的进化，用章太炎的话来说是"竞以礼"。"竞以礼"同样体现为新生战胜腐朽，进步淘汰落后。他说："世儒或憙言三世，以明进化。察《公羊》所说，则据乱、升平、大平，于一代而已矣。礼俗革变，械器迁讹，诚弗能于一代尽之。"④ 在社会的进化中，"优胜劣汰"乃是不二法则。这些看法与他翻译的《社会学》所论述的观点是一致的。

然而，章太炎对进化论（包括人类社会的进化）有着独特的理解。在他看来，所谓社会进化并不是简单的直线性的递进发展，而是一个多重双向的、充满迂回和曲折的发展过程。他突出强调了两点：一是根据俱分进化论提出"善恶并进"、"苦乐并进"的观点；二是强调社会进化具有民族性和区域性的特点。

章太炎提出的俱分进化论认为，人类社会的发展在道德方面是善与恶

① 章太炎：《訄书·方言第二十四》（重订本），《章太炎全集》第3册，205页。
② 章太炎：《訄书·原学第一》（重订本），《章太炎全集》第3册，133页。
③ 章太炎：《訄书·原变第十九》（重订本），《章太炎全集》第3册，191页。
④ 章太炎：《訄书·尊史第五十六》（重订本），《章太炎全集》第3册，320页。

同时并进，在生活方面是苦与乐同时并进。这是他在研究了达尔文、斯宾塞、黑格尔、叔本华等人的不同进化观之后提出的观点结论。他说：

> 进化之所以为进化者，非由一方直进，而必由双方并进，专举一方，惟言智识进化可尔。若以道德言，则善亦进化，恶亦进化；若以生计言，则乐亦进化，苦亦进化。双方并进，如影之随形，如罔两之逐影，非有他也。①

他以道德为例，认为人的善比动物大，恶也比动物大。人能够扩张善，又能禁防恶，这是动物所不能比的。但是，"虎豹虽食人，犹不自残其同类，而人有自残其同类者"。而且人类的相残随着社会经济技术和武器的改进而愈演愈烈。太古草昧之世，人类为"争巢穴水草"而展开争夺攻杀，"犹以手足之能，土丸之用，相抵相射而止"，杀伤规模有限；"既而团体成矣，浸为戈矛剑戟矣，浸为火器矣，一战而伏尸百万，喋血千里，则杀伤已甚于太古"。人类不仅以"器"杀人，更以"术"杀人，"此固虎豹所无，而人所独有也"②。章太炎对人类战争的估价尽管忽视了正义与非正义之间的区别，对社会进化"恶"的一面估计偏重，但是他能以历史发展多样性和复杂性的观点看问题，还可以给人们理解进化论提供新的启发。

章太炎还认为：人类各种社会的进化尽管有着基本相同的规律，但是由于各国、各民族的地理环境、历史传统、政情风俗不同，各种社会的形成途径、形态模式也不同，这一点尤其应为社会学研究者所注意。他说："社会之学，与言质学者殊科，几何之方面，重力之形式，声光之激射，物质之化分，验于彼土者然，即验于此土者亦无不然。若夫心能流衍，人事万端，则不能据一方以为权概，断可知矣。"③ 研究社会进化必须注意它的民族性和区域性。他在《〈社会通诠〉商兑》一文中对严复翻译的《社会通诠》阐述的社会学观点提出不同看法，认为原书作者甄克思所说的宗

---

① 章太炎：《俱分进化论》，《章太炎全集》第 4 册，387 页。
② 同上书，387 页。
③ 章太炎：《〈社会通诠〉商兑》，《章太炎全集》第 4 册，323 页。

法社会"与今之军国社会异者有四"——一是"重民而不地著",二是"排外而锄非种",三是"统于所尊",四是"不为物竞"——不能用简单化的道理来说明复杂的问题,在论述不同社会发展时,必须看到它们各自的特点。他特别批评了那种以社会进化程度高下来判定民族斗争成败的观点,指出:

> 今人有曰:以宗法社会与军国社会抗衡,则必败。……然则图腾社会,尚较宗法社会为下,而游牧之民,实自图腾初入宗法者耳。其与耕稼之民相抗,则劣者当在败亡之地。何南宋之卒亡于蒙古也?西罗马灭于峨特,东罗马灭于突厥,印度灭于莫卧尔,此皆以劣等社会战胜优等社会者也。[①]

言外之意是,中华民族虽然暂时落后于西方列强,但是在与外来强敌的抗争中并不注定要失败。其意显然是在宣传救亡图存思想,激励国人不惧外敌、敢于抗争的爱国精神。

社会进化的根本原因是什么?章太炎把它归之于人类的精神因素,认为人类所固有的追求发展的欲望是激励人们生存、进化的原动力。不仅人类社会的进化如此,天下所有的生物进化也都如此。他在《訄书·原变》中说:"物苟有志,强力以与天地竞,此古今万物之所以变。"其中的"志",指的就是生物的意志和欲望。他在《菌说》中进一步强调说:"其渐思而渐变也,则又有二端:有以思致其力而自造者焉,有不假于力而专以思自造者焉。"[②] 意思是说,生物是由逐渐想变而逐渐实现变迁的,分两种情况:有的是想尽以自己的力量创造新形体,有的则不借助于自身的努力而专靠思想去创造新形体。无论哪种情况,都离不开"思"所起的决定性作用。这种看法显然夸大了精神的作用。

---

① 章太炎:《〈社会通诠〉商兑》,《章太炎全集》第 4 册,335 页。
② 章太炎:《菌说》,汤志钧编:《章太炎政论选集》上册,132 页。

（三）社会构成

关于社会构成的问题，斯宾塞的"社会有机体论"在当时学界具有支配性的影响。这种观点认为，人类社会的构成犹如自然界生物的有机体，由供给、分配、督制三大系统组成。这三大系统决定了社会的构成和社会成员的分工、职能。章太炎翻译的《社会学》就把社会结构作如此划分，宣称在这三大系统中，工人承担供给职能，商人承担分配职能，而督制职能则由资本家来承担。这些观点对章太炎影响甚大。章氏在自己的著述中也把人类社会与生物机体相比拟，说：

> 植物有皮，介虫有甲，乃至人及鸟兽，皆有肤革以护其肌。……夫国家犹是也，亦有大山巨渎，天所以限隔中外者，然以人力设险为多。蒙古之鄂博，中国之长城，皆是类也。又不能为，则置界碑；又不能为，则虚画界线于舆图以为分域。凡所以设此外延者，与蛤蚌有甲，虎豹有皮何异？①

然而，社会结构要比生物有机体复杂得多，有自己独特的结构组织。上古时各部落之间争斗的结果使"胜者常在督制系统，而败者常在供给系统。一部悉主，一部悉伏地为童仆"②。再往后，随着文明的不断发展，人类社会结构更为复杂，形成宗法社会"尊卑有分，冠履有辨，君臣有等"③ 的特定的社会结构。他还认为，社会结构的形态是多种多样的，除了按社会职能划分的供给、分配、督制三大系统外，还有其他的形态，如"人之组合而为村落，或为军旅，或为牧群，或为国家"。但这些都是社会组合的形式，并不是它的根本所在，社会的根本所在是"人"。他说："如是，村落、军旅、牧群、国家，亦一切虚伪，惟人是真。"④

在论述社会组织结构的基础上，章太炎还谈到社会分层问题。在《革

---

① 章太炎：《国家论》，汤志钧编：《章太炎政论选集》上册，362 页。
② 章太炎：《訄书·序种姓上第十七》（重订本），《章太炎全集》第 3 册，179 页。
③ 章太炎：《国家论》，汤志钧编：《章太炎政论选集》上册，363 页。
④ 同上书，360 页。

命之道德》一文中，他依据清末社会的实际情况，把社会成员分为 16 类（16 种职业），分析了每一种职业的基本特点及相应的道德状况。这 16 类人分别是"农人"、"工人"、"裨贩"、"坐贾"、"学究"、"艺士"、"通人"、"行伍"、"胥徒"、"幕客"、"职商"、"京朝官"、"方面官"、"军官"、"差除官"、"雇译"。① 章太炎的论述尽管是围绕着"无道德者不能革命"的主题来谈的，不是正面阐述社会划分的问题，但也能从中看出他对当时社会分层的一些思考。其中突出的一点就是比较深入地探讨了社会职业和社会道德的关系。作者在分析各种职业基本状况的基础上，评判从事不同职业群体的道德现状。他侧重强调了道德问题，把人们的道德观念与人们的社会经济地位联系起来考察，说明前者是后者的产物。这种见解在当时是新颖的。他还以民主革命的观点把所列举的 16 类职业分为相互对立的两个部分，即下层群体和上层群体。属于下层的农工商贩及下等知识分子"终岁勤动"，依靠自己劳动谋生，在道德上层次最高或较高。属于上层的官僚、政客、买办、职商等群体，绝大多数都是损人利己、不择手段牟利的寄生群体，被章太炎斥为"无道德"或道德低下者。他说："以此十六职业者，第次道德，则自艺士以下率在道德之域，而通人以上则多不道德者。"② 按照这种分析，"艺士以下"的社会阶层因在"道德之域"，可能参加反清革命；"通人以上"的社会阶层因属"多不道德者"，不但不能革命，而且还可能成为革命的对象。

然而，道德与社会的关系是一个非常复杂的问题。每个社会层次中都有不同的道德层次，既有道德高尚之人，也有道德卑下之人，很难作笼统的推断。决定人们能否参加革命的根本因素也不是道德，而是他们的社会经济地位和政治倾向。从这个角度看，章太炎显然夸大了道德的作用，在这个问题上陷入了唯心论的泥潭。另外，他把人类社会进步与道德进步对立起来的观点也是错误的。他在上文曾说："要之，知识愈进，权位愈申，则离于道德也愈远。"③ 知识因素是构成人类道德结构的重要内容，不断改

① 章太炎：《革命之道德》，《章太炎全集》第 4 册，280～283 页。
② 同上书，283 页。
③ 同上。

善知识结构无疑是提高人们道德的重要途径。章氏的说法显然把此二者对立起来，容易得出追求知识文明会导致道德堕落的错误结论。

（四）社会批判

章太炎的社会批判思想是与其所处的社会现实紧密地联系在一起的。章太炎所处的时代，正是中国处于清王朝的黑暗统治之下，并遭到帝国主义列强的野蛮侵略，政治腐化、经济破败、民不聊生之时。而西方资本主义社会的种种弊端也已经充分暴露出来，日益为国人所认识。因此，章太炎的社会批判锋芒指向中国社会的现状，即抨击清王朝的封建专制统治和帝国主义的殖民地半殖民地统治，进而揭露西方社会的矛盾和弊端，体现了民主革命的进步立场。

1. 对于中国封建社会的批判

章太炎认为，现实中的中国不仅处于落后的宗法社会发展阶段，而且还处于野蛮的满清王朝的统治之下，社会弊病、矛盾、危机都严重到极点，达到不得不革命的程度。他大声疾呼："夫中国吞噬于逆胡，已二百六十年矣。宰割之酷，诈暴之工，人人所深受，当无不昌言革命。"[1] 他在《讨满洲檄》一文中全面而深刻地揭露了清王朝对广大人民实行的民族压迫和封建剥削，归纳出所行暴政有 14 条：包括在政治上实行暴虐统治，"南畿有扬州之屠、嘉定之屠、江阴之屠，浙江有嘉兴之屠、金华之屠，广东有广州之屠"；官场上"卖官鬻爵，著在令典，简任视事，率由苞苴……以官为贾，以法为市"；在经济上横征暴敛，"厘金、夫马、杂税之属，岁有增加，外窃仁声，内为饕餮"；在思想文化上行文字狱，残酷摧残士人。除此以外，还毁禁图书，"欲令民心忘旧，习为降虏"[2]。激愤之情，溢于言表。论到当世，章太炎不仅猛烈抨击慈禧太后、荣禄等封建守旧当权者，而且还抨击了一度支持维新变法的光绪帝。他说："载湉小丑，未辨菽麦"，并非是康有为所说的"旷代圣主"，而是"孱弱少用"，"是则仁柔

---

① 章太炎：《〈革命军〉序》，汤志钧编：《章太炎政论选集》上册，192 页。
② 章太炎：《讨满洲檄》，《章太炎全集》第 4 册，191～192 页。

寡断之主，汉献、唐昭之俦耳！"① 光绪赞同变法，不过是要借此取得列强的欢心，与慈禧一伙争权而已。这不仅是对光绪个人的批判，而且把批判的矛头指向整个清朝政权。

2. 对帝国主义侵略下殖民地社会的批判

章太炎强烈反对帝国主义侵略，揭露它们奴役中国的罪行，指出：鸦片战争以来，中国"受侮邻国，唯北方尤甚"，俄国"欲盗黄海以为己属"。东方日本狂妄放言"宁我薄人，无令人薄我"，竟然"铤而走险"，"故先发难于朝鲜、辽东"，挑起甲午战争。俄国及其他列强"胶州屯军，吉林筑路，齐鲁与东三省将为异域，悲夫！"② 中国面临列强瓜分，局势岌岌可危，"乃者胶事良已，德皇子踵至，俄、英、法诸国又以其间觊觎息壤，瓜分之形，皎若泰山"③。他悲愤地指出：帝国主义侵略和统治下的国家并不是近代"文明"的乐土，而是鲜血淋淋的殖民地。1907 年 3 月，他和张继、刘师培、苏曼殊、陶冶公等人在日本成立"亚洲和亲会"，以联络亚洲地区遭到帝国主义侵略和奴役的国家志士，进行争取民族独立的斗争。章氏为该会草拟章程，制定宗旨为"反对帝国主义，期使亚洲已失主权之民族，各得独立"④。这是他反对帝国主义殖民化的重要表现。

3. 对资本主义社会的批判

章太炎尽管赞同民主共和制度，在中国建立资本主义社会，但他对西方资本主义社会的弊病亦有较为深入的了解，并作了一定程度的批判。他在这方面的主张集中地体现在《代议然否论》、《与马良书》、《五无论》等文章中。在他看来，西方资本主义国家的代议制并不是最好的社会制度，不仅不能伸张民权，反而会阻碍民权的发展。用他的话说："代议政体，非能伸民权，而适埂郁之……欧、美、日本行之，民愈困穷，未见其为元元福也。"⑤ 他申明的理由主要有两条：一是代议制本身存在的弊病，二是

---

① 章太炎：《驳康有为论革命书》，《章太炎全集》第 4 册，177、179 页。
② 章太炎：《论亚洲宜自为唇齿》，汤志钧编：《章太炎政论选集》上册，6 页。
③ 章太炎：《上李鸿章书》，汤志钧编：《章太炎政论选集》上册，54 页。
④ 汤志钧编：《章太炎年谱长编》上册，243 页，北京，中华书局，1979。
⑤ 章太炎：《与马良书》，汤志钧编：《章太炎政论选集》上册，385 页。

这种制度不能够在中国施行。

章太炎认为实行代议制无非在政府和人民之间又增加了一个层次，阻碍了民意的畅达。"盖政府与齐民，财有二阶级耳。横置议士于其间，即分为三。政府固多一牵掣者，齐民亦多一抑制者。"① 况且欧美、日本的议院选举，通常以纳税、财产、受教育程度、社会地位等作为选举人或被选举人的条件。结果，选举往往被"显贵世宦之流"所操纵，并不能真正代表民意。章太炎断言："议院者，受贿之奸府；富民者，盗国之渠魁"；"故议院者，国家所以诱惑愚民，而钳制其口者也"；"设议院者，不过分官吏之赃与豪民而已"。他的结论是：议会制度并不是最理想的社会制度，搞不好甚至还不如专制制度，"专制之国无议院，无议院则富人贫人相等夷"，"专制之国，商人无明与国家分权之事"②。

章太炎认为中国与西方具体情况不同，在西方实行的社会制度拿到中国来并不能行得通。西方的代议制就是如此。他提出代议制在中国行不通的具体理由有两条：

一是中国离"封建"时代时间久远。在他看来，实行代议制的一个重要条件，取决于这个国家在时间上与"封建"时代距离的远近。欧美、日本实行议会制度是因为它们去"封建"时代未远，"欧洲诸国，宪政初萌芽，去封建直三四百岁，日本且不逮一世。封建之政，遇民如束湿薪。渐及专制，地主犹横。于是更立宪政，民固安其故也"③。而中国则是另外一种情形。中国的"封建"时代是在先秦，秦始皇改行郡县制后就结束了。"迄汉世去封建犹近，故昭帝罢盐铁榷酤，则郡国贤良文学主之，皆略似国会。魏、晋以降，其风始息。至今又千五六百岁，而议者欲逆反古初，合以泰西立宪之制。庸下者，且沾沾归日本。不悟彼之去封建近，而我去封建远。"④ 又说："中国混一既二千年，秩级已弛，人民等夷，名曰专制，其实放任也。故西方有明哲者，率以中国人民为最自由。无故建置议士，

① 章太炎：《与马良书》，汤志钧编：《章太炎政论选集》上册，385 页。
② 章太炎：《五无论》，《章太炎全集》第 4 册，431 页。
③ 章太炎：《与马良书》，汤志钧编：《章太炎政论选集》上册，385 页。
④ 章太炎：《代议然否论》，《章太炎全集》第 4 册，300 页。

北京师范大学史学探索丛书

使废官豪民梗塞其间，以相陵轹，斯乃挫抑民权，非伸之也。"①

二是中国地域广阔，实行代议制困难太大。用章太炎的话来说是"幎积大小之比"，意思是：国土地域的广狭、面积的大小，也是一个国家能否实行代议制的重要因素。国土面积小，可以行代议制；反之，则不可以行代议制。欧洲各国、日本实行议会制度的一个重要原因，就是因为它们的国土面积小，条件具备。而中国则国土辽阔，人口众多，各地情况不平衡，增加了实行议会制度的难度。"若如日本选率十三万人而一议员，则议员当得三千二百人，其数与虎贲等。猱屯麇聚，分曹辩论，謦咳直声，已足以乱人语。"议院势必处于混乱状态，无法正常议事。况且一般人民"所属目"者，"不在学术方略，而在权力过人"。那些"土豪"便会凭借自己的钱财权势，操纵选举，与"贤良"竞选议员。他的结论是："是故选举法行，则上品无寒门，而下品无膏粱，名曰国会，实为奸府，徒为有力者傅其羽翼，使得滕腊齐民，甚无谓也。"②

章太炎的以上论述揭露了现代资本主义社会的一些矛盾和黑暗，他的这些批判无疑具有很大的警世作用。尽管章太炎对西方议会制度多有批评，但他并不反对中国的民主革命。他无非是强调了在进行政体变革的时候必须考虑中国的特点，注意国情民情。当然，他的思考还有许多不成熟、甚至错误的地方，如讲中国历史上没有"阶级"，把地域广狭作为能否实行代议制的标准等，都是从形式上看问题，反映出思想认识上的局限性。

（五）关于理想社会的追求

章太炎所追求的理想社会是近代资产阶级民主共和国。他之所以批评西方社会制度，恰恰是为了更好地探索实现理想社会的道路。简言之，章太炎的社会理想可以分成两个层次：第一是对未来社会的具体规划；第二是对未来社会最高境界的追求，即实现"五无"世界。

章太炎的社会理想是在对社会现实批判的基础上形成的。在当时，中

---

① 章太炎：《与马良书》，汤志钧编：《章太炎政论选集》上册，386页。
② 章太炎：《代议然否论》，《章太炎全集》第 4 册，301～302 页。

国最严重的社会问题就是受到外来侵略和本国封建主义的统治。身为革命家的章太炎毫无疑问地把争取民族独立、建立民主共和国作为自己奋斗的直接目标。他宣称：一旦革命"大功告成，天下已定，而后实行其共和主义之政策，恢复我完全无缺之金瓯。"① 在《民报一周年纪念会演说辞》中，他满怀信心地说："这革命大事，不怕不成；中华民国，不怕不立。"② 他在《民报》成立一周年纪念会《祝辞》中再次重申了自己的主张："扫除腥膻，建立民国，家给人寿，四裔来享。"最后高呼："中华民国万岁!"③ 这些都表现了章太炎对民主共和社会理想的追求。

　　章太炎心目中的理想社会在政治上首先要贯彻法治的原则，一切政治活动"当专以法律为治"，"国是必素定，陈之版法，使后昆无得革更"。他认为，制定公平的、有权威性的法律制度，是实行法治的前提。因为"凡法自上定者，偏于拥护政府；凡法自下定者，偏于拥护富民"。为了保证法律的公正性，他主张组织专人制定法律，法律一旦确立，就应具有权威性，任何人不得违反。即使总统"有过"、"溺职"也要受法律的相应制裁。其次是在国家体制上实行行政、立法、司法、教育四权分立。章太炎认为总统是国家最高的领导人，执掌国家的行政权。"总统唯主行政、国防，于外交则为代表，他无得与，所以明分局也。"总统在用人行政时亦受权限所制约，"总统任官以停年格选举之，有劳则准则例而超除之，他不得用。官有专门者毋得更调，不使元首以所好用人也。在官者非有过失，罪状为法吏所报当者，总统不得以意降调，不使元首以所恶黜人也。""凡事有总统亲裁者，必与国务官共署而行之，有过则共任之，不使过归于下也。"④ 与总统行政权并立的是国家的立法权。国家立法既不能是总统，也不能是"豪右"，而是由"习法纪律者与通达历史周知民间利病之士"主持制定，保持法制的独立性。关于司法权，章太炎说："司法不为

　　① 章太炎：《驳革命驳议》，汤志钧编：《章太炎政论选集》上册，230 页。
　　② 章太炎：《民报一周年纪念会演说辞》，汤志钧编：《章太炎政论选集》上册，330 页。
　　③ 章太炎：《民报一周年纪念会祝辞》，汤志钧编：《章太炎政论选集》上册，326 页。
　　④ 章太炎：《代议然否论》，《章太炎全集》第 4 册，306～307 页。

北京师范大学史学探索丛书

元首陪属，其长官与总统敌体，官府之处分，吏民之狱讼，皆主之。"即使总统有罪，司法部门也应该依法处置。最后是教育权从行政权中独立出来。他说："学校者，使人知识精明，道行坚厉，不当隶政府，惟小学校与海陆军学校属之，其他学校皆独立，长官与总统敌体，所以使民智发越，毋枉执事也。"① 把教育权与立法、行政、司法等三权相提并论，这是章太炎在政治主张上的独到见解，反映出他对中国文化教育严重落后的殷切关注，也是他"教育救国"思想的一种体现。

在经济上，章太炎规划的未来社会与孙中山的平均地权纲领相类似。早在 1899 至 1900 年间，章太炎曾与孙中山、梁启超等人讨论过中国社会的经济问题，写下《定版籍》一文。孙中山"平均地权"的主张给他留下深刻的印象，博得他的赞同："善哉！田不均，虽衰定赋税，民不乐其生，终之发难。"他还批评了同治年间冯桂芬提出的减赋减租倡议，称其"特为世族减赋，故勿为农人减租"②。这表明他反对用改良的方法来解决土地问题。那么，如何解决土地问题呢？章太炎主张实行均田，即按人分配土地，"不稼者，不得有尺寸耕土"，实行"耕者有其田"的政策。为此，他制定了一个《均田法》，规定："凡土，民有者无得旷。其非岁月所能就者，程以三年。岁输其税什二，视其物色而衰征之。……凡寡妻女子当户者，能耕，耕也；不能耕，即鬻。露田无得佣人。凡草莱，初辟而为露田园池者，多连阡陌，虽不躬耕，得特专利五十年。期尽而鬻之，程以十年。"③ 数年后，章太炎在《代议然否论》中谈到土地问题时，同样体现了这一原则。他说："田不自耕植者，不得有；牧不自驱策者，不得有；山林场圃不自树艺者，不得有；盐田池井不自煮暴者，不得有；旷土不建筑穿治者，不得有；不使枭雄拥地以自殖也。"④ 这些设想都出于"抑富振贫"的考虑。

总之，在章太炎看来，在推翻清朝，完成民族革命以后，应该建立民

---

① 章太炎：《代议然否论》，《章太炎全集》第 4 册，306 页。
② 章太炎：《訄书·定版籍第四十二》，《章太炎全集》第 3 册，275 页。
③ 同上书，275～276 页。
④ 章太炎：《代议然否论》，《章太炎全集》第 4 册，307 页。

主共和制度，解决贫富不均的问题。然而，做到这一步仅仅是社会初步合理化，还不能从根本上解决社会矛盾、社会问题，达到最理想的境界。那么，什么才是达到尽善尽美的理想境界呢？即"五无"世界。

何谓"五无"社会？章太炎写的《五无论》对此作了详细论述。所谓"五无"指的就是：无政府、无聚落、无人类、无众生、无世界。

一是无政府。他认为："种族相争，皆以有政府使其隔阂。"因此，政府是人类残杀、争斗的根源，要消灭战争就必须废除政府。废除的办法是实行"共产"，断贸易，毁武器，废家庭。

二是无聚落。在他看来，国家也好，政府也好，都是在聚落的基础上建立的。"国界虽破，而聚落犹未破，则惨烈之战争未已。"这是因为各地人类所处的自然环境不一，土地肥脊不同，生活条件有差别，不仅无法做到真正的平等，而且还会引发战争。"是故欲无政府，必无聚落。农为游农，工为游工，女为游女。苦寒地人与温润地人，每岁爱土易室而居，迭相迁移，庶不以执着而生陵夺。"

三是无人类。章太炎认为，政府和聚落都是由人类本身造成的，纵使废除了政府、聚落，人们还会制造出新的国家政府，相互残杀。要想摆脱"政府国家之累"，就要实行"无人类"。具体设想是：寄希望于"一二大士超人"出来开导人们奉行独身主义，断根绝种，以达到"无人类"的目的。

四是无众生。他说：人是由生物进化而来的，若"要使一物尚存，则人类必不能断绝。新生之种，渐为原人，久更侵淫，而今之社会、今之国家又且复见。是故大士不住，涅槃常生，三恶道中，教化诸趣，令证无生，而断后有，则辞与无人类说同时践行者也"。他引入了佛教因果轮回的说法，意思是教化因做"恶业"而堕入"三恶道"的"众生"不再转世为"生"，即世间万物，以达到减少乃至消灭"众生"的目的。

五是无世界。章太炎根据佛教"唯识真谛"的观点认为：现实世界本来是虚无的，是众生错觉造成的幻想。众生一旦消失，世界也就不存在了。然而，如果依从常人"复谛"，即持以一般人颠倒真实之理的观点，世界就会依然存在；而有世界就会有地球，出现众生。"是故众生悉证法

北京师范大学史学探索丛书

空，而世界为之消弭，斯为最后圆满之期也。"① 意即使众生都能验证、相信世界的本质是虚空的，世界自然就会消除。

如果说章太炎社会理想的第一个层次是一种进步的现实性很强的思想主张，那么，他的第二个层次则带有相当浓厚的空想和悲观的色彩。从其本意上看，他提出"五无"论的初衷，无非是要为解决现实社会的矛盾和危机寻找最终极的出路、最理想的方案，其动机不为不善。然而，由于受到无政府主义、佛教厌世主义和道教相对主义的影响，他提出的社会最高理想并没有在第一个层次的现实主义基础上继续前进，而是进入了一种空想和虚无的境界，不仅要"无政府"、"无聚落"，而且还要"无人类"、"无众生"、"无世界"，等于在理论上否定了现实社会。这与他社会理想的第一个层次比起来，无疑是一种退步，反映出他社会思想中的矛盾和困惑。

章太炎的社会思想是在近代中国民族危机日益加深、民族民主革命风起云涌、中西思想文化激烈冲突交融的历史背景下形成的，深刻地打上了时代的烙印。

作为一位"有学问的革命家"，章太炎在构筑自己社会观的时候，始终立足于批判、改造中国传统封建社会的现实，紧密地与如火如荼的反清革命结合在一起。他的反清革命思想就是伴随着他的进步社会观的发展而逐步形成的。章太炎对社会问题的阐述具有双重性质，既运用新学理进行学术阐释的体现，又大胆否定现实社会不平等的革命政见的主张，在革命队伍和社会知识群体中起到了启蒙宣传的积极作用。章太炎社会观的形成还沐浴着中西文化冲突交融的风雨，将西方的社会学、民族学、进化论，以及中国传统的儒学、诸子学、佛学等内容糅合起来，可谓汇集古今中外社会学说的智慧结晶，对于破除封建旧说、开拓学术新域、开阔国人视野，都有着重要的启发意义。但也要看到，他的这些主张也是处于复杂时代背景下的探索，是集精华与糟粕、进步性与空想性为一炉的历史思考，

---

① 章太炎：《五无论》，《章太炎全集》第 4 册，432～435 页。

不可避免地带有历史局限性。

　　章太炎的俱分进化论固然强调了事物进化的复杂性，具有合理的一面，但也存在过分强调进化有"恶"的偏颇，不免容易在思想上陷入悲观主义的泥潭。此外，唯心论世界观对他的消极影响也不容忽视。在他看来，社会制度、国家民族、大千世界，统统不过是世界的表象，而世界的本质则是由精神和意志所支配。他说："世界之成立，由于意欲盲动，而知识为之仆隶。"① 这是他构造社会理想的一个指导性观点。他强调的"五无"当中，"无人类"最重要。而对于人来说，最关键的问题是人性。"性中种子，本以真如无明，更互相熏。由无明熏真如，而天性有好淫好杀之心；由真如熏无明，而天性亦有恶淫恶杀之心。两者俱存，在人所自择耳。"② 既然人性中的"好淫好杀之心"与生俱有，与善性并存共进，那么，社会问题的根本解决只有走"无人类"的道路。自然也会引出"无众生"、"无世界"的结论。章太炎社会理想第二个层次的消极意义是毋庸讳言的，正如论者所说："五无论向人们展示了一幅暗淡无比的人类未来的图景，很容易使人们对人类命运和革命前途丧失信心。"③

---

　　① 章太炎：《俱分进化论》，《章太炎全集》第 4 册，386 页。
　　② 章太炎：《五无论》，《章太炎全集》第 4 册，442 页。
　　③ 何成轩：《章炳麟的哲学思想》，251 页，武汉，湖北人民出版社，1987。

第二十章　章太炎的佛学思想

晚清思想领域，各种宗教思潮泉喷浪涌，跌宕交织，活跃异常。人们经常可以看到这样一种现象：一些思想家在提出思想、阐述观点的时候，总要或多或少地带上一定的宗教色彩，或者使用宗教语言，或者借用宗教理念。耶和华、释迦牟尼、老子等宗教偶像的影响远远超越了其自身教派的界限，广泛而深刻地影响着各个社会阶层，成为人们构建自己思想理论体系的重要资料。其中，佛学的兴起、佛教思潮的流布，就是晚清思想领域变迁的一个新动向。梁启超曾把佛学思潮称为晚清思想界的一股"伏流"，尝云："晚清所谓新学家者，殆无一不与佛学有关系。"[1] 作为中国近代史上的思想大家的章太炎也不例外。在章太炎博大精深的思想体系中，宗教思想占有相当重要的地位。而佛学思想又是其宗教思想的核心内容。研究章太炎的思想，如果离开对他佛学思想及宗教观的考察，是很难把握其精髓和实质的。

一、章太炎习佛心路历程考察

早年的章太炎敏而好学，博览群书，在潜心钻研中西各学的过程中，形成了自己的宗教观。章太炎虽然用进化论解释过宗教的起源和作用，一度标榜无神论、批判基督教，但他却对佛学情有独钟，钻研佛学所花的心血远在对其他宗教的关注之上。有人评价他"先是由儒入佛，次则以佛反儒、以佛解庄，最后是儒释互补。"[2] 此论大致不差。在章太炎的思想体系中，佛学思想占有特别显著的地位。

章太炎佛学思想的形成经历了一个特殊的心路历程。从家庭影响来

---

[1]　梁启超：《清代学术概论》，《饮冰室合集》专集之三十四，73页。

[2]　陈平原等编：《追忆章太炎》后记，584页，北京，中国广播电视出版社，1997。

看，他的父亲章濬曾好禅学，但由于去世过早，几乎没有对章太炎产生什么重要影响，而引导章太炎最初接触佛学的则是他的两位好友夏曾佑和宋恕。

1894年，章太炎结识了对佛学深有心得的夏曾佑，受到初步性的启发。《太炎先生自定年谱》记载：是年"始与钱塘夏曾佑穗卿交。穗卿慧辩，一时鲜匹，亦多矫怪之论"。夏曾佑①治学喜谈今文经学，于佛则崇法相宗，对《成唯实论》深有心得，尝劝章太炎购览佛典。在夏曾佑的影响下，章太炎"略涉《法华》、《华严》、《涅槃》诸经"②，开始对佛学初步涉猎，只是未留下深刻的印象。

1897年，积极投身于戊戌维新运动的章太炎在浙江杭州组织兴浙会，与向好佛学的宋恕③相识，从而结下佛缘。据章太炎后来回忆："余少年独治经史通典，旁及当代政书而已，不好宋学，尤无意于释氏。三十岁顷，与宋平子交。平子劝读佛书，始观《涅槃》、《维摩诘起信论》、《华严》、《法华》诸书，渐近玄门，而未有所专精也。"④ 宋恕曾潜心佛学，颇获要领，受到章太炎的高度评价："平子疏通知远，学兼内外，治释典……始治《宝积经》，最后乃一意治《瑜伽》……闻平子治《瑜伽》，窃自喜，以为梵方之学，知微者莫如平子，视天台、华严诸家深远。"⑤ 宋恕素有以佛教救世之志，尝做诗云：

> 儒佛同声苦劝仁，众生受惠数千春。区中久黜实权教，海外犹尊鸣树伦。

---

① 夏曾佑（1863—1924），字穗生，号穗卿、碎佛，笔名别士。浙江杭州人，光绪年间进士，授礼部主事，赞助维新运动。随考察政治大臣出国，任译书总纂官。民国时任教育部司长、京师图书馆馆长。长于诗，亦精佛学。所著《中国古代史》被称为中国近代第一部新型史学著作。

② 章太炎：《太炎先生自定年谱》，载《近代史资料》，1957（1）。

③ 宋恕（1862—1910），原名存礼，改名恕，又名衡，字平子，号六斋。浙江平阳人。学识渊博，尝著《六斋卑议》，主编杭州《经世报》，宣传西学，主张变法维新。与陈黻宸、陈虬并称"浙东三杰"。另著《朝鲜大事记》、《历下杂事诗》等。

④ 《章太炎先生自述学术次第》，民国年间铅印本，1页，章氏国学讲习会印行。

⑤ 章太炎：《瑞安孙先生伤辞》，《章太炎全集》第4册，224～225页。

求译藏编有西族，列科京校是东邻。文明果出慈悲种，太息时流误认新。①

章太炎曾在《幽人行》写道："驰步不可东，驰步不可西，驰步不可南，驰步不可北"，流露出思想上的迷惘之情。宋恕遂做诗《束发篇》予以开导，诗云：

> 四顾灵踪绝，太息谢骖服。托命礼观音，移情存净域。
> 蹐蹐素臣身，栖栖大泽滨。殷勤再三赠，强饭抑酸辛。②

章太炎对宋恕讲的佛学观点颇为折服，遂生习佛兴趣。他在《自定年谱》谈到宋恕当年劝习佛书的情景：

> 平子以浏阳谭嗣同所著《仁学》见示，余怪其杂糅，不甚许也。平子因问："君读佛典否?"余言："穗卿尝劝购览，略涉《法华》、《华严》、《涅槃》诸经，不能深也。"平子言："何不取三论读之?"读竟，亦不甚好。时余所操儒术，以孙卿为宗，不喜持空论言捷径者。偶得《大乘起信论》，一见心悟，常讽诵之。③

宋恕的习佛劝导对章太炎产生了比较深刻的影响，成为他习佛的起点。章太炎自谓："炳麟少治经，交平子，始知佛藏。"④

1903 年 6 月，章太炎因"苏报案"被上海租界当局逮捕入狱，在狱中精研佛典，使他真正步入佛学思想的殿堂。章氏《自定年谱》谈到这段经历时说：

① 宋恕：《留别杭州求实书院诸生诗》，《宋恕集》下册，857～858 页，北京，中华书局，1993。
② 宋恕：《束发篇——答枚叔〈幽人行〉之赠》，《宋恕集》，814 页。
③ 章太炎：《太炎先生自定年谱》，载《近代史资料》，1957 (1)。
④ 章太炎：《瑞安孙先生伤辞》，《章太炎全集》第 4 册，224 页。

始余尝观《因明入正理论》，在日本购得《瑜伽师地论》，烦忧为卒读，羁时友人来致；及是，并致金陵所刻《成唯识论》。役毕，晨夜研诵，乃悟大乘法义。①

章太炎在《自述学术次第》中也提到：

遭祸系狱，始专读《瑜伽师地论》及《因明论》、《唯识论》，乃知《瑜伽》为不可加。既东游日本，提倡改革，人事繁多。而暇则读藏经，又取魏译《楞伽》及《密严》诵之，参以近代康德、萧宾诃尔之书，益信玄理无过《楞伽》、《瑜伽》者。②

由上可见，在因"苏报案"囚禁期间，章太炎除了从事秘密的革命活动外，把大量精力用在研习佛典方面，系统地研究了佛教理论。其中，对他影响最大的佛门经典有《因明入正理论》、《瑜伽师地论》、《成唯识论》等。即使在后来的岁月中，这些佛典对他的思想发展也起着潜移默化的影响。

《因明入正理论》，印度佛教因明学的代表作。古印度商羯罗主著，唐玄奘于 647 年（贞观二十一年）在长安弘福寺译出。商羯罗主的历史今已难于详考，只知道他是陈那的弟子，大约生活在 6 世纪。陈那是印度佛教新因明学的创始人，所著《因明正理门论》，亦称《正理门论》、《理门论》、《大论》，阐述因明学理，但文字深奥难解。商羯罗主此书则精练地论述了《因明正理门论》一书的基本原理，阐明了因明学论法的入门阶梯，所以称为"入正理"。《因明入正理论》简要说明了因明学说的基本要义，即"八门"、"二益"。"八门"包括真能立、真能破、真现量、真比量、似能立、似能破、似现量、似比量；"二益"是指悟他和自悟。这些

---

① 章太炎：《太炎先生自定年谱》，载《近代史资料》，1957 (1)。
② 章太炎：《章太炎先生自述学术次第》，1 页。

内容尽管没有超出陈那论述的范围，但作者对其中的一些基本问题作了大量具体的发挥和充实，便利了研习者的把握。该书经唐玄奘的译介流传于中土。玄奘的弟子文轨著《庄严疏》3卷、窥基著《因明入正理论疏》（又称《因明大疏》）6卷、慧沼著《因明入正理论断义》1卷等，阐幽发微，于因明之理多有阐发。然而，随着玄奘一宗的衰微，此派学说亦遭冷落，在中国几成绝学。而此论却在日本得到发扬光大，承传不绝，各种著述解说层出不穷。晚清时，中国著名佛学居士杨文会从日本把窥基的《因明大疏》刻本取回，校对刊行，才引起华夏学人对此学的关注。

《瑜伽师地论》，又名《十七地论》。相传由古印度弥勒口述，无著记录，唐玄奘翻译，全书100卷。大乘佛教瑜伽行派和法相宗所依据的经典著作。旧传弥勒菩萨在中印度阿谕陀国宣讲五部大论，即《瑜伽师地论》、《分别瑜伽论》、《大乘庄严论》、《辩中边论》、《能断金刚般若波罗密多经论》。《瑜伽师地论》是其中最根本的一部法论。"瑜伽"意为"与物相应之义"①，指通过现观思悟佛教"真理"的修行方法。三乘之行人称为"瑜伽师"。《大日经疏》卷二云："瑜伽释为相应。若以女声呼之则曰瑜祇。所谓相应者，即是观行应理之人也。"所谓"瑜伽师地"是指瑜伽师所依所行的"十七地"境界。全书共分五部分：第一部分"本地分"，50卷（卷一至卷五十），把瑜伽禅观境界分为"十七地"；第二部分"摄决择分"，30卷（卷五十一至卷八十），对于"本地分"中的问题加以抉择，并分12大段阐发"十七地"的要义；第三部分"摄释分"，2卷（卷八十一、卷八十二），解释"十七地"有关诸经如《阿含经》的说法和解释的仪则，包括阐释说法应知的五分、解经的六义等；第四部分"摄异门分"，2卷（卷八十三、卷八十四），论述经中诸法的名义和差别；第五部分"摄事分"，16卷（卷八十五至卷一〇〇），论述《三藏》特别是《杂阿含经》的要义。全书论释眼、耳、鼻、舌、身、意六识的自性及其所依，瑜伽禅观渐次发展过程中的精神境界，以及修行瑜伽禅观的各种果位。

《成唯识论》，略称《唯识论》，一名《净唯识论》，共十卷，佛教法相

---

① 丁福保：《佛学大辞典》，1199页，北京，文物出版社，1984。

宗所依据的重要经典之一。古印度护法等编著，唐玄奘纂译，窥基笔述，以阐释《唯识三十论》（颂）为主要内容。印度大乘佛教瑜伽行派创始人世亲写成《唯识三十论》，但他未及亲自注解便与世长辞。护法等十位唯识论师分别对《三十论》作了注解。玄奘从印度带回这些著述后，原想把十大论师的注述全文分别译出，后采纳其弟子窥基的主张，改用编纂办法，以护法的注文为主，糅合各家之说，由窥基笔述，编成此书。该书一本《华手经·求法品》的原则，用相、性、位三分，这也是护法释论的原式。三分是：初释本论第 1 颂至第 24 颂，明唯识相；次释第 25 颂，明唯识性；后释第 26 颂至第 30 颂，明唯识位。中心内容是论证世界的本源是"阿赖耶识"，世界万物是"唯识所变"，"实无外境，唯有内识"，集中体现了世亲《三十论》的"唯识"义理，故名《成唯识论》。

如果说章太炎在入狱前研习的主要是华严宗、法华宗、三论宗等一派经典，那么，在 1903 年入狱后则主要研习印度的瑜伽宗和中国的唯识宗佛书，比较全面地学习了佛学知识，对佛学的研究可谓登堂入室。1905 年 4 月出版的《国粹学报》刊登《章太炎读佛典杂记》，其第二则云：

> 天下无纯粹之自由，亦无纯粹之不自由，何以言之？饥则必食，疲则必卧，迫于物理，无可奈何。虽昌言自由者，于此亦不得已，故天下无纯粹之自由也。投灰于道，条狼所遮焉；便利于衢，警察将引焉。有法制在，而不得不率行之，则喜其自由矣。虽然，苟欲自由，任其苛罚，亦何不可，今自愿其自由，而率从于法律，即此自愿，亦不得不谓之自由，故曰天下无纯粹之不自由也。然则虽至住囚奴隶，其自由亦无所失。所以者何？住囚奴隶，人所强迫也，而天下实无强迫之事。苟遇强迫，据之以死，彼强迫亦无所用。今不愿死，而愿从其强迫，此于死及强迫二事，固任其取舍矣。任取其一而任舍其一，得不谓之自由乎？①

----

① 章太炎：《章太炎读佛典杂记》，载《国粹学报》第 3 号，1905 年 4 月 24 日。

这是一篇以佛家"无我"的精神境界直面坎坷人生逆境的上乘佳作，反映出佛教精神对他的思想已有相当深刻的影响。

此外，章太炎还与佛教界的僧人居士有着密切的往还，直接受到佛门教化的熏染。

章太炎与近代名僧黄宗仰①有着深厚的友谊。1902 年春，章太炎和蔡元培、蒋观云、叶瀚及黄宗仰等人在上海成立了带有民族革命倾向的团体——中国教育会，并结识了黄宗仰。据冯自由的《革命逸史》记载："壬寅春，旅沪志士余杭章炳麟，常熟黄中央（案：释名宗仰别号乌木山僧），山阴蔡元培，阳湖吴敬恒诸人，以译本教科书多不适用，非从新编订完善，不足以改良教育，因联络海上有志之士，发起中国教育会为策动机关。倡议诸子，均属热心民族主义之名宿，故此会不啻因然为东南各省革命之团体。"② 是为章太炎与黄宗仰订交之始。次年，章太炎因"苏报案"入狱，黄宗仰仗义奔走，积极营救。多年以后，章太炎还感慨地提到他与黄宗仰的这段交往，云："当清光绪末，海宇多故，士皆瞑目搤捥，道执政无状，虽宴游未尝衰，而上海舟舆之会为尤剧。是时禅师自上江来，以缋事识诸名士，论议往往及时政，皆中症结，诸名士尽愕眙不知其所从来，良久乃知为金山江天寺僧也。余时粗涉释典，且好事，以是得与禅师游。顷之，余以《驳康有为书》贬绝清室，与邹容同下狱，禅师百方为营解，卒不得。"③ 章、黄之间的书信往还频繁，既有习佛心得交流，亦有相互间的精神慰勉。章太炎《狱中致黄宗仰论佛学书》就向黄宗仰倾诉了自己对参照哲学、佛学的看法："宗仰大师左右：得梵文阿秘陀经后，即复一函，并略举所得求诲。下走于止观六法，燂习未深，但随分动止，

---

① 黄宗仰（1865—1921），一名中央，别号乌木山僧，人称印楞禅师。江苏常熟人。早年出家清凉寺，曾在上海讲经兴学。参与发起中国教育会，营救因"苏报案"被拘的章太炎，积极赞助革命活动。民国期间先后主持江天寺、栖霞寺。

② 冯自由：《中国教育会与爱国学社》，载《革命逸史》初集，115～116 页，北京，中华书局，1981。

③ 章太炎：《栖霞寺印楞禅师塔铭》，载《制言》（半月刊）第 10 期，民国二十五年（1936）二月一日出版。

以驱烦恼……而间取哲学诸书以与内典对校，则有彼此镕合无少分相异者。"① 黄宗仰则对章太炎不畏清廷淫威的革命精神大加赞扬，作《寄太炎》，诗云："大鱼飞跃浙江潮，雷峰塔震玉泉号。哀吾同胞正酣睡，万籁微闻鼾声调。独有峨嵋一片月，凛凛相照印怒涛。神州男子气何壮，义如山岳死鸿毛。自投夷狱经百日，两颗头颅争一刀。"② 与名僧黄宗仰的交往，进一步坚定了章太炎习佛的信念。

章太炎还是晚清著名佛学居士杨文会③的弟子。章太炎习佛直接、间接地受到杨氏的影响。最早影响章太炎习佛的夏曾佑就是杨文会的学佛弟子。章太炎在狱中读的佛典《成唯实论》也是杨文会主持的金陵刻经处的出版物。④ 杨文会的弟子欧阳渐（字竟无）亦把章太炎归于杨文会的门下："惟居士（案：指杨文会）之规模弘广，故门下多材。谭嗣同善华严，桂伯华善密宗，黎端甫善三论，而唯实法相之学有章太炎、孙少侯、梅撷芸、李证刚、蒯若木、欧阳渐等，亦云夥矣。"⑤ 1909 年春夏间，章太炎拟学梵文，致信杨文会弟子余同伯，希望能够得到支持，信中提到："某等详婆罗门正宗之教，本为大乘先声，中间或相攻伐，近则佛教与婆罗门教渐已合为一家。得此扶掖，圣教当为一振，又令大乘经论得返梵文，诚万世之幸也。"遂建议："贵处年少沙门甚众，亦必有白衣喜学者，如能告仁山居士设法资遣数人，到此学习，相与支持此局，则幸甚。"不料，杨文会认为章太炎"近则佛教与婆罗门教渐已合为一家"的说法有"混乱正法"的偏颇，拒绝其资遣数人习梵文的请求。杨文会代作余同伯的答书云："来书呈之仁师，师复于公曰：佛法自东汉入支那，历六朝而至唐宋，

---

① 章太炎：《狱中致黄宗仰论佛学书》，谢樱宁：《章太炎年谱摭遗》，31～32 页。
② 中央（黄宗仰）：《寄太炎》，载《江苏》第 6 期，1903 年 9 月 21 日出版。
③ 杨文会（1837—1911），字仁山，安徽石台人。早年涉猎儒、道、兵诸家各学，后研习佛典，乃归心向佛，于 1866 年在南京创立金陵刻经处，经营刻印佛经事业。从日本搜求大量佛经，陆续刻印，并办祗洹精舍培养佛学人才，为近代中国佛教复兴的重要奠基人。
④ 章太炎：《太炎先生自定年谱》，载《近代史资料》，1957（1）。
⑤ 欧阳渐：《杨仁山居士传》，转引自周继旨点校：《杨仁山全集》附录，585 页，合肥，黄山书社，2000。

精微奥妙之义，阐发无遗。深知如来在世，转婆罗门而入佛教，不容丝毫假借。今当末法之时，而以婆罗门教与佛教合为一家，是混乱正法，而渐入于灭亡，吾不忍闻也。桑榆晚景，一刻千金，不于此时而体究无上妙理，遑及异途问津乎？"① 这不仅说明章太炎与佛门居士关系密切，也反映了他习佛恪守"依自不依他"思想原则的特点。1911 年武昌起义爆发后，章太炎准备响应辛亥革命回国，时值杨文会逝世，便与日本佛教界人士在 11 月 8 日共同发起举行追悼会。追悼会当日，章太炎因故未能到场，改由其弟子傅铜代为出席。②

章太炎习佛并不是单纯地追求宗教信仰上的精神寄托，而是把佛学与其革命实践紧密地联系在一起，努力使之政治化、道德化，借用佛学思想为资产阶级民主革命服务。

1906 年 6 月，章太炎出狱东渡日本。在日本东京留学生举行的欢迎会上，他发出以佛教助"排满革命"的狮子吼：

> 我们今日要用华严、法相二宗改良旧法。这华严宗所说，要在普度众生，头目脑髓，都可施舍与人，在道德上最为有益。这法相宗所说，就是万法唯心。一切有形的色相，无形的法尘，总是幻见幻想，并非实在真有。……所以提倡佛教，为社会道德上起见，固是最要；为我们革命军的道德起见，亦是最要。③

同时，他参加同盟会，主编《民报》，成为革命阵营中的一员健将。在以后的岁月里，无论是宣传民族民主革命思想，还是研究和鼓吹国学，章太炎都借鉴了许多佛教思想，写下大量熔佛学与政治、学术、道德、宗教于一炉的文章，具有代表性的文章有：《无神论》、《建立宗教论》、《人无我

---

① 黄夏年主编：《杨仁山集》，223～224 页，北京，中国社会科学出版社，1995。

② 陈继东：《有关在日本举行的杨文会追悼会之资料》，转引自周继旨点校《杨仁山全集》，635 页。

③ 章太炎：《东京留学生欢迎会演说辞》，汤志钧编：《章太炎政论选集》上册，224～225 页。

论》、《五无论》、《四惑论》、《国家论》、《答铁铮》、《答梦庵》、《大乘佛教缘起考》、《〈大乘起信论〉辩》、《法显发现西半球说》、《频加精社校刊〈大藏经〉序》、《〈初步梵文典〉序》、《东京留学生欢迎会演说辞》、《俱分进化论》、《阿育王寺重修舍利殿记》、《论佛法与宗教、哲学以及现实之关系》、《支那内学院缘起》、《诸子学略说》、《蓟汉微言》等，以及《訄书》中《原教》（上下篇）、《争教》、《忧教》等篇章，都阐述了他汇革命与佛学为一体、合积极用世与消极厌世为一家的思想主张。

于宗教，章太炎推崇佛教，批判基督教，著《无神论》申明此论；于佛教，他对禅宗及天台、密、净土等各宗多有微词，表示"有所不取"，而明显倾向于法相唯识宗，试图建立以唯识为主体的新宗教，著《建立宗教论》阐发宗旨。他说：建立新宗教"不得于万有之上而虚拟其一为神"，即不设崇拜偶像，而是"在今之立教，惟以自识为宗。识者云何？真如即是惟识实性，所谓圆成实也"①。在他写的许多文章中，包括论述政治、思想、学术、社会等各种问题，都掺入了佛学观念。如借用佛学中的"平等"观念鼓吹民主革命，用掺杂了无政府主义的佛教思想宣传国家政府"非实有自性"，而是虚幻之物。鼓吹佛教境界高尚，可以净化人们的灵魂和提高社会道德水平，甚至评价诸子学说也以佛学的观点为标准来衡量。他在《诸子学略说》中认为：先秦诸子"惟以师说为宗，小有异同，便不相附，非如后人之忌狭隘、喜宽容、恶门户、矜旷观也"。佛教与这种习气不同。他引用《成唯识论》中的话说："佛家有言，何等名为所熏，若法平等，无所违逆，能容习气，乃是所熏。此遮善染，势力强盛，无所容纳，故非所熏。若法自在性，非坚密能受习气，乃是所熏。此遮心所。及无为法，依他坚密，故非所熏。（见《成唯识论》——原书注）此可见古学之独立者，由其持论强盛，义证坚密，故不受外熏也。"②

佛教思想已经渗入到他思想的各个方面。其结果，一方面，佛学主张给他以新的思维天地和思想方法，使他的论述新见迭出，发人所未发，具

---

① 章太炎：《建立宗教论》，《章太炎全集》第 4 册，414 页。
② 章太炎：《诸子学略说》，汤志钧编：《章太炎政论选集》上册，286 页。

有鲜明的个性；另一方面，佛教思想的消极因素也给他以深刻的影响，使他在不少问题上陷入了认识的盲区。聪明绝顶的章太炎对此岂能不知？大致在 1908 年前后章太炎较为认真地反思自己的宗教思想，尤其是佛教观，考虑用先秦诸子学说解析、补充佛家思想，把二者结合起来，继续寻找解救社会的新的思想出路。他首先把老庄思想汇入佛学之中，遂著《齐物论释》以明其理。他明确表示："所以老子的话，一方是治天下，一方是无政府，只看当时人情所好，无论是专制，是立宪，是无政府，无不可为。仿佛佛法中有三乘的话，应机说法。老子在政治上也是三乘的话，并不执著一定的方针，强去配合……这是老庄的第一高见。就是维摩诘生在今日，必定也主张这种议论，发起这种志愿，断不是只说几句慈善事业的话，就以为够用了。"①

民国以后，章太炎仍与佛教界保持一定联系，甚至参与兴佛活动。如 1918 年 8 月，赞助太虚、刘仁航创立以弘扬佛法为主旨的"觉社"，并应太虚邀请在"觉社"开办"佛教讲习会"②。但章太炎更多的还是对佛法进行反思，认为"佛法虽高，不应用于政治社会"③。他还以佛学解《易》和《论语》，说："癸甲之际，厄于龙泉，始玩爻象，重籀《论语》，明作《易》之忧患。"④ 这表明，在他的思想中，包括佛学思想在内的宗教思想受到削弱，出现了向儒学复归的趋势。如他所说："自揣平生学术，始则转俗成真，终乃回真向俗。"⑤

总之，章太炎的佛学思想及宗教观是在清末民初社会发生重大变化的历史条件下形成的，经历了曲折的发展道路。为了寻找救国道路，章太炎从儒学出发，把目光投向佛学领地，出入于革命、国学与佛学之间；求佛无获后，走上儒释合一、儒释互补的道路，大体呈现出螺旋形发展的心路

① 章太炎：《论佛法与宗教、哲学以及现实之关系》，载《中国哲学》第 6 辑，308、310 页。
② 谢樱宁：《章太炎年谱摭遗》，102 页。
③ 同上书，58 页。
④ 章太炎：《菿汉微言》，汤志钧编：《章太炎政论选集》下册，735 页。
⑤ 同上。

轨迹。

二、章太炎对佛学思想的阐发

章太炎对近代中国思想文化的建设和发展作出了多方面的巨大贡献，其中就包括对佛学思想、佛教文化所作的大量阐发。他不仅从学理上对佛教哲学的许多基本观点作了新的发挥，而且还评判中国佛教流派、考辨佛教历史、呼吁佛教改革，为佛教在近代中国的复兴而奔走呼号。概而言之，章太炎对佛学思想的阐发主要体现在以下三个方面。

（一）阐发佛教学理

与禅宗相比之下，法相宗有一套精密的理论体系和繁琐的逻辑方法，思辨色彩较强。这无疑是章太炎对法相宗的兴趣所在。章太炎以渊博的学识对法相宗的理论作了深入阐发，在本体论、阿赖耶识论等问题上，都提出了自己的看法。需要指出的是，章太炎对佛理的阐述是与论述哲学问题紧密地结合在一起的，确切地说，他阐发的是佛教哲学。

本体论是指哲学上研究世界的本原或本性问题的根本范畴。无论是哲学家，还是宗教家，都把这个问题作为头等重要的问题来对待。章太炎说："言哲学创宗教者，无不建立一物以为本体。"① 然而，建立本体并非易事，人们在这个问题上很容易出现认识偏差。章太炎说："自来哲学宗教诸师，其国于建立本体者，则于本体之中，复为之构画内容，较计差别。而不悟其所谓有者，乃适成遍计所执之有，于非有中起增益执，其本体即不成本体矣。"意思是说，以往的哲学家、宗教家都把"非有"看为"有"，所认定的"本体"实际并非真正的"本体"。那么，宇宙世界的真正本体是什么呢？他说："顾以为必有本体，名曰物如。"② 何谓"物如"？按照他的理解"物如"就是"真如"。"真如"是佛教法相宗的一个重要范畴，与"唯识实性"具有同等意义，即一切现象之本质之谓。法相宗的重

① 章太炎：《建立宗教论》，《章太炎全集》第 4 册，404 页。
② 同上。

要经典《成唯实论》卷九解释道："'真'谓真实，显非虚妄；'如'谓如常，表无变易。谓此真实，于一切位，常如其性，故曰真如。……此性即是唯识实性。"章太炎基本上接受这个观点，亦用法相宗的说法来注解"真如"："浮屠言真如者，《成唯实论》云：真如即是唯识实性，以识之实性不可言状，故强名之曰如。"① 可见，他在思想上认同了法相宗的观点，把"真如"视为宇宙万物的真正本体。这种本体具有普遍性："五尘故幻有也，而必有其本体；法尘亦幻有也，宁得谓无本体？"②

章太炎如何理解"真如"呢？他解释说："佛法虽称无我，只就藏识生灭说耳。其如来藏自性不变，即是佛性，即是真我，是实，是遍，是常。"③ 这里所说的"如来藏"即是"真如"。在他看来，"真如"具有实在性、普遍性、永恒性，没有任何事物可与它相并列。而且"真如"也没有形象，无法用语言来描述，用他的话来说是"无境界可言"。④ 总之，无论是佛教所说的"真如"，还是章太炎提出的"真如"，都是一种超自然的、神秘的精神本体，处于虚无死寂的状态，与宇宙万物没有任何共同点。

章太炎还对阿赖耶识作过深入阐发。阿赖耶识是梵文 Alayavijnana 的音译，译名较多，亦称阿梨耶识、阿剌耶识、赖耶识、藏识、无没识等；别名有种子识、异熟识、阿陀那识等。为法相宗所立心法"八识"中的第八识。根据法相宗的说法，人的精神意识的能力、作用分为八类：眼识、耳识、鼻识、舌识、身识、意识、末那识、阿赖耶识。前五识缘眼、耳、鼻、舌、身五根而生，以色、声、香、味、触五境为对象。其职能主要在于区分，诸如体分、见分、相分、邪分，等等。这五识相当于感觉。第六识意识以意根为所依，以诸法（含一切物质现象和精神现象）为对象，指想象、推理、判断等思想活动，相当于知觉和思维，是高于前五识的认识活动。佛教俱舍宗典籍《俱舍论光记》卷三云："五识各缘自境，名各别境识；意识遍缘一切境，名为一切境识。"意思是说，前五识只能了解现

① 章太炎：《辨性》，《国故论衡》，211 页自注。
② 章太炎：《建立宗教论》，《章太炎全集》第 4 册，405 页。
③ 章太炎：《菿汉微言》，民国五年（1916）四月刊行本，4 页。
④ 章太炎：《频迦精舍校刊大藏经序》，《章太炎全集》第 4 册，487 页。

象的个别方面，而意识则能通观现象的整体。第七识末那识，亦称执识、意根识。它以第八识即阿赖耶识为认识对象，常把第八识当做"自我"。按照佛家的说法，人之所以发生"我执"谬误，原因在于"末那识"思量"我"的时候，伴随有四种根本烦恼或谬误的心理因素，即"我见"、"我痴"、"我慢"、"我爱"，因而使人们永远陷于痛苦和生死轮回之中。第八识阿赖耶识是前七识存在的前提。阿赖耶识能永恒执持产生世界一切事物的种子，为万法的根本原因、主宰着前七识。现代佛学家周叔迦认为：佛家八识中，"变现一切的主要根源便是阿赖耶识"，"当前的宇宙人生一切活动名为现行。阿赖耶识便是种子生现行，现行熏习成种子的总枢纽。就种子生现行而言，现行是前七识事，都由阿赖耶识中种子而生。所以阿赖耶识是能藏。就现行熏习成种而言，种子既是七识的余积，揽此余习为阿赖耶识，所以阿赖耶识是所藏。""可见阿赖耶识只是具含无限功能的洪流，虽然在各个阶段的修正中内容有所变更，但是无其始终、无其幅度、不可思、不可量的生灭相续着。"①

　　章太炎基本上接受了法相宗关于阿赖耶识的学说，同时也吸收其他学说予以掺和，并提出自己的看法。他在《建立宗教论》一文中是这样论述阿赖耶识的：

　　　　种子识者，即阿赖耶。凡起心时，皆是意识，而非阿赖识。然此意识，要有种子；若无种子，当意识不起时，识已断灭，后时何能再起？……如是法喻，但可执是以说六识，不能执是以说阿赖耶识。阿赖耶识，无始时来，有种种界，如瀑泰聚。即此种种界中，有十二范畴相，有色空相，有三世相，乃至六识种子，皆在阿赖耶识中。②

又说：

_____

① 《周叔迦佛学论著集》上集，313、316 页，北京，中华书局，1991。
② 章太炎：《建立宗教论》，《章太炎全集》第 4 册，413～414 页。

即此色空、自他、内外、能所、体用、一异、有无、生灭、断常、来去、因果，是阿赖耶了别所行之境。赖耶惟以自时见分，缘自识中一切种子以为相分。故其心不必现行，而其境可以常在。末那惟以自识见分，缘阿赖以为相分。即此相分，便执为我，或执为法，心不现行，境得常在，亦与阿赖耶识无异。①

这些解释大都依据法相宗《成唯实论》的本义，只是强调的侧重点有所不同。《成唯实论》着重说明阿赖耶识本性是非善非恶的无记性，而章太炎在这里则强调阿赖耶识即种子识，永恒执持产生世界一切事物的种子。与此同时，他又注意到印度与中国在历史传统和社会现状上的不同，对佛经的理解不能生搬硬套，指出："原来印度社会和平，政治简淡，所以维摩诘的话，不过是度险谷，设医药，救饥谨几种慈善事业。到东方就不然，社会相争，政治压制，非常的猛烈。"② 国情的不同自然导致人们对佛经体会的不同。基于这种认识，向好国学的章太炎把对佛学思想的阐发和诸子百家的研究结合起来，达到相互辅助的目的。他主要从两方面入手：一是以老庄解佛，二是以儒学解佛。

章太炎对老庄之学评价甚高，认为老庄之学与佛学相通。他说："《大乘人楞伽经》唤作菩萨一阐提，经中明说：'菩萨一阐提，知一切法本来涅槃，毕竟不入。'像印度的文殊、普贤、维摩诘，中国的老聃、庄周，无一不是菩萨一阐提。"③ 他认为，庄子的《齐物论》对解读《成唯实论》尤其重要，指出："夫能上悟唯实，广利有情，域中故籍，莫善于《齐物论》。"④ 他所写的《齐物论释》开宗明义地指出庄子的《齐物论》与佛教都讲平等，具有共同的宗旨。他说：

《齐物》者，一往平等之谈，详其实义，非独等视有情，无所优

---

① 章太炎：《建立宗教论》，《章太炎全集》第 4 册，403 页。
② 章太炎：《论佛法与宗教、哲学以及现实之关系》，载《中国哲学》第 6 辑，307 页。
③ 同上。
④ 章太炎：《齐物论释》，《章太炎全集》第 6 册，6 页。

劣，盖离言说相，离名字相，离心缘相，乃合《齐物》之义。次即《般若》所云字平等性，语平等性也。其文皆破名家之执，而亦兼空见相，如是乃得荡然无阂。①

《齐物论》云："非彼无我，非我无所取。是亦近矣，而不知其所为使。若有真宰，而特不得其联。"他认为其中的"真宰"与法相宗阿赖耶识具有相同的意义。他在上述引文之后解释说：

> 此论真心生灭心也。绝待无对，则不得自知有我，故曰非彼无我。若本无我，虽有彼相，谁为能取，既无能取，故曰非我无所取。由斯以谈，彼我二觉，互为因果，曾无先后，足知彼我皆空，知空则近于智矣。假令纯空彼我，妄觉复依何处何者而生，故曰不知其所为使。由是推寻，必有真心为众生所公有，故曰若有真宰。真心既为众生公有，何缘彼我隔别，故曰不见其朕。详此所说，真宰即佛法中入来藏藏识。所谓朕者，彼我分际，见此分际者，即佛法中意根恒审思量执藏识以为我者也。②

在他看来，《齐物论》所说的"真宰"、"朕"与法相宗阿赖耶识、"意根恒审思量"具有同样的意义，用老庄解佛学才能真正揭示它的底蕴。

此外，章太炎还把佛学与儒学相比附，把阿赖耶识等观念与《易经》中的乾、坤等范畴互相沟通，相提并论。他在《菿汉微言》中指出：

> 彼天地者，祗乾坤之一象尔。乾知大始，坤作成物。乾即阿赖邪，先有生相，即起能见，能见而境界妄现矣，故曰大始。坤即末那，执此生为实，执此境界为实，皆顺乾也，故曰成物。阿赖耶识有了别无作用，故曰知。那末恒审思量，思即是行，故曰作。

---

① 章太炎：《齐物论释》，《章太炎全集》第6册，4页。
② 同上书，11～12页。

北京师范大学史学探索丛书

又说：

> 余前言乾为藏识，坤为末那，今又得二证。"大哉乾元，万物资始。"此固阿赖邪之征。"至哉坤元，万物资生。"即无明，为缘生第一支也。无明无往不在，而末那我痴即是无明本体。且坤卦言先迷后得主迷者。无明，不觉之谓。依如来藏有此不觉。不觉而动，始为阿赖邪识，故曰先迷。阿赖邪识即成根本，无明现为我痴，执此阿赖邪识以为自我，故曰后得主以其恒审思量。故传曰后得主而有常，以其执持人法。故传曰含万物而化光明，万法依是建立。①

也就是说，乾即阿赖耶识，坤即末那识；阿赖耶识与末那识之间的关系和乾与坤之间的关系有着异曲同工之妙。其实章太炎的这种比附很难成立。在中国传统思想典籍中，乾与坤基本上是同等类别的概念，它们的轻重尽管有差，但无先后之别。而在法相宗的"八识"中，阿赖耶识则是包括末那识在内的其他七识存在的前提和活动的基础。它们之间的轻重之差、先后之别显然是和乾与坤的关系并不完全相同的。

（二）考辨大乘佛教

1908年2月，章太炎在《民报》第19号发表了《大乘佛教缘起考》、《辨大乘起信论之真伪》、《龙树菩萨生灭年月考》等文章，从历史考察的角度论述了大乘佛教的形成发展，阐明大乘教派是佛教的正统派。

在佛教领域中，大乘派和小乘派有着严重的分歧，争论时而有之。大乘佛教形成于1世纪左右，由印度僧人龙树、提婆、无著、世亲等相继建立，自称能运载无量众生从生死大河之此岸到达菩提涅槃之彼岸，成就佛果，而把原始佛教及部派佛教贬称为"小乘"，以示区别。大乘、小乘的主要区别在于：大乘尊三世十方之无数佛，并进一步把佛神化，而小乘只尊释迦为教主。前者宣传大慈大悲、普度众生，把成佛度世、建立佛国净土作为追求的最高目标，而后者则追求个人自我解脱，把"灰身灭智"、

---

① 章太炎：《菿汉微言》，20～21页。

证得阿罗汉作为最高目标。在修行方法上，前者提倡以"六度"为内容的菩萨行，后者着重于三十七道品德宗教道德修养。小乘教以正统宗派自居，非难大乘教主张是"非佛所说"，自称为"上座部"。大乘教则认为自己的教义最纯正，批评小乘自利、狭隘。二者冲突、论辩的最终目的是争夺佛门正宗地位。正如章太炎所说："大小乘教，自龙树、提婆、无著、世亲时，既有争论。"[①] 章太炎所看重的法相宗属于大乘，自然要为之辩护，但他并无教派门户之见，辩护大乘而不否定小乘。在《大乘佛教缘起考》中，他肯定了马鸣等先哲对大乘佛教兴起的作用，指出："据《世亲传》，则马鸣亦参与造论者。马鸣中年以后，常在迦湿弥罗之地。而提倡大乘与集结《婆沙》，固非同事，未可牵合为一。"[②] "惟闳览博识如马鸣、龙树、无著、世亲诸公，于别录偈论之中，能如其源委耳。"[③] 大乘教"本平民宗教，与婆罗门异撰"，继承了佛祖的衣钵真传，理所当然地具有佛教的正宗地位。他说："然大乘胜义，在先立如来藏识，非在先立法身。藏识是佛之因，法身是佛之果。因既成立，果乃可知。凡大乘人持诵佛经，皆依义不依文，依法不依人。惟不依文，故《阿含》非所墨守也；惟不依人，故外典亦可采摭也。斯则大乘结集，实由上座发端。"[④]

他肯定大乘，但不把大乘、小乘对立起来，批评"小斥大为魔说，大以小为钝根"是无谓之争。他引用日本学者常盘大定之《马鸣菩萨论》批驳对小乘的非难："世人多谓小乘自利，大乘则自利利他。然如舍利弗、目犍连、大迦叶诸圣弟子，助佛宣化，皆有明徵，岂专为自利者?"[⑤] 他还引用常盘大定关于佛教经典形成的论述，来说明大乘、小乘在典籍方面的联系："常盘氏举此诸证，谓经典成立，盖有五期。初，大小未分经典成立；次，大小类似经典成立；次，小乘论成立；次，大乘经典成立；次，大乘论成立。而大小类似经典及小乘论，又有出于大乘后者，其义据，诚

---

① 章太炎：《大乘佛教缘起考》，《章太炎全集》第 4 册，466 页。
② 同上。
③ 同上书，478 页。
④ 同上书，479 页。
⑤ 同上书，470 页。

无间然矣。"①

总之，章太炎维护大乘，但并没有美化、神化大乘，把它凌驾于小乘之上，而是把大乘教看成一个开放的体系，主张大乘、小乘相互调和，共生并存。

（三）评判佛教流派，呼吁佛教改革

佛教之中，宗派林立，诸如天台宗、律宗、净土宗、法相宗、华严宗、禅宗、密宗等，名目繁多，不一而足。这些教派源远流长，情况驳杂不一，但在社会上都有一定的影响。评判这些流派，重新认识它们各自的利弊得失，以便作出正确的选择，正是振兴佛教与佛学的重要前提。章太炎以思想家的锐利目光，考察了佛教流行的历史和现状，评判了各个佛教派别。

在佛教各家流派中，章太炎评价最高的是法相宗。法相宗，即唯实宗，由唐玄奘及其弟子窥基创立。窥基之后有慧沼、智周等人阐扬流布，后渐衰微。宋明以来，法相宗隐而不彰，代乏传人，清代亦如此。然而，至晚清，佛学兴起，佛学居士杨文会从日本访回大批早已散佚的佛教经典。其中就有不少唯实法相宗文献。杨氏亦设刻经处刊印阐扬，法相宗开始受到人们的重视。晚清佛学的兴起，是章太炎推崇法相宗的一个重要背景。

另外，章太炎尊法相宗还是为了纠正长期以来禅宗流行带来的弊病。禅宗是中国化的佛教宗派，主张"即心是佛"、"见性成佛"，不读经、不礼佛、不修文字，修炼方法以直接简明、单刀直入为特征，盛行于宋明，至清代仍有较大影响。禅宗在历史上的流行影响，既然超过法相宗，自有它的道理所在。然而，流行既久，它的积弊也同样深厚。对此，章太炎有着非常明确的认识：

> 佛教行于中国，宗派十数，独禅宗为盛者，即以自贵其心，不援鬼神，与中国心理相合。……禅宗诚斩截矣，而末流沿袭，徒事机

---

① 章太炎：《大乘佛教缘起考》，《章太炎全集》第 4 册，472 页。

锋，其高者止于坚定无所依傍，顾于惟心胜义，或不了解，得其事而遗其理，是不能无缺憾者。……夫禅宗末流，或有不识文字，不知经典者，佛教衰微，禅宗诚不能无咎。①

他通过中印佛教的对比，进一步指出中国所流行的佛教的不足之处：

现在把两边的佛法，比较一回，到底互有长短。大概印度人思想精严，通大乘的，没有不通小乘；解佛法的，没有不晓因明。所以论证多有根据，也没有离了俗谛空说真谛的病。中国则不然，思想虽高远，却没有精细的研求。许多不合论理、不通俗谛的话，随便可以掩饰过去。这就是印度所长，中国所短。②

如何才能弥补中国佛教的这种不足呢？章氏主张提倡法相宗以救之："是故推见本原，则以法相为其根核。"③ 因为法相宗不仅有三性说、唯实论等一整套深邃的理论体系，而且还有讲究精严的因明学逻辑方法，与近代科学方法有相近之处，正可补救禅宗"不识文字"、"不知经典"的弊病。当然，章太炎并不完全排斥禅宗，而视"法相、禅宗，本非异趣"，都"自贵其心"，"其为惟心一也"。他说："法相或多迂缓，禅宗则自简易。至于自贵其心，不依他力，其术可用于艰难危急之时，则一也。"④ 即认为法相宗、禅宗的区别只表现在方法上，而在宗旨上都强调"自贵其心"，具有同样的社会作用。禅宗虽有流弊，但不能废，可用法相宗去弥补，或二者参用。其实，章太炎所论并不尽然。禅宗所说之"心"和法相宗所说之"心"含义并不相同。前者指如来藏之"心"，属于客观唯心主义；后者指阿赖耶识之"心"，属于主观唯心主义。二者大相径庭，并非完全一致。他对佛门各派的评价选择是：对法相宗评价最高，认为是救时

---

① 章太炎：《答铁铮》，《章太炎全集》第 4 册，369～370 页。
② 章太炎：《论佛法与宗教、哲学以及现实之关系》，载《中国哲学》第 6 辑，305 页。
③ 章太炎：《答铁铮》，《章太炎全集》第 4 册，369～370 页。
④ 同上。

最妙良方；稍次者为禅宗，亦可与法相参用；再次为三论宗、华严宗；对净土宗、密宗则颇有微词，持"有所不取"的态度；而对天台宗批评甚为严厉，称之"于思想则不能法相之精深，于行事则不能如禅宗之直截"，"天台之不逮禅宗远甚"，① 因此划为"不取"之列。

在评判各派的基础上，章太炎提出佛教改革的主张。1908 年，他发表《告佛子书》（原题《儆告十方佛弟子书》）、《告白衣书》（原题《告宰官白衣启》）两文，一方面抨击佛教末流盛行的种种弊端，另一方面提出纠正这些弊端的办法，被视为"现代佛教改革运动之先声"②。他对佛教的弊端作了全面的批评，指出：

> 法门败坏，不在外缘，而在内因……刹土与城市相连，一近俗居，染污便起。或者裸居茶肆，拈赌骨牌，聚观优戏……不闻说法讲经，而务为礼忏；嘱累正法，则专计资财……争取缕衣，则横生矛戟。驰情于供养，役行于利衰。为人轻贱，亦已宜矣。复有趋逐炎凉，情钟势耀，诡云护法，须赖人主。相彼染心，实为利己，既无益于正教，而适为人鄙夷。此殃咎实为自取。③

在章太炎看来，问题的严重性不仅在于佛门弟子不守戒律，行为放荡，而且还表现为束书不观，废弃经纶。僧人既无"行"，又无"学"。他说："谓僧无学行者，今之僧众，半起白徒，名字未知，何论经教？亦有显违戒律，趋逐尘劳，斯实可为悲愤。"这种情况直接动摇了世间读书人对习佛的兴趣，进一步加剧了不习经文的恶劣倾向。他指出：

> 今昔汉宋学人，零落殆尽。墨经庄论，句义尚疏。浮夸苏轼之论锋，剪裁端临之通考。外强内荏……乃至新学诸生，益为肤受。国粹已失，外学未通；偶涉波涛，便谭法政；不分五谷，遽说农商……夫

---

① 章太炎：《答铁铮》，《章太炎全集》第 4 册，370 页。

② 章太炎：《告佛子书》，谢樱宁：《章太炎年谱摭遗》，44 页。

③ 同上书，45 页。

万方学者，未有不达邦文。此土高才，宛尔昧于句度，温故知新已难，而知德者鲜矣。……今日空谈之学，可一切废绝耶？①

况且“佛门败坏”的情况并非个别现象，而是由来已久，蔓延四溢，积重难返。他说：“至汉明帝时，佛法始入震旦。唐宋之后，渐入浇漓，取为衣食之资，将作贩卖之具。”② 如何改变这种情况呢？章太炎认为必须靠佛门内部的道德改造来挽回：“且厚责他人，先宜自省。”为此，他提出的解救办法是实行“三断”：

今者对治之方，宜断三事：一者礼忏，二者付法，三者趋炎。第一断者，无贩法名；第二断者，无诤讼名；第三断者，无猥鄙名。……某等悲正法之将灭，惧邪见之堕人，陈此区区……挽回末法，或在斯言。若其不尔，便恐智曰永沉，佛光乍灭，虽有千百法琳，恒沙智实，亦无能为役矣。③

章太炎的上述主张在佛教界产生了积极的影响，为民国初年“佛教复兴运动”作了舆论准备。这一运动的首倡者、近代名僧太虚（原名吕淦森）早年就读过章氏的这两篇文章，从中受到启发。他曾在撰写的《忆章太炎先生》一文中指出：“我最初知太炎先生的名，是在民国前五年读到先生以‘白衣章炳麟’署名的《告四众佛子书》。”④ 并承认章文对他的影响。这是太虚较早接触到的论述佛教改造的文章。1921 年 3 月，正值佛教改革运动方兴未艾之际，太虚在《海潮音》杂志上重新刊载章太炎的《儆告十方佛弟子书》，以推动这一运动的开展。章太炎改造、振兴中国佛教的愿望终于变为实际行动。

① 章太炎：《告白衣书》，谢樱宁：《章太炎年谱摭遗》，47 页。
② 章太炎：《告佛子书》，谢樱宁：《章太炎年谱摭遗》，45 页。
③ 同上书，46 页。
④ 太虚：《忆章太炎先生》，谢樱宁：《章太炎年谱摭遗》，44 页。

三、章太炎习佛原因透视

章太炎自狱中习佛以后,对佛学理论倾心服膺,一度达到着迷的程度。他不仅写了大量阐述佛学的著作,而且运用佛学理论宣传革命思想,开展学术研究,甚至"思适印度为浮屠"①,只是因为"资斧困绝",才未成行。那么,他倾心佛学的原因何在? 归纳起来主要有三点。

(一) 出于政治斗争和社会改造的需要

章太炎推崇佛学是与他的政治活动实践及社会改造的主张紧密地结合在一起,始终把佛学视为推进民主革命、改造中国社会的重要武器。他认为,无论是进行反满革命,还是进行社会改造,都离不开提高人们的道德水平。在他看来,社会道德是决定社会发展的根本性因素。他指出:康有为、唐才常等改良派以往斗争的失败,就是由"不道德"的原因所致。"戊戌之变,戊戌党人之不道德致之也";"庚子之变,庚子党人之不道德致之也"。搞改良比进行反满革命要容易得多,"以道德腐败之故犹不可久,况其难于此者"②。在他看来,开展反满革命首要的任务就是树立起一种"勇猛无畏,众志成城"的道德精神,而佛教则是给人们提供这种道德精神力量的主要源泉。因此,他在出狱东渡后发表的《演说辞》中,公开提出"用宗教发起革命,增进国民的道德"的口号。他所说的宗教,指的就是佛教。因为佛教"要在普度众生,头目脑髓,都可施舍于人,在道德上,最为有益";"要有这种信仰,才得勇猛无畏,众志成城,方可干得事来。佛教里面,虽有许多他力摄护的话,但就华严、法相讲来,心佛众生,三无差别,我所靠的佛祖仍是靠的自心,比那基督教人依傍上帝,扶墙摸壁,靠山靠水的气象,岂不强得多吗?"③ 他认为只有像佛教视天下万物为"幻见幻想",才能消除人们的富贵利禄思想及种种私心杂念,激励

---

① 黄侃:《太炎先生行事记》,载陈平原等编《追忆章太炎》,21页。

② 章太炎:《革命道德说》,《章太炎全集》第4册,280页。

③ 章太炎:《东京留学生欢迎会演说辞》,汤志钧编:《章太炎政论选集》上册,274页。

不怕牺牲、勇猛无畏的精神，具备革命所需要的道德。

章太炎还认为，佛教最重平等，符合资产阶级民主革命的平等原则，"与恢复民权的话相合"，提倡佛学有助于推动民主革命的开展。对此，他明确指出：

> 佛教最重平等，所以妨碍平等的东西必要除去，满洲政府待我汉人种种不平，岂不应该攘逐？且如婆罗门教分出四性阶级，在佛教中最所痛恨。如今清人待我汉人，比那刹帝利种虐待首陀更要利害十倍。照佛教说，逐满复汉，正是分内的事。又且佛教最恨君权。大乘戒律都说："国王暴虐，菩萨有权，应当废黜。"又说："杀了一人，能救众人，这就是菩萨行。"其余经论，王贼两项，都是并举。所以佛是王子，出家为僧，他看做王就与做贼一样，这更与恢复民权的话相合。①

相反，他却批评基督教反对民主平等，"一切哲学都不许讲，使人人自由思想，一概堵塞不行，以至学问日衰，政治日敝"。他以平等的原则作为评判宗教高下的标准，认定只有佛教才能够普度众生，解救天下人的苦难，佛教必将普及平民，成为最有生命力的宗教。他说："晚近独逸诸师，亦于内典有所摭拾。则继起之宗教，必释教无疑也。他时释迦正教，普及平民，非今世所能臆测。"② 出于为国计民生考虑，他提出建立以佛教为基础的新宗教的主张，指出："宗教之高下胜劣，不容先论。要以上不失真，下有益于生民之道德为其准。"③ 他强调指出："吾所谓主张佛教者，特欲发扬芳烈，使好之者轻去而齐死生，非欲人人皆归蓝若。"也就是说习佛是为了激扬人们的社会道德，为正义的事业去奋斗，而非要人人都入佛门，习佛必须找对门径。他谈到明末王学士人尽管习佛，但以禅宗为依归，结果流弊很大："急功近利，不避声色，则阳明学为之厉阶。顾宁人

欲以礼教改易天下，势有不能。"这并不是习佛的错误，而是习佛的路数不对。如果改习大乘宗（法相宗），情况就不同了。他说："夫礼教不如戒律之安稳，王学不如大乘之精严，固可知矣。人果学佛，蹈汤赴火，必有王学之长，而放诞乖张之病，庶其获免。作民德者，舍此无他术也。"①

（二）佛教与儒学等学术有相通之处，有可用来构造新哲学的成分

章太炎考察了中国、印度和西方的文化学术历史，认为宗教与学术有着内在的联系，它们之间可以相互影响、相互辅助。佛教与儒学也是如此，存在着互补关系。章太炎认为，中国传统儒学的发展、新时代哲学的建立，都不能缺少佛教因素的补充作用。他在《建立宗教论》一文中谈到宗教与学术相互补充、相互辅助的问题：

> 若中国之孔、老，希腊之琐格拉底、柏拉图辈，皆以哲学而为宗教之代起者。琐氏、柏氏之学，缘生基督，孔子、老子之学，迁为汉儒，则哲学复成宗教。至于今斯二教者，亦骎骎普及于国民矣。一自培庚、笛加耳辈，一自程、朱、陆、王诸儒，又复变易旧章，自成哲学。程、朱、陆、王，故以禅宗为其根本。②

宗教与学术的相辅相成，推动了人类思想文化的发展。他还认为，佛教理论高深，其宗旨是求智，应与哲学无异，以至于把佛教视为哲学，提出"佛法只与哲学家为同聚"的观点。对此，他专门作了论证：

> 试看佛陀菩提这种名号，译来原是"觉"字。般若译来原是"智"字。一切大乘的目的，无非是"断而知障"、"成就一切智者"，分明是求智的意思，断不要立一个宗教，劝人信仰。细想释迦牟尼的本意，只是求智，所以发明一种最高的哲理出来。发明以后，到底还要亲证，方才不是空言……试想种种物理，无不是从实验上看出来，

---

① 章太炎：《答梦庵》，汤志钧编：《章太炎政论选集》上册，394～395 页。
② 章太炎：《建立宗教论》，《章太炎全集》第 4 册，418 页。

不是纯靠理论。哲学反纯靠理论，没有实验，这不是相差很远么？佛法的高处，一方在理论极成，一方在圣智内证。岂但不为宗教起见，也并不为解脱生死起见，不为提倡道德起见，只是发明真如的见解，必要实证真如。发明如来藏的见解，必要实证如来藏。与其称为宗教，不如称为"哲学之实证者"。①

章太炎还认为，佛学和儒学有一致之处，佛学可以用来补充儒学、发展儒学。章氏生平崇信儒学，尤其精通训诂、考据等一套汉学的治学方法，而佛教法相宗也强调用相应的概念范畴对世界物质现象和精神现象作理论上、逻辑上的分析，最后得出"万法唯心"、"万法唯识"的结论。在他看来，汉学的治学原则和佛教法相宗的思维方法是一致的，可以相互借鉴。他说："此一术（案：指法相宗）也，以分析名相始，以排遣名相终，从入之涂，与平生朴学相似，易于契机，解此以还，乃达大乘深趣。"② 他还从学术发展趋势的角度强调了佛学（主要是法相宗）与儒学互补的必然性，指出：

> 盖近代学术，渐趋实事求是之途，自汉学诸公分条析理，远非明儒所能企及。逮科学萌芽，而用心复缜密矣。是故法相之学，于明代则不宜，于近代则甚适，由学术所趋然也。③

基于这种认识，章太炎把佛学融入了自己对诸子百家的研究之中，融入了哲学体系的构造之中，写出了体现合佛学与老庄为一的《齐物论释》等著作，提出追求"真如"的哲学理论，在中国近代学术思想史上独树一帜。

（三）习佛可以实现人生更高的精神追求

章太炎认为人与动物不同，除为生存需要所必需的本能活动之外，还

---

① 章太炎：《论佛法与宗教、哲学以及现实之关系》，载《中国哲学》第6辑，300页。
② 章太炎：《菿汉微言》，汤志钧编：《章太炎政论选集》下册，734页。
③ 章太炎：《答铁铮》，《章太炎全集》第4册，370页。

有层次更高的精神活动，不断追求更高的精神境界。在世间各种学说、信仰中，只有佛学的理论和境界最高尚、最纯正，优于其他各种学说，可以满足人们高层次的精神追求。他说："佛法的高处，一方在理论极成，一方在圣智内证"，它的终极作用"不为解脱生死起见，不为提倡道德起见"，而在发明"真如"这个宇宙万物本体的内涵真蕴，即"只是发明真如的见解，必要实证真如"①。所谓"真如"是佛教唯实宗的一个概念。章太炎对这个概念作了新的解释：

> 夫此圆成实自性云者，或称真如，或称法界，或称涅槃。而柏拉图所谓伊跌耶者，亦往往近其区域。佛家以为正智所缘，乃为真如；柏拉图以为明了智识之对境为伊跌耶。②

他把"真如"与柏拉图哲学的最高范畴"伊跌耶"（idea）相比拟，视为一种高深莫测的哲学理念和精神境界。达到"真如"境界，就能真正实现"依自不依他"，即使人的精神获得彻底自由，不受外界环境的制约和束缚，不为花花世界所诱惑，做到人我合一、无私勇猛、应世自如。如他所说："在哲学理论上，必定可以脱除障碍，获见光明。"③ 在他看来，佛教对人们在精神境界追求方面是其他宗教和学派难以比拟的。基督教"亦几可斲雕为朴矣，然义趣单纯，好思者多不乐此，又与老、庄旧说，过相违戾"；儒学过于注重功名利禄，尤其"自宋世昌言理学，君臣之义日重，虽古之沮、溺、荷篠，以贬斥以为不仕无义，世载其风，逸民日乏。"④ 老、庄之说也不圆满。因此，以佛学融合其他各说来解决人们精神追求的问题，乃是最好的选择。由此可见，章太炎倾心于佛学研究的态度基本上是积极的。

---

① 章太炎：《论佛法与宗教、哲学以及现实之关系》，载《中国哲学》第6辑，300页。
② 章太炎：《建立宗教论》，《章太炎全集》第4册，404页。
③ 章太炎：《论佛法与宗教、哲学以及现实之关系》，载《中国哲学》第6辑，301页。
④ 章太炎：《答梦庵》，汤志钧编：《章太炎政论选集》上册，394页。

章太炎对佛教文化的追求从总体上讲是有积极意义的。他习佛最主要的动机是为了开展资产阶级民族民主革命，把佛教视为推动革命的一种精神武器。他从两个方面强调了佛教思想对于革命的积极意义：一是借用佛教勇猛无畏、舍己救人、普度众生的道德力量，以振奋革命党人的精神，净化人们的道德；二是把佛教思想中的平等观念作为反对封建专制的精神武器。尽管佛教并不是进行革命斗争最理想的精神武器，但它对于缺乏物质积累和精神积累的中国新兴资产阶级来说，毕竟是一种艰辛的探索和难以避免的选择。章太炎为此而作的努力是不应被抹杀的。

章太炎习佛在思想文化上的意义也应该被肯定。这主要表现为两点：第一，促进了佛教文化与中国传统文化的融合。章太炎习佛不是为了做远离尘世的佛教徒，而是要构筑自己独特的思想哲学体系。他以丰厚的学术积累，开阔的学术眼界来对待佛教，力图从佛教文化和其他文化的结合中打开自己的思想出路。他以中国诸子之学解释佛学，又以佛学阐发诸子之学，于学理多有发明，开辟了中国学术发展的新路径。第二，为近代佛学的兴起推波助澜。近代中国，佛教衰落，佛学兴起，而章太炎则是鼓吹佛教的重要人物，尤其对法相宗的振兴作用犹大。他用儒学、老庄之学以及其他近代学术观点阐述了法相宗的本体论、认识论、方法论，给许多佛教概念注入了新的含义，无疑发展了宗教哲学。

在肯定章太炎习佛积极一面的同时，也应该看到其消极的一面。章太炎以佛教为鼓舞民族民主革命的精神武器固然有高尚的动机，然而，佛教并不是进行资产阶级民族民主革命最理想、最有效的思想武器，它本身所固有的许多消极因素恰恰与民族民主革命的本质内容相抵触。因此，要把佛教当做革命的精神武器，必须要以对它的革命改造为前提。这是一项难度相当大的工程，不是章太炎个人在短期内就能够完成的。实际上，他本人在这方面做的工作不仅非常有限，而且还常常沉溺于宗教的误区。这样一来，人们对他发表的许多渗透着佛教思想的言论主张就很不理解，甚至产生反感。一位署名"梦庵"的作者曾在《东亚月报》撰文提出质问：

此《缘起说》，足以济度恶政府乎？足以建设共和乎？佛教之平

北京师范大学史学探索丛书

和思想，死于千载之上，曷得抱亡骸为维持新世界新真正之平和之具？况土地国有，与乞食之士谋之乎？以之求日、华之连合，以之要求世界列国赞成中国之革新事业，皆远之远矣。无一于此，而《民报》之作此佛报者，抑出于何意乎？《民报》宜作民声，不宜作佛声也。夫使几亿民众咸作佛声者，非印度乎？几万万人皆法师，则谁作食？谁执兵御敌？故印度以之终亡，支那亦病乎有一颜回守其陋巷，使支那至今日之境者，颜回之徒也。①

"梦庵"即江苏学者黄人。黄人和章太炎在 1900 年同被聘为东吴大学的文学教授。《缘起说》是指章太炎在《民报》第 19 号上发表的《大乘佛教缘起说》一文。应该说，梦庵的质问是有道理的，反映出章太炎提倡的佛教与民众思想认识上的隔阂。为此，他不得不用大量笔墨、耗费无数精力进行解释，证明自己是借"佛声"作"民声"。《答梦庵》、《答铁铮》等文章就是为此而作。可见，章太炎习佛、倡佛的确在革命营垒中造成一定程度的思想混乱。佛教思想对他本人的消极影响也是不可忽视的。他思想认识上的许多错谬，诸如悲观厌世情绪、建立"五无"世界的理想追求、世界观上的主观唯心论因素等，无不与其宗教意识特别是佛教中的厌世思想息息相关。

然而，章太炎毕竟是一位具有不懈追求精神的思想家、探索者，他并没有完全沉溺于佛门而不可自拔。他在对佛学迷恋了一阵之后，逐渐发现了其中的不足和缺陷，认识到单凭佛学、佛教并不能拯救中国，开始对自己以前的追求进行反思，对"佛教救世"的信条产生怀疑。他说："若专用佛法去应世务，规画总有不周。若借用无政府党的施在，理论既是偏于唯物，方法实在没有完成。惟有把佛与老庄和合，这才是'善权大士'，救时应物的第一良法。"② 民国以后，他进一步检讨了以前的思想："我从前倾倒佛法，鄙薄孔子、老、庄，后来觉得这个见解错误，佛、孔、老、

---

① 章太炎：《答梦庵》，汤志钧编：《章太炎政论选集》上册，395 页。
② 章太炎：《论佛法与宗教、哲学以及现实之关系》，载《中国哲学》第 6 辑，307 页。

庄所讲的，虽都是心，但是孔子、老、庄所讲的，究竟不如佛的不切人事。孔子、老、庄自己相较，也有这样的情形，老、庄虽高妙，究竟不如孔子的有法度可寻，有一定的做法。"①

从把救时希望寄托于佛教，到参用儒、释、老来匡世济民，这是章太炎思想从沉溺宗教玄想向现实回归的变化过程。他在《菿汉微言》中概括自己学术发展道路时说："始则转俗成真，终乃回真向俗。"这一总结是符合历史实际的。

---

① 章太炎：《说新文化与旧文化》，汤志钧：《章太炎年谱长编》下册，618页。

第二十一章　刘师培与晚清学术

　　刘师培（1884—1919），又名光汉，字申叔，号左庵。江苏仪征人。出身于一个世代书香人家。曾祖父刘文淇、祖父毓松、伯父寿曾都是专治《春秋左氏传》的学者，"名于清道咸同光之世，列传国史"[①]。父贵曾也是饱学之士，"以经术闻乡里"[②]。在这种家风的影响下，刘师培自幼打下了深厚的儒学根柢。1903 年，赴京会试，未中。归途经上海，结识章太炎、蔡元培等革命者，接受反满革命主张。以后，刘师培先后参加了光复会、同盟会，担任《警钟日报》、《国粹学报》、《民报》的主笔，撰写了大量政论及学术性文章，成为名噪一时的革命宣传家。1907 年他来到日本东京，创办了《天义报》和《衡报》，鼓吹无政府主义。1908 年，他接受"馋人交构，莫能自主"[③]，与革命党人关系恶化，被清政府收买，成为民主革命的叛徒。辛亥革命以后，他一度参与袁世凯复辟帝制的活动。1917 年，蔡元培聘请他担任北京大学教授。1919 年初担任与新文化运动唱对台戏的《国故》月刊总编辑，是年 11 月病逝于北京，年仅 35 岁。

　　刘师培虽然以一介书生跻身于革命行列，但他在关键时刻却背叛了革命，在政治上和人格上是不足为训的。如果我们全面地考察他的一生，政治活动在他一生中并不占主要地位，他的大半时间是在治学与著书立说的生涯中度过的。由南桂馨编辑的《刘申叔先生遗书》（以下简称《遗书》）收录了刘师培在 1903 至 1919 年间的各种著述 74 种，计数百万言，内容广博，几乎涉及文化领域的各个方面。仅就数量而言，在十余年时间里著述如此宏富，不可谓不惊人。他在文化学术方面的活动应该予以关注，不能因其在政治上的失节而被忽略。钱玄同曾把他的学术活动分为前后两期（前期：1903—1908，后期：1909—1919），认为"前期以实事求是为鹄，

---

①　陈钟凡：《刘先生行述》，《刘师培全集》第 1 册，14 页。
②　尹炎武：《刘师培外传》，《刘师培全集》第 1 册，16 页。
③　章炳麟：《与孙仲容书》，《刘师培全集》第 1 册，22 页。

近于戴学；后期以笃信古义为鹄，近于惠学。又前期趋于革新，后期趋于循旧"①。本文所论只涉及刘师培在晚清时期的学术活动。

一、近代学术研究的多方面成就

在前期，刘师培受到资产阶级民主革命风潮的鼓舞，一方面积极投入革命宣传活动；另一方面大量阅读当时流行的西方哲学、社会政治学说著作，思想大进。前期的刘师培不仅在政治上向上发展，而且在学术上也处于他一生中的巅峰时期。在南桂馨编辑的《遗书》中有 18 种著作是写于 1908 年以前的（《遗书》74 种著作中有 21 种不明著述时间）。由此可以窥见刘氏前期学术活动之重要。这些论著涉及政治、经济、思想、教育、历史、语言文字、文艺、伦理等诸多领域，在反对封建文化专制主义、用新的思想观点解释中国传统文化、构建近代新学术体系等方面起到积极的作用。仅就学术而言，他涉及以下一些研究领域：

（一）儒学

刘师培虽然幼承庭训，深通汉学，但他作为一个具有初步民主思想的青年学子，并未像他的父辈那样拜倒在孔学门下，而是用批判的眼光看待孔学。他反对当时社会上各种神化孔子的观点，不赞成把孔学凌驾于诸子百家之上，主张恢复孔子本来的学者面目。他说："孔子者，中国之学术家也，非中国之宗教家也。""孔学之在当时（案：指先秦时代），不过列九流中儒家之一耳。"② 这样他就把千百年来被封建统治者奉为至高无上的大经大法——儒家经学——还原到普通学术的地位。他用对普通学术的态度来评判儒家，在肯定儒家优点的同时，也批评了儒家的缺点，把"孔学之失"概括为四点：其一是"信人事而并信天事"，批评孔学包含着将天命谶纬、五行变异的迷信糟粕；其二是"重文科而不重实科"，批评孔学

① 钱玄同：《刘申叔先生遗书序》，《刘师培全集》第 1 册，27 页。
② 刘师培：《论孔教与中国政治无涉》，《左庵外集》卷九，《刘师培全集》第 3 册，307 页。

偏重伦理道德，讳言功利的非功利主义的偏向；其三是"有持论而无驳结"，批评孔学不重视思维逻辑；其四是"执己见而排异说"①，批评孔学排斥异己的霸道学风。这些论述清楚地指明了孔学在治学内容、治学方法及学风上所存在的严重缺陷，不失为真知灼见。

刘师培敢于破除千载陈说，对经学研究中的许多问题提出创见。六经成于何时，自古以来众说纷纭。古文经学家认为六经成于孔子以前的周公时代，并非是孔子所创造；孔子对这些古代经典的保存和整理起到重要作用。今文经学家认为六经成于孔子之手，经学开辟时代应从孔子删定六经为始。刘师培则提出六经形成于唐虞时代，把时间大大向前延伸了。他说："近世巨儒，推六艺之起原，以为皆周公旧典。吾谓六艺之学，实始于唐虞。"② 他用了很大篇幅对自己的观点作了具体论证。他进一步发挥了前人提出的"六经皆史"观点，把儒学六经称为教育课本。他说："六艺者，孔子以之垂教者也。然例之泰西教法，虚实迥别，学者疑焉。予谓六艺之学，即孔门所编订教科书也。……易经者，哲理之讲义也；诗经者，唱歌之课本也；书经者，国文之课本也；春秋者，本国近事史之课本也；礼经者，伦理心理之讲义及课本也；乐经者，唱歌之课本及体操之模范也。"③ 这些观点的正确与否，可以暂且不论，但他在封建专制淫威之下所表现出的敢于藐视传统思想的气魄和胆识，是难能可贵的。

（二）诸子学

诸子学复兴是清末学界出现的新变化。自秦汉以来，诸子学屡遭厄运，长期湮没不彰。直到清代中期江苏学者汪中著《荀子通论》、《墨子序》等文加以提倡，才使诸子学稍有恢复。不过直到19世纪末，诸子学研究的指导思想和手段的主要方面都没有摆脱传统经学的影响。诚如刘师培所说："近世巨儒，稍稍治诸子书，大抵甄明诂故，掇拾丛残，乃诸子之考证学，而非诸子之义理学也。"④

① 刘师培：《孔学真论》，《左庵外集》卷九，《刘师培全集》第3册，314～315页。
② 刘师培：《国学发微》，《刘师培全集》第1册，474页。
③ 同上书，474～475页。
④ 刘师培：《周末学术史序》，《刘师培全集》第1册，501页。

刘师培很重视对诸子学的研究，撰写了《周末学术史序》、《国学发微》、《古学起源论》、《老子韵表》、《荀子名学发微》、《荀子补释》等论著，用新的观点阐述了自己对诸子学的见解。他认为诸子学是中国学术的重要组成部分，是与孔学同样重要的国学精华。儒学在许多方面都借鉴了诸子学，二者有许多共同之处。他指出："孔子学术，古称儒家，然九流术数诸学，孔子亦兼通之。"他征引大量史料证明"孔子不废九流矣"。尤其是"孔学末流，亦多与九流相合"①。后期儒家的许多人物大都兼治道家、墨家、名家、发家、农家、兵家之学。在他看来，无论是孔子本人，还是孔子后学，都从诸子百家中吸收有益的成分；儒学的形成发展离不开诸子学的学术支持。在《周末学术史序》一书中，刘师培对包括儒家在内的先秦诸子各家作了分析评判。在心理学方面，各家都提出精当的见解。在伦理学方面，墨家、老庄、杨朱、商韩、管子各家均有创见，但"汉魏以降，学者侈言伦理，奉孔孟为依归，斥诸家为曲说，致诸子学术湮没不彰，亦可慨矣"。在逻辑学方面，他最服荀子"名学"理论，称其具备了归纳逻辑法与演绎逻辑法："归纳者即荀子所谓大共也，故立名以为界；演绎者即荀子所谓大别也，故立名以为标。"在政治学方面，儒家"以德为本，以政刑为末，视法为至轻"，把权力集中于君主之手，而又不以法律限制，是"不圆满之政法学也"。墨家力主平等，"较之儒家其说进矣"。道家主张废"上下等差"，斥君主之尊严，"其理至为精深"。法家"虽以主权归君，然亦不偏于专制"。在经济学方面，他最称赞管子的"货国债"、"税矿山"的主张，认为这与西方国家"所行之政大约相符"，是诸子各派中唯一"以富民与富国并重者"。在教育学方面，儒家、墨家都很重视教育。孔门弟子三千，墨家"钜子至千百人"就是例证。道家、法家则轻视教育，尤其法家"以为民智则难驯，民愚则易制，而背伪归真之说实开秦政之焚书。及秦政焚书，五经出于灰烬，古代教民之良法湮没无闻"。在科学方面，儒家偏重道德而废弃实学。其余各家都不乏科学思想。

① 刘师培：《国学发微》，《刘师培全集》第 1 册，475 页。

墨家"学求实用，于名、数、力之学咸略引其端"①；庄子明化学、数学；关尹子明电学；亢仓子明气学；孙子明数学；管子明地学。他们都是近代科学事业的前驱先路。刘师培的以上论述虽有牵强附会之处，但基本上摆脱了儒家注疏式研究的旧模式，把诸子学内容纳入近代科学体系，给这些学术赋予了新的意义。这一工作在当时的学术界具有开创性的影响。

（三）文字学

汉学出身的刘师培自幼就受过良好的小学训练，文字学的功夫深厚。他熟读戴震、王念孙和王引之父子、焦循、阮元等朴学大师的著作，盛赞戴震"探赜索隐，提要钩玄，郑、朱以还，一人而已"②，肯定戴震"由字以通其道"的治学观点。他认为无论是古代还是近世，小学（文字学）都是从事一切学术研究的基础。他在继承中国传统文字学的基础上，吸收了西方近代语言学的优点，撰写出一批阐发文字学精义的论著，如《小学发微补》、《中国文字流弊论》、《正名隅论》、《尔雅中虫名今释》、《物名渊源》、《论中土文字有益于世界》、《论小学与社会学之关系》等。刘师培用近代眼光考察了中国传统文字学，清醒地看到它所存在的弊病。在《中国文字流弊论》一文中，他大胆地批评了中国传统文字的缺陷，将之归纳为"五弊"，即："字形递变而旧意不可考也"、"一字数义而歧词生也"、"假借多而本意失也"、"由数字一义也"、"由点画之繁也"。③ 也就是说传统文字在形、声、义等方面均有不足，难以适应社会发展的需要。他进一步分析了产生"五弊"的原因，指出言文分离是中国文字流弊之源。他说：

> 盖言语与文字合，则识字者多；言语与文字离，则识字者少。……若中国所习之文，以典雅为主，而世俗之语，直以浅陋斥之。此中国文字致弊之第一原因也。

---

① 刘师培：《周末学术史序》，《刘师培全集》第 1 册，501～514 页。

② 刘师培：《戴震传》，《左庵外集》卷十八，《刘师培全集》第 3 册，628 页。

③ 刘师培：《中国文字流弊论》，《左庵外集》卷六，《刘师培全集》第 3 册，244～245 页。

基于上述认识，他积极主张实行语言文字改革，提出两条改革的办法："一曰宜用俗语也"，即推广白话文；"一曰造新字也"①，即创造能够反映时代变化和社会需要的新字词，以丰富中国语言。

刘师培注意学习近代语言学知识，主张借鉴西方语言文字改革的积极成果，以此丰富中国的语言文字。如他考察了中国字类分析法问题，认为只用实字、虚字划分汉字的传统分类法就有很多缺陷，而近世刘淇著《助字辨略》分助词为 30 类，又"未免过繁"。他评价最高的是马建忠的《马氏文通》。该书用拉丁语法研究汉语的结构规律，将字分成名、代、动、静、状、介、连、助、叹九类，丰富了汉语结构。刘师培说："马氏分中国文字为九类，其说甚精。"②《马氏文通》的许多观点被他广泛采用。他突破了旧儒"圣人造字"陈说，用进化论的观点阐述了语言文字的起源和衍变。他在《中国文学教科书》中说：

> 人生与于世，不能不与事物相接。口之于味，目之于色，耳之于声，鼻之于嗅，皆身与事物相感触者也。身有所感，则心有所知，有知而后有情，有情而后有意，情动于中则形于言，所以吐露其情感，发舒其志意，以表示他人者也。此即言语之起源。③

这种解释比"圣人造字"说显然进了一大步。他还指出：先有情后有声，先有言后有字，先有实字后有虚字，由简趋繁，由单而复是语言文字形成发展的一般规律。"伏羲画卦"、"神农结绳"，无非是上古时代的文字。他说：

> 上古之时，字皆象形。墨西哥之古文，埃及之古碑，莫不皆然。中国古代之字亦然。凡象形之字，即古图画之变体也。④

---

① 刘师培：《中国文字流弊论》，《左庵外集》卷六，《刘师培全集》第 3 册，245 页。
② 刘师培：《中国文学教科书》第 1 册，《刘师培全集》第 4 册，274 页。
③ 同上书，218 页。
④ 刘师培：《小学发微补》，《刘师培全集》第 1 册，430 页。

"以字明道"是清代汉学皖派治学的原则。戴震的《孟子字义疏证》就是通过文字字义的辨析阐发作者思想观念的著作。刘师培继承了这种治学方法，析字论道，发明新理。他在《论小学与社会学之关系》一文中对"妇"、"君"、"民"、"田"等字作了详细辨析，用新的观点对字义作了阐释，大大丰富了这些字义的内涵。他在解释"妇"字时说：

> 同一妇字，而子之妻为妇，己之妻亦为妇。是妇为女子卑弱者之通称矣。《说文》训妇为服，可证上古之时以服从为足尽女子之力，故以女子独任义务之重。观曲礼言纳女于国君曰备酒浆，于大夫曰备洒扫，则古人以女子为服役明矣。故今日压抑女权之风，犹上古之所遗者也。①

这一解释体现了作者反对压迫妇女的平等思想。他用资产阶级"君为民立"的观点诠释"君"字，指出：

> 中国上古之时，君为民众所共立。故《韩诗外传》、《白虎通》皆训君为群。……则以君为民立，为太古最初之义，而天帝皇王诸训，皆起于林烝之后。此可以破中国以君权为无上者之疑。②

（四）教育

在近代新式教育的确立和发展方面，刘师培也作出了积极的贡献。1904 年，他在《警钟日报》上发表《教育普及议》，较为全面地论述了作者对当时中国教育现状以及如何改革的问题。刘师培对中国传统教育的腐败和落后有着深刻的认识，把国民处于愚昧无知的状态归结于"居上级者有学，居下级者无学"，即教育垄断于统治者之手，广大人民被剥夺了受

---

① 刘师培：《论小学与社会学之关系》，《刘师培全集》第 3 册，231 页。
② 同上书，231～232 页。

教育的权利所致。因此，他把发展新式教育与振兴国家联系起来，指出：
"为中国前途计，必先筹教育普及之方。"他考察了中外教育事业，看到中
国未能普及教育的一个重要原因是缺乏合格的师资，以致"教育之权大抵
仍操于塾师之手，而世之为塾师者，复墨守旧章，因循不革，虽有良法美
意，莫知适从，永永沈沦，万劫不复"。要想普及教育就必须效法欧美、
日本的做法，广筹教育经费，培养合格的师资，克服可能出现的所谓"三
难"："一虑收费时之阻挠"、"二虑入学者之无人"、"三虑塾师之梗议"。
他大声疾呼："今日之中国舍实行强迫教育外，决无良策之可言。"① 他的
这些主张切中时弊，改革建议与梁启超、章太炎等人的主张各有特色，都
属于先进思想的行列。

　　为了普及教育，刘师培不仅口头提倡新式教育，而且付诸行动，着手
编写中小学教学课本。仅在 1905 年，他就编写了《经学教科书》、《伦理教
科书》、《中国文学教科书》、《中国历史教科书》、《中国地理教科书》五
种，计 38 万余字，由上海国学保存会印行。这套教科书贯彻了新式教育思
想的宗旨，采用了国外主要国家通行的教科书编写体例，内容深入浅出、
循序渐进，文字表述明快流畅，与旧式教育的蒙学读物大相径庭，反映出
新时代的精神风貌。宣传进化论、开发民智、保存国学是他编写教科书所
遵循的指导思想。他在《中国历史教科书》凡例中开宗明义地指出：编写
教科书的目的是"庶人群进化之理可以稍明"。这本教材以及《经学教科
书》都用进化论观点对中国历史及经学历史作了详尽的叙述，使人们能够
从整体的和发展的角度理解和掌握这些内容。他还强调"先知而后行"②，
即教科书要起到开发民智的作用，为受教育者在走上社会之前提供更多的
知识，尽量开拓教科书的知识面，增强知识性。《经学教科书》的编写就
很有新意。在此之前，人们对儒家经学主要强调它的政治意义，视之为治
理国家和个人修身的大经大法，而刘师培则打破了这种狭隘的偏见，主张
从经学丰富的资料中获得修身、历史、文学、地理等方面的知识。他说：

---

　　①　刘师培：《教育普及议》，载《警钟日报》，1904-06-03。
　　②　刘师培：《伦理教科书序例》，《刘师培全集》第 4 册，123 页。

夫六经浩博，虽不合于教科，然观于嘉言懿行，有助于修身；考究政治典章，有资于读史。治文学者，可以审文体之变迁；治地理者，可以识方舆之沿革。①

在编写教科书的过程中，刘师培本着由浅入深、循序渐进的原则，照顾到教科书内容的系统性和逻辑性。每种课本都先从该学科的基础知识讲起，辨明其定义、研究范围、发展脉络，然后再分门别类地把问题逐次展开，深入堂奥。他还注意各种学科之间的内在联系，从学科之间的比较研究中增加教材的深度。在《经学教科书》中，他用 12 章的篇幅专门论述了《易经》与文字学、数学、科学、史学、政治学、社会学、伦理学、哲学和礼制之间的关系，不仅丰富了教科书的内容，而且使《易经》阐述别开生面。刘师培吸收了外国教科书的长处，打破了旧式蒙学课本的体例，使用了章节体的表述形式。其优点是叙述问题能高屋建瓴、脉络清晰、层次分明，便于读者登堂入奥。

总之，刘氏编写的教科书，政治思想倾向进步，内容丰富而严谨，形式新颖，是当时较好的课本。不过除《伦理教科书》、《中国文学教科书》之外，其余三种教科书都没有编完。

（五）美学

王国维、梁启超、蔡元培对中国近代美学的贡献是人们比较熟悉的，而刘师培对美学问题的研究与阐述却很少有人提到。与王国维等人不同，刘师培并未侧重于对西方美学思想的宣传介绍，他的注意力主要集中在发掘和阐释中国传统美学思想方面。1907 年前后，他在《国粹学报》上发表了《中国美术学变迁论》、《论美术与证实之学不同》、《论美术援地而区》、《书法分方圆二派考》、《古今画学变迁论》、《舞法起于祀神考》、《原戏》等文章，在论述美术、舞蹈、书法、戏剧等艺术问题的同时，阐述了中国美学的一些问题。

刘师培认为人类的美学观念起源于艺术实践。他说："上古之民则鲜

①　刘师培：《经学教科书序例》，《刘师培全集》第 4 册，171 页。

知饰美。夫音乐、图画诸端，后世均视为美术。"① 美的观念与艺术一样，其发展受到学术、政治、宗教等因素的影响。在谈到美与艺术的关系时，他指出："古代之画，大抵与学术相辅，不仅视为美术之一端。……古人象物以作图，后世按图以列说，图画二字为互训之词。"② 他对先秦诸子的美学思想作了考察，认为老庄、韩申各派所主张的"返璞归真"带有轻视美术的倾向，与美学发展趋势相违背。儒家则强调礼乐仪式，保存了一些美的形式和内容。他说："古代之美术寓于仪文制度之中者，亦随礼而仅存，此则儒家之功也。"③ 在艺术与宗教的关系问题上，他提出舞蹈来源于上古的祀神活动。巫祝"以舞降神"就是后世舞蹈艺术的原始形式，并钩稽群籍，旁征博引论证了这一观点。他从文字学的角度考证了"巫"字与"舞"字在字形字义上的联系，又从历史学的角度论证了从"降神"到"乐舞"的演变，指出：

> 舞乐降神之典，至今犹存，而古人之乐舞已开演剧之先。此固班班可考者也。东周以降，而巫与伶分，然《春秋》之言祭礼也，必兼及舞佾……是则掌乐之官，必兼治巫官之学……近人仅知乐舞之法足备美术之观，而古代用舞法以降神则无有知之者。④

值得注意的是，在美与政治的关系方面，刘师培能够意识到阶级对立、阶级差别对美学观念产生的影响。他说：

> 惟君民悬隔，判若天壤。君主崇美以饰观用，表尊严之象，而民

---

① 刘师培：《中国美术学变迁论》，《左庵外集》卷十三，《刘师培全集》第 3 册，434 页。
② 刘师培：《古今画学变迁论》，《左庵外集》卷十三，《刘师培全集》第 3 册，442 页。
③ 刘师培：《中国美术学变迁论》，《左庵外集》卷十三，《刘师培全集》第 3 册，435 页。
④ 刘师培：《舞法起源于祀神考》，《左庵外集》卷十三，《刘师培全集》第 3 册，446 页。

间习尚则直质寡文。是则在上之人以美术自私，而在下之民罔知审美。此美术所由无学也。①

由此可见，他对美学观念在阶级社会中所特有的阶级性已有朦胧意识。这是与王国维美学思想的不同之处。刘师培还看到人类的美感是随着社会发展、文明进步而不断变化的。民智的开发必然会导致人们审美要求的提高。由朴而华、由简而繁便是这种变化的必然趋势。他指出：

> 盖文学之进化，随民智而变迁。古代人民，事必证实。所书所笔，必以闻见所及者为凭。后世民智日瀹，遐想所寄，见闻而外，别有会心。由是默运神思，独标远致，诗歌既然刓于图画。此古代之图画所由与后世之图画不同也。②

他具体比较了汉晋两个时期人们在审美情趣方面的不同："盖汉人重庄严，晋人则崇疏秀；汉人贵适度，晋人则贵自然；汉人戒求新，晋人则崇自得。并举以观，可以知晋代美术之进矣。"③

（六）历史

刘师培在史学方面取得的成就是多方面的。在这一时期，他受到新史学思潮的感染，在史学领域展开了多方面的研究，写下许多见解独到的著作，诸如《中国古代史教科书》、《周末学术史序》、《古政原论》、《古政原始论》、《中国民族志》、《两汉学术发微论》、《汉宋学术异同论》、《周代官制发微》、《春秋时代官制考》、《论历代中央官制之变迁》、《汉代法制发微》、《氏姓发微》、《论考古学莫备于金石》、《中国古用石器考》等。这些

---

① 刘师培：《中国美术学变迁论》，《左庵外集》卷十三，《刘师培全集》第3册，434页。

② 刘师培：《古今画学变迁论》，《左庵外集》卷十三，《刘师培全集》第3册，443页。

③ 刘师培：《中国美术学变迁论》，《左庵外集》卷十三，《刘师培全集》第3册，435页。

作品涉及中国通史、思想学术史、政治史、民族史、考古史等方面的内容。

刘师培赞同进化论和西方近代政治学说，并以此作为阐述历史的重要观点。他虽然对人类社会历史发展的规律缺乏理性的认识，但是能够把社会历史看做一个进化发展的过程。他认为从"官天下"到"家天下"是古代社会变化的一个趋势。他说：上古之世虽然有君主，"然君由民立之义，实为古人所尽知，故古代称君主也，与国家、团体无异，所谓天子曰兆民也"，实行禅让制度，是所谓"官天下"。后来，"禹以天下传启，始确定君位传子之法……天下为一姓之私产。"① 这些论述大体反映了中国历史从以"公天下"为特点的原始社会，向以"家天下"为代表的阶级社会转变的过程。刘师培用民主思想观念揭示了"君权神授"观念形成的历史根源，皆源于君主为巩固自己的统治地位而"夺人民祀神之权"所致。他说：

> 上古之时，君主即为教主。……君主者，以天神自居者也。人民既以神圣视帝王，故帝王即以神道设教，凡施行赏罚，皆自言受命于天，使人民因尊天之故，而莫不尊君。观颛顼之世，绝地天通，使神民异业，所以夺人民祀神之权，归之君主。然君主所以握有此权者，则以受历数于天之故，既受天历数，则君位不可复更。此古代臣民所由以君权为神授也。惟其以君权为神授，故君权自崇，而人民之迷信亦愈深。岂不深可叹哉！②

他进而指出了古代社会存在着阶级压迫的现象，初步探讨了商周社会等级制度的内容及演变。他认为：中国社会的"阶级制度实起源于中古，而盛行于周代。"③ 社会的"居上位者"即包括君主、诸侯、群臣在内的统治集团掌握着祭祀、行政、军队、经济、教育大权。广大民众则处于被统

---

① 刘师培：《中国历史教科书》，《刘师培全集》第 4 册，278 页。
② 同上书，294 页。
③ 同上书，329 页。

治地位。其中最悲惨的是奴隶，他说：

> 昔匈奴名奴婢曰货，财产奴隶，语无区别，中国古代亦然。观《周礼》质人掌民之质，剂此古代鬻奴之确证……则三代之时，视奴隶亦为财产之一矣。……况西周之世，尊君抑民，以为率土之滨，莫非王臣。四民之制既严，十等之名复立，平民、贵族荣悴殊观。此阶级制度所由当废也。①

他能够用近代阶级观念解读古代历史文献，探讨古代社会的阶级与阶级关系问题，这在 20 世纪初的中国学界可谓是难能可贵。

刘师培治史思路十分开阔，不仅重视对历史文献典籍进行研究，而且还善于利用碑帖金石之类古代遗物考察历史，强调其佐证历史的重要性。封建时代的官宦文士向有收藏碑帖金石之类历史文物的嗜好。宋代以降此风日炽，遂兴起所谓金石学。不过士大夫收藏古物大多是为了"鉴赏"，至多是"意有所寄，借物兴怀，用以散郁结、遣岁时已耳"②。刘师培则不然，他把金石学纳入历史学范围，称之为考古学。在《论考古学莫备于金石》一文中，他论述了金石学历史，认为在近代以前"鉴别真伪，考订先后，于鉴赏之中未尝不间寓考古之意，然其时考古之学尚疏。考古之学始于近代。以为吉金乐石，古器仅存，足以发思古之幽情，而好古嗜奇之彦，于山厓屋壁又时有创获。椎拓考藏，使宝刻之文复显，若传录文字，亦足为考古之资。由是考释之学兴"。顾炎武、黄宗羲、钱大昕、阮元等学者对碑帖钟鼎的收藏考究，是"于考古之中兼寓赏鉴之意，可谓证实之学矣"③。但刘师培又认为在这方面的研究"前儒所言，尚多未备"，仍需后人"尚其理董而补正之"。他本人就利用古物考证了很多历史问题。如旧说认为西汉时代引用儒经多用今文经，鲜据古文经。刘师培通过研究汉代古碑文提出了异议。他说：

---

① 刘师培：《中国历史教科书》，《刘师培全集》第 4 册，330 页。
② 刘师培：《论考古学莫备于金石》，《刘师培全集》第 3 册，424 页。
③ 同上。

华岳庙碑曰："《周礼》识方氏。欧阳修《集古录》谓字画分明，必非伪缺。疑当时《周礼》之学自如此。案职识均从戠声。古字通假，犹庄子缮性笺心与心识，向秀本作职。足证《周官》经之文已为汉碑所引，并足证《周官》易名《周礼》，东汉儒生相沿积久，已与西汉殊称矣。"①

在清末，刘师培主要以年轻革命宣传家的身份活跃在思想政治领域。他以敏捷的才思、渊博的学识、勤勉的治学精神，在短短的数年间撰写了大量涉及学术问题的论著。这些著作或考辨异同，或阐发微言，或探索新理，发前人未发，在许多领域的研究上都提出新见，对中国近代学术的更新与发展作出了积极的贡献。有人评价他治学"无所不窥"②、"手不释卷，而无书不览"③，并非溢美之词。

二、近代学术研究的思想特色

鸦片战争以后，中国社会开始发生根本性的变化，传统学术文化也随之变更，封建时代的古学逐步为近代新学术所取代。刘师培正处于这个历史转变时期，他的学术活动带有鲜明的时代特色。在传统儒学的师法家法的基础上，他广泛地吸取了西学的新理论、新方法，逐渐摆脱传统儒学的影响，形成了自己新的学术风格。

1903 年前后是刘师培学术思想发生重大变化的时期。他与一些进步学者交往甚密，备受感染。尤其"交余杭章炳麟太炎，学益进。"当时有"二叔之目，缘炳麟初学枚叔也"④。同时，他还大量阅读东西洋哲学、社会政治学等书籍，如《天演论》、《社会学》（日本岸本能武太著，章太炎

① 刘师培：《论考古学莫备于金石》，《刘师培全集》第 3 册，425 页。
② 陈钟凡：《刘先生行述》，《刘师培全集》第 1 册，15 页。
③ 尹炎武：《刘师培外传》，《刘师培全集》第 1 册，17 页。
④ 同上书，16 页。

译)、《古教汇参》、《国家学原理》（日本高田氏著）、《穆勒名学》（英国约翰·穆勒著，严复译）、《民约论》（法国卢梭著，杨廷栋译）等，考求新学理。从思想理论到治学方法都受到深刻的影响。因此，在 1908 年以前，当他还是一位革命者的时候，能够自觉地把自己的学术活动与资产阶级民主革命结合起来，在宣传反满革命和反封建专制主义方面发挥了积极的作用。

首先，刘师培治学有着比较明确的政治目的。20 世纪初，在以孙中山为首的革命派推动下，反清革命日益高涨。正如冯自由所说："庚子以后，东京留学生渐濡染自由平等学说，鼓吹革命排满者日众……革命出版物风起云涌，盛极一时。在壬寅（清光绪二十八年）上海苏报案前后，已渐入于革命书报全盛时期矣。"① 刘师培在与章、蔡等人相识之初就接受了反满革命思想，主张"攘除清廷，光复汉族"②，并更名"光汉"，以明其志。在这种思想的支配下，他撰写了许多著作鼓吹反对异族统治，恢复汉人的国家。他在《黄帝纪年说》一文中提出用黄帝纪年取代当时的王朝纪年。因为黄帝是"吾四百兆汉种之鼻祖"，"欲继黄帝之业，当自用黄帝降生为纪年始"③。他的这一主张受到一些革命党人的赞同。同盟会机关刊物《民报》就采用了黄帝纪年系统。集中反映刘师培反满革命思想的著作是他写于 1903 年的《中国民族志》和《攘书》。

《中国民族志》共有 18 章，主要章节有"亚东民族述略及汉族之起源"、"秦之统一及与匈奴之关系"、"五胡侵入时代"、"蒙古族之内侵"、"满族之内侵及汉族之谋光复"、"白种之侵入等"等，论述了汉族的起源和形成，汉族与其他民族的关系及其消长盛衰，侧重于探讨历史上匈奴、蒙古族、满族对中原地区的侵袭及近代西方列强对中国的入侵。他揭露满族入主中原，"驱满族、蒙古族之兵驻防各省，号为旗民，而四百兆之汉民遂为数百万满人所制"。数百年来"吾汉族光复奇功，终成画饼"，原因在于：一是"由汉族助异族，戕同种也"，即汉族中出了像曾国藩、左宗

---

① 冯自由：《革命逸史》初集，11 页。
② 《刘申叔先生遗书·总目》，《刘师培全集》第 1 册，5 页。
③ 刘师培：《黄帝纪年说》，《左庵外集》卷十四，《刘师培全集》第 3 册，467 页。

棠那样的"叛党",帮助满族屠杀自己的同胞;二是"满族引白种戕黄种也",即清政府勾结外国侵略者镇压反清革命。其后果直接导致引狼入室:"满族用西军以来,西人势力浸及支那。故西人之内侵皆满族有以启之也。"①

刘师培不仅指出了满汉矛盾,而且强调了西方列强对中华民族的侵害,把排满与反对西方列强侵略结合起来。他说:

> 然则汉族自振当何如?曰亦唯有保同种、排异族而已。不能脱满清之羁绊,即无以免欧族之侵陵。居今日而筹保种之方,必先自汉族独立始。②

也就是说推翻清朝统治不仅与摆脱西方列强压迫的民族解放目标相一致,而且是振兴中国的当务之急。

资产阶级民主政治是刘师培向往的政治目标。这一政治追求曾一度左右了他的学术思想。他于1903年写成的《中国民约精义》就体现了其政治思想与学术思想的有机结合。该书共三卷,凡五万余言。作者从儒学典籍、先秦诸子以及后世的著名学者董仲舒、柳宗元、顾炎武、黄宗羲、王夫之、龚自珍、魏源等人的著作中,辑录了有关反封建专制、赞同民主自由的论述180余条,均用卢梭《民约论》中的观点进行分析排列、考其得失,寓民主革命思想于历史资料之中,宣传了主权在民、天下为公、反对君主专制、实行法制主义的思想主张。此书撰成后,与邹容的《革命军》、陈天华的《警世钟》、《猛回头》等宣传革命思想的小册子风行海内,刘氏也因此而获"东方卢骚"的美称。

刘师培在此期间所写的学术类论著,立意新颖,竭力从古学中发掘具有近代民主平等精神的文化因素,沟通了古学与今学、中学与西学之间的联系,为中国学术文化的新陈代谢进行了有益的探索。

---

① 刘师培:《中国民族志》,《刘师培全集》第1册,622页。
② 同上书,626页。

北京师范大学史学探索丛书

其次，在治学方法上，刘师培作为清代扬州学派的后继者，固然继承了传统汉学训诂、辨析、考证的技巧和严谨、求实的学风，同时又吸收了西学中的一些治学方法，在晚清学坛独树一帜。

刘师培视进化论为一种思想理念和一种方法论，这在他的学术研究之中有所体现。在历史研究中，他用进化论的观点把研究对象看做一个发展变化的过程，按照事物的发生、发展和衰亡的演变顺序来探讨其中的规律性。他说：

> 西国史书多区分时代，而所作文明史复多分析事类。盖区分时代近于中史编年体，而分析事类则近于中国三通体也。①

在《经学教科书》、《中国历史教科书》等著作中，他按照进化论的观点把历史分成不同的时期，详细叙述其过程，阐明其特点。他把经学历史分成四个时期（先秦时期除外）：两汉时期、三国至隋唐时期、宋元明时期、近儒时期，并对经学在各个时期的特点作了概括。两汉时期的经学主要是今文古文之事，"各有偏长，不可诬也"。六朝以降，经学分北学、南学两派，北学崇实际，南学尚浮夸。唐人"黜北学而崇南学，故汉训多亡"。宋明说经喜言空理，不遵古训，武断亦多。近儒说经崇尚汉学，或掇拾故籍，或探究微言，均有所发明。"故说经之书至今日而可称大备矣"②。该书第一册作者从总体上论述了经学在各个时期发展的沿革脉络，第二册则具体阐述《易经》奥义，把宏观的概括与微观的探奥结合起来，读后给人耳目一新之感。

在 20 世纪以前，流行的学术思想史著一般采用以人物学派为中心的体例编写。黄宗羲的《明儒学案》、《宋元学案》就是以王朝兴替为断限、以人物为中心、以学派源流为线索而编撰的。这种写法虽然长于表现单个学者或学派的情况，但却难于从整体上反映思想学术的变化规律和特点。刘

---

① 刘师培：《中国历史教科书凡例》，《刘师培全集》第 4 册，275 页。
② 刘师培：《经学教科书序例》，《刘师培全集》第 4 册，171 页。

师培批评说，这种写法只能考证学术史上的具体问题，"而非诸子义理学也"。为了探索编写学术史的新思路，刘师培撰写了《周末学术史序》，大胆破除了旧的编写体例，把先秦诸子百家纳入近代学科分类的框架之中，形成一部"较前儒家学案之例稍有别"① 的学术史新作。他以新的学科分类对诸子百家的资料重新作了归纳，列出心理学、伦理学、论理学（逻辑学）、社会学、宗教学、政法学、计学、兵学、教育学、理科学、哲理学、术数学、文字学、工艺学、法律学、文章学十六类学科，阐述诸子百家的学术思想与成就，并对各家主张进行了分析对比，评判其优劣长短，将学案"以人为主"的旧体例变为"以学为主"的新体例，为中国学术史编写体例的创新进行了新的尝试。

刘师培认为改进治学方法，从根本上说来就是要学习和掌握近代逻辑学（亦称论理学）。他说：

> 论理学即名学。西人视为求真理之要法，所谓科学之科学也。而其法有二：一为归纳法，即由万殊求一本之法也；一为演绎法，即由一本赅万殊之法也。②

刘师培与严复不同，没有热衷于介绍西方逻辑学，而是把主要精力用于发掘中国传统学术中的逻辑思想，从中掌握科学的方法。在先秦诸子中阐发逻辑思想的代不乏人，而刘师培最推重荀子。他说：

> 中邦古代学术，其确守秩序者，厥惟名学。言名学者不一端，而精析其理者，厥惟荀子。

在他看来，无论是归纳逻辑，还是演绎逻辑，《荀子》一书"早明斯义"，"洞见本原"。因此他在《荀子名学发微》对《荀子·正名篇》中的15条话

---

① 刘师培：《周末学术史序》，《刘师培全集》第 1 册，501 页。
② 刘师培：《攘书》，《刘师培全集》第 2 册，17 页。

语作了详细的辨析，"阐发隐词，以补前儒之略，使中邦名学不致失传，或亦表彰绝学之一助乎"①。

再次，不立门户，博采百家的治学风格。旧儒治学最重家法师法，今古文对立，汉宋学水火。陋儒偏执一端，排斥异己，鲜有能够融会贯通各家学说的通才全学。刘师培虽然尊信古文，却未沾染旧儒这一积习，在治学中恪守不立门户之见的态度。在对待西学和今文经学的问题上，他采取了比较开明的态度，只以学术的是非定取舍，不以学术的异同分亲疏。20世纪初，今文经学盛行于世，受到许多治古文学的学者的责难。刘师培却不盲目屏斥今文经学，恰恰相反，他有选择地在自己的论著中引用了今文经学的一些材料，阐发其意，表现出学术上的宽容与大度。在《中国民约精义》中，他引证并发挥了《春秋公羊传》"春秋讥世卿，世卿非礼也"一语，认为所谓"世卿"是指贵族政治，"讥世卿"是"复言贵族政治之利弊"。这句话包含了伸张民权、废除贵族政治的意思，与卢梭《民约论》和《墨子》"进贤"的精神相一致。他写道：

> 公羊所言，殆寓伸民权之意乎。观于春秋以降，贵族灭亡，人民皆有进身之级，未始非《春秋》之功也。②

此外，在《周末学术史序》、《攘书》、《经学教科书》、《中国哲学起源考》等著述中都有类似的情况，最具典型意义的是他写的《群经大义相通论》一书。在书中，刘师培旁征博引，详尽地论述了《公羊春秋》与《孟子》、《公羊春秋》与《齐传》、《毛诗》与《荀子》、《左传》与《周易》与《周礼》在内容上的相通之处，异中求同，别出新意。他对古今文经学的争论不以为然，提出："汉初经学，初无今古文之争也，只有齐鲁学之别耳。"其用意在于反对盛行于学界的门户之见，批评后儒"始拘执一经之言，昧于旁推交通之义，其于古人治经之初法去之远矣"，提倡"非通群

① 刘师培：《荀子名学发微》，《左庵外集》卷九，《刘师培全集》第3册，316页。
② 刘师培：《中国民约精义》，《刘师培全集》第1册，563页。

经即不能通一经"① 的治学方法。他在《经学教科书》进一步指出："大约古今说经之书，每书皆有可取处，要在以己意为折衷耳。"② 这可以说是做学问的至理名言。当然，刘师培对今文经学也有一定的批评，主要反映在《论孔教与中国政治无涉》、《论孔子无改制之事》、《汉代古文学辨诬》等文章中。考其内容并非完全反对今文经学，主要是批驳康有为等人在发挥今文经学中提出的一些穿凿附会的观点，诸如"孔子改制"、"以孔学为孔教"、"古文经皆刘歆伪造"等说法。

三、不可忽视的历史作用

19世纪末20世纪初是中国近代社会发生深刻变化的时期，也是中国传统文化的裂变时期。在资产阶级民主运动和西方思潮的冲击下，封建传统文化的支柱——孔孟之道开始发生动摇，传统文化日益衰败下去。与此同时，以科学与民主为核心内容的近代新文化开始兴起，并迅速发展起来。刘师培正处于这个历史变革时期，他的思想及学术活动恰恰反映了这一历史变革，适应了时代潮流的发展。从上面的论述我们可以看到，前期的刘师培在思想文化领域内所起的作用是积极的，其贡献也是多方面的，可以归纳为以下几点：

其一，前期的刘师培不仅是一个学问家，而且是一个革命者。他的思想基本倾向是进步的，并对其学术活动产生了很好的影响。在这个时期，刘师培把进步的政治观点与学术研究有机地结合起来，写下了一系列洋溢着革新气息的文章。这些文章或鼓吹反清革命，或倡导自由平等，或阐发保种保国，较好地宣传了革命派所主张的民族主义、民权主义。基于这种进步立场，他对孔学采取了批判的态度，把孔子从"圣人"降为凡人，把孔学从"圣经"的高位降低为普通学术，并且评判其优劣得失。这种做法本身就是对儒学的一种挑战。历史证明，中国传统文化的更新，近代新文

北京师范大学史学探索丛书

---

① 刘师培：《群经大义相通论序》，《刘师培全集》第1册，345页。
② 刘师培：《经学教科书序例》，《刘师培全集》第4册，171页。

化的建立，离不开对传统儒学体系的批判清理。只有打破儒学本位观念，才能把中国人的思想从中世纪封建专制主义禁锢下解放出来，确立起近代文化的思想基础。刘师培对孔学评判正顺应了这一历史潮流。

其二，前期的刘师培思想上进，眼界开阔，富有创新精神。他在短暂的时间内以惊人的毅力和速度，写下大量作品，在文化学术的很多领域披荆斩棘，开拓新地，发前人所未发。他写的大量阐述经学、诸子学的著作是我国近代学者撰著的最早的学术成果之一。他编写的五种教科书是我国近代教育草创时期质量较高的教学课本。在哲学、文字学、美学、史学、文学、艺术、逻辑学等方面，他都发表过许多文章，提出一系列有价值的观点。钱玄同在总结我国 1884 至 1917 年间的文化学术事业时指出：在这个时期可称为"最为卓特者"有十二位学者，他们是康有为、宋恕、谭嗣同、梁启超、严复、夏曾佑、章太炎、孙诒让、蔡元培、刘师培、王国维、崔适。而"此黎明运动中之刘君，家传朴学，奕世载德，蕴蓄既富，思力又锐，在上列十二人中，年齿最稚"[①]。如果这一说法成立，称刘师培为中国近代新文化、新学术的一位奠基人是不为失当的。

其三，作为扬州学派之殿军，刘师培在继承汉学严谨、古雅学风和朴实、严谨治学方法的基础上，积极地吸取了西学的一些理论和方法，将二者结合在一起，在一定程度上改变了传统儒学的师法家法。他从事的很多学术研究中，都运用了新的理论和方法去整理、改造传统学术文化，不仅不同于旧式儒者，而且也与某些新派学者有所不同。如果把梁启超与刘师培比较一下就会发现，梁氏"学问文章为天下之冠"[②]，人称刘氏"著述之勤，贡献之富，殆未有如刘君者也"[③]。二者在才思、勤奋、博学、成果等方面均不相上下，但治学风格却迥异不同。梁启超论学虽然大气磅礴，才华横溢，但有些论著不免失于肤浅，时有疏漏。刘氏则恰恰相反，治学以严谨缜密闻于世，与章太炎非常类似。正由于此，他亦被认为是清末民初为数不多的"国学大师"之一。正如丁惟汾所说：

---

① 钱玄同：《刘申叔先生遗书序》，《刘师培全集》第 1 册，27 页。

② 李国俊编：《梁启超著述系年》，11 页，上海，复旦大学出版社，1986。

③ 黎锦熙：《刘申叔先生遗书序》，《刘师培全集》第 1 册，26 页。

近数十年来，学者根柢不及前人，而求功则欲驾乎其上。于是挟私见，矜异闻，附会穿凿，莫可究结。其笃守家法，敦古不疑，岿然作清儒后劲者，惟余杭章太炎、蕲春黄季刚与申叔数人而已。而覃思冥悟，以申叔为最。自季刚以下，皆尊师之。①

尽管刘师培早期在学术上取得一些成就，但也难以避免历史局限性，存在一些缺陷，主要如下：

其一，在阐述历史问题的时候带有一定狭隘的大汉族主义偏见。他所著《中国民族志》、《攘书》等论著尽管表达了强烈的反清革命思想，但主要是立足于传统"夷夏之辨"观念来谈论民族主义，把汉族与中国、少数民族与外国等同起来，混淆了民族与国家的界限。甚至提出中国"以大夏名国"，其理由是中国是由华夏民族所构成，以示与"四夷"的区别。他说："中国无国号。所谓国号者乃一代之号，亦即一姓之号也。故随时递变，无一定之称。中国而欲自强，非以大夏名国不可。"②

其二，对孔学批判不彻底，作了较多的保留，肯定了不少传统思想中的封建性糟粕。刘师培反对独尊儒术，恢复孔学以普通学术的本来面目，向近代新文化迈出了可喜的一步，但是由于他受传统儒学影响太深，对孔孟之道未作深入批判。《孔学真论》一文虽然批评了孔学的"四弊"，但仍承认："以周秦诸子取之，则因未有出孔学之右者矣"。孔学本身是很好的，"其书皆经世之书，孔子之初拟求行其道于世，及世不见用，乃垂之空言。六艺者皆古圣王之政典也"。他认为问题在于后儒歪曲了孔学真髓，未能将孔学付诸实行："后儒不知孔子之学。于是有扬雄、王通之拟经、有宋明儒者之空说。此皆徒得孔学之迹者也"③。由于他对孔学的封建性缺乏足够的认识，因此把传统文化的许多封建性的糟粕当做"国粹精华"保存下来，成为他思想和学术事业进步的阻碍。以致在他的后期竟与封建复

---

① 丁惟汾：《刘申叔先生遗书序》，《刘师培全集》第 1 册，24 页。
② 刘师培：《攘书》，《刘师培全集》第 2 册，2 页。
③ 刘师培：《孔学真论》，《左庵外集》卷九，《刘师培全集》第 3 册，312～313 页。

辟势力沆瀣一气，为袁世凯复辟帝制张目，并打着"整理国故"的旗号对抗新文化运动。

其三，由于以上原因，刘师培对有些问题的论述不能完全摆脱传统思想的窠臼，带有表面化、简单化的缺点。例如他写《中国民约精义》，"搜国籍，得前圣曩哲言民约者若干篇，篇加后案，证以卢说，考其得失"[①]。该书固然发掘了不少蕴藏于中国古代思想中的民主性因素，这种研究无论从哪个方面来说都是有意义、有价值的。但是有不少论述则是牵强附会，把古人的思想现代化。例如，认为"三代之时为君民共主之时代"、《尚书》提出"以民为国家之主体，以君为国家之客体"的思想、《易经》的宗旨是"君民一体"等，都存在拔高古人思想的弊病。这种说法无非是要证明西方的民主思想中国自古就有，实行民主制度与古义不悖。显然，这是"西学源于中学"论在新的历史条件下的翻版。

最后，再就有关评价刘师培的问题谈一些看法。刘师培是一个复杂而充满矛盾的历史人物，既有光彩照人的革命经历，又有卑鄙龌龊的行为劣迹，集光荣与可耻、功绩与罪行于一身。对此，我们不能采取任何简单化的做法，用一个方面去代替或掩盖另一方面。既不能因他有变节行为而否定其在学术文化上的作用，也不能以其革命的前期活动和在近代文化方面的贡献而掩饰其在政治上的堕落，而应该本着历史唯物主义精神进行实事求是的科学分析，还其历史的本来面目，作出符合实际的评价。在这方面鲁迅先生给我们作出了榜样。对于刘师培的变节行为和以"国粹"对抗新文化运动的守旧言行，鲁迅先生嗤之以鼻。鲁迅在给钱玄同的信中指出：

> 中国国粹，虽然等于放屁，而一群坏种，要刊丛编，却也好不足怪。该坏种等，不过还想吃人，而竟奉卖过人肉的侦心探龙做祭酒，大有自觉之意。[②]

---

① 刘师培：《中国民约精义序例》，《刘师培全集》第1册，560页。
② 《鲁迅致钱玄同信》，转引自李新等主编：《民国人物传》第1卷，385页，北京，中华书局，1978。

这段话中所说的"侦心探龙"就是指刘师培。鲁迅在否定了刘师培政治堕落的同时，也实事求是地肯定了他在学术研究中所取得的成就。如鲁迅肯定了刘师培著的《中国中古文学史》的学术价值，指出："我看过已刊的书（案：指中国文学史一类的书）无一册好。只有刘申叔的《中古文学史》倒算好的，可惜错字太多。"① 他还向读者推荐这部著作："研究那时（指魏晋时期）的文学，现在较为容易了，因为已经有人做过工作……辑录这时代的文学评论，有刘师培的《中国中古文学史》……对于我们的研究有很大的帮助，能使我们看出这时代的文学的确有点异彩。"② 鲁迅对建安文学的研究就借鉴了刘师培的一些观点。在这里，鲁迅并没有因人废言，而是采取了实事求是的态度，分清功过，区别对待。这些论述对于我们客观地评价刘师培不无启迪意义。

---

① 《鲁迅全集》第 9 卷，350 页，北京，人民文学出版社，1980。
② 《鲁迅全集》第 3 卷，380 页。

第二十二章　王韬与近代西学的传播

　　王韬是近代中国鼓吹维新变法的进步思想家，也是积极向西方寻求救国真理，倡导西学的先进人物。特别在19世纪七、八十年代，他不遗余力地用各种方式宣传、介绍西学知识，为近代西学在华传播和中西文化交流作出了卓越的贡献。

　　王韬（1828—1897）初名利宾，字紫诠，遁居香港后易名韬，改字仲弢，江苏长洲人，出生于一个贫寒的知识分子家庭。他自幼在父亲的教诲下攻读经史，具有比较深厚的儒学根柢。但是，科举的腐败和家境的艰难迫使他不得不放弃举业，到上海谋生。

　　1849年，他在上海结识了主持墨海书馆的英国传教士麦都思，应聘入馆，担任翻译，开始接触西学。1862年，他因上书太平天国而遭到清政府的通缉。在西人的掩护下，他从上海逃到香港，又做了香港英华书院院长、英国传教士理雅各的翻译助手。

　　1867年，理雅各因事返国，邀王韬随行，"佐辑群书"[①]。1870年回国以后，他与同人在香港创办了《循环日报》，积极介绍西方社会各种知识，宣传改革思想。1879年，他应日本学者邀请，赴日游历。

　　王韬虽曾获罪于清廷，但他的交游很广，颇受洋务派官僚的垂青，得到庇护。1884年，由于清朝当局的默许，他回到上海居住。次年，被上海格致书院聘为书院掌院，主持教务。这是他在晚年从事的主要社会活动。在此后十余年中，他疾病缠身，深居简出，亦鲜著述，于戊戌变法前一年病逝于上海住所。

　　在政治上，王韬屡经坎坷，漂泊海外，报国无门，未能施展他的抱负和才华，而在文化方面，他却是一位引人注目的人物。他秉承文学，幼读经史，对中国传统学术有着较深的了解；他又与西人过从甚密，足涉域

---

　　① 王韬：《漫游随录·扶桑游记》，65页。

外，具有丰富的西学知识。他的学识是当时中国社会中的那些专攻举业、沉溺利禄的俗儒所不及的。再加上特殊的经历、交游与身份，使他在介绍和传播西学的活动中具有得天独厚的优势地位。王韬一生以文人处世，笔墨为业，著述等身，仅在《弢园文录外编》所附的著作目录中就收录了 36 种之多，其中还不包括他助译的基督教《圣经》和儒家经典。这是他对西学传播的主要贡献。另外，他的贡献还表现在从事办报、办学、对外交往等实际文化活动上。本章拟就王氏在这两方面的活动，作一些概要的论述。

一、传播西学的宣传家

1840 年第一次鸦片战争以后，西学卷土重来，开始在中国传播。在 19 世纪四、五十年代，西方的自然科学和一些世界史地知识零星、片段地介绍进来。60 年代以后，近代科技知识大规模地得到引进。尽管强大的守旧势力对西学持以排斥态度，但是，先进的中国人为了求强御侮，披荆斩棘，大胆求新，积极提倡西学。王韬就是其中的佼佼者。

王韬在与西人交游之初，就对西学产生了浓厚兴趣，用心加以考求。"凡铁甲船、火轮船、火轮车、枪炮、飞天球之制，以及算学、化学、重学无不融会于心"①。他独具慧眼，对西学击节赞赏："西儒之学贵乎物理不贯，无物不知。"② 从而痛感中学的陈旧落后，矢志于西学的传播。他发奋著书，写下了大量介绍西学知识的著作，其主要有以下几种：

《火器略说》，王韬与黄达权合译，成书于 19 世纪 60 年代初。黄达权即黄胜，与容闳同赴美国留学，通西文西学，和王氏相识于香港。书译成后，呈于监理广州制炮局的丁日昌。该书包括炼铁、造模、置炉、钻炮、验药五项内容，列有测量各表，并附有枪说。

《西国天学源流》，英国传教士伟烈亚力口译，王韬笔述，成书于 50 年

---

① 缕馨仙史：《瓮牖余谈序》，《瓮牖余谈》，光绪年间申报馆铅印本。
② 王韬：《西学辑存六种序》，《西学辑存六种》，光绪十六年（1890）淞隐庐铅印本。

代。书对西方天文学作了较为系统而扼要的介绍，包括欧洲古代天文学家泰勒斯、托勒密以及哥白尼、伽利略、牛顿等学者的天文学说。

《西学图说》，王韬辑撰。内分七章："太阳说"、"五星说"、"岁差图说"、"空气说"、"声学浅说"、"光动图说"、"曲线图说"。全书内容通俗易懂，附有图例，是介绍西方天文、地理的启蒙读物。

《西学原始考》，王韬辑撰。早在50年代，他在协助传教士艾约瑟编译《格致新学提纲》时，曾将西方各国的"象纬、历数、格致、机器有测得新理或能出精意创造一物者，必追记其始，即成一卷，分附于《中西通书》之后"①。是为《原始考》前身，后惜散佚。今存的《原始考》乃是日后重新收罗编辑的。书不分卷，记载了西方各国四千年间学术科技上的一些重大成就，是当时罕见的世界文化史大事记。

《重学浅说》，伟烈亚力口译，王韬笔述，成书于50年代。内有"重学原始"、"重学总论"、"总论重学之理"等章节，深入浅出地叙述了近代重学的基础原理。

《华商通商事略》，伟烈亚力口译，王韬笔述，叙述了自明万历年间至第一次鸦片战争期间，以英国为首的西方列强对华贸易概况。王韬编著的目的是探讨对列强的"驾驭之术"②。

《泰西著述考》，王韬辑撰。这是明末清初来华的西方传教士著述目录汇编，收录了92位外籍教士的210种著述，并扼要地记述了每个传教士的国籍、来华时间、主要活动等内容。

以上著作除《火器略说》外，其余汇编成《西学辑存六种》，于1889年刊刻行世。

《重订法国志略》24卷，王韬辑撰，成书于1870年，后又不断增订修改，愈趋完备。全书采用纪事本末体例，对法国开国纪元、王朝更替、资产阶级大革命、对外和战以及疆域总志、巴黎志、郡邑、藩属附志、广志等，分门别类，博采详述，是一部内容丰富而充实的国别史。

---

① 王韬：《西学原始考》，光绪十六年（1890）淞隐庐铅印本，50页。

② 王韬：《华英通商事略》，光绪十六年（1890）淞隐庐铅印本，18页。

《普法战记》20 卷，王韬辑撰，成书于 1871 年。作者依据报刊和其他文献资料，全面而详细地叙述了普法战事和欧洲局势，是当时国人了解世界大势的重要著作，不仅在国内广泛流传，而且在日本也产生了相当影响。

《翁牗余谈》8 卷，王韬撰，成书于 1875 年，是一部记载中外遗闻轶事的历史笔记。其中关于西学的记载颇多，被人誉为"经世之书"①。

《漫游随录》和《扶桑游记》均是王韬撰写的私人游记，分别记述了他出游欧洲和日本的所见所闻。

除上述诸书外，他还辑撰有《西古史》、《西事凡》、《西溟补乘》等涉及西学的书籍，多已散佚，不复稽考。但是，从他在《弢园著述总目》所写的内容简介可知，这些佚书都是介绍西国"疆域之沿革，世代之迁移，邦国之分合，学术之源流"② 的力作。

二、引进西学的文化活动家

王韬不仅是一位鼓吹维新变法，介绍西学的宣传家，还是一位从事近代进步文化事业的实际活动家。他除大量翻译撰著了各种介绍西学的著作外，还从事创办报刊、举办教育、与外人交流学术等活动，为近代中国文化事业和中西学交流增光添彩。

王韬与同人创办的《循环日报》是中国近代最早由华人经营的报纸之一。先是香港英华书院内设有印刷所，自制铜模活板，印刷《圣经》，由理雅各兼任监督。1871 年，香港政府创办皇仁书院，聘理氏为校长，英华书院因接任乏人，一度停办。于是，院内印刷铜模便由王韬等人集股购买，组建起中华印务总局。1874 年 1 月，王韬等人将印务总局改组成《循环日报》。王为主笔，由洪干甫与王之婿钱昕伯等辅之。该报所载内容很杂，新闻常占全报篇幅的三分之一。区分三栏：首栏选录《京报》，次栏

---

① 缕馨仙史：《瓮牗余谈序》。
② 王韬：《弢园文录外编·附录》。

为"羊城新闻"，又次为"中外新闻"。每日报首有时论文章一篇，多为王韬所撰。自 1874 至 1884 年，王韬大部分时间都在该报工作。他用"遁窟废民"、"天南遁叟"、"弢园老民"、"欧西寓公"等笔名，连篇累牍地发表政论文章，如《变法》、《变法自强》、《重民》、《尚简》、《琉球不足辨》、《宜索归澳门改》等篇。他编辑的《弢园文录外编》所收录的一些文章，就是在此期间为该报撰写的稿件。

王韬论述所及范围很广，但大都是围绕一个中心问题，即学习西方、变法自强而展开的。他不仅主张在经济和政治领域实行资本主义改革，还主张废除时文，变革科举，推广西学，发展新兴的资本主义文化事业。他认为：只有兴西学才能救科举之弊，济人才之乏，建议在学校中设文学、艺学两科。文学"即经史掌故词章之学也"，也就是传统中学。艺学"即舆图、格致、天算、律例也。舆图能识地理之险易，山川之阨塞；格致能知造物制器之微奥、光学、化学悉所包涵；天算为机器之权舆；律例为服官出使之必需，小之定案决狱，大之应对四方，折冲樽俎。此四者总不外乎艺也。"① 这里所说的"艺学"就是近代自然科学的代名词，他强调的"文学"即中学并非是当时的腐儒所孜孜以求的八股制艺等无实无用之学，而是指鸦片战争前后地主阶级改革派所提倡的"经世致用"之学，并将它与"艺学"即西学相提并论，都列作士子就读的基本内容。在科举制独霸天下的时代，主张以西学济科举，将中西学熔于一炉，这是对封建守旧思想的一个有力冲击。

1884 年，王韬回到上海定居，一度担任《申报》编纂。次年，他又创办木活字印书馆，取名"弢园书局"。同时，应唐廷枢、傅兰雅等人聘请担任上海格致书院监院。

格致书院正式成立于 1876 年 6 月，是由中外学者共同主持的讲求科学的学术教育机构。实际经办人原来是中国科学家徐寿和英国传教士傅兰雅。1884 年，主管院务的徐寿逝世，兼通中西学的王韬便成为书院掌院最理想的人选。

---

① 王韬：《变法自强中》，《弢园文录外编》，39 页。

在王韬的主持下，格致书院的工作有了较大起色。为使学生"专心致志，触类旁通"，他严明课试，"每年分四季为课期，由余请于当道出题课士，即由当道视其优劣评定甲乙，列前茅者例拨院款给以奖励"。① 1889年，又增设由南洋大臣命题的春秋两季特课。命题者先后有李鸿章、刘坤一、盛宣怀、胡燏芬、薛福成、龚照瑗、郑观应等人。王韬不仅主持此事，还亲自评卷，对后进精心指教，诱掖奖劝。他曾把书院历年的优秀答卷汇编成册，辑成《格致书院课艺》一书。该书分36类，计有富强、格致、学术、西学、测算、化学、宗学、议院、书院、疆域、职官、人才、海军、防务、税则、刑律、农事、荒政、商务、工商、银行、钱币、丝茶、养蚕、纺织、洋药、邮政、船政、轮电、铁路、制造、医学、善举、条约、教务、外洋，几乎囊括了当时国家的全部时务，反映出书院求实务实的办学新风。从答卷内容来看，书院学生眼界开阔、思想活泼、见解新颖，与在旧式书院就学的士子具有迥然不同的风格。书院学生对西学的认识比当时一般人要深刻。士子杨选青在谈到西方格致学发展源流时说：

> 西学格致始于希腊之阿卢力士托德尔。至英人贝根之书出，其学始精。逮达文，施本思之说行，其学益备。②

今天看来，他把西学渊源归结为亚里士多德，不免带有稚气，但是，这种认识要比当时流行的"西学出于中源"说高明得多。书院还注意引导学生了解、掌握西学中的科学方法。有的士子对试验法深表赞赏：

> 举凡天文、地理、机器、历算、医、化、矿、重、光、热、声、电诸学，实试实验，确有把握，已不如空虚之谈……盖格致学者事事求其实际，滴滴归其本源，发造化未泄之符，寻圣人不传之坠绪，譬

---

① 王韬：《格致书院课艺原序》，清光绪二十四年（1898）上海图书集成印书局铅印版。

② 王韬编：《格致书院课艺·西学类》第2册，7页。

如漆室幽暗而忽然一灯，天地晦冥而皎皎然日出。①

在中日甲午战争之前能够有这种见解是十分难能可贵的。

在 19 世纪六、七十年代，王韬两度出国，直接从事中外学术文化交流的活动。1867 至 1870 年，王韬对英、法等国作了游历访问。他不仅"览其山川之诡异，察其民俗之醇漓，识其国势之盛衰，稔其兵力之强弱"。②而且对西方社会的文化教育作了大量考察。他参观了这些国家的学校、图书馆、印书馆、博物馆、博览会以及观看西方的戏剧舞蹈，眼界大为开拓，思想发生了深刻变化。在此以前，他对西学的先进性的认识还有很大局限性，曾说过：

> 天算推步之学，中法固远不逮西法，今法固不胜于古法，以疏密之不同也。顾韬以为古法有用而今法无用。今法易时必变，而古法可以历久无弊。何则？愈新奇故也。新益求新，奇益求奇，必有以别法驾乎其上者，故今法不逾二百年必悉废矣。③

由此可见，他虽然承认中国的"天算推步之学""远不逮"西方，但是，却又认为西方的"天算推步之学"在使用的时间持久性上将不如中国，并对近代科学的变幻多奇不甚理解。当他游历了欧洲之后，这种看法大为改观。他说：

> 英国以天文、地理、电学、火学、气学、光学、化学、重学为实学，弗尚诗赋词章。其用可由小而至大。如由天文知日月五星距地之远近、行动之迟速，日月合璧，日月交食，彗星、行星何时伏见，以及风云雷雨何所由来。由地理知万物之所由生，山水起伏，邦国大小。由电学知天地间何物生电，何物可以防电。由火学知金木之类何

---

① 王韬编：《格致书院课艺·格致类》第 1 册，9 页。

② 王韬：《弢园老民自传》，《弢园文录外编》，329 页。

③ 王韬：《与周弢甫徵君》，《弢园尺牍》，29 页。

以生火，何以无火，何以防火。由气学知各气之轻重，因而创气球造气钟，上可凌空，下可入海，以之察物、救人、观山、探海。由光学知日月五星本有光耀，及他杂光之力，因而创灯戏，变光彩，辨何物之光最明。由化学、重学辨五金之气，识珍宝之苗，分析各物体质。又知水火之力，因而创火机，制轮船火车以省人力，日行千里，工比万人。穿山、航海、掘地、渡河、陶冶、制造以及耕织，无往而非火机，诚利器也。①

王韬在考究西学的同时，还不断向西人介绍中国的传统学术文化。他曾应邀在牛津大学讲学，"一堂听者，无不鼓掌蹈足，同声称赞，墙壁为震"。② 作为江南著名才子，他留下的墨迹被西人视做中华文化的圭臬，"奉为墨宝"。③

与王韬交往的西人很多，有传教士、商人、外交官，也有学者、艺术家和普通人。尤其与文化界人士交往甚为密切。法国著名汉学家儒莲（Stanislasv Julien 1799—1873）和王韬交谊笃厚。儒莲是法兰西学院的汉学教授，汉学造诣颇深，对中国的经史、宗教、文艺都有相当的研究。他写过许多研究汉学的专著，如《汉学指南》等，还把一些中文书籍译成西文，主要有《孟子》、《灰阑记》、《赵氏孤儿》、《老子道德经》、《景德镇陶录》、《大唐西域记》等著作。王韬与儒莲早有书信往来，游历法国后，曾多次拜访这位蜚声海外的异国学者。王韬以激动的笔调记下他们首次会面的情形：儒莲"见余喜甚，握手接吻，待若上宾"。④ 他对儒莲的品学评价很高，曾撰《法国儒莲传》向国人介绍这位域外学者："先生于华文有癖嗜，既入院，穷昼夜之力，研摩考索，不一年遂造其奥。"他的译著"精深祥博，殆罕比伦。子书中所载诸地，咸能细参梵语，证以近今地名，明

---

① 王韬：《漫游随录·扶桑游记》，122～123 页。
② 同上书，99 页。
③ 同上书，151 页。
④ 同上书，87 页。

其沿革，非今之缁流衲子所能道其万一也"。① 他们之间还就共同编写法国历史一事交换过意见。这是近代中外学者友好交往、互相切磋的例证。

王韬的思想主张和著作很受日本学者的重视，在日本曾产生过很大影响。他编著的《普法战纪》于1878年由日本陆军文库翻刻刊行，1889年大阪修道馆再度翻刻，在日本十分畅销。日本学者平安西尾说：

> 余始读《普法战纪》喜其叙事之明畅，行文之爽快。及接其客，听其言，不觉叹服。不独其学问渊博，无所不赅，议论公平，不立彼我之见。信所谓通儒也。②

1879年，王韬应日本学界邀请，东渡赴日，受到日本各界盛情款待。在为期四个月的访日期间，慕名而来的参谒者多达百余人，包括著名的汉学家、历史学家、画家、诗人、音乐家以及有文名的旧藩主、政府官员。有许多人多次访问，有的甚至多达二三十次。王韬离别日本时，送行的日本友人慨然写道："都下名士争与先生交。文酒谈宴，殆无虚日；山游水嬉，追从如云，极一时之盛"，赞叹迎送的隆重在中日交流史上"未之有也"。③

王韬在访日期间对中外时务发表了许多精辟的见解，如在怎么学习西方的问题上，他主张："法苟择其善者而去其所不可者，则合之道矣"。④又认为："善为治者，不必尽与西法同"，⑤反对盲目照搬西方法度。这种见解不仅对中国当时的改革切中要害，就是对日本的资本主义化也同样有益，被日本友人称为"千古笃论"。王韬对日本明治维新后的新变化深表欢欣，盛赞"维新以来，专尚西学"⑥的新风气，肯定冈本监辅著的《万国史略》"搜罗颇广，有志于泰西掌故者不可不观，固必传之巨制，不朽

---

① 王韬：《法国儒莲传》，《弢园文录外编》，338页。
② 王韬：《扶桑游记跋》，《漫游随录·扶桑游记》，312页。
③ 王韬：《扶桑游记自序》，《漫游随录·扶桑游记》，175页。
④ 王韬：《漫游随录·扶桑游记》，231页。
⑤ 同上书，231页。
⑥ 同上书，250页。

之盛业也。况日邦近尚西，得此书著其情伪，则尤切于用"①，这就是说，中国对日本明治维新以后的变化"不可不观"，应该借鉴日本学西方的历史经验。但是，封建统治者对此不仅不予注意，还把王韬这样的博学多才之士竟摈门外，弃之不用，不能不令人作憾。

三、引进传播西学的特点

在王韬数十年的文人生涯中，对西学的传播和介绍占着重要地位，给当时中国思想界以重大影响。归纳起来，他的这些活动具有以下几个特点：

第一，介绍西学视野开阔，范围广泛。王韬的西学知识十分丰富，日本学者称他"博学宏才，通当世之务，足迹遍海外，能知宇宙大局"②。他不仅对声光电化等近代自然科学"融会于心"，而且对世界史地、各国掌故有广泛的兴趣和爱好。这使他在介绍西学时能够从大处着眼，顾及全面。从上文列举的译著书目来看，王韬介绍的内容既有自然科学知识，又有社会科学知识。他译著的《火器略说》、《西学图说》、《西国天学源流》、《西学原始考》、《重学浅说》等书介绍了西方天文学、物理学、数学以及军事制造等方面的知识。他尤长于天文历算，在《西国天学源流》等书中，对西方天文学介绍得相当系统。他指出：

> 西国自明天算以来，代有沿革，其源流固可得而言焉。古时闭他卧剌独得真谛，言地球环日而行。后多禄某反其说，以地为中心，误宗之者几千几百年。明时，哥白尼测得新法，与闭说吻合，惜其法未行于生前。有第谷者弗信之，言地球在中，五星环日，日率之环地球，然未得确据。其徒刻白尔始知行星轨道是椭圆，非平圆，其行有迟速留逆都归一理。且知地亦环日，行星类也。至今墨守其说，无有

---

① 王韬：《漫游随录·扶桑游记》，248 页。
② [日] 中村正直：《扶桑游记序》，王韬：《漫游随录·扶桑游记》，176 页。

异议。后奈端出，于数尤深而其理愈明，于以见精益求精。西学之未有止境也。①

从古希腊毕达哥拉斯学派地球绕日运行的猜想到托勒密"地球中心说"，再至哥白尼"日心说"的不朽天文理论，大体勾画出西方天文学理论演进的几个重要阶段。在《春秋朔闰至日考》、《春秋日食辨正》等著作中，他融汇中西历法，推算春秋历日、日食，"准冬至以定朔日，依经传以置闰月。由日食以求岁正，而后春秋二百四十二年之日月了然如指诸掌上矣。虽后起者易为功，而于古今中西历学之源流，要不可不考其异同，以衷于一是焉"。② 他在比较研究中外历法的基础上，对春秋历日作出推算，可谓汇通中西历学的大胆尝试。

王韬对西方社会科学的介绍主要反映在史地方面，代表性著作有《法国志略》、《普法战纪》。这两部书对欧洲主要国家的政治、经济、军事、外交作了清晰的叙述。值得提出的是早在 19 世纪 70 年代，他就注意研究和介绍西方的哲学思想和科学方法。他在介绍英国唯物主义哲学家培根时写道：

> 其为学也，不敢以古人之言为尽善，而务在自有所发明。其立言也，不欲取法于古人，而务极乎一己所独创。其言古来载籍乃糟粕耳，深信胶守则聪明为其所囿。于是澄思渺虑，独察事物以极其理，务期于世有实济于人有厚益。明泰昌元年，培根初著《格物穷理新法》，前此无有人言之者。其言务在实事求是，必考物以合理，不造理以合物。③

提纲挈领地阐明了培根唯物主义哲学思想的基本特点。

在中日甲午战前，关心西学的绝大多数知识分子的兴趣所在是自然科

---

① 王韬：《西学辑存六种自序》。
② 王韬：《弢园文录外编·附录》，387 页。
③ 王韬：《瓮牖余谈》卷二，8～9 页。

学，而对西方的哲学、社会科学鲜有问津。王韬却兼采二者，双管齐下地介绍西学，堪称慧眼真识、高人一筹。

2. 开拓传播西学的新领域。他在介绍西学中做了许多开拓性、独创性的工作。他的《火器略说》是中国近代第一部介绍西方近代军事技术的译著。第一次鸦片战争以后，一些士大夫已经看到中国在军事上落后于西方的事实，主张引进欧美国家的军事技术。但是在 19 世纪 60 年代以前，西方最新军事技术及其著作并未得到及时引进。当时流行的制造枪炮弹药的书籍，如《演炮图说辑要》（丁拱辰撰，1841 年刊），《铁模图说》（龚振麟撰，1842 年刊）以及《海国图志》的有关章节，所介绍的内容还是早在明末清初输入的欧洲制造旧术。人们甚至把明代焦勖的《火攻挈要》、《炮书》视为金科，奉为神明。对此，王韬深表感慨："近今新法迭变，而我中国方且墨守成规，视为独创，甚者官惜工费，匠减物料，多窳堕而不适于用"。① 于是与黄胜同译反映西方近世军事技术水平的《火器略说》。这部译著除介绍西方新式炼铁、造模、置炉、钻炮、验药方法之外，还附有"铁甲战舰图说，火镜焚敌积聚法，电气霹雳车攻城法，气球放弹焚毁敌营法"② 等新内容，多是 18、19 世纪欧洲军事技术新成果，开辟了近代中国翻译介绍西方近世军事技术的先河，正如王韬所说："此书（案：指《火器略说》）为火器发轫之始，其说虽略，要皆浅近易知，可取为法。窃谓较诸有明焦勖所著《则克录》似为过之。"③ 1868 年成立的江南制造局翻译馆译刊《制火药法》、《克虏伯造弹法》、《克虏伯炮说》等书，系统而大规模地引进西方近代军事技术书籍，厥功甚伟，但要比王韬的译著成书晚数年之久。

他的《法国志略》是近代中国学者编写的第一部法国史志。鸦片战争后，中国陆续出现了一些介绍各国史地知识的译著，大大丰富了传统史学的内容。它们当中有的是综合叙述各国史地的著作，有的则是国别史志。当时，介绍西方主要国家英、美、俄等国的史书已经在华行刊，专述法国

---

① 王韬：《弢园文录外编·火器略说前序》，224 页。

② 王韬：《弢园文录外编·火器略说后跋》，277 页。

③ 王韬：《弢园文录外编·火器略说前跋》，276 页。

的史书则付阙如。至于法国的历史沿革只在某些综合性的史地书中得到反映。如《海国图志》有《佛兰西》一章，但篇幅不过两卷，而且材料来源主要是乾嘉以前的史籍文献，诸如《职方外纪》、《明史》、《皇清四裔考》、《防海余论》、《海岛逸志》、《万国地理全图》之类，所据报刊只有基督教传教士在南洋创办的《每月统纪传》一种。因此，《海国图志》关于法国的记载内容笼统浅显，这可以在对拿破仑的记载中得到证明：

法兰西那波利稔王，初为总帅时，国王使驱逐奥士地喇之军出意大理国境。维时法兰西军乏钱粮，缺兵械，又未训练。突然攻之，躬亲督战，麾兵冲击，战胜凯旋。①

王韬辑撰的《法国志略》则不然，不仅取材丰富，而且对素材作了初步整理，构筑成一个比较完备的国别史体系。这部史志主要"取资于日本冈千仞之《法兰西志》、冈本监辅之《万国史记》，而益以西国近事汇编，不足则复取近时之日报，并采辑泰西述撰有关于法事者"。② 这比《海国图志》所依据的材料要新颖丰富得多。因此，《法国志略》详尽地叙述了法国自开国以来的各代历史，尤其对近世历史记载详备。如关于拿破仑一世的兴衰荣辱就以"保那巴氏纪"为题，专列一卷。内分15节："拿破仑为将"、"仑得公举"、"取意大利"、"略埃及"、"法御联合军"、"复意大利"、"仑即帝位"、"破墺俄连盟军"、"破普俄连盟军"、"代西班牙"、"再败墺军"、"墨斯科之败"、"同盟各国流仑厄襪岛"、"仑复帝位"、"仑终于三厄里那岛"，详述了法国大革命和拿破仑发迹、征战、称帝以及失败、复位和流放的历史。尽管王韬当时还无法理解资产阶级废除王权，惩处暴君的革命行为，但是，他能谴责封建君主虐民的罪行，认为：

其祸之由来不能和众而得民心，自恃居民之上，而好恶不与民

① 魏源：《海国图志·大西洋》卷四十一，19页。
② 王韬：《重订法国志略·凡例》。

同，怨之所积，足以亡身。故厉王监谤，卒流于彘，法之失政，履霜坚冰，非一朝夕矣。①

他还对《拿破仑法典》作了肯定性介绍：

> 仑以四方无虞，民就其业，循千七百八十年原理，定二千三百条律例，名之曰《民法》，亦曰《拿破仑法典》，盛筑博物馆藏书库。各科学校创褒赏式，凡民人有勋劳于国家，发明各科艺术器械者，赐牌章以劝奖之。（地意尔氏曰：法国旧赐武器赏将士之功，仑此法一行，褒赏遍加，民权均一，无复贵贱悬隔之弊。）专讲民利，兴国益，辨人民交际权利之别。有暇亲临讲席，条分件析，剖论入微。老学士闻之，莫不叹服，政绩粲然，阖国欢戴。②

王韬的进步史观由此可见。总之，王韬编撰的这部史学著作不仅填补了法国史研究的空白，而且具有体例完备、内容丰富、叙述详细的优点，应该在近代史学史上占有一定的地位。

他辑撰的《西学原始考》是当时仅见的文化科技史大事记。中日甲午战争以后的西学传播多是偏重于一事一艺的介绍，能够探究历史渊源沿流的著作如凤毛麟角，综合性地穷原竟委之作更是罕有。而王韬的《西学原始考》则弥补了这一不足。《原始考》起于公元前 2400 余年，迄于 1874 年，内列 406 条，对西方各国在科学、学术、外贸、交涉以及政治、宗教等方面的主要发明创造、重大事件作了简明的记载，涉及的文化领域有自然科学（天文、数学、医学、动植物学、物理、化学）、生产技术（工农业、交通业）、语言学、文学、教育、艺术、法律等，大胆而鲜明地肯定了哥白尼、第谷、刻卜勒、伽利略、牛顿等著名科学家的功绩与贡献。值得称道的是，他能注意总结历史上科学与迷信斗争的历史经验，并择要录

---

① 王韬：《重订法国志略》卷五，光绪十六年（1880）长洲王氏淞隐庐刊印。

② 王韬：《重订法国志略》卷六。

于书中。兹举三例。如记：

> 一千二百七十八年，宋帝昺详兴元年，英国有人诬控格致之士，谓以妖术惑众。王命下之狱。后人刊行其书，日格物大功书。试之皆验。由是格致日兴，实由此始。①

又如记：

> 一千六百三十二年，明思宗崇祯五年，伽离略专论天静地动，坐此下狱。主者强使反其说，乃出之。②

再如记：

> 一千六百三十六年，明思宗崇祯九年，意大利人伽离略被囚，丧明年，七十二岁。著《地球或问》，书成，教王下令禁民谈天。③

这些条目尽管十分简单，但都内寓褒贬，鲜明地反映出作者赞同科学与进步，反对宗教迷信的积极态度。

3. 王韬不仅把西方的自然科学和社会科学知识向国人作了大量介绍，而且还参与翻译中国《四书》《五经》的工作，使东学西渐，从事中西学的双向交流。他所作的这种特殊贡献在中国近代文化史上并不多见。

自明末以来，许多外国人都很重视中国古代典籍的翻译工作，儒家经典陆续被译作外文。1687年来华的比利时传教士卫方济曾把《四书》译成拉丁文；法国天主教传教士雷孝思（1663—1738）译《易经》为拉丁文；法国人毕瓯（1803—1850）把《周礼》译成法文；英国传教士麦克开拉启（1813—1885）将《易经》、《礼记》译成英文；1863年来华的英国领事官

---

① 王韬：《西学原始考》，21页。
② 同上书，32页。
③ 同上。

阿连璧曾把《诗经》译成英文；1886 年来华的英人赖发洛曾把《论语》、《孟子》译成英文。这些儒家经典译本在介绍中国古代思想学术，促进欧洲汉学研究发展方面起过一定的积极作用，同时，也都不同程度地存在各种缺陷。它们或者翻译内容不完整，或者译释水平不高，难达原意，都不能同理雅各与王韬合译的《中国经典》相比。

1862 年，王韬避难于香港，结识了英华书院院长理雅各。当时理氏欲将"中国经籍之精微通之于西国"，① 正着手英译中国的《四书》《五经》。在王到港的前一年，理氏译成的《四书》英文本已经出版。王至港后，便成为理氏翻译儒家经典的得力助手。到 70 年代初，终于把儒家主要经典译完。这套书取名《中国经典》，共 28 卷，在七、八十年代陆续出版。其主要译著成书情况如下：

《书经》和《竹书纪年》译成于 1865 年（同治四年），为《中国经典》丛书的第三卷，由在香港的英商渣甸约瑟资助印行。

《诗经》译成于 60 年代末，为丛书第四卷，1871 年出版发行。

《春秋左氏传》译成于 70 年代初，为丛书第五卷，1872 年出版。

《易经》译成于 60 年代末，1882 年出版。

《礼记》译成于 60 年代末，1885 年出版。

这套译书包括了儒家经典的绝大部分典籍，是当时内容最齐全的一套中国古代典籍译著丛书，同时，翻译水平较高，译文准确、文辞雅达。两位译者都是具有较高文化素养的学者。理雅各是当时西方著名的汉学家，通晓汉文和儒经。王韬称他"学识高邃，经术湛深，每承讲论，皆有启发，于汉、唐、宋诸儒皆能辨别其门经，决择其瑕瑜"。② 王韬则"少承庭训，自九岁迄成童，毕读群经，旁涉诸史，维说无不该贯"，③ 时称"吴中奇士"。④ 他们所具备的这些主观条件，确保了这套丛书的质量。

丛书刊行后，受到西方学者的高度评价，至今仍被认做标准的译本。

---

① 王韬：《弢园文录外编》，218 页。

② 王韬：《与英国理雅各学士》，《弢园尺牍》，76 页，北京，中华书局，1959。

③ 王韬：《弢园老民自传》，《弢园文录外编》，331 页。

④ 林昌彝：《瓮牖余谈序》，《瓮牖余谈》。

英国近代汉学家小翟理斯说："五十余年来，使英国读者能博览孔子经典者，吾人不能不感谢理雅各氏不朽之工作也。"① 理雅各则指出："抑译者亦不能不感激而承认苏州学者王韬之贡献。余所遇之中国学者，殆以彼为最博通中国典籍矣。"② 就王韬的实际学识以视，这话并非谀词。

四、瑕不掩瑜的历史功绩

在中日甲午战争以前，西学虽然传入中国，但是，由于中国封建社会的结构并未发生根本性变化，守旧势力和封建顽固思想仍然占据着统治地位。绝大多数士大夫"持不屑不洁之论，受其所已知，拒其所未闻。若曰：事非先圣昔贤之所论述，物非六经典籍之所记载，学者不得过而问焉"③。对于外来的西学更是嫉视如仇，"动以不谈洋务为高，见有讲求西学者，则斥之曰名教罪人，士林败类"。④ 在封建专制统治的淫威下，王韬能够不畏时忌，孜孜不倦地讲求、宣传西学和改革思想，数十年如一日，勤奋著述，"五千卷文字撑肠，数十种琳琅满目"⑤，成为思想激进，著述如林的思想家。他的著作一时"遍传南北，几于纸贵一时。尝从友人处得卒读其书，窃叹叙事得马班之神，议论擅苏曾之胜，实近今一大手笔也"。⑥ 在戊戌维新运动时期，维新志士对他的西学译著极为推崇。梁启超在《西学书目表》中收录了他的《法国志略》、《普法战记》、《西国天学源流》、《重学浅说》、《火器略说》、《漫游随录》、《扶桑游记》等多种著作，列作考求西学、进行维新启蒙教育的读本。王韬的西学著作不仅使海内外学人"争思快睹为先"，而且流传于海外，引起日本学者的重视。这一点

① 转引自罗香林：《王韬在港与中西文化交流之关系》，载《清华学报》（台），1961年6月号。

② 转引自同上。

③ 曾纪泽：《使西日记》，21页，长沙，湖南人民出版社，1981。

④ 郑观应：《盛世危言·西学》，《郑观应集》上册，272页，上海，上海人民出版社，1982。

⑤ 岭南护花人：《海陬游冶录序》。

⑥ 洪士伟：《遁窟谰言序》。

前文已有说明，兹不赘述。

王韬办报是中国近代新闻史上具有开拓意义的事件。第一次鸦片战争后，中国出现了近代化的报刊。但是，从1840至1894年的半个世纪中，绝大多数报刊都掌握在外国人手中，只有少数几家由中国人主办。王韬主持的《循环日报》就是其中影响最大的一家。《循环日报》不仅是近代最早一批由华人创办的报纸之一，而且也是"第一份传播资产阶级政治改良思想的报纸"。① 王韬为《循》报撰写的政论文章，思想犀利，切中时弊，"取西制之合于我者，讽清廷以改革"②，在知识分子中起到新人耳目、振奋人心的积极作用。此外，这些文章一扫腐儒俗士的八股腔调，体裁活泼、笔调明快，开一代文体新风的先河，给资产阶级新文学的产生发展以深刻影响。

王韬协助英译中国儒家典籍，推动了东学西渐，他是中国近代为数不多的从事中西双向文化学术交流的杰出人物。对他的这项业绩，当时有人评价道："泰西自通中土三百年，未有译四子五经宣示其国中者，今有之自君始。吾道其西矣乎！君之有功于圣门曷可及哉……中西之学自此可以互相传述，岂如向者之有所扞格哉？"③ 肯定了他在沟通中西文化方面起的作用。

在近代，中国人考求西学是从林则徐、魏源开始的。魏源编撰了著名的《海国图志》，提出了"师夷长技以制夷"的主张，成为学习西方进步思想的滥觞。王韬对魏源十分敬佩，并以其后继者自任。他曾说："每读魏源《筹海篇》所汲汲于西事议和之后者，一曰稔西情，一曰师长技，此固有心人哉！"④ 他正是沿着魏源的思想轨迹继续前进，摸索求强富国的道路。时人并称魏王为"奇士"。林昌彝说："夙游燕京，获交楚南奇士曰魏默深。嗣客岭南，又获识吴中奇士王紫诠。二君能文章，其才奇。默深有

---

① 方汉奇：《中国近代报刊史》上册，66页。

② 戈公振：《中国报学史》，122页，上海，商务印书馆，1927。

③ 吴宝恕：《弢园经学辑存序》，载王韬：《弢园经学辑存》，光绪十五年（1879）版。

④ 王韬：《操胜要览》（即《火器略说》），41页。

《海国图志》，紫诠有《普法战记》，实为闻所未闻。"① 其实，王韬是后来居上，无论是西学知识、改革主张，还是对西学的介绍和传播，都已经超过了他的前辈，达到了一个新水平。当时的日本学者重野安绎已经看到了这一点，他说"或序先生（指王韬）之文，谓为今时之魏默深。默深所著《海国图志》等书，仆亦尝一再读之。其忧国之心深矣。然于海外情形，未能洞若菁龟；于先生所言不免大有径庭。窃谓默深未足以比先生也。"② 这种说法是符合历史实际的。

在中日甲午战争之前，传播西学者主要是两部分人：一类是外国传教士，一类是少数中国知识分子。前一类人姑且不论。单就后者而言又可分作两种：一种人是从事技艺的自然科学家，一种则是开明士大夫（其中包括官员、幕僚、学者）。王韬属于后一种。与这些人比起来，王韬在考求、介绍西学方面颇有独到之处。自然科学家李善兰、徐寿、华蘅芳译著了不少格致学书籍，介绍了大量西方的天文学、数学、物理学、化学等方面的知识，但是，他们对西方社会学说一般不大注意，几乎从不涉猎。王韬则不然，不仅能介绍西方自然科学，而且亲自撰写外国史地著作，向国人传播西方社会科学知识，说明他具有更开阔的思想视野。与当时的进步知识分子，如郑观应、薛福成、马建忠等人相较，王韬与西人接触最早，最先出游欧洲，掌握的西学知识最丰富。他不仅是西学传播的宣传家，还是实际引进西学的文化活动家。这是郑观应等人所不能相及的。

由于时代和阶级的局限性，王韬介绍西学的活动不可避免地存在一定的缺陷，主要有以下几点：

首先，他没有根本摆脱儒家正统观念的影响，坚持"中体西用"的思想。新陈并杂、中西合糅是当时思想界的普遍现象，王韬也不例外。尽管他在西学影响下接受了一些外来的新思想，但是，在意识形态的许多问题上仍然固守传统观念。他一直认为：中国的"器用"比西方落后，但中国的"道"却胜过西方，"形而上者中国也，以道胜；形而下者西人也，以

---

① 林昌彝：《瓮牖余谈序》。

② 王韬：《漫游随录·扶桑游记》，202 页。

器胜"。① 他还认为：最完备的"道"是孔子之道，说："孔子之道，人道也。有人此有道。人类一日不灭，则其道一日不变。"② 这是陈腐的封建传统观念在他思想上的反映。这种落后意识使他对西学的认识带有一定的局限性。例如，他虽然比常人对西方社会科学作过更多的肯定，但与中国儒学相较则认为"其精理微言逊于中国远甚"。③ 他对法国大革命推翻王权，处死暴君的正义举动不甚理解，抱有偏见，指责到："共和之政，其为祸之烈乃一至于斯欤！叛党恃其凶焰，敢于明目张胆而弑王。国法何在！天理安存！不几天地反复，高卑易位，冠履倒置，纪纲紊乱乎哉？"④ 因此，他在提倡学习西方科学的时候，还不忘提醒人们尊孔读经，以立做人处世之本。

其次，由于受传教士影响，他所介绍的西学知识中夹杂着西方宗教的糟粕。外国传教士是西学在华传播的最初媒介。由于他们把介绍科学当做传教的工具，有意无意地把科学与神学混为一体，因此，经他们加工过的科技宣传品或多或少地带有基督教的杂质。由于历史的局限，王韬对西学的鉴别能力还很有限，不自觉地接受和散布了这些糟粕。如他在《西国天学源流》中一方面正确地介绍了西方天文学发展历史以及进步作用，另一方面又认为学习西学，"能渐知造物主大能全智"。⑤《西学图说》也保存了传教士的谬说，写道：天体诸星循一定轨道运行，"乃造物主实有全能之法，使之不变"。⑥

再次，王韬的译著，特别是关于自然科学方面的著作，内容比较简单浅显，多是一些科学常识的介绍，属于科普性读物。远远不能和李善兰、徐寿、华蘅芳等人的同类译著相比。这些书对于初学者来说是必要的，但不能满足深入考求者的需求。反映出王韬自然科学知识的实际水准和知识

北京师范大学史学探索丛书

---

① 王韬：《与周弢甫徵君》，《弢园尺牍》，30 页。

② 王韬：《漫游随录·扶桑游记》，99 页。

③ 王韬：《弢园文录外编》，3 页。

④ 王韬：《重订法国志略》卷五，33 页。

⑤ 王韬：《西国天学源流》，光绪十五年（1875）淞隐庐铅印本，1 页。

⑥ 王韬：《西学图说·水星》，5 页。

结构的不平衡。

王韬在传播西学过程中表现出的历史局限性，是难以避免的。这些弱点大都能从当时其他进步人物身上找到。中国人对西学的认识是一个由浅入深、由表及里的历史发展过程。王韬正是处于这个历史过程的最初阶段，即中华民族对西方文化的感性认识阶段。在这个阶段，历史赋予人们的主要任务是冲决禁锢，开拓新风，接触和引进外来文化。我们的先哲在这个时期还不可能具备较高的识别、判断能力，科学地批判、整理、消化这些外来文化，使得这时的思想领域真伪并存、新陈混杂。这也是王韬在西学认识上存在上述矛盾的客观背景。列宁指出："判断历史的功绩，不是根据历史活动家没有提供现代所要求的东西，而是根据他们比他们的前辈提供了新的东西。"① 由此观之，王韬传播西学的活动带有开拓性、独创性，做了许多前人未做的工作，起到承上启下的重要作用。尽管由于历史的原因，有着这样或那样的缺陷，但总地来说，仍然瑕不掩瑜，不愧为中国近代文化史上的一位健将。

---

① 《列宁全集》第 2 卷，150 页，北京，人民出版社，1955。

代 后 记

本书是北京师范大学历史学院史革新教授的学术专著。

史革新教授是中国近代文化史研究领域的著名学者。他一生致力于中国近代思想文化史和学术史的研究，尤于晚清学术文化的研究用力甚勤，对晚清各类学术主张、学术思潮均有较为深入的探讨，对晚清主要学者的学术贡献也有颇为精深的研究。其文不发空言、言必有据，见解上高屋建瓴、不落窠臼，显示出一个严谨求实的优秀学者的良好学风。

然史革新教授已于 2009 年 7 月不幸逝世。本书系他生前完成的最后一部学术著作，现在将之出版，既是为学术界奉献一部高水平的研究成果，也是借此表达我们对史革新教授的深切缅怀之情。

博士生张振明同学对本书的整理、校对贡献良多，谨在这里致以衷心感谢！

北京师范大学史学探索丛书编辑委员会
2010 年 3 月